경찰학각론

황 현 락 저

청목출판사

머리말

경찰학이 무엇이냐에 대한 학문적인 정의는 학자에 따라 다양하다. 통설의 입장에서 본다면, 경찰이라는 조직과 작용에 중점을 두어 설명하는 형식적 의미의 경찰작용과 국민의 생명과 재산을 보호하는 위험예방 및 질서 유지라는 실질적 의미의 경찰작용으로 나누어진다.

경찰학의 정체성에 있어서도 경찰법학과 경찰행정학사이의 논의가 치열하다. 영미법계의 경찰행정학적 입장에서는 경찰학을 행정학의 일부로 이해하나, 유럽대륙법계와 전통과 맥이 닿아 있는 경찰법학적 입장에서는 국가공권력의 법집행작용에 중점을 두어 행정법학의 일부로서 이해한다.

저자는 이러한 도식적 구분에서 벗어나고 경찰학의 독자적 정체성을 구축하기 위해서는 경찰법학과 경찰행정학을 아우르는 입장에서 논의를 전개하고자 노력하였다.

사회전반에서 국민의 생명과 재산을 지키는 경찰활동의 다양성을 고려하여 법학적 측면에서 경찰활동은 법집행기관의 작용이라는 점에서 고찰하되, 실무분야에서 국민생활전반에서 안전보호활동이라는 사실적 측면의 경찰활동을 아울러 살펴보는 서술방식을 택하였다.

이점을 고려하여 경찰학의 서술은 총론과 각론으로 나누어 별책으로 정리하였다. 총론분야는 경찰이론과 법리중심으로 각론은 경찰실무론으로 소관기능별로 다루었다.

지난번에 출간한 『경찰학총론』은 7개 분야로 나누어 경찰학의 기본개념, 한국경찰사, 비교경찰론, 경찰법제(Ⅰ), 경찰법제(Ⅱ), 경찰관리(경무경찰), 경찰개혁론 순으로 정리하였다.

이번의 경찰학각론(경찰실무론)에서는 경찰의 소관기능별로 경찰의 업무를 7개 분야로 구분하여 현행법령과 실무이론을 중심으로 생활안전경찰, 수사경찰, 경비경찰, 교통경찰, 정보경찰, 보안경찰, 외사경찰 순으로 서술하였다.

그러므로, 총론분야는 현행법제와 관리론이 이론적인 부분의 중점이 되었고, 각론은 소관분야 현행 개별법령에 기초하여 경찰실무론으로 정리하였다.

경찰위원회 위원을 지내신 한양대 조성민교수님과 지도교수이셨던 조태제학장님, 관동대 김충남 교수님, 형사정책연구원의 조병인 박사님, 용인대 이상원 교수님, 계명대 허경미교수님, 아주대 조상제교수님, 상지대 최병문 교수님, 순천향대 장석헌 교수님 등 학계의 여러 선배원로 교수님 그리고, 강희성 호원대 총장님 이하 학부교수님과 경찰직에 있을 때 인연이 되어 힘이 되어준 경찰대학·경찰교육원·중앙경찰학교에서 재직하고 계신 경찰학에 정통한 현직 경찰관 여러분의 아낌없는 성원이 없었다면 그 뜻을 이루지 못했을 것이다.

또한 한국양성평등교육진흥원의 문숙경원장님과 본원의 여러분들의 따뜻한 성원에 머리 숙여 감사드리오며, 청목출판사의 임직원님의 노고에도 고마움을 전하고자 한다. 어려울 때 항상 힘이 되어 주는 구순의 존경하고 사랑하는 어머님과 아내 그리고 병률·병혁 두 아들을 비롯한 여러 가족들에게도 감사의 마음을 전한다.

앞으로 관계전문가와 선배동료 학자님들의 많은 질책과 조언을 바란다.

2010. 1

금강의 상쾌한 봄바람을 맞으며

호원대 법경찰학부 연구실에서

차 례

제1장

생활안전경찰활동

제 1 장

생활안전경찰활동

제 1 절 생활안전경찰활동의 의의와 조직

Ⅰ. 생활안전경찰의 개념

경찰의 존립목적이 범죄에 대한 대응활동임을 감안할 때 시민생활의 보호에 중점을 두는 생활안전경찰은 경찰의 중추적 기능을 담당하는 부서이다. 생활안전경찰이란 범죄 예방 정책의 수립과 집행, 기타 이에 관련된 활동을 통하여 국민의 생명과 재산을 보호하고 공공의 안녕과 질서를 유지하는 목적을 달성하기 위한 경찰이다.

생활안전경찰의 활동은 시민의 안전을 위한 범죄의 예방활동이며 지역주민의 보호를 주임무로 하는 예방적 행정경찰이며, 보안경찰에 해당한다.

이러한 생활안전경찰의 성격을 고려할 때 업무의 다양성, 대상의 유동성, 업무의 일상성, 지역주민과의 커뮤니케이션의 중시 등을 생활안전경찰활동의 특징으로 들 수 있다.

Ⅱ. 생활안전경찰의 조직과 임무

1. 경찰청

경찰청에는 생활안전경찰의 업무를 위하여 생활안전국을 두고 국장은 치안감 또는 경무관으로 보한다. 생활안전국에는 생활안전과·생활질서과 및 여성청소년과를 두고, 각 과장은 총경으로 보한다.

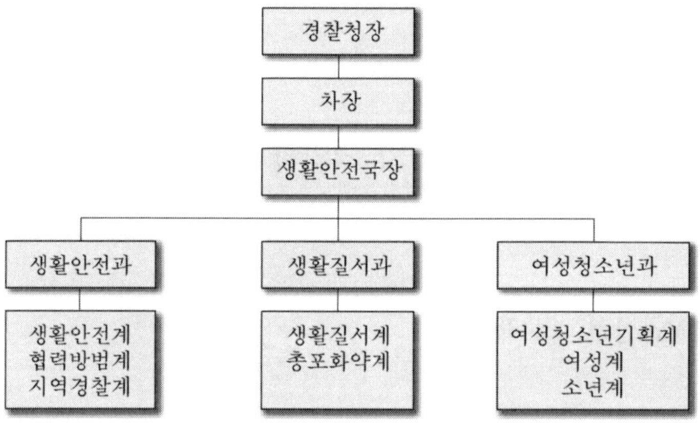

〈경찰청 생활안전국 조직구성도〉

「경찰청과 그 소속기관 직제」 제11조, 「경찰청과 그 소속기관 직제 시행규칙」 제8조에 의하면 생활안전국의 분장업무는 다음과 같다.

1. 범죄예방에 관한 연구 및 계획의 수립
2. 경비업에 관한 연구 및 지도
3. 112신고제도의 기획 및 운영
4. 지구대·파출소 외근업무의 기획
5. 풍속사범에 관한 지도 및 단속
6. 총포·도검·화약류 등의 지도·단속

7. 즉결심판청구업무의 지도
8. 각종 안전사고의 예방에 관한 사항
9. 소년비행방지에 관한 업무
10. 소년범죄의 수사지도
11. 여성관련 범죄의 수사지도 및 예방에 관한 업무
12. 가출인 및 실종아동 등에 관한 수사지도
13. 가정폭력 및 아동학대에 관한 수사지도
14. 성폭력·성매매의 방지에 관한 업무
15. 실종아동 등 찾기에 관한 업무

생활안전과장은 범죄예방에 관한 연구 및 계획의 수립, 경비업에 관한 연구 및 지도, 112제도의 기획 및 운영, 지구대·파출소 외근업무의 기획, 기타 국내 다른 과의 주관에 속하지 아니하는 사항을 담당한다.

생활질서과장은 풍속사범에 관한 지도 및 단속, 총포·도검·화약류 등의 지도 및 단속, 즉결심판청구업무의 지도, 각종 안전사고의 예방에 관한 사항을 담당한다.

여성청소년과장은 여성관련 범죄의 연구·기획에 관한 업무, 여성관련 범죄의 수사지도 및 예방에 관한 업무, 가출인 및 실종아동 등 관련 경찰의 주요정책 기획 및 수사지도, 가정폭력·아동학대 관련 경찰의 주요정책 기획 및 수사지도, 성폭력·성매매에 관한 업무, 실종아동 등 찾기에 관한 업무, 진술녹화실 및 여성상담실 운영 업무, 청소년비행방지에 관한 업무, 청소년범죄의 수사지도 및 비행소년의 보호지도업무를 담당한다.

2. 지방경찰청과 경찰서

지방경찰청은 서울지방경찰청의 경우 생활안전부장 산하에 생활안전과와 생활질서과가 설치되어 있고, 다른 지방청에는 생활안전과가 설치되어 있다. 경찰서에는 생활안전과 산하에 생활안전계, 생활질서계, 여성청소년계로 구성되어 있다.

생활안전과에서는 지구대, 특수파출소 등 지역경찰관의 활동 전반을 관장하며, 경비업체 지도·감독 및 각종 방범단체와의 협력을 통해 범죄 및 안전사고 예방을 위해 노력하고 있다. 또한 사회질서 확립을 위해 기초질서 단속 및 풍속업소, 총포·도검·화약류 취급업소 등 지도·단속 업무도 수행하고 있다.

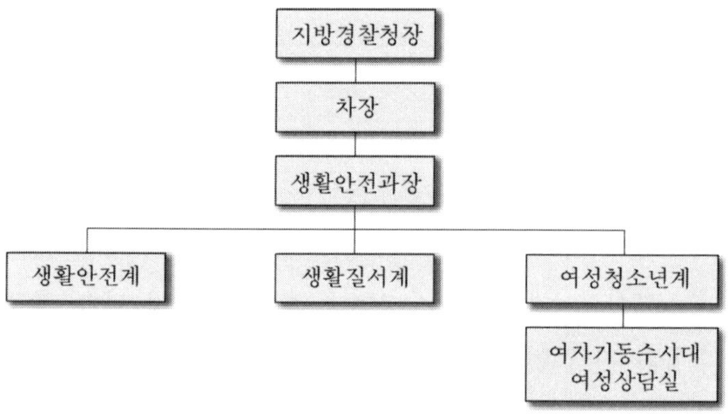

〈지방경찰청 생활안전과 조직구성도〉

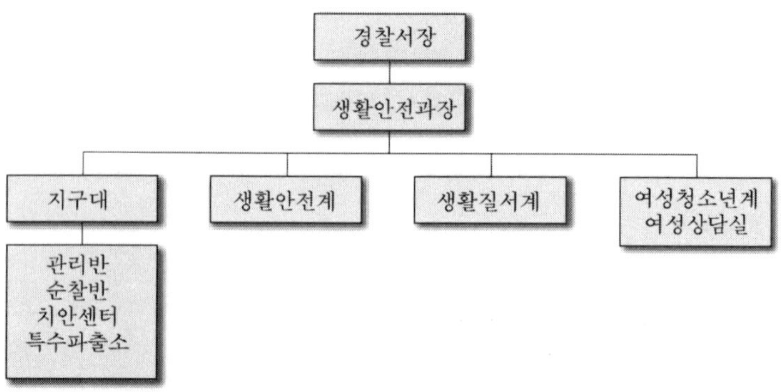

〈경찰서 생활안전과의 조직구성도〉

제2절 범죄예방론

Ⅰ. 서론

인류사회의 발상과 더불어 시작된 온 범죄는 오늘날 인간의 기본적인 욕구중 하나인 안전에 대한 욕구를 침해하는 주된 요인일 뿐만 아니라 삶의 질을 가늠하는 중요한 척도의 하나로서 일반국민에게 인식되어 가고 있다. 이러한 범죄문제는 이를 억제하려는 정부와 시민의 지속적인 노력에도 불구하고 계속 증가하고 있으며 죄질의 흉포화 현상이 더욱 심화되어 가고 있다. 이러한 범죄문제의 심각함은 기존의 범죄억제를 위한 범죄자 처벌과 교정, 더 나아가 재활에 바탕을 둔 범죄자처우에 대해 심각한 회의를 제기하고 있다. 범죄가 발생한 후에야 개입하게 되는 기존의 범죄대책들은 궁극적으로 사후처리로서 실질적인 범죄의 폐해를 줄이는데 별다른 역할을 하지 못한 것으로 나타났다.

이러한 범죄문제의 심각함은 범죄의 예방을 기존의 범죄성향이론에 근거한 범죄인의 소질적 요소들을 제거 혹은 개선하려고 하는 방법이 효과가 떨어지고, 범죄를 막기 위해 한 인간을 완전히 교정시킨다는 것은 대단히 어렵고 개인의 서향은 예측가능성이 희박하여 범죄발생을 실질적으로 감소시키기는 어렵다. 이에 오늘날 서구 각국에서는 환경에 초점을 맞춘 다양한 방식의 범죄예방활동을 광범위하게 실시하고 있다. 범죄정의와 범죄예방의 개념 그리고 범죄예방이론의 새로운 경향을 살펴보기로 한다.

Ⅱ. 범죄예방의 개념과 중요성

1. 범죄의 개념

오늘날의 사회는 사회 환경의 변화와 함께, 개인생활이 다양해지고 복잡해지면서 시민의 안전한 삶을 위협하는 다양한 범죄요인들이 존재하고 있다.

범죄의 개념을 실질적인의미와 형식적인 의미로 나눌 수 있다.

실질적 의미의 범죄는 국가가 보호하는 사회 생활상의 이익 또는 가치를 침해하는 반사회적 행위를 의미하며 이에 대해 처벌을 하는 것을 말한다. 이와 같은 실질적 의미의 범죄는 행위의 반사회성(위험성)의 견지에서 범죄의 개념을 정의하려고 하기 때문에 행위자가 정신병자, 형사미성년자와 같이 법률상의 책임무능력자로서 처벌되지 아니하는 자라 하더라도 그 행위의 반사회성이 인정되는 한 범죄로 보려는 견해이다.

이에 대하여, 형식적 의미의 범죄는 구성요건에 해당하는 위법유책한 행위로 실정법인 형벌법규에 의하여 형벌의 대상이 되는 행위를 의미한다. 어떤 행위가 실질적으로 위험성이 없다고 하더라도 법률은 행정상의 단속 목적으로 범죄를 형식적으로 정하는 경우도 있고 이와 반대로 실질적으로는 위험성이 있는 행위라고 하더라도 범죄로 되지 않는 경우도 있다.

2. 범죄통제의 새로운 시각: 범죄예방의 중요성

범죄에 의해 피해를 입게 되면, 정신적·물질적으로 원상복구가 힘들고 피해의식이나 공포스런 기억에 의해 원만한 대인관계가 불가능하게 되는 등의 심각한 결과를 가져오는 경우가 많다.

종전의 범죄대응 방법이 범죄발생후의 범인의 처벌이나 치료·교정 위주의 사후적인 대응방식은 범죄의 피해자나 사회적 측면에서 회복할 수 없는 피해나 고통을 입혔다는 비판에서 범죄의 발생원인을 찾아 차단함으로써 사전적 대응방식으로서의 범죄예방론으로 전환되게 되었다.

범죄예방이란 범죄가 일어나지 않도록 막는 것 즉, 범죄의 실질적 수준을 감소시키거나 범죄공포를 감소시키기 위하여 사전에 대비하는 제반활동을 말하며, 방범이란 용어와 같은 의미로 사용되고 있다.

Ⅲ. 새로운 범죄예방이론

1. 상황적 범죄예방

상황적 범죄예방은 "특정유형의 범죄가 비교적 체계적이며 영구적으로 일어나는 바로 그러한 환경을 관리, 설계, 조정하는 행위를 포함하는 대책들로 구성되며, 이러한 범죄의 기회를 감소시키고 넓은 범위에 걸쳐 잠재적 범죄자들에 의해 인식되는 검거의 위험성을 증대키기 위한 것"으로 클라크에 의해 처음으로 소개되었다. 이 개념에서 핵심적인 내용은 아마도 기회와 물리적 환경일 것이다. 간단히 말해서 "환경변화를 통해서 인지되는 범죄기회를 감소시키는 것"이라고 할 수 있다.

상황적 범죄예방은 영국 내무부조사위원회에 의해 연구·개발된 것으로 내무부의 비행청소년에 대한 교정처우에서 시작되었다. 비행청소년들의 교정처우시설에 수용되어 있는 동안 일탈행위나 재범의 가능성은 그들의 배경이나 인성보다는 그 교정시설의 환경에 달려 있다고 보고 교정시설내의 환경이 청소년들의 비행에 대단히 중요하다고 보았다.

상황적 범죄예방은 같은 시기에 미국에서 실시되었던 범죄예방대책들과 유사하다. 범죄는 물리적 환경을 변화시킴으로써 막을 수 있다는 생각이 뉴만과 제프리의 주장이었다. 즉 범죄는 주변환경의 설계를 변화시킴으로서 예방될 수 있다는 것이다. 뉴만은 주거용 건물의 설계는 익명의 출입을 제한해야 하고 주민들이 자신의 주거지역에 대한 감시와 주인의식을 통해 주거지역에 대해 책임을 고양해야 한다고 주장했다. 뉴만의 '예방공간'개념과 제프리의 '환경설계를 통한 범죄예방' 개념은 완전히 상황적 범죄예방과 일치하는 개념이다.

상황적 범죄 예방은 특정한 범죄 상황들이 해결책을 위해 인식될 수 있고 조사될 수 있는 특이한 특징들을 가지고 있다는 것이다. 그것의 초점은 특정 문제에서 해결책을 찾는 데 맞추어져 있다. 범죄 분석은 이 과정에서 첫 번째 단계이다. 그 다음 질문들은 "문제에 대한 구체적인 특징들은 무엇인가? 누가 범죄를 저지르고 어려운 일을 야기하는가? 그리고 왜 그런가? 사회·물리적인 배후 환경에 있는 요인들이 즉각적인 방법으로 관찰된 범죄 형식에 기여할 수 있을까?" 하는 것이다. 상황적 범죄 예방은 다음과 같은 열두 가지 기술들을 사용한다.

1) **목표 강화** : 범죄에 대한 가능성을 줄이는 가장 분명한 방법은 자물쇠, 금고, 칸막이 또는 강화된 물질과 물리적인 경계로 위반자나 파괴자 또는 도둑을 차단하는 것이다.

2) **접근 통제** : 접근 통제 또는 허가받지 않은 사람이 시설물로 들어오지 못하게 하는 절차는 사무실과 공장, 특히 도시에 있는 많은 고용자들에 의해 폭넓게 시행되고 있다.

3) **비범죄화의 유도** : 이 기술은 좀더 받아들일 수 있는 방향으로 적절하지 못한 행동을 돌려놓는 것을 포함한다. 예를 들어, 공공 공원이나 거리에서 사람들이 소변을 보는 지속적인 문제를 가지고 있는 지역에 공공화장실을 설치하는 것이다.

4) **범죄 촉진 요소의 통제** : 미국보다 권총 이용이 훨씬 적은 영국에서 낮은 살인사건 비율은 효과적인 총기 통제는 폭력적인 범죄의 수준을 줄일 수 있다고 믿는데 대한 하나의 이유를 제공한다.

5) **출입구·비상구 검사** : 출입구 검사는 그 목적이 출입 요구 조건에 일치하지 않는 사람들을 탐지하는 가능성을 증가시키는 것보다는 사람들을 덜 배제시킨다는 점에서 접근 통제와는 다르다. 비상구 검사

는 상점에서 지불되지 않는 품목과 같은 보호된 지역에서 무단으로 없어지는 물건들을 검사하는 것으로서 주로 도둑을 방지하는 것이다.

6) **공식적인 감시** : 주된 기능이 잠정적인 위반자에 대한 억제 위협을 마련해 주는 것이며, 경찰, 경비, 상점 감시인들과 같은 기관들은 공식적인 감시의 주된 공급자들이다. 그들의 감시 역할은 절도 방지용 경보기, 레이더 속도 위반 적발 장치와 폐쇄회로 TV와 같은 전자장치에 의해 강화될 수 있다.

7) **고용자들에 의한 감시** : 고용자의 주요한 업무 이외에 특히 대중들을 다루고 있는 일부 고용자들은 또한 감시의 역할을 한다. 그들은 가게 보조, 호텔 문지기, 공원 관리자, 주차장 관리인, 기차 차장들이다.

8) **자연적인 감시** : 집주인들은 자신들의 집 앞에서 관목들을 전지하여 전망을 확보하거나, 아파트의 뒤편에 있는 어린이놀이터가 청소년의 비행장소가 되자 이를 아파트단지 사이로 옮겨 아이들의 관찰이 가능해졌다. 새로 지은 교회 등 공공건물의 계단이 위치한 벽을 유리로 설치하여 밖에서도 안의 관찰이 가능하게 되었다.

9) **목표 제거** : 이것은 종종 도둑의 목표가 되는 자동 동전교환기의 제거이다. 편의점에서 돈의 한도를 제한하고 대중교통 수단에서 정확한 잔돈을 요청하는 것들을 포함한다.

10) **재산확인하기** : 소에 낙인을 찍는 것은 잔인하지만 재산을 확인하기 위한 효과적인 방법이다. 현대 조직들은 자신들의 재산을 표시할 때 필연적으로 똑같은 논리를 추구한다. 재산 표시는 "확인 활동"을 통해 가족의 귀중품으로 확장될 수 있다.

11) **동기의 제거** : 뉴욕 시의 몇몇 지역에서 금목걸이를 차거나 재미로 자동차를 운전하는 사람에게 매우 매혹적인 시보레 카마로 와 같은 차를 비워둔 채 남겨 두는 것은 현명하지 못하다. 일부 동기들은 분명하지 않다. 예를 들어 광범위한 실험조사는 총과 같은 단순한 무기의 존재가 일부 사람들에게 오히려 공격적인 반응을 자극한다고 보고했다.

12) **규칙 제정** : 범죄로부터 자기 자신들을 보호하기 위해서 모든 조

직들은 고용인들의 행동을 규제하는 것이 필수적이라는 것을 알아냈다.

상황적 범죄 예방의 문제가 되는 점은 범죄는 간단하게 지리적으로 인접한 지역으로 옮겨진다는 것이다. 한 지역에서 범죄를 저리를 수 있는 기회가 차단된다면 범죄자들은 자신들의 행동을 간단히 다른 지역으로 이동시킬 수 있다. 그러나 상황적 범죄 예방에 관한 일부 연구들은 인근 지역으로 이동시키는 효과를 밝히지 못했다.

2. 지역사회 경찰활동

경찰활동의 진정한 가치는 경찰의 민주화 효율화 그리고 생산성의 극대화를 통해 구현된다고 하여도 과언이 아닐 것이다. 그리고 이것들은 경찰의 조직과 인원 및 장비 등을 합리적·과학적으로 가동함으로 달성되는 목표들이다. 그러므로 경찰활동의 민주화 효율화 그리고 생산성 극대화를 도모하려면 당연히 경찰조직의 정비와 우수인력의 확보 및 국가차원의 예산지원이 뒷받침되어야 한다. 경찰관들의 처우를 개선하고 휴식과 재충전의 기회를 보장할 때 비로소 경찰의 사기가 진작되어 민주적이고 효율적이며 효과적인 경찰활동을 기대할 수 있기 때문이다.

지역사회 경찰활동을 한마디로 요약한다면 지역에서 건전한 공동체 의식을 갖고 지역안전을 추구, 주민들의 삶의 질을 향상시키는 것을 목표로 하는 지역주민과의 유기적인 치안활동이라고 할 수 있다. 이러한 지역사회 경찰활동은 지구대 소속 치안센터에서 근무하는 민원담당관들에 의해 주로 이루어지고 있다. 핵심적인 내용을 몇 가지로 요약해 본다면 우선 주민위주의 경찰활동으로 주역주민과 경찰관이 범죄에 대해 함께 고민하고 대처해 나감으로써 범죄를 감소시키는 것으로 경찰활동이 지역사회와 연관되어야 하는 것은 물론이고 주민들 또한 경찰활동에 적극 협력할 수 있는 여건을 만들어 가는 것이다.

그 다음은 일상적인 신고사건이나 민원상담에 대한 단순한 해결방법을 제시하는 것보다는 지역사회의 근본적인 문제와 원인을 찾아서 해결해 나가는데 중점을 두는 치안활동으로 민원담당관이 근무하고 있는 지역사회의 무제점이 무엇인지 정확히 진단하는 것이 우선순위라 할 수 있다.

끝으로 지역의 여건과 민원담당관의 역량을 충분히 감안한 효율적인 대책을 마련하여 차분히 진행해 나가면서 점차 그 활동영역을 넓혀 나가고 주민들의 요구사항을 경찰행정에 반영시키고 그 결과를 다시 검토하는 등 진정한 협력방범을 구축하는 것을 들 수 있다.

이러한 것들이 서로 유기적으로 결합될 수 있도록 늘 고민하고 주민들과 머리를 맞대며 최선의 협력방안을 찾으려고 애쓰는 것이 치안센터에 상주하는 민원담당관 업무 중의 하나라고 할 수 있다.

오직 범죄 예방과 지역사회 경찰활동의 통합만이 전체로서의 지역사회와 이웃의 안전과 안녕을 강화시킬 수 있다. 범죄 예방 프로그램들은 이웃 연합체와 개인들이 자신들의 안전과 안녕을 확신하는 데 있어서 성공적인 역할을 할 수 있다는 것을 발견했다. 구역순찰, 이웃순찰, 사업장과 안전검사, 안전훈련과 같은 프로그램들은 시민들을 범죄 예방에 참여시키는 데 유용한 것으로 증명되었다. 이러한 프로그램들은 종종 문제 해결과 경찰-시민 동반자적 협력체 조성에 시민들을 포함시켰다. 그 프로그램들은 또한 시민들에게 자신들의 안전에 참여할 수 있다는 자부심을 주었다.

가. 전략 지향적 경찰

전략 지향적 경찰활동의 목적은 범죄적 요소나 사회 무질서의 원인을 제거하고 지역사회를 교정하는 기초를 제공해 주는 것이다. 또한 전략적 경찰활동은 하나의 경찰서 관할구역을 넘어서 발생하는 전략적 경찰활동은 여러 관할을 담당하는 특별수사대와 전문수사반을 이용하고 매우 복잡한 범죄에 대해 법집행적 대응을 한다. 전략 지향적 경찰은 전통적인 경찰자원의 재분배를 의미한다.

나. 이웃 지향적 경찰

이웃 지향적 경찰은 그 이웃에 고유한 프로그램을 통하여 범죄와 범죄의 공포를 감소시키기 위한 경찰과 모든 지역사회 구성원의 상호작용을 의미한다. 이웃 지향적 경찰은 이러한 협동적인 노력을 통하여 범죄와 범죄의 공포를 감소할 수 있다는 점에서 지역사회경찰 활동의 중요한 한 측면을 구성하고 있다. 이웃 지향적인 경찰은 경찰과 지역사회 간의 문제해결을 위한 파트너십으로서 경찰과 지역사회가 상호 협동함으로써 범죄에 대한 두려움과 범죄의 빈도를 감소시킬 수가 있고, 지역사회의 삶의 질을 향상시킬 수가 있다

경찰과 지역사회간의 상호신뢰를 바탕으로 지역사회 파트너십을 발전시키기 위해서는 무엇보다도 경찰이 지역사회와 긍정적인 관계를 개발하여야 한다. 뿐만 아니라 보다 나은 범죄통제와 예방을 위하여 문제를 확인하고, 문제의 해결책을 개발하고, 집행하기 위한 의사결정과정에 있어서 지역사회 구성원들을 참여시켜야 한다. 그러기 위해서는 경찰은 지역사회와 연계, 동화되어야 한다. 또 경찰은 개인적 수준에서 시민과 상호작용을 해야 하며, 지역사회의 감정과 관심에 친숙해야 한다. 일반적으로 이웃 지향적인 경찰 프로그램의 유형으로는 지역사회 순찰, 지역사회 범죄예방 프로그램, 의사전달프로그램 및 지역사회의 사회적 통제프로그램 등을 들 수 있다.

다. 문제 지향적 경찰

문제지향적인 경찰은 지역사회의 특정한 관심사가 확인되고, 이러한 문제를 해결하기 위하여 가장 적절한 치유책이 발견되어지는 과정이다. 그러므로 문제해결은 주민과 경찰간의 협동적인 노력으로 이루어지는 의사결정과정과 밀접히 연계되어 있다. 문제지향적인 접근방법은 어떤 문제에 대한 전술적인 해결책을 개발하여 그러한 문제가 발생할 때마다 그것을 적용하려고 하는 대신에 그 문제를 초래하였던 원인에 치중하여 상황적 해결책을 모색하기 위해 경찰과 지역사회가 공동으로 노

력하는 것이다.

이런 세 가지 요소들로 살펴본 지역사회경찰은 연속적(consecutive)으로 이루어지는 것이 아니라 순환적(cyclical)으로 이루어지며, 각각의 구성요소들이 다른 요소들을 보충하는 상호의존성이 필요하다.

3. CPTED

가. CPTED의 발달과정

CPTED용어는 Jeffery가 1971년 『*Crime Prevention Through Environmental Design*』라는 제목으로 도시설계(urban design)와 범죄와의 관계를 설명하는 책을 출간하면서 처음 소개하였는데, 이 책에는 1968년에 나온 "폭력의 원인과 예방에 관한 국립 조사위원회(National Commission on the Causes and Prevention of Violence)"의 조사보고서 내용이 간추려져 있으며 이 보고서는 미국민들에게 도시설계와 범죄사이에 '직접적인 관계(direct relationships)'가 있음을 경고하고 있다.

하지만, 건축물, 지역, 또는 도시의 물리적 환경을 개선함으로써 범죄예방효과를 거두고자 하는 CPTED개념을 가장 먼저 체계화한 사람은 아마 1961년에 출간된 저서 『위대한 미국 도시들의 죽음과 삶(*the Death and Life of Great American Cities*)』을 통해 도시설계와 범죄와의 다양한 관계들에 대해 설명을 시도한 Jane Jacobs일 것이다. 제이콥스는 이 저서에서 점차 증가하고 있는 "영역의 정체성(territorial identity)"과 "자연적 감시(natural surveillance)"의 중요성을 강조하고 있다.

CPTED개념 및 기법의 정립에 있어 가장 기념비적인 사건은 아마도 1971년에 미국 법무부가 거액을 들이고 웨스팅하우스 전력사(Westinghouse Electric Corporation)가 주관한 대형 연구조사 프로젝트일 것이다. 웨스팅하우스는 수많은 연구를 통해 이미 공공주택 환경에서 그 효과를 입증한 CPTED기법을 상가와 교통시설 및 학교 등지에 적용하고

자 하였다. 이 대규모 연구프로젝트의 결과는 오늘날까지 CPTED 기법의 골격을 이루고 있다(Crowe, 2000, p. 7). 1972년에는 웨스팅하우스 프로젝트에 참가하였던 Oscar Newman이 『방어공간(*Defensible Space*)』이라는 제목의 책을 출간하면서 '자연적 감시', '접근통제(access control)' 및 '영역에 대한 관심(territorial concern)'의 중요성을 설파하였다.

이후 미국 전역으로 확산된 CPTED 연구 및 실용화작업은 1980년대 들어 각 지역의 건축관계법령에 CPTED원칙이 반영되는 성과를 낳게 되었다. 건축설계 감리 및 평가에 관한 법령들은 건축설계를 함에 있어 CPTED적 고려를 하도록 의무화하도록 개정되었으며, 몇몇 주에서는 학교와 식료품 취급시설의 설계와 관리를 관장하는 새로운 법률과 규제를 신설하기도 하였다. 특히, 플로리다 주에서는 이러한 CPTED 입법 및 공공·민간 부문에서의 CPTED 기법 교육훈련에 있어 가장 선진적인 노력을 경주해 오고 있는 것으로 평가받고 있다.

1993년에는 미국 건축가협회에서 첫 "전국 CPTED 학술대회(National CPTED Conference)"를 개최하였으며 1995년에는 "全美 市長협의회(The U.S. Conference of Mayors)에서 CPTED 학술대회를 개최하여 전국의 시장들을 대상으로 한 CPTED 개념 및 기법 채택여부에 대한 조사결과를 발표하기도 하였다.

1980년대부터는, 미국 이외에도 캐나다, 영국, 네덜란드, 호주 및 일본에서도 CPTED 개념에 입각한 연구와 법규개정 및 실무 적용사례들이 급격하게 증가하고 있으며, 특히, 2000년 호주 시드니 올림픽 조직위원회는 경기장, 숙소 및 교통시설 설계에 있어 CPTED 개념을 채택한 것으로 유명하다.

나. CPTED의 의의

CPTED 개념은 "건축 및 환경의 제대로 된 설계와 올바른 관리는 범죄의 감소와 범죄에 대한 두려움의 감소는 물론, 삶의 질 향상이라는 결과로 이어질 수 있다"라는 가정에서 출발한다. 이를 뒤집어 보면,

"건축 및 환경의 잘못된 설계와 관리는 범죄의 증가, 범죄에 대한 두려움의 증가 및 삶의 질 저하라는 결과를 야기할 수 있다"라는 가정이 성립된다.

사실, '장소와 범죄' 사이의 관계를 중심으로 범죄예방을 위한 건축 및 환경 설계를 연구하는 이론과 접근방법에는 CPTED 이외에도 여러 가지가 있으며 아직 완전한 개념적, 이론적, 기법적, 실무적 통합이 이루어졌다고는 볼 수 없다. 앞에서도 살펴 본 바와 같이, CPTED는 제프리의 저서에서 비롯된 명칭이며 그 실용성과 포괄성, 현실적용력 면에서의 장점으로 인해 오늘날 가장 널리 알려지고 채택되고 있다고 볼 수 있다. 그러나, CPTED 이외에도 "방어공간(Defensible Space)", "상황적 범죄예방론(Situational Crime Prevention)" 및 "환경범죄학(Environmental)" 등 '장소와 범죄'의 관계에 입각한 범죄예방 이론들은 서로 많은 공통점과 함께 각기 다른 독특한 특성과 전통을 가지고 발전해 오고 있다.

비록 공동주택의 영역 내로 그 대상을 한정한 뉴만의 Defensible Space에 비해, CPTED가 보다 넓은 환경과 범죄와의 관계를 고려한다는 차이점이 있기는 하지만, 그 토대를 이루는 기본 원칙들은 '경계의 설정(boundary definition)', '접근통제(access control)', '토지의 활용과 활동장소간의 관계(the relation between land used and activity locations)' 및 '영역성(territoriality)' 등 뉴만의 개념과 거의 흡사하다고 할 수 있다.

1980년대에 이르러 CPTED이론과 실무상의 원칙들은 '깨어진 창문이론(Broken Windows Theory)'의 등장과 뒤이은 수많은 실증연구들의 영향을 받아 건축물과 환경의 '관리(maintenance)'의 중요성을 더욱 강조하게 된다. 특히, 이러한 '관리(maintenance)'의 중요성에 대한 강조는 1985년 영국의 시영 공동주택단지(council housing estates)에 대한 Alice Coleman의 방대한 연구결과에 의해 심화되었는데, 이 연구를 통해 Coleman은 낙서(graffiti), 지저분한 입구(trashed entranceways) 및 파손된 기물(vandalism)등이 범죄의 유인요소가 될 수 있다고 주장하면서 '설계상의 문제요소(design disadvantagement features)'를 적시하고 이를 시정하는 방법들을 제시하여 뉴만의 방어공간을 실현하고자 하였다.

이러한 연구성과들을 발판 삼아 CPTED의 실천전략들을 체계화 한 것은 Crowe(이하 크로우)였다. 크로우는 뉴만의 방어공간 이론에서 추출한 범죄예방을 위한 건축원칙뿐만 아니라 방어공간이론에서는 다루어지지 않았으며 물리적 공간의 설계와는 직접적 관계가 없는 '공간활용시간의 조정(scheduling)' 및 '통신(communication)' 등 공간의' 관리(management)'와 '사용(use)'에 초점을 맞춘 '상황적 범죄예방(situational crime prevention)'적 시각을 투영하였다. 이러한 전략은 또한, 토지 사용에 있어서의 '공간의 연결(spatial connections)' 및 사람들의 '활동 양상(activity pattern)'에 관심을 둔 '신도시학파(New Urbanist)'의 관점과 유사성을 보인다.

다. CPTED와 지역개발

이러한 CPTED는 종합적인 범죄예방 전략의 한 축으로 이해될 수 있으며 전체적인 국가적 범죄예방 정책 및 지방자치단체 차원의 지역개발계획과 조화를 이루어야만 제대로 성과를 거둘 수 있다. 아울러, 현재 선진 민주국가 경찰행정 이념에 있어서의 규범(norm)으로 자리잡고 있는 "지역사회 지향 경찰활동(Community Oriented Policing)"과 상호보완적으로 활용될 때, CPTED는 "지역공동체 치안(Community Safety)"확보라는 현대 지역행정의 난제를 해결할 수 있는 열쇠가 될 수 있다. CPTED와 지역사회 경찰활동은 공히 범죄예방에 있어 "문제해결식 접근(problem-solving approach)"을 강조하고 있으며 범죄의 발생률과 범죄에 대해 느끼는 공포심의 감소를 위해서는 경찰과 주민간의 긴밀한 협력과 공조가 가장 중요하다고 보고 있다. 특히 CPTED는 특정한 장소에서 발생하는 범죄에 대한 체계적 분석을 강조하고 있기 때문에 특정한 지역사회에서 발생하는 독특한 범죄문제에 대한 "맞춤

대응전략(strategies tailored to solve specific problems)"을 제공함으로써 지역사회의 정책수립에 직접적인 도움을 줄 수 있다.

CPTED/Community Oriented Policing적 접근방법의 범죄예방 정책을 수립하고 시행함에 있어 시민과 정부·지방자치단체 및 경찰은 아래와 같은 각자가 담당해야 할 역할이 있다.

- 주민들은 스스로 동네의 환경을 개선하여 범죄의를 사전에 차단할 수 있도록 노력하여야 한다.
- 정부 및 지방자치단체는 건축관계법령과 인허가권 및 감독권을 통해 건축/도시계획 설계단계에서부터 범죄예방을 위한 고려를 충분히 하도록 하고 범죄의 환경적 토양이 되는 기초질서 위반행위를 차단하기 위해 노력하여야 한다.
- 경찰은 주민들의 안전의식을 향상시키고 범죄의 원인을 제공하는 지역사회의 문제점들을 해결하기 위해서 주민 및 지역사회단체들과 협력하여야 하며 치안역량 배치에 있어서도 도보순찰을 강화하는 등 지역사회와의 접촉 및 연계를 강화해 나가야 한다.

이러한 CPTED기법의 지역정책에의 반영은 "지역사회 내에 있는 주민과 집단이 자신들의 공통문제를 인식하고 이를 해결함으로써 보다 나은 지역사회를 건설하려고 노력하는 제반 활동"을 의미하는 "지역사회개발"노력의 일환으로 볼 수 있다. 지역사회개발의 궁극적 목적은 "참된 삶의 추구와 행복"이라고 할 수 있으며 이는 지역민간의 평등성 향상, 민주주의의 실천, 광역공동체의 형성, 자립과 자조, 공동의 행복추구 등의 방향성을 바탕으로 달성되어야 한다. 그렇기 때문에, 특정 공동주거지역에서 다른 곳보다 많은 범죄사건이 발생하게 되고, 범죄의 빈발로 인해 지역민의 불안과 공포심이 높아진다면, 이는 이러한 지역사회개발의 목적에 정면으로 배치되는 결과를 야기하게 되는 것이고 이러한 "反지역사회개발적 문제"를 해결해 주는 기법 중 하나가 CPTED일 것이다.

제3절 지역경찰제도의 운영

Ⅰ. 순찰지구대의 조직과 운영

1. 순찰지구대의 설치

① 지방경찰청장은 인구, 면적, 행정구역과 사건사고의 발생상황 등을 고려하여 경찰서의 관할지역을 나누어 순찰지구대를 설치한다.[1]

② 순찰지구대는 관할지역 내의 파출소, 분소, 초소를 총괄 관리·운영하며, 원격지 기타 특별한 치안수요가 있는 파출소는 특수파출소로 운영할 수 있다.

2. 운영기준

① 순찰지구대에는 순찰 등 지역경찰활동에 필요한 적정 인력을 배치하여야 하며, 그 기준은 따로 정한다.

② 도·농복합지역, 농어촌지역 등의 순찰지구대는 경찰관서장이 지역실정에 적합하게 운영할 수 있다.

3. 순찰지구대 구성

순찰지구대는 순찰지구대장, 사무소장, 순찰지도관, 관리요원, 순찰요원 및 민원담당관으로 구성한다.

---

1) 지역경찰조직 및 운영에 관한 규칙[2003. 9. 17 경찰청훈령 제409호]

(1) 순찰지구대장

순찰지구대 활동과 업무의 총괄지휘 및 지역책임자로서 순찰지구대장을 둔다.

(2) 순찰지구대 사무소장

① 지구대장 아래 순찰팀장으로 교대제의 순찰지구대 사무소장을 둔다.

② 소장은 소속순찰요원의 근무를 감독하고 제반 사건·사고발생시 현장상황을 지휘·처리한다.

③ 소장을 보좌하고 부재시 업무대행을 위해 순찰팀별 부소장을 둘 수 있다.

(3) 순찰지도관

순찰요원의 근무상황을 지도하고 지구대 관리 업무를 관장하도록 일근제의 순찰지도관을 둘 수 있다.

(4) 순찰요원

순찰요원은 순찰팀별로 편성·배치하여 교대제근무를 실시하고 순찰지구대 관할지역에 대한 현장치안활동을 수행한다.

(5) 민원담당관

민원담당관은 파출소에서 일근근무를 원칙으로 하며 민원업무처리 및 지역사회 봉사활동 등을 수행한다.

(6) 관리요원

관리요원은 일근제로 순찰지구대 행정 및 경리업무 등을 담당한다.

Ⅱ. 순찰지구대의 근무

1. 지구대장의 직무

(1) 지역경찰활동의 실태분석 및 대책수립

(2) 관할지역내 파출소, 분소 및 초소의 관리·운영과 소속 지역경찰관의 근무에 대한 지도 및 감독

(3) 관내 치안상황의 장악 및 현장지휘

(4) 중요시책의 홍보와 협력치안의 강화

(5) 월간 휴무일 지정 등 사기관리

2. 사무소장의 직무

가. 기본임무

(1) 소속 지역경찰관의 일일근무 지정

(2) 구체적 근무사항의 지시 및 교양실시

(3) 주요사건사고 현장임장 및 초동조치

(4) 감독순찰 및 관내상황파악

(5) 근무자 장비 및 시설점검

(6) 근무교대시 주요 취급사항 및 장비 등 인수인계 확인

나. 각 소장별 담당업무

(1) 제1소장 : 경무, 장비, 통신 기타 2·3소장의 담당업무에 속하지 않는 업무, 지구대장 유고시 업무대행

(2) 제2소장 : 방범, 수사·형사업무

(3) 제3소장 : 경비, 교통, 정보·보안·외사업무

3. 순찰요원의 직무

지구대의 주축인 순찰요원은 순찰 및 거점근무를 통해 범죄예방활동을 수행함과 동시에 112신고와 사건사고의 출동요소가 발생하면 신속히 현장에 출동하여 현장치안활동을 수행한다. 이밖에도 수사, 교통, 경비, 단속업무 등 다양한 임무를 수행한다.

4. 관리요원의 직무

(1) 관내 범죄분석 및 대책수립
(2) 예산 및 시설·장비의 관리
(3) 문서의 접수처리 및 행정보고
(4) 소속 지역경찰관의 인사관리
(5) 기타 순찰지구대 일반행정업무 등

5. 민원담당관의 직무

(1) 경찰민원 접수 및 처리
(2) 지역주민을 위한 봉사활동
(3) 타기관 협조 및 협력방범활동
(4) 지역 치안모니터링 활동
(5) 기타 지구대장이 지정하는 업무 등

Ⅲ. 순찰지구대의 생활안전활동

1. 순찰 및 거점근무

가. 순찰근무

① 지역경찰관은 관내상황의 파악, 범죄의 예방과 범인의 검거, 교통 및 제경찰사범의 단속, 청소년선도·보호, 위험발생의 방지, 주민 보호·상담 등을 실시하기 위해 관할구역에 대한 부단한 순찰활동을 전개한다.

② 순찰은 도보 및 기동순찰로 구분하고 2인1조로 실시하는 것을 원칙으로 한다.

나. 기동순찰

① 기동순찰은 112순찰차량에 의해 실시하는 것을 원칙으로 하되 필요시 오토바이 또는 자전거 등에 의해 실시할 수 있다.

② 112기동순찰 근무자는 순찰지구대 관할내 구역별로 배치하여야 하고 필요시 배치구역을 중첩되도록 하거나 우범지역 등이 연계되도록 순찰선을 지정·운용할 수 있다.

다. 거점근무

① 지역경찰관은 관내 우범지역, 범죄취약지, 최근 범죄발생지 등에서 고정 또는 유동하면서 통행인과 차량에 대한 관찰 및 검문검색을 통한 근무지 주변에 대한 범죄예방 활동을 실시한다.

② 순찰근무자는 순찰시간내 거점근무를 병행실시하여야 한다.

2. 현장출동

가. 신고출동

① 112기동순찰 근무자는 112신고사건 등과 상급 경찰관서 및 순찰지구대에서 처리를 지시한 사건사고에 대해 타임무에 우선하여 신속히 현장출동하여 초동조치를 취한다.

② 112순찰이외의 출동요소는 오토바이순찰, 도보순찰, 상황근무자 순으로 한다.

③ 순찰요원은 현장출동 및 조치결과에 대하여 112신고센터 등에 보고하여야 한다.

나. 출동지원

① 현장조치시 다수의 경찰관이 필요하다고 판단되면 112센터 및 지구대장에게 지원을 요청하고 긴급한 경우에는 인접 순찰요원에게 직접 지원을 요청하여야 한다.

② 순찰요원은 지원지시를 받은 경우 신속히 현장으로 출동하여야 하며, 긴급한 경우 지원요청이 없더라도 현장조치중인 순찰요원을 지원하여야 한다.

3. 수사업무

가. 현행범의 체포

지역경찰관이 현행범인을 발견하였을 때에는 범죄현장 보존과 증거수집조치를 취하고 범인을 수사전담 경찰관에게 인계하거나 필요한 조치를 취한다.

나. 범죄사건의 처리

지역경찰관이 범죄의 신고를 받았거나 피의사실을 인지하였을 때에는 범죄현장의 보존, 증거의 수집, 피해현장과 범죄 실황조사 기타 필요한 조치와 수사를 행하고 해당사건을 수사전담경찰관에게 인계한다.

다. 긴급배치

지역경찰관은 중대한 사건 등 발생으로 긴급배치시 지정장소 등에서 통행인 및 차량에 대한 검문검색 등 필요한 조치를 행하여야 한다.

4. 교통업무

가. 교통사고의 처리

지역경찰관은 관내에서 교통사고 발생시 현장보존 및 관계인을 확보하고 주변 교통정리와 부상자 구호 등 필요한 조치를 취하며 해당사건을 교통사고 전담경찰관에게 인계한다.

나. 교통지도 및 정리

지역경찰관은 순찰근무 중 도로상의 교통정체나 장해 등 상황을 발견시 보행자 및 차량의 원활한 소통과 안전을 확보하기 위하여 필요한 조치를 취하여야 한다.

5. 경비업무

가. 경비

지역경찰관은 다중범죄진압, 대간첩작전, 경호경비, 비상경비, 집회 및 행사의 경비, 기타 각종 경비상황 발생시 경찰관서장의 지시에 따라 경계 또는 진압활동을 수행한다.

나. 재난 등 사고의 처리

지역경찰관은 관내에서 화재, 폭발물, 풍수해 등 사고가 발생하였을 때에는 소방서 등 관계기관과 협조하여 필요한 방재조치를 취하고 부상자 및 이재민 등을 구호하며 교통정리와 도난 사고 예방활동을 실시한다.

6. 단속업무 등

가. 경찰사범의 단속

지역경찰관은 근무 중 제경찰법규 위반사범을 인지하였거나 신고 받았을 때에는 이를 단속 또는 처리하여야 한다.

나. 피의자 호송

① 지역경찰관은 검거한 피의자 등에 대하여 자해 및 도주방지 등 필요한 조치를 강구하여 안전하게 호송하여야 한다.

② 호송 중에는 가혹행위나 욕설, 반말 등 인권을 침해하는 일이 없도록 하 여야 한다.

7. 지역활동

가. 실태파악

① 지역경찰관은 경찰업무 수행상 필요한 사항에 대한 실태나 주민의견 등을 파악하고 적극 대처하기 위하여 방범심방 등 지역사회 경찰활동을 수행한다.

② 방범심방의 구체적 실시방법 등은 방범심방규칙에 정한다.

나. 방범진단

지역경찰관은 범죄예방을 위하여 필요할 경우 관내 주택, 상가, 건물 등에 대하여 방범시설 및 설비의 설치상황 등을 점검하여 방범상 미비점 등을 보완하도록 지도하여야 한다.

다. 지역협력

지역경찰관은 범죄 및 안전사고의 예방을 위한 안내 및 홍보를 실시하고 민원이나 요망 등을 적극적으로 청취하는 한편 경찰의 중요시책 등에 대해 주민의 이해와 협조를 얻도록 하여야 한다.

제4절 생활질서업무

Ⅰ. 풍속업무관련 기본법령

1. 풍속영업의 규제에 관한 법률

〈위반행위〉

벌 칙	위반행위	조 항
3년이하 3천이하	○성매매 알선등	10조1항, 3조1호
3년이하 2천이하	○음란행위를 하게 하거나 이를 알선 또는 제공	10조2항, 3조1호의2
	○음란한 물건을 반포·판매·대여하거나 이를 하게 하는 행위 ○음란한 물건을 관람·열람하게 하는 행위 ○반포·판매·대여·관람·열람의 목적으로 음란한 물건을 진열 또는 보관	10조2항, 3조2호
	○도박 기타 사행행위를 하게 하는 행위	10조2항, 3조3호
양벌규정	법인의 대표자나 법인 또는 개인의 대리인, 사용인 기타의 종업원이 그 법인 또는 개인의 업무에 관하여 제10조의 위반행위를 한 때에는 행위자를 벌하는 외에 그 법인 또는 개인에 대하여도 동조의 벌금형을 과한다.	12조

〈적용범위〉

적용범위		개념
인 적 적용범위	풍속영업자	풍속영업을 영위하는 자 (허가 또는 인가를 받지 아니하거나 등록 또는 신고를 하지 아니하고 풍속영업을 영위하는 자를 포함)
	종사자	명칭여하를 불문하고 영업자를 대리하거나 영업자의 지시를 받아 상시 또는 일시 영업행위를 하는 대리인·사용인 기타의 종업원 (무도학원업 의 경우 강사·강사보조원을 포함한다)
장 소 적 적용범위	풍속업소	○ 유흥주점업, 단란주점업 (식품위생법) ○ 숙박업, 이용업 (공중위생관리법)

		○ 노래연습장업 (음악산업진흥에 관한 법률) ○ 게임제공업, 복합유통게임제공업 (게임산업진흥에관한 법률) ○ 비디오감상실업 (영화 및 비디오물의 진흥에 관한 법률) ○ 무도학원업, 무도장업 (체육시설의 설치,이용에 관한 법률)

〈단속대상〉

용어	개념
성매매 알선 등 ※ 성매매특별법 제 2 조	1. "성매매"라 함은 불특정인을 상대로 금품 그 밖의 재산상의 이익을 수수·약속하고 다음 각목의 어느 하나에 해당하는 행위를 하거나 그 상대방이 되는 것을 말한다. 가. 성교행위 나. 구강·항문 등 신체의 일부 또는 도구를 이용한 유사성교행위 2. "성매매알선등행위"라 함은 다음 각목의 어느 하나에 해당하는 행위를 하는 것을 말한다. 가. 성매매를 알선·권유·유인 또는 강요하는 행위 나. 성매매의 장소를 제공하는 행위 다. 성매매에 제공되는 사실을 알면서 자금·토지 또는 건물을 제공하는 행위
음 란	일반보통인의 성욕을 자극하여 성적흥분을 유발하고 정상적인 성적수치심을 해하여 성적 도의관념에 반하는 것
도 박	당사자가 서로 재물을 걸고, 주로 우연한 사정에 의존한 승부로 재물의 득실을 결정하는 행위
사행행위 ※ 사특법 제2조	다수인으로부터 재물 또는 재산상의 이익을 모아 우연적 방법에 의하여 득실을 결정하여 재산상의 이익 또는 손실을 주는 행위

2. 성매매알선 등 행위의 처벌에 관한 법률

〈주요 벌칙〉

벌 칙	위반행위 (※미수범 처벌)	조 항
5년이상	1. 업무·고용 그 밖의 관계로 인하여 보호 또는 감독을 받는 자에게 마약 등을 사용하여 성을 파는 행위를 하게 한 자 2. 폭력행위등처벌에관한법률 제4조에 규정된 단체나 집단의 구성원으로서 18조3항 1호 내지 3호의 죄를 범한 자	18조4항
3년이상	1. 타인을 감금하거나 단체 또는 다중의 위력을 보이는 방법으로 성매매를 강요한 자 2. 성을 파는 행위를 하였거나 할 자를 고용·관리하는 것을 이용하여 위계 또는 위력으로 낙태하게 하거나 불임시술을 받게 한 자 3. 성매매 목적의 인신매매를 한 자	18조3항

	4. 폭력행위등처벌에관한법률 제4조에 규정된 단체나 집단의 구성원으로서 18조2항 1호 또는 2호의 죄를 범한 자	
1년이상	1. 18조1항의 죄(미수범을 포함한다)를 범하고 그 대가의 전부 또는 일부를 받거나 이를 요구·약속한 자 2. 위계 또는 위력으로 청소년, 사물을 변별하거나 의사를 결정할 능력이 없거나 미약한 자 또는 대통령령이 정하는 중대한 장애가 있는 자로 하여금 성을 파는 행위를 하게 한 자 3. 폭력행위등처벌에관한법률 제4조에 규정된 범죄단체나 집단의 구성원으로서 18조1항의 죄를 범한 자	18조2항
10년이하 1억이하	1. 폭행 또는 협박으로 성을 파는 행위를 하게 한 자 2. 위계 또는 이에 준하는 방법으로 성을 파는 자를 곤경에 빠뜨려 성을 파는 행위를 하게 한 자 3. 친족·고용 그 밖의 관계로 타인을 보호·감독하는 것을 이용하여 성을 파는 행위를 하게 한 자 4. 위계 또는 위력으로 성교행위 등 음란한 내용을 표현하는 영상물 등을 촬영한 자	18조1항
7년이하 7천이하	1. 영업으로 성매매알선등행위를 한 자 2. 성을 파는 행위를 할 자를 모집하고 그 대가를 지급받은 자 3. 성을 파는 행위를 하도록 직업을 소개·알선하고 그 대가를 지급받은 자	19조2항
3년이하 3천이하	1. 성매매알선등행위를 한 자 2. 성을 파는 행위를 할 자를 모집한 자 3. 성을 파는 행위를 하도록 직업을 소개·알선한 자	19조1항
3년이하 3천이하	〈성매매광고〉 1. 성을 파는 행위 또는 음란행위 등을 하도록 직업의 소개·알선할 목적으로 광고(각종 간행물·유인물·전화·인터넷 그 밖의 매체를 통한 행위를 포함한다. 이하 같다)를 한 자 2. 성매매 또는 성매매알선등행위가 행하여지는 업소에 대한 광고를 한 자 3. 성을 사는 행위를 권유 또는 유인하는 광고를 한 자	20조1항
2년이하 1천이하	영업으로 성매매 광고물을 제작·공급하거나 광고를 게재	20조2항
1년이하 5백이하	영업으로 성매매 광고물이나 광고가 게재된 출판물을 배포	20조3항
양벌규정	법인의 대표자나 법인 또는 개인의 대리인·사용인 그밖의 종업원이 그 법인 또는 개인의 업무에 관하여 제18조 내지 제23조의 죄를 범한 때에는 행위자를 벌하는 외에 당해 법인 또는 개인에 대하여도 각 해당 조의 벌금형을 과하고, 벌금형이 규정되어 있지 않은 경우에는 1억원 이하의 벌금에 처한다.	

〈단속대상〉

구분	주요개념	조 항
성매매	불특정인을 상대로 금품 그 밖의 재산상의 이익을 수수·약속하고 다음 각목의 어느 하나에 해당하는 행위를 하거나 그 상대방이 되는 것 가. **성교행위** 나. 구강·항문 등 신체의 일부 또는 도구를 이용한 **유사성교행위**	2조1항1호
성매매알선등 행위	가. **성매매를 알선·권유·유인 또는 강요**하는 행위 나. **성매매의 장소를 제공**하는 행위 다. 성매매에 제공되는 사실을 알면서 **자금·토지 또는 건물을 제공**	2조1항2호

3. 청소년의 성보호에 관한 법률

〈주요벌칙〉

벌 칙	위반행위	조 항
무기 또는 5년이상	**청소년 매매** -청소년의 성을 사는 행위 또는 청소년이용음란물을 제작하는 행위의 대상이 될 것을 알면서 청소년을 매매 또는 국외에 이송하거나 국외에 거주하는 청소년을 국내에 이송 ☞ 미수범 처벌	9조1항, 2항
5년이상	**청소년이용음란물 제작·수입·수출** ☞ 미수범 처벌	8조1항, 6항
	청소년강간(준강간, 위계·위력에 의한 강간) ☞ 미수범 처벌	7조1항, 3~4항
	청소년의 성을 사는 행위의 장소제공을 업으로 하는 자	12조1항1호
	청소년의 성을 사는 행위를 알선하는 행위를 업으로 하는 자	12조1항2호
	청소년 성구매 알선·장소제공이 업으로 이루어지고 있음을 알면서 자금·토지 또는 건물을 제공한 자	12조1항3호
	영업으로 청소년의 성을 사는 행위의 장소를 제공·알선하는 업소에 청소년을 고용하도록 한 자	12조1항4호
3년이상 (대가의 전부 또는 일부를 받거나 이를 요구	폭행이나 협박으로 청소년을 성을 사는 행위의 상대방이 되게 하는 행위 ☞ 미수범 처벌	11조1항1호, 2항
	청소년을 곤경에 빠뜨려 성을 사는 행위의 상대방이 되게 하는 행위(위계, 선불금, 채무이용 등) ☞ 미수범 처벌	11조1항2호, 2항
	자신의 보호 또는 감독을 받는 것을 이용하여 청소년의 성을 사는	11조1항3호,

또는 약속한 때에는 5년이상.)	행위의 상대방이 되게 하는 행위 (업무·고용이나 그 밖의 관계) ☞ 미수범 처벌	2항
3년이상	영업으로 청소년을 청소년의 성을 사는 행위의 상대방이 되도록 유인·권유 ☞ 미수범 처벌	11조1항4호
1년이상 5백이상 2천이하	**청소년 강제추행**(준강제추행, 위계위력에 의한 강제추행) ☞ 미수범 처벌	7조2항, 3~4항
1년이상 10년이하	청소년이용음란물을 제작할 것이라는 정황을 알면서 청소년을 청소년이용음란물의 **제작자에게 알선**	8조5항
7년이하	**영리목적 청소년이용음란물** 판매·대여·배포, 이를 목적으로 소지·운반, 공연히 전시·상영	8조2항
5년이하 3천이하	청소년의 성을 사는 행위의 상대방이 되도록 유인·권유	11조3항
	영업으로 청소년의 성을 사는 행위를 하도록 유인·권유 또는 강요	12조2항1호
	청소년의 성을 사는 행위의 장소를 제공	12조2항2호
	청소년의 성을 사는 행위를 알선	12조2항3호
	영업으로 청소년의 성구매 장소제공·알선 행위를 약속	12조2항4호
3년이하 2천이하	**청소년이용음란물**을 배포·공연히 전시 또는 상영	8조3항
	청소년의 성을 사는 행위	10조
	청소년의 성을 사는 행위를 하도록 유인·권유 또는 강요	12조3항
2천이하	**청소년이용음란물을 소지**	8조4항
5천이하 (양벌규정)	법인의 대표자나 법인 또는 개인의 대리인·사용인 및 그 밖의 종업원이 그 법인 또는 개인의 업무에 관하여 제8조, 제9조, 제11조 및 제12조의 죄를 범하면 행위자를 벌할 뿐만 아니라 그 법인 또는 개인에 대하여도 벌금형이 있는 경우에는 각 해당 조의 벌금형을 과하고 벌금형이 없는 경우에는 5천만원 이하의 벌금	19조
처벌특례	「성매매알선 등 행위의 처벌에 관한 법률」 제21조제1항에도 불구하고 대상청소년에 대하여는 보호 및 재활을 위하여 처벌하지 아니한다.	25조

〈주요개념〉

구분	주요개념	조항
청소년	19세 미만의 자. 단, 19세에 도달하는 해의 1월 1일을 맞이한 자는 제외	2조1호
청소년의 성을 사는 행 위	청소년, 청소년의 성을 사는 행위를 알선한 자 또는 청소년을 실질적으로 보호·감독하는 자 등에게 금품이나 그 밖의 재산상 이익, 직무·편의제공 등 대가를 제공하거나 약속하고 다음 각 목의 어느 하나에 해당하는 행위를 청소년을 대상으로 하거나 청소년으로 하여금 하게 하는 것을 말한다. 가. 성교 행위 나. 구강·항문 등 신체의 일부나 도구를 이용한 유사 성교 행위 다. 신체의 전부 또는 일부를 접촉·노출하는 행위로서 일반인의 성적 수치심이나 혐오감을 일으키는 행위 라. 자위 행위	2조4호
대상청소년	청소년의 성을 사는 행위(10조)의 상대방이 된 청소년	2조7호

4. 청소년 보호법

□위반행위

벌 칙	위반행위	조 항
1년이상 10년이하	영리목적 **청소년 성접대** 제공·알선·매개 (신체적인 접촉, 은밀한 부분 노출등)	49조의2, 26조의2 1호
10년이하	영리목적 **청소년 접객행위** 제공·알선·매개 (손님과 함께 술을 마시거나 노래 또는 춤등)	49조의3, 26조의2 2호
	영리·흥행목적 **청소년 음란행위** 제공	49조의3, 26조의2 3호
3년이하 2천이하	영리목적 **청소년 호객행위** 하게 하기	50조4호 26조의2 7호
	청소년 이성혼숙 영업, 이성혼숙 장소제공	50조4호, 26조의2 8호
	다방 **청소년 배달판매** 제공·조장·묵인	50조4호, 26조의2 9호
	영리목적 **청소년유해매체물** 판매·대여·배포, 시청·관람·이용제공	50조1호, 17조1항
	청소년 **유해업소 고용**[2]	50조2호, 24조1항
	청소년 대상 유해화학물질관리법상 **'환각물질' 판매**	50조3호, 26조1항
2년이하 1천이하	청소년 **유해업소표시** 미표시	51조1호, 24조5항
	청소년 **유해매체물 방송**	51조5호, 19조
	청소년 **유해매체물인 광고선전물** 설치·부착·배포 (청소년 출입·고용금지업소내는 제외)	51조6호, 20조1항
	청소년 **유해업소 출입** 허용	51조7호, 24조2항
	청소년 대상 **주류, 담배 판매**[3]	51조8호, 26조1항

2) 청소년보호법 제24조 제1항의 규정에 의하면 청소년유해업소인 노래연습장업 또는 유흥주점의 각 업주는 청소년을 접대부로 고용할 수 없는바, 여기의 고용에

<table>
<tr><th colspan="2">구분</th><th>주요개념 (법2조, 청소년보호위원회 고시)</th></tr>
<tr><td colspan="2">청소년</td><td>만 19세 미만의 자를 말한다. 다만, 만 19세에 도달하는 해의 1월 1일을 맞이한 자를 제외한다.
※ 이 법은 청소년유해환경의 규제에 관한 형사처벌에 있어서 다른 법률에 우선하여 적용 〈법6조〉</td></tr>
<tr><td colspan="2">청소년 유해매체물</td><td>○ 불건전전화서비스 전화번호 광고,
○ 성매매 알선 또는 암시 전화번호 광고</td></tr>
<tr><td colspan="2">청소년 유해약물</td><td>주류, 담배, 마약류, 환각물질</td></tr>
<tr><td colspan="2">청소년 유해물건</td><td>○ 남성용 성기확대 기구류, 남성용 성기단련 기구류, 남성용 여성 성기자극 기구류, 남성용 자위행위 기구류, 여성용 자위행위 기구류</td></tr>
<tr><td rowspan="2">청소년 유해 업소</td><td>출입·고용금지업소</td><td>○ 유흥주점, 단란주점, 노래연습장 (청소년실에 한해 출입허용)
○ 비디오물감상실업
○ 무도학원업, 무도장업,
○ 사행행위영업
○ 전화방 등 [4]
○ 성기구 취급업소</td></tr>
<tr><td>고용금지업소</td><td>○ 티켓다방, 소주방, 호프, 카페 등
○ 숙박업, 이용업(남자청소년 제외), 목욕장업중 안마실을 설치하여 영업을 하거나 또는 개실로 구획하여 하는 영업
○ 비디오물소극장업
○ 게임제공업·복합유통게임제공업
○ 유독물영업
○ 만화대여업</td></tr>
</table>

는 시간제로 보수를 받고 근무하는 경우도 포함된다 할 것이고, 한편 특정다방에 대기하는 이른바 '티켓걸'이 노래연습장 또는 유흥주점에 티켓영업을 나가 시간당 정해진 보수(이른바 '티켓비')를 받고 그 손님과 함께 춤을 추고 노래를 불러 유흥을 돋우게 한 경우, 그 티켓걸을 업소주인이 알려준 전화로 손님이 직접 부르고 그 티켓비를 손님이 직접 지급하였다고 하더라도 위 법률의 입법 취지에 비추어 업소주인이 그 티켓걸을 시간제 접대부로 고용한 것으로 보아야 한다. (대법원 2005. 7. 29. 선고 2005도3801 판결)

3) 청소년을 포함한 일행이 함께 음식점에 들어와 술을 주문하였고, 청소년도 일행과 함께 술을 마실 것이 예상되는 상황에서 그 일행에게 술을 판매하였으며, 실제로 청소년이 일행과 함께 그 술을 마셨다면, 이는 청소년보호법 제51조 제8호 소정의 '청소년에게 주류를 판매하는 행위'에 해당되며, 이 경우 성년자인 일행이 술을 주문하거나 술값을 계산하였다 하여 달리 볼 것은 아니다. (대법원 2004. 9. 24. 선고 2004도3999 판결)

4) 불특정한 사람 상호간의 음성대화 또는 화상대화를 매개하는 것을 주된 목적으로 하는 영업. 다만,「전기통신사업법」등 다른 법률의 규정에 의하여 통신을 매개하는 영업을 제외

5. 형법 (도박 · 음란관련)

□ 요약

벌 칙	주요위반행위	조 항
1년이하 5백이하	(음화반포등) 음란한 문서, 도화, 필름 기타 물건을 반포, 판매 또는 임대하거나 공연히 전시 또는 상영	243조
	(음화제조등) 제243조의 행위에 공할 목적으로 음란한 물건을 제조, 소지, 수입 또는 수출	244조
	(공연음란) 공연히 음란한 행위	245조
5백이하 벌금, 과료	(도박) 재물로써 도박. 단, 일시오락 제외[5),6)]	246조 1항
	복표취득	248조 3항
	복표중개	248조 2항
3년이하 2천이하	상습도박 [7)]	246조 2항
	(도박개장) 영리목적 도박개장	247조
	(복표발매) 법령에 의하지 않은 복표발매	248조 1항

5) 풍속영업자가 자신이 운영하는 여관에서 친구들과 일시 오락 정도에 불과한 도박을 한 경우, 형법상 도박죄는 성립하지 아니하고 풍속영업의규제에관한법률위반죄의 구성요건에는 해당하나 사회상규에 위배되지 않는 행위로서 위법성이 조각된다고 한 사례(대법원 2004. 4. 9. 선고 2003도6351 판결).

6) 화투의 조작에 숙달하여 원하는 대로 끝수를 조작할 수 있어서 우연성이 없음에도 피해자를 우연에 의하여 승부가 결정되는 것처럼 오신시켜 돈을 도하게 하여 이를 편취한 행위는 이른바 기망방법에 의한 도박으로서 사기죄에 해당한다(대법원 1985.4.23. 선고 85도583 판결)

7) 상습도박죄에 있어서의 상습성이라 함은 반복하여 도박행위를 하는 습벽으로서 행위자의 속성을 말하는데, 이러한 습벽의 유무를 판단함에 있어서는 도박의 전과나 도박횟수 등이 중요한 판단자료가 되나 도박전과가 없다 하더라도 도박의 성질과 방법, 도금의 규모, 도박에 가담하게 된 태양 등의 제반 사정을 참작하여 도박의 습벽이 인정되는 경우에는 상습성을 인정하여도 무방하다(대법원 1995.7.11. 선고 95도955 판결).

Ⅱ. 경범죄처벌법

1. 의의

경범죄처벌법은 경찰상의 목적을 수행하기 위하여 비교적 경미한 경찰의무위반자에 대한 제재로써 경한 형벌인 10만원 이하의 벌금, 구류, 과료에 처할 것을 규정한 경찰범에 관한 법률이다.

사회 생활과 가장 밀접하게 관련된 행위를 대상으로 공공질서 및 사회도덕률의 위반행위와 형법범으로 처벌하기가 미흡하거나, 형법범으로 처벌하기에 적당하지 않은 경미한 행위들을 대상으로 범죄예방의 목적에서 최소한의 벌칙을 규정하고 있다.

2. 경범죄처벌법의 성격

가. 형법이 대상으로 하는 범죄의 형태들이 주로 구체적 위험범이나 침해범의 형태를 띠고 있는데 대하여 본법이 대상으로 하는 행위들은 주로 추상적 위험성이 있는 행위를 금지하는 규정(형법 적용대상 범죄행위의 예비형태 또는 미수범의 형태)과 형법 등 다른 법을 보완하는 규정, 그리고 국민의 도덕에 호소하여야 할 것을 법에 의해 처벌하고자 한 규정으로 나누어 볼 수 있다.

나. 경범죄처벌법은

(1) 예방적 성격 ; 보다 중대한 범죄로 발전할 수 있는 위험성 있는 행위를 그 전 단계에서 발견하고 이를 제재한다.

(2) 보충적 성격 ; 형법 등 법률에서 정한 범죄 유형에서 누락된 사항을 보충한다.

(3) 도덕적 성격 ; 사회질서를 보호함을 목적으로 국민의 도덕률에

호소하여야할 성질의 것을 법에 의해 처벌하고자 한 것을 띤다고 할 수 있다.

3. 특징

가. 형법 총칙과의 관계

(1) 본법 소정의 죄에 대하여는 집행유예를 선고할 수 없고 선고유예는 가능하다.

(2) 교사범 및 종범의 형은 감경하지 아니한다.

(3) 형의 시효는 벌금형 3년, 구류・과료는 1년으로 완성한다.(형법 제78조 6・7호)

(4) 본법의 죄를 범한 범인을 은닉・도피하게 한 경우 본 범이 벌금형에 이르면 범인 은닉죄가 성립한다.

나. 형사소송법과의 관계

(1) 본법의 위반행위자는 긴급체포의 대상이 되지 아니하며 구속시(형소법 제201조)에는 주거부정, 현행범체포시(동법 제214조)에는 주거불명의 경우에만 그 대상이 된다.

(가) 따라서 신분을 밝히지 않고 묵비하는 경우 신분이 명확해 질 때까지 주거불명으로서 현행범 체포의 대상이 되나 단속시 주거를 밝히는 경우는 경찰관서에 강제 연행할 수 없다.

(나) 결국 신분과 주거를 밝히는 경우 임의동행을 거부할 때는 현장에서 서류작성 단속하여야 하며, 주거불명으로 현행범 체포 후라도 일정한 신분을 밝히는 경우 즉시 석방하여야 한다.

(2) 공소시효는 3년에 완성한다.(형소법 제249조, 제250조)

(3) 100만원 이하 벌금이나 과료에 해당하는 사건에 관하여는 피고인의 출석을 요하지 아니하며, 피고인은 대리인을 출석하게 할 수 있다.(형소법 제277조)

(4) 변호인의 출석 없이 개정할 수 있다.(형소법 제282조)

4. 경범 유형 및 제재

조문	행　　　　위	1차제재
1호	관리치 않는 빈집·건조물·배·자동차 안의 잠복	즉 심
2호	흉기 또는 침입기구의 무단 은닉·휴대	즉 심
3호	삭　　　　제 (떠돌이)	즉 심
4호	폭행등 공모후 1인 예비시 공모자 전원	즉 심
5호	범죄·재해의 허위신고	즉 심
6호	사태은닉, 사태·변사체의 현장변경	즉 심
7호	관리인의 요부조자·시체·사태 미신고	즉 심
8호	법령에 정한 칭호·제복·표장 사칭·사용	즉 심
9호	부당이익목적출판물게재·불게재약속수수	즉 심
10호	물품강매요구, 불청대가요구, 공공소란청객	즉 심
11호	물품판매·반포·용역공급시 허위광고	즉 심
12호	못된 장난 등에 의한 업무방해	즉 심
13호	무단광고물 부착, 무단광고물·공작물오손	즉 심
14호	불특정 또는 다수인의 음용수 사용방해	즉 심
15호	삭　　　　제 (덮개없는 음식물 판매)	즉 심
16호	담배꽁초·껌·휴지	30,000원
	죽은 짐승·쓰레기	50,000원
17호	침을 뱉는 행위	30,000원
	대소변 행위·사주, 동물용변사주미수거	50,000원
18호	의식방해, 행사 방해우려물 소지 입장	즉 심
19호	되풀이 단체가입강청	즉 심
20호	녹지·풍치구역에서의 자연훼손	50,000원
21호	타인의 가축·기계등의 유실·무단조작	즉 심
22호	교통에 공하지 못하는 소규모 수로방해	20,000원
23호	부당이익을 얻은 구걸 사주자	즉 심
24호	외포에 이르지 않는 불안·귀찮음·불쾌등	50,000원
25호	공공장소 소란 또는 주정	50,000원
26호	큰소리나 노래로 이웃을 소란	30,000원
27호	가연물·인화물 근처에서의 불씨 사용	즉 심
28호	타인에게 해를 줄 장소에 물건던지기	30,000원

29호	공무원의 붕괴우려물 보수요구에 불응	50,000원
30호	공문서에 의한 통행불편물 보수요구불응	50,000원
31호	위험한 행위우려 정신병자 감호소홀	즉 심
32호	위험동물 관리소홀	50,000원
33호	牛馬 경악유실, 동물의 人畜 공격 사주	즉 심
34호	야간 가로등, 표시등 무단소등	50,000원
35호	공중통로 안전관리소홀	50,000원
36호	공무원의 현장출입지시위반 · 원조불응	50,000원
37호	배 · 비행기 탑승시 성명등 허위기재	즉 심
38호	전당품장부 허위기재	50,000원
39호	근거없는 방법에 의한 진찰 · 치료 · 예방	20,000원
40호	경찰청장의 야간통행제한위반	30,000원
41호	수치심 · 불쾌감을 주는 과다노출	즉 심
42호	신분확인불가 피의자의 지문채취불응	즉 심
43호	개방장소에서의 자릿세 수수 · 요구 · 추수	즉 심
44호	삭　　　　제(유언비어 날조 유포)	즉 심
45호	삭　　　　제(장발 및 저속의상)	즉 심
46호	유료의 비밀춤교습 및 장소제공	즉 심
47호	정액입장권 · 이용권의 웃돈 판매	즉 심
48호	입장발권순서문란	50,000원
49호	출입금지구역에의 무단출입	20,000원
50호	공공장소 총포 · 폭발우려물 조작장난	즉 심
51호	정당한 이유없이 차비 · 음식값 지급거부	즉 심
52호	뱀 · 끔직한 벌레의 공연판매, 판매목적 전시	30,000원
53호	장난편지 · 전화의 되풀이	즉 심
54호	지하철역구내, 대중교통수단, 의료시설, 위험물시설, 승강기내의 흡연	30,000원
	역대합실 · 버스터미널 · 실내체육관 기타 장소에서의 흡연	20,000원

Ⅲ. 총포·도검·화약류 등 단속업무

1. 제정목적과 관련법령

가. 목적

총포·도검·화약류 등 단속법은 총포·도검·화약류·분사기·전자충격기·석궁의 제조·거래·소지·사용 그 밖의 취급에 관한 사항을 규제하여 총포·도검·화약류·분사기·전자충격기·석궁으로 인한 위험과 재해를 미리 방지함으로써 공공의 안전을 유지하는데 이바지함을 목적으로 한다.

나. 근거법령

(1) 총포·도검·화약류 등 단속법(시행 2008.12.26, 법률 제9211호)
(2) 총포·도검·화약류등단속법 시행령
(3) 총포·도검·화약류등단속법 시행규칙

2. 용어의 정의

(1) 총포

"총포"라 함은 권총·소총·기관총·포·엽총, 금속성 탄알이나 가스 등을 쏠 수 있는 장약총포, 공기총 및 총포신·기관부 등 그 부품으로서 대통령령이 정하는 것을 말한다.

(2) 도검

"도검"이라 함은 칼날의 길이가 15센티미터 이상 되는 칼·검·창·치도·비수 등으로서 성질상 흉기로 쓰여지는 것과 칼날의 길이가 15센티미터 미만이라 할지라도 흉기로 사용될 위험성이 뚜렷이 있는 것 중에서 대통령령이 정하는 것을 말한다.

(3) 화약류

"화약류"라 함은 다음 각호의 화약·폭약 및 화공품(화공품:화약 및 폭약을 써서 만든 공작물)을 말한다.

1. 화약

가. 흑색화약 또는 질산염을 주성분으로 하는 화약

나. 무연화약 또는 질산에스테르를 주성분으로 하는 화약

다. 그 밖에 "가"목 및 "나"목의 화약과 비슷한 추진적 폭발에 사용될 수 있는 것으로서 대통령령이 정하는 것

2. 폭약

가. 뇌홍·아지화연·로단염류·테트라센 등의 기폭제

나. 초안폭약·염소산칼리폭약·카리트 그 밖의 질산염·염소산염 또는 과염소산염을 주성분으로 하는 폭약

다. 니트로글리세린·니트로글리콜 그 밖의 폭약으로 사용되는 질산에스테르

라. 다이나마이트 그 밖의 질산에스테르를 주성분으로 하는 폭약

마. 폭발에 쓰이는 트리니트로벤젠·트리니트로토루엔·피크린산·트리니트로클로로벤젠·테트릴·트리니트로아니졸·핵사니트로디페닐아민·트리메틸렌트리니트라민·펜트리트 및 니트로기 3 이상이 들어 있는 그 밖의 니트로화합물과 이들을 주성분으로 하는 폭약

바. 액체산소폭약 그 밖의 액체폭약

사. 그 밖의 "가"목 내지 "바"목의 폭약과 비슷한 파괴적 폭발에 사용될 수 있는 것으로서 대통령령이 정하는 것

3. 화공품

가. 공업용뇌관·전기뇌관·총용뇌관 및 신호뇌관

나. 실탄(산탄을 포함한다. 이하 같다) 및 공포탄(공포탄)

다. 신관 및 화관

라. 도폭선·미진동파쇄기·도화선 및 전기도화선

마. 신호염관·신호화전 및 신호용화공품

바. 시동약(시동약)

사. 꽃불 그 밖의 화약이나 폭약을 사용한 화공품

아. 장난감용 꽃불 등으로서 행정자치부령이 정하는 것

자. 자동차 긴급신호용 불꽃신호기
차. 자동차에어백용 가스발생기

(4) 분사기

"분사기"라 함은 사람의 활동을 일시적으로 곤란하게 하는 최루 또는 질식등의 작용제를 분사할 수 있는 기기로서 대통령령이 정하는 것을 말한다.

(5) 전자충격기

"전자충격기"라 함은 사람의 활동을 일시적으로 곤란하게 하거나 인명에 위해를 가하는 전류를 방류할 수 있는 기기로서 대통령령이 정하는 것을 말한다.

(6) 석궁

이 법에서 "석궁"이라 함은 활과 총의 원리를 이용하여 화살 등의 물체를 발사하여 인명에 위해를 줄 수 있는 것으로서 대통령령이 정하는 것을 말한다.

3. 총포 · 도검 · 화약류 · 분사기 · 전자충격기 · 석궁의 제조 · 판매 등

가. 제조업

(1) 총포 · 화약류의 제조업

총포의 개조 · 수리업과 화약류의 변형 · 가공업을 포함.

① 제조소마다 경찰청장의 허가이나 지방경찰청장에 위임.

② 제조소의 위치 · 구조 · 시설 또는 설비를 변경하거나 제조하는 총포 · 화약류의 종류 또는 제조방법을 변경하고자 하는 때에도 경찰청장의 허가.

(2) 도검 · 분사기 · 전자충격기 · 석궁의 제조업

① 제조소마다 관할 지방경찰청장의 허가.

② 제조소의 위치 · 구조 · 시설 또는 설비를 변경하거나 제조하는 도검 · 분사기 · 전자충격기 · 석궁의 종류 또는 제조방법을 변경하고자 하는 때에도 지방경찰청장의 허가.

(3) 무허가 제조금지

제조업 허가를 받은 사람이 아니면 총포 · 도검 · 화약류 · 분사기 · 전자충격기 · 석궁을 제조하지 못한다.

(4) 허가없이 제조할 수 있는 경우

① 학교 · 연구소 · 병원 · 그 밖에 공인된 기관에서 물리 · 화학상의 실험 또는 의료의 목적으로 사용하기 위하여 신호염관 신호화전 또는 꽃불류의 원료용 화약 및 폭약을 제조하는 경우에는 1회에 400그램이하, 그 밖의 폭약은 1회에 200그램 이하

② 장난감용 꽃불류 제조업자의 하도급에 의하여 장난감용 꽃불류를 제조하는 경우에는 1일 1킬로그램 이하의 질산염을 주로 한 화약 또는 1일 1킬로그램 이하의 폭약을 원료로 하여 제조하는 꽃불류의 경우.

(5) 허가제한

본 법에 의한 행정처분으로 허가가 취소된 후 6월이 지나지 않은 경우에 그 영업장소에서 같은 종류의 영업을 할 수 없다.

나. 판매업

(1) 허가

① 판매소마다 관할하는 지방경찰청장 허가.

② 판매소의 위치 · 구조 · 시설 또는 설비를 변경하거나 판매하는 총포 · 도검 · 화약류 · 분사기 · 전자충격기 · 석궁의 종류를 변경하고자 하는 때에도 지방경찰청장의 허가.

③ 본 법에 의한 행정처분으로 허가가 취소된 후 6월이 지나지 않은 경우에 그 영업장소에서 같은 종류의 영업을 할 수 없다.

(2) 무허가 판매금지

판매업 허가를 받은 사람이 아니면 총포·도검·화약류·분사기·전자충격기·석궁을 판매(분사기 판매의 경우 분사기에 최루 또는 질식 등의 작용제를 충전하는 것을 포함)하지 못한다.

(3) 허가없이 판매할 수 있는 경우

① 제조업자가 그 제조한 총포·도검·화약류·분사기·전자충격기·석궁을 제조소에서 직접 판매

② 총포판매업자는 판매허가를 받은 총포의 실탄 또는 공포탄을 총포소지허가를 받은 사람에게 1일 1인당 400개(건설용 타정총용 공포탄의 경우에는 5,000개)이하의 범위 내

③ 총포판매업자가 판매하기 위하여 보관하는 실탄·공포탄의 수량은 실탄 1만개, 공포탄 2만개(건설용 타정총용 공포탄의 경우에는 10만개)이내.

4. 총포·도검·화약류·분사기·전자충격기·석궁의 수출입

가. 허가

총포 화약류	도검, 분사기, 전자충격기, 석궁
경찰청장	지방경찰청장

화약류 수입자는 지체없이 관할 경찰서장에게 신고의무

시행령 제83조에 의해 총포·화약류의 수출입에 대해 경찰청장의 허가 권한이 지방경찰청장으로 위임되어 있다.

나. 수출입자의 제한

제조업 또는 판매업 허가자에 한하여 수출입 허가를 받을 수 있다. (다만, 국가기관 또는 지방자치단체에서 사용하고자 하는 것으로서 경찰청장의 승인을 받은 경우 예외)

다. 국제경기 등에 참가하는 사람에 대한 총포 등 수출입 및 소지허가

(1) 신청서 제출

국내 또는 국외에서 개최되는 국제사격경기대회·수렵대회 또는 무술대회 등에 참가하기 위하여 출국 또는 입국하는 사람이 총포·도검·석궁의 일시 수출입 또는 일시소지허가를 받고자 하는 때에는 소정의 신청서를 작성 출입국항의 소재지를 관할하는 지방경찰청장에게 제출하여야 한다.

(2) 기간

일시수출입허가의 기간은 6월을 초과할 수 없다.

5. 총포·도검·화약류·분사기·전자충격기·석궁의 소지

가. 허가

총포	도검, 화약류분사기, 전자충격기, 석궁
지방경찰청장	경찰서장

(1) 총포 중 경찰서장 허가

총포 중 엽총 가스발사총·공기총·마취총·도살총·산업용총 또는 구난구명총 또는 그 부품을 소지하고자 하는 때에는 주소지를 관할하는 경찰서장의 허가를 받아야 한다.

(2) 법인의 단체 허가

건설공사·경비 등을 위하여 법인의 대표자 또는 대리인·사용인 기타 종업원이 산업용총·가스발총·분사기 또는 전자충격기를 소지하고자 하는 때에는 그 법인의 대표자가 기기의 수 및 이를 소지할 사람을 특정하여 주된 사업장의 소재지를 관할하는 경찰서장의 허가를 받아야 한다. 이 경우 가스발사총의 소지허가는 이를 소지할 사람이 관계법령에 의하여 무기를 휴대할 수 있는 경우에 한정한다.

나. 결격사유

(1) 20세 미만인 사람. 다만, 대한체육회장이나 특별시·광역시 또는 도의 체육회장이 추천한 선수 또는 후보자가 사격경기용 총을 소지하고자 하는 경우에는 그러하지 아니하다.

(2) 심신상실자, 마약·대마·향정신성의약품 또는 알코올의 중독자 그 밖의 이에 준하는 정신장애자

(3) 금고 이상의 실형의 선고를 받고 그 집행이 종료(집행이 종료된 것으로 보는 경우를 포함)되거나 집행이 면제된 날부터 3년이 지나지 아니한 사람

(4) 본 법의 규정을 위반하여 벌금형의 선고를 받고 3년이 지나지 아니한 사람

(5) 특정강력범죄의 처벌에 관한 특례법 제2조 제1항 각호의 1의 규정에 의한 특정강력범죄를 범하여 징역 이상의 형의 집행유예선고를 받고 그 유예기간이 끝난 날부터 2년이 지나지 아니한 사람

(6) 본 법의 규정을 위반하여 금고이상의 형의 집행유예선고를 받고 그 집행유예의 기간이 끝난 날로부터 1년이 지나지 아니한 사람

(7) 본 법 제45조 또는 제46조 제1항의 규정에 의한 허가취소처분을 받고 1년이 지나지 아니한 사람

다. 교육

(1) 대상

① 총포(엽총 및 공기총에 한한다)·석궁의 소지허가를 받고자 하는 사람

② 화약류제조보안책임자 또는 화약류관리보안책임자의 면허를 받고자 하는 사람

(2) 예외

(가) 면제대상

① 총포·석궁의 제조 또는 판매업허가를 받은 사람

② 총포·석궁 또는 화약류의 취급업소에서 6월이상 총포·석궁 또는 화약류 취급업무에 종사한 경험이 있는 사람

③ 대한체육회에 가맹된 사격경기단체에 선수로 등록된 사람

④ 경찰의 교육기관·총기전담 취급부서, 군의 병기학교, 군사격지도대, 대한체육회 또는 대한체육회산하 경기단체에서 6월이상 총기취급에 종사한 경험이 있는 사람

⑤ 사격총의 소지허가를 받은 사람

(나) 사후 교육대상

① 총포·석궁 소지허가신청 후 사격 및 수렵대회요원으로 참가하게 된 사람

② 총포·석궁 소지허가신청 후 질병 그 밖의 부득이한 사유가 발생한 사람

사유가 소멸된 날로부터 7일 이내에 교육을 받아야 한다.

라. 갱신

5년마다 허가 갱신하여야 하며 갱신하지 않은 경우 허가취소사유에 해당한다.

마. 허가 없이 소지할 수 있는 경우

(1) 법령에 의하여 직무상 총포·도검·화약류·분사기·전자충격기·석궁을 소지하는 경우

(2) 제조업자가 그가 제조한 총포·도검·화약류·분사기·전자충격기·석궁을 소지하는 경우

(3) 화약류를 제조한 사람이 그가 제조한 화약류를 소지하는 경우

(4) 판매업자가 총포·도검·화약류·분사기·전자충격기·석궁을

소지하는 경우

(5) 총포판매업자가 대통령령이 정하는 범위안에서 판매허가를 받아 판매하는 총용실탄 또는 공포탄을 소지하는 경우

(6) 수출입허가를 받은 사람이 그 총포 · 도검 · 화약류 · 분사기 · 전자충격기 · 석궁을 소지하는 경우

(7) 화약류의 사용허가를 받은 사람이 화약류를 소지하는 경우

(8) 화약류의 양수허가를 받은 사람이 그 화약류를 소지하는 경우

(9) 상기자의 종업원이 그 직무상 총포 · 도검 · 화약류 · 분사기 · 전자충격기 · 석궁을 소지하는 경우

(10) 다음의 사람이 총포 · 도검 · 화약류 · 분사기 · 전자충격기 · 석궁을 소지하는 경우(영 제12조)

① 문화재로서의 가치가 있는 총포 · 도검 · 화약류를 문화재보호관리기관이 발행한 증표를 가지고 소지하는 사람

② 초 · 중등교육법 및 고등교육법에 의한 각급 학교 또는 공공기관에서 교재용 또는 연구용 총포 · 도검 · 화약류 · 분사기 · 전자충격기 · 석궁의 사용자로 지정된 사람. 이 경우 총포는 공기총에 한한다.

③ 사격장 · 사설수렵장 또는 검술도장 등에서 총포 · 도검 · 석궁을 일시 대여받아 같은 장소안에서 사격 · 수렵 또는 검도수련을 하는 사람

④ 군 · 학교 또는 공공기관에서 지휘 또는 예식에 사용하기 위하여 지휘도 또는 예식도를 소지하거나 현역의 군 · 경 지휘관으로서 지휘용으로 소지하는 사람. 이 경우 그 도검은 날을 세우지 아니한 것에 한한다.

⑤ 민방위기본법 · 소방법 · 선박안전법에 의하여 인명구조를 위한 구명줄발사총을 그 업무와 관련하여 그 소속기관의 장의 명에 따라 소지하는 사람

⑥ 총포 · 도검 · 화약류 · 분사기 · 전자충격기 · 석궁의 제조업자가 연

구·개발용으로 제조소안에서 사용하기 위하여 지방경찰청장의 승인을 얻어 총포·도검·화약류·분사기·전자충격기·석궁원부를 비치·관리하는 제조업자

⑦ 소지허가를 받은 총포(공기총에 한한다)에 사용하기 위하여 그 부품에 해당하는 산탄탄알·연지탄 및 조준경을 소지하는 사람

바. 소지허가의 범위

(1) 사격경기운동 또는 호신을 목적으로 권총을 소지하는 경우

(2) 수렵유해조수구제 또는 사격경기를 목적으로 산탄총·단탄총·공기총 또는 석궁을 소지하는 경우

(3) 인명구조·도살·마취·어획·건축 그 밖의 산업의 용도에 사용하는 구명줄발사총·구명용신호총·도살총·마취총·포경총·포섬총·포경용표지총·건설용타정총및쇠줄발사총·청소용 그밖의 산업용에 필요한 총포로서 행정안전부령이 정하는 것을 소지하는 경우

(4) 국가기관 또는 공공기관에서 시험연구를 위하여 총포·도검·분사기·전자충격기·석궁을 소지하는 경우

(5) 체육대회 또는 국제규모의 사격경기에 참가하는 선수나 후보자로서 행정자치부령이 정하는 기관의 장에 의하여 적격하다는 추천을 받은 사람이 그 체육대회 또는 사격경기에 사용하기 위하여 권총을 소지하는 경우

(6) 도검술경기·수렵·도살·농어업·장식 또는 가보용으로 쓰거나 보관하기 위하여 도검을 소지하는 경우

(7) 축제·예식 등 행사용의 총포·도검과 가보·장식용의 도검 그 밖의 도검으로서 일반풍속 또는 관습상 필요하다고 인정되는 것을 소지하는 경우

(8) 경비·호신 또는 동물 몰이의 목적으로 분사기·전자충격기를 소지하는 경우

법령상 무기를 휴대할 수 있는 사람이 호신용[8]또는 범인검거용으로 가스발사총을 소지하는 경우

(9) 법인이 종업원등에게 산업용총(토목, 건축 기타 산업용), 가스발사총(경비용), 분사기(경비용), 전자충격기(경비용)를 소지하게 하는 경우

(10) 총포(화약 산탄총에 한한다)의 소지허가를 받은 사람이 허가받은 그 총포에 교체하여 사용하기 위하여 총신을 소지하는 경우

사. 일시 입국하는 사람에 대한 특례

(1) 경찰서장 신고

총포·도검·화약류·분사기·전자충격기·석궁을 소지하고 대한민국 영토내에 일시 입국하는 사람은 그 출입국항을 관할하는 경찰서장에게 총포·도검·화약류·분사기·전자충격기·석궁의 소지를 신고하여야 한다.

(2) 임시 영치

신고를 받은 경찰서장은 그 총포·도검·화약류·분사기·전자충격기·석궁을 임시 영치하여야 한다.

(3) 출국시 반환

일시 입국한 사람이 출국하는 때에는 임시영치된 총포·도검·화약류·분사기·전자충격기·석궁의 반환을 신청하여야 하며, 이를 접수한 경찰서장은 출국항을 관할하는 세관화물로 탁송하고 그 총포·도검·화약류·분사기·전자충격기·석궁의 소유자로부터 임시 영치물의 인계인수서를 교환하여야 한다.

(4) 반환신청 기간

임시 영치한 총포·도검·화약류·분사기·전자충격기·석궁에 대하여 임시 영치한 날로부터 6월안에 반환신청이 없는 때에는 그 총포·도 검·화약류·분사기·전자충격기·석궁을 법 제46조 제6항의 규정

8) 경찰공무원법(경찰관), 대통령경호실법(경호요원), 국가정보원법(국정원), 관세법(세관원), 청원경찰법(청원경찰)

에 준하여 처리한다.

6. 화약류의 사용과 관리

가. 화약류의 사용허가

화약류를 발파 또는 연소시키려는 사람은 사용지를 관할하는 경찰서장의 허가를 얻어야 한다.

나. 허가 없이 사용할 수 있는 경우

(1) 광업법에 의하여 탐광계획신고를 하였거나 채광계획인가를 받은 사람 또는 해저광물자원개발법에 의하여 해저광업권 또는 해저조광권의 설정허가를 받아 등록한 사람으로서 광물채취를 위하여 화약류를 사용하고자 하는 사람

(2) 총포소지허가를 받은 사람으로서 그 소지목적을 위하여 실탄 또는 공포탄을 사용하고자 하는 사람

(3) 학교, 연구소, 병원 그밖에 공인된 기관으로서 물리화학상의 실험 또는 의료용으로 1회에 5㎏ 이하의 화약, 2.5㎏이하의 폭약, 100개 이하의 공업용 뇌관 · 전기뇌관 · 총용뇌관 · 신호뇌관 · 실탄 · 공포탄신관 또는 화관이나 200m 이하의 도폭선을 사용하고자 하는 기관

(4) 법령에 의하여 직무상 화약류를 소지할 수 있는 사람

(5) 사격연습을 위하여 400개 이하의 실탄 또는 공포탄을 사용하고자 하는 사람

신호 또는 관상용으로 1일 동일한 장소에서 일정한 수량에 해당하는 꽃불류를 사용하고자 하는 사람

(6) 영화 또는 연극의 효과를 위하여 1일 동일한 장소에서 일정한 수량에 해당하는 꽃불류를 사용하고자 하는 사람

(7) 소화 또는 소화훈련, 기상관측, 기밀검사용으로 발연통을 사용하고자 하는 사람

(8) 조수류 구제를 위하여 1일 100개 이하의 실탄 또는 10그램 이하

의 꽃불류 200개 이하를 사용하고자 하는 사람

(9) 조수류 구제를 위하여 약액주입용약포를 사용하고자 하는 사람

(10) 건축토목공사 또는 산업용으로 1일 동일한 장소에서 일정한 수량에 해당하는 화약류를 사용하고자 하는 사람

(11) 선박용 시동약을 사용하는 사람

(12) 민방위훈련용으로 1일 동일한 장소에서 연막통 300개 이하를 사용하고자 하는 사람

(13) 자동차사고 고장등의 표시에 사용하는 자동차 긴급신호용 불꽃신호기를 판매목적으로 300개 이하를 진열하고자 하는 자동차 판매업소·부품업소·정비업소등의 사업자 및 원래의 목적으로 사용하기 위하여 3개 이하를 소지하고자 하는 사람

(14) 선박항공기등에 비치되어 있는 신호용조명탄을 원래의 목적으로 사용하고자 하는 사람

(15) 선박 또는 항공기에서 사용하는 신호용 조명탄을 200개의 범위 안에서 판매목적으로 소지하는 선박 또는 항공기 정비업소의 사업자

다. 화약류의 관리

(1) 저장소 설치 허가

1급·2급·수중·실탄·꽃불류·장난감용 꽃불류·도화선(저장소)	3급·간이(저장소)
지방경찰청장	경찰서장

(2) 저장소의 종류

종 류	저장 한계
1급 저장소	본격적인 구조의 저장소로서 화약 80톤(폭약 40톤) 기타 일정량의 화공품을 저장.
2급 저장소	일시적인 토목공사를 하거나 기타 일정한 기간의 공사에 사용하기 위한 저장소로서 화약 20톤(폭약 10톤) 기타 일정량의 화공품을 저장.
3급 저장소	소량의 화약류를 저장하기 위하여 설치되는 것으로 화약 50kg(폭약 25kg) 기타 일정량의 화공품을 저장.
수중 저장소	수장할 수 있는 다량의 화약류를 저장하기 위한 저장소로서 화약 400톤(폭약 200톤)을 저장.
실탄저장소	실탄 및 공포탄 8천개를 저장
꽃불류저장소	신호염관·신호화전 및 꽃불류와 이의 원료용 화약 및 폭약 5톤과 도화선 및 전기도화선을 무제한 저장.
장난감용 꽃불류 저장소	장난감용 꽃불류 10톤을 저장.
도화선저장소	도화선 및 전기도화선을 무제한 저장
간이저장소	3급 저장소 설치에 준하며 화약 30kg(폭약 15kg)을 저장

(3) 운반

(가) 운반신고

① 화약류를 운반하고자 하는 자는 운반개시 4시간 전까지 발송지를 관할하는 경찰서장에게 신고하여 신고필증을 교부.

② 화약류를 운반하는 사람은 교부받은 화약류 운반신고필증을 소지

③ 신고필증을 교부한 경찰서장은 지체없이 당해 운반화약류의 종류·수량·통과 일시 등 필요한 사항을 도착지를 관할하는 경찰서장에게 통지.

④ 신고필증을 교부받은 자는 운반을 완료한 때 도착지 관할 서장에게 반납. 단 화약류를 운반하지 않은 때와 운반기간이 경과한 때에는 발송지 관할 서장에게 반납.

(나) 신고없이 운반할 수 있는 수량

<table>
<tr><th colspan="3">구 분</th><th>수 량</th></tr>
<tr><td rowspan="10">화공품</td><td colspan="2">총용 뇌관</td><td>10만개</td></tr>
<tr><td colspan="2">포경용 뇌관 및 화관</td><td>3만개</td></tr>
<tr><td>실탄</td><td>1개당 장약량 0.5그램 이하</td><td>10만개</td></tr>
<tr><td>공포탄</td><td>1개당 장약량 0.5그램 이상</td><td>5만개</td></tr>
<tr><td colspan="2">도폭선</td><td>1500미터</td></tr>
<tr><td colspan="2">폭발 천공기</td><td>600개</td></tr>
<tr><td colspan="2">미진동 파쇄기</td><td>5,000개</td></tr>
<tr><td rowspan="2">꽃불류</td><td>장난감용 꽃불류</td><td>500킬로그램</td></tr>
<tr><td>기타</td><td>150킬로그램</td></tr>
<tr><td colspan="2">상기이외의 화공품</td><td>25킬로그램</td></tr>
<tr><td>비 고</td><td colspan="3">동시 운반의 경우 수량은 각 구분마다 화약류를 운반하려는 수량을 각각 당해 구분에 정한 수량으로 나눈 수를 합한 수가 1이 되는 수량으로 함</td></tr>
</table>

(다) 운반 기준

화약류를 운반하는 때에는 그 적재방법·운반방법·운반경로·운반표지 등에 관하여 법령이 정하는 기술상의 기준과 화약류 운반신고필증에 기재된 지시에 따라야 한다. 다만, 철도·선박·항공기에 의한 운반은 그러하지 아니하다.

(라) 운반책임자의 유의사항

① 운송인은 화약류를 운반함에 있어서는 화약류제조보안책임자면허 또는 화약류관리보안책임자면허를 받은 사람으로 운반책임자를 정하고, 화약류의 종류에 따라 적재·운반 그 밖의 취급에 있어서 특히 유의하여야 할 사항을 운반책임자에게 미리 알려주어야 한다.

② 운반책임자는 출발하기 전에 차량 및 적재상황을 점검·확인하여야 한다.

③ 운반책임자는 운전기술이 능숙한 사람으로 하여금 화약류를 운반하는 차량을 운전하게 하여야 한다.

(4) 폐기

(가) 폐기하고자 하는 곳을 관할하는 경찰서장에 신고하여야 함. 단, 제조업자가 제조과정에서 생긴 화약류를 그 제조소안에서 폐기하는 경우는 제외.

(나) 경찰서장은 화약류폐기의 장소·일시·수량 또는 방법 등이 적당하지 아니하거나, 공공의 안전유지에 지장이 있다고 인정되는 때에는 그 화약류폐기의 중지를 명할 수 있다.

(다) 화약류의 폐기는 대통령이 정하는 기술상의 기준에 따라야 한다.

(5) 양도양수

화약류의 양도 또는 양수자는 주소지 또는 화약류의 사용지 관할 경찰서장의 허가를 요한다. 다만 다음의 경우는 그러하지 아니하다.

(가) 제조업자가 제조할 목적으로 화약류를 양수하거나 제조한 화약류를 양도하는 경우

(나) 판매업자가 판매할 목적으로 화약류를 양도, 양수하는 경우

(다) 화약류의 수출입 허가를 받은 사람이 그 수출입과 관련하여 화약류를 양도, 양수하는 경우

(라) 총포의 소지허가를 받은 사람이 수렵 또는 사격을 하기 위하여 대통령령이 정하는 수량이하의 화약류를 양수하는 경우

(마) 광업법에 의하여 광물의 채굴을 하는 사람이 그 광물의 채굴을 목적으로 대통령영이 정하는 수량이하의 화약류를 양수하는 경우

(바) 화약류의 제조업·판매업 또는 화약류 저장소를 양도·양수하는 경우

(6) 화약류 제조보안책임자 및 화약류 관리보안 책임자

(가) 선 임

① 제조업자

화약류제조보안책임자 및 관리보안책임자를 선임하여야 한다.

② 판매업자, 저장소설치자, 월중 50㎏ 이상 또는 6개월 이상 사용자 화약류관리보안책임자를 선임하여야 한다.

(나) 면 허

① 자격

국가기술자격법에 의한 화약류 제조·관리기술계 기술자격 취득자와 화약취급기능계 기술자격 취득자는 법령이 정하는 바에 의하여 지방경찰청장의 화약류제조보안책임자 면허 또는 화약류 관리보안책임자 면허를 받을 수 있다.

② 면허의 취소·정지

화약류제조업보안책임자 면허 또는 화약류관리보안책임자 면허를 받은 사람이 다음에 해당하는 경우에는 그 면허를 취소하거나 6월의 범위안에서 일정한 기간을 정하여 면허의 효력을 정지할 수 있다.

1) 속임수를 쓰거나 그 밖의 옳지 못한 방법으로 면허를 받은 사실이 드러난 때

2) 국가기술자격법에 의하여 자격이 취소된 때

3) 법 제29조 제1항의 결격사유에 해당하게 된 때

4) 면허를 다른 사람에게 빌려준 때

5) 화약류를 취급함에 있어 고의 또는 중대한 과실로 폭발 등의 사고를 일으키어 사람을 죽거나 다치게 한 때

6) 공공의 안녕질서를 해칠 염려가 있다고 믿을 만한 상당한 이유가 있을 때

7) 이 법 또는 이 법에 의한 명령에 위반한 때

③ 임 무

화약류제조보안책임자는 화약류의 제조작업에 관한 사항을 화약관리보안책임자는 제조 이외의 취급 전반에 관한 사항을 주관한다. 또한 각종 안전상 감독업무를 성실히 수행하여야 한다.

(7) 안정도 시험

(가) 화약류를 제조하거나 수입한 자 또는 제조 수입 후 일정한 기간이 지난 화약류를 소유하고 있는 자는 그 안정도를 시험하여야 한다.

(나) 안정도 시험결과 일정한 기준에 미달하는 화약류는 폐기하여야 한다.

(8) 기타

(가) 잔량 화약류에 대한 조치

① 사용하다가 남은 화약류 또는 사용하기에 적합하지 아니한 화약류는 화약류저장소에 반납할 것(영 제16조 제1항 제6호)

② 발파준비작업이 끝난 후 화약류가 남는 때에는 지체없이 화약류저장소에 반납할 것(영 제18조 제1항 제8호)

③ 장전작업이 끝난 후 남은 초유폭약은 지체없이 화약류 저장소에 반납할 것(영 제18조 제2항 제12호)

(나) 화약류의 양도 폐기

이 법 또는 다른 법의 규정에 의하여 화약류를 소지 또는 사용할 수 있는 사람이 그 허가가 취소되거나 소지 또는 사용할 필요가 없게 된 경우에는 지체없이 그 화약류를 양도하거나 폐기하여야 한다.(법 제33조)

7. 준수사항

가. 일반적 준수사항

(1) 모의총포의 제조 · 판매 · 소지의 금지

누구든지 총포와 아주 비슷하게 보이는 것으로서 대통령령이 정하는 것을 제조 · 판매 또는 소지하지 못한다. 다만, 수출하기 위한 목적으로 모의총포를 제조 · 판매 또는 소지하는 경우에는 그러하지 아니하다.(수출하기 위한 목적으로 모의총포를 제조하는 경우에는 행정자치부령이 정하는 바에 의하여 제조소의 소재지를 관할하는 경찰서장에게 신고하여야 한다.)

(2) 취급금지

아래의 경우 총포 · 도검 · 화약류 · 분사기 · 전사충격기 · 석궁을 취급하거나[9] 및 취급하게 하여서는 아니된다.

(가) 18세 미만자(단, 선수 또는 후보자가 사격경기용총 · 석궁 소지의 경우 예외)

(나) 제조 · 판매 · 소지허가 결격자(단, 20세 미만자 규정 배제)

(3) 발견 습득의 신고등

누구든지 유실 · 매몰 또는 정당하게 관리되고 있지 아니하는 총포 · 도검 · 화약류 · 분사기 · 전차충격기 · 석궁이라고 인정되는 물건을 발견하거나 습득한 경우에는 24시간이내 가까운 경찰관서에 신고하여야 하며 경찰공무원의 지시없이 이를 만지거나 옮기거나 두들기거나 또는 해체하여서는 아니된다.

(4) 화기취급 및 흡연금지등

(가) 누구든지 화약류의 제조소 · 판매소 · 저장소 그 밖의 취급소에

---

9) 제조 · 판매 · 수수 · 적재 · 운반 · 저장 · 소지 · 사용 · 폐기 등을 말한다.(법 제19조 본문)

서는 지정된 장소외에서 불씨를 다루거나 담배를 피워서는 아니된다.

(나) 누구든지 위의 장소에서 관리자의 승낙없이 불이 일어나기 쉬운 물건을 지니고 들어가서는 아니된다.

나. 총포등 소지자 준수사항

(1) 정당한 사유이외 휴대・운반 금지

(2) 정당한 사유이외 사용 금지

(3) 장전금지 및 총집 보관

소지허가를 받은 사람이 그 총포를 보관・휴대 또는 운반하는 경우에는 실탄이나 공포탄을 장전하여서는 아니되며, 총집에 넣거나 포장하여야 한다.

(4) 임의개조 금지

(5) 불법 양도・양수 금지

(6) 불법 대차 금지

(7) 도난・분실시 신고

다. 업무상 준수사항

(1) 행상과 옥외판매금지

(2) 위장이나 다른 물건과 혼합 포장금지

(3) 화약류 수입시 수입지를 관할하는 경찰서장에게 신고

(4) 화약류 폐기시 관할 경찰서장에게 신고

(5) 합격 표시 없는 제품 진열 금지

(6) 응급조치 등

화약류의 안정도에 이상이 있거나 화약류저장소의 인근에서 화재 그 밖의 위험상태가 발생하여 긴급을 요할 때에는 화약류의 소지자, 관리자 또는 화약류 저장소 설치자는 즉시 응급조치를 하고 경찰관서에 신고하여야 한다.

(7) 위해예방 규정

총포・도검・화약류・분사기・전자충격기・석궁의 제조업자는 행정

안전부령이 정하는 기준에 따라 위해예방규정을 정하여 지방경찰청장의 승인을 얻어야 한다.

(8) 자체안전 교육

총포・도검・화약류・분사기・전자충격기・석궁제조업자는 행정안전부령이 정하는 기준에 따라 그 종업원에 대한 자체적인 안전교육계획을 세워 지방경찰청장의 승인을 얻어야 한다.

(9) 장부비치와 기재

총포・도검・화약류・분사기・전자충격기・석궁의 제조업자, 판매업자와 화약류저장소 설치자 또는 화약류사용자는 소정의 장부를 비치하고 필요한 사상을 기재하여야 한다.

(10) 간판 그 밖의 표지

총포・도검・화약류・분사기・전자충격기・석궁의 제조업자・판매업자 및 화약류저장소설치자는 그 제조소・판매소 또는 저장소마다 이를 나타내는 간판 그 밖의 표지를 하여야 한다.

(11) 폐업 및 휴업신고 등

총포・도검・화약류・분사기・전자충격기・석궁의 제조업자 또는 판매업자가 그 영업의 전부 또는 일부를 폐지하거나 화약류저장소설치자가 그 저장소의 용도를 폐지하는 경우와 총포・도검・화약류・분사기・전자충격기・석궁의 제조업 또는 판매업을 1년 이내 기간 동안 휴업하고자 하는 경우에는 소정의 양식에 의하여 허가관청에 신고하여야 한다.

8. 검사 및 안전조치 등

가. 자체안전점검

화약류저장소설치자는 행정안전부령이 정하는 기준에 따라 자체적으로 안전점검계획을 세워 그 점검을 실시하되, 허가관청에 그 안전점검계획서를 제출하여야 한다. 이를 변경하고자 하는 때에도 또한 같다.

나. 정기안정검사

총포·도검·화약류·분사기·전자충격기·석궁의 제조업자·판매업자 또는 화약류저장소설치자는 대통령령이 정하는 바에 의하여 허가관청이 매년 정기적으로 실시하는 안전검사를 받아야 한다.

다. 총포·분사기·전자충격기·석궁의 검사

(1) 제조 및 수입품 검사

허가를 받은 사람이 제조한 총포·분사기·전자충격기·석궁 및 수입의 허가를 받은 사람이 수입한 총포·분사기·전자충격기·석궁중 대통령령이 정하는 것은 경찰청장의 검사를 받아야 한다.

(2) 소지허가자의 총포등 검사

총포·분사기·전자충격기·석궁의 소지허가를 받은 사람의 총포·분사기·전자충격기·석궁소지에 관한 적정여부를 조사하기 위하여 필요하다고 인정되는 때에는 허가관청은 행정안전부령이 정하는 바에 의하여 총포·분사기·전자충격기·석궁에 대한 검사를 실시할 수 있다.

라. 완성검사

총포·도검·화약류·분사기·전자충격기·석궁의 제조업자·판매업자 또는 화약류저장소설치자는 그 허가를 받은 날부터 1년이내에 그 시설 또는 설비에 대하여 허가관청의 검사를 받아야 하며 그 검사에 합격한 후가 아니면 업무를 개시하거나 시설 또는 설비를 사용할 수 없다. 다만, 부득이한 사유가 있는 때에는 그 기간을 연장할 수 있되, 1년을 초과할 수 없다.

마. 출입검사

(1) 검사 및 질문

제조소 · 판매소 · 화약류저장소 · 화약류 사용장소 그 밖의 필요한 장소를 출입하여 장부 · 서류 그 밖의 필요한 물건을 검사하게 하거나 질문을 할 수 있다.

출입검사에 종사하는 공무원은 그 권한을 표시하는 증표를 지니고 관련자에게 제시

(2) 보고조치

제조업자 · 판매업자 · 수출입허가자 · 소지허가자 · 화약류저장소설치자 또는 화약류사용자 등에 대하여 필요한 보고를 하게 할 수 있다.

바. 공공의 안전을 위한 조치

허가관청은 재해의 예방 또는 공공의 안전유지를 위하여 필요하다고 인정되는 때에는 다음의 명령 또는 조치를 할 수 있다.

(1) 허가취소 및 운반제한

총포 · 도검 · 화약류 · 분사기 · 전자충격기 · 석궁의 소지허가 및 화약류의 사용 · 양도 · 양수 허가의 취소 또는 화약류 운반의 제한

(2) 사용금지 및 이전보완 등

총포 · 도검 · 화약류 · 분사기 · 전자충격기 · 석궁의 제조업자판 매업자나 화약류저장소설치자 또는 화약류사용자에 대한 시설의 전부나 일부의 사용금지 또는 시설의 이전보완 그 밖의 시정조치

(3) 취급의 일시금지 또는 제한

총포 · 도검 · 화약류 · 분사기 · 전자충격기 · 석궁의 제조업자 · 판매업자, 수출입허가를 받은 사람, 소지허가를 받은 사람과 화약류저장소설치자 또는 화약류사용자 그 밖의 취급자에 대한 제조 · 판매 · 수수 · 수출입 · 적재 · 운반 · 저장 · 소지 · 사용 · 폐기의 일시 금지 또는 제한

(4) 변경 · 폐기 및 안전운반 명령

화약류의 소유자나 점유자에 대한 화약류보관장소의 변경 또는 폐기의 명령, 화약류를 운반하고자 하는 사람에 대한 그 안전운반을 위한 명령

(5) 안전방호 명령

총포 · 도검 · 화약류 · 분사기 · 전자충격기 · 석궁의 제조업자 · 판매업자 · 화약류저장소설치자에 대한 그 시설의 안전방호를 위한 명령

(6) 위 1~3의 경우 허가관청은 필요하다고 인정되는 때에는 총포 · 도검 · 화약류 · 분사기 · 전자충격기 · 석궁을 허가관청이 지정하는 곳에 보관할 것을 명할 수 있다.

(7) 총포 · 도검 · 화약류 · 분사기 · 전자충격기 · 석궁을 소지하는 사람은 공공의 안전유지를 위하여 총포 등의 운반 및 취급 등과 관련하여 행정자치부령이 정하는 사항을 준수하여야 한다.

9. 행정처분

가. 제조(판매)업자 · 화약류저장소설치자 등에 대한 행정처분

(1) 허가 취소

(가) 속임수를 쓰거나 그 밖의 옳지 못한 방법으로 허가를 받은 때

(나) 수출하기 위한 목적으로 구조 및 성능기준을 적용하지 아니하고 제조된 총포 · 도검 · 화약류 · 분사기 · 전자충격기 또는 석궁을 국내에 판매하거나 유출시킨 때

(다) 제조 · 판매시설 설비를 갖추지 못한 때 또는 결격사유에 해당하게 된 때

(라) 기간내에 완성검사를 받지 못한 때

(마) 사업을 개시한 후 정당한 사유없이 1년이상 휴업한 때

(2) 허가 취소 또는 6월 이내 영업정지

(가) 지정된 기한내에 사업을 개시하지 아니한 때

(나) 공공의 안녕질서를 해칠 염려가 있다고 믿을만한 상당한 이유가 있을 때

제4조의2 및 제6조의2의 규정에 의한 제조업자·판매업자의 지위승계가 있는 경우 종전의 제조업자·판매업자·화약류저장소설치자에 대한 행정처분의 효과는 그 처분기간이 끝나는 날까지 양수인·상속인에게 승계되며, 행정처분의 절차가 진행중인 때에는 양수인·상속인에 대하여 그 절차를 계속 진행할 수 있다. 다만, 양수인(상속에 의하여 승계를 받은 자를 제외한다)이 그 영업의 승계시에 그 처분 또는 위반사실을 알지 못한 경우에는 그러하지 아니한다.

나. 총포등의 소지허가를 받은 자에 대한 행정처분

(1) 취소사유

(가) 결격사유에 해당하게 된 때

(나) 제17조[10] 제1항·제2항 또는 제4항의 규정을 위반한 때

(다) 총포·도검·화약류·분사기·전자충격기·석궁을 도난당하거나 분실하여 경찰관서에 신고한 후 30일이 지난 때

(라) 이 법 또는 이 법에 의한 명령을 위반한 때

---

10) 제17조 (총포·도검·분사기·전자충격기·석궁의 휴대·운반·사용 및 개조 등의 제한) ① 제12조 또는 제14조의 규정에 의한 총포·도검·분사기·전자충격기·석궁의 소지허가를 받은 사람은 허가받은 용도에 사용하기 위한 경우와 그 밖의 정당한 사유가 있는 경우 외에는 그 총포·도검·분사기·전자충격기·석궁을 지니거나 운반하여서는 아니된다.
② 제1항의 총포·도검·분사기·전자충격기·석궁의 소지허가를 받은 사람은 허가받은 용도나 그 밖의 정당한 사유가 있는 경우 외에는 그 총포·도검·분사기·전자충격기·석궁을 사용하여서는 아니된다.
④ 제1항의 총포의 소지허가를 받은 사람은 그 총포의 성능을 변경하기 위하여 임의로 개조하여서는 아니된다.

(2) 행정처분된 총포등에 대한 처리

(가) 임시영치

허가를 취소한 때에는 법원의 재판 또는 검사의 결정에 따라 총포·도검·화약류·분사기·전자충격기·석궁이 몰수 또는 국고에 귀속된 경우를 제외하고는 그 총포·도검·화약류·분사기·전자충격기·석궁의 제출을 명하여 그 허가관청에 임시 영치하여야 한다.

(나) 소유권 포기등 조치

임시 영치되거나 위법한 소지·사용 그 밖의 사유로 총포·도검·화약류·분사기·전자충격기·석궁을 허가관청에 제출한 사람은 6월이내에 적법하게 소지·사용할 수 있는 제3자에게 양도·증여하거나 폐기하는 등 그 총포·도검·화약류·분사기·전자충격기·석궁의 소유권 포기를 위한 조치를 하여야 한다.

양수·증여를 받고 그 총포·도검·화약류·분사기·전자충격기·석궁의 소지허가를 받은 사람은 행정자치부령이 정하는 바에 의하여 허가관청에 그 총포·도검·화약류·분사기·전자충격기·석궁의 소유권 반환신청을 할 수 있다.

(다) 최고 및 공고

6월 이내에 총포·도검·화약류·분사기·전자충격기·석궁의 소유권 포기를 위한 조치를 할 의무가 있는 사람이 그 의무를 이행하지 아니하거나 그 소재가 명확하지 아니한 경우에는 허가관청은 행정자치부령이 정하는 바에 의하여 일정기간 그 총포·도검·화약류·분사기·전자충격기·석궁의 처리에 대한 최고 또는 공고를 할 수 있다.

(라) 매각 및 폐기

최고 또는 공고에서 정한 처리기간이 끝난 날로부터 6월이 지나도 그 총포·도검·화약류·분사기·전자충격기·석궁에 대한 반환신청이 없거나 또는 처리기간이 끝난 후 부패·변질될 염려가 있거나 보관에 지나치게 많은 비용이 드는 등 계속적인 보관이 곤란한 경우에는 이를 매각할 수 있다. 다만, 매각할 수 없거나 매수를 원하는 사람이 없는 경우에는 이를 폐기할 수 있다.

(마) 청산

총포·도검·화약류·분사기·전자충격기·석궁의 매각대금은 권리자에게 반환하여야 하며, 처리기간이 끝난 후 6월이 지나도 권리자의 반환청구가 없는 경우에는 대통령령이 정하는 바에 의하여 국고에 귀속한다. 다만, 매각대금을 반환하는 경우에는 매각대금에서 보관 및 매각에 든 비용을 공제한다.

Ⅳ. 유실물·매장물·표류물등의 처리

1. 유실물의 처리

가. 유실물의 의의

"유실물"이라 함은 점유자의 의사에 의하지 않고 또는 타인에게 절취된 것이 아니면서 우연히 그 지배에서 벗어난 동산을 말한다.[11] 예를 들어 본인이 모르는 사이에 길에 떨어뜨린 물건은 유실물이며 점유자가 그 의사에 의하여 버린 물건이나 도품은 유실물이 아니다. 따라서 사기·공갈·횡령 등의 목적물은 이에 포함되지 않는다.

나. 관련법령

(1) 유실물법(1999. 3. 31 법률 제5935호)

(2) 동법시행령(1999. 4. 30 대통령령 제16268호)

(3) 민법 제253조(소유권 취득에 관한 규정) 및 제321~제328조(유치권에 관한 규정)

11) 유실물에서 말하는 유실물은 동산에 국한한다고 봄이 같은 법의 규정취지에 비추어서 분명하다(대법원 69. 8.19.69다536).

다. 주요내용

(1) 습득물의 처리

타인이 유실한 물건을 습득한 자는 이를 신속히 유실자 또는 소유자 기타 물건의 회복 청구권자에게 반환하거나 경찰관서에 제출하여야 한다(법 제1조). 습득물이 법률에 의하여 소유 또는 소지가 금지된 물건은 그 반환을 요하지 않는다. 관리자가 있는 선박, 차량이나 건축물 기타 공중의 통행을 금지한 구내에서 습득한 자는 그 물건을 관리자에게 교부하여야 한다. 이 경우에는 선박, 차량이나 건축물등의 점유자를 습득자로 한다. 자기가 관리하는 장소에서 타인의 물건을 습득한 경우에도 같다. 보상금은 점유자와 실제로 습득한자와 절반으로 하도록 하고 있다.(법 제 10조)

(2) 습득물의 공고

제출 받은 습득물의 반환을 받을 자가 성명이나 주거를 알 수 없을 때에는 제출 받은 날로부터 14일간 해당 경찰서 게시판에 게시 공고한다.[12] 습득물이 특히 귀중한 물건이라고 인정되는 것은 공고와 동시 일간신문 또는 방송으로 공고하여야 한다(법 제1조2항, 시행령 제3조). 범죄자가 놓고 간 것으로 인정되는 물건에 대해서는 범죄 수사상 필요할 때에는 공소권이 소멸되는 날까지 공고를 하지 아니할 수 있다(법 제11조).

(3) 습득물의 보관

제출받은 습득물은 경리사무 담당책임자가 보관한다. 보관한 물건이 멸실, 훼손될 우려가 있거나 보관에 과다한 비용이나 불편이 수반될 때에는 "국가를 당사자로 하는 계약에 관한 법률"의 규정에 준하여 경쟁입찰에 의하여 이를 매각할 수 있다. 매각에 요하는 비용은 매각대금

12) 유실물 처리 지침에 의하면 습득공고 및 수배시 유실물 제1조제2항 및 동법시행령 제3조에 의한 공고의 규정에도 불구하고, 습득신고서에 의한 기초자료를 유실물안내 정보망에 등록한 경우에는 공고 및 수배에 갈음할 수 있다고 하고 있다.

중에서 지불하며 매각비용은 공제한 매각대금의 잔액을 습득물로 간주하여 이를 보관한다.

(4) 습득물의 반환

제출 받은 습득물은 물건의 반환을 받을 자에게 이를 반환하여야 하는 바 물건의 반환을 요구받았을 때에는 청구권자임이 틀림없다는 것을 확인한 후 기일을 지정하여 습득자와 보상금액을 협의하도록 한다. 경찰서장은 청구권자의 성명과 주거를 습득물처분통지서에 의하여 습득자에 통지하여 청구권자와 보상금액에 관하여 협의하도록 하여야 한다.

(5) 보상 및 비용의 부담

(가) 보상금

물건의 반환을 받는 자는 물건 가액의 5/100 내지 20/100의 범위 내에서 보상금을 습득자에게 지급하여야 하며 보상금을 받은 습득자는 소득세법에 의거 보상금액의 20%를 소득세, 소득세 금액의 10%를 주민세로 납부한다. 단, 국가 또는 공공단체는 보상금을 청구할 수 없다(법 제4조).

(나) 비용의 부담

습득물의 보관비, 공고비 기타 필요한 비용은 물건의 반환을 받는 자나 물건의 소유권을 취득하여 이를 인도 받는 자의 부담으로 한다. 보상금과 비용은 물건을 반환한 후 1월을 경과하면 청구할 수 없다(법 제3, 6조). 유실물의 습득자와 물건의 반환을 받을 자는 권리포기서를 제출하여 습득물에 관한 모든 권리를 포기하고 비용과 보상금 지급의 무를 면할 수 있다(법제7조).

(6) 습득물의 소유권 획득

습득물을 공고하였음에도 불구하고 1년 내에 그 소유자가 권리를 주장하지 아니하면 습득자가 그 물건의 소유권을 취득한다(민법 제253조).

(7) 습득물의 국고귀속

경찰서가 보관한 물건으로서 교부 받을 자가 없을 때에는 그 소유권은 국고에 귀속한다(법 제15조). 국고귀속이 확정된 현금 또는 물품은 지체없이 예산회계법이 정하는 바에 의하여 세입조치를 하여야 한다.

(8) 준 유실물

준유실물이라 함은 착오로 인하여 점유한 물건, 타인이 놓고간 물건이나 일실한 가축을 말한다. 준유실물에는 유실물처리에 관한 법규를 준용하여 처리한다. 따라서 이에 관한 취급과 처리 절차, 권리의무는 유실물에 대한 그것과 동일하나, 다만 착오로 인하여 점유한 물건에 대하여는 비용과 보상금을 청구할 수 없다(법 제12조).

2. 매장물의 처리

가. 매장물의 의의

매장물이라 함은 현재 그 소유자를 알 수 없는 상태로 토지 기타 물건에 매장되어 있는 동산 또는 부동산을 말한다. 매장물은 동산인 경우가 보통이지만, 예컨대 매몰된 가옥과 같은 것은 부동산이면서 매몰된 경우이다.

나. 관련 법령

(1) 유실물법 제13조

(2) 민법 제254조(매장물의 소유권취득), 제255조(문화재의 국유)

(3) 문화재 보호법(1995. 12.29 법률 제5073호)

다. 매장물의 취급과 처리

매장물에 관하여는 유실물 제10조(선박·차량·건축물 등 내의 습득)의 규정을 제외하고는 본법을 준용한다. 매장물이 학술·기예 또는 고고의 중요한 재료가 되는 물건인 경우에는 국유로 한다. 유실물의 습득자, 매장물의 발견자 및 매장물이 발견된 토지 기타 물건의 소유자는 국가에 대하여 적당한 보상을 청구할 수 있다(민법 제255조). 이때 국가는 매장물을 반분하여 각자에게 지급하여야 한다. 단, 매장물을 발견한 자와 매장물이 발견된 토지의 소유자가 같은 때에는 그 전액을 지급하여야 한다. 그 금액에 불복이 있는 자는 그 통지를 받은 날로부터 6월 이내에 민사소송을 제기할 수 있다

3. 표류물 및 침몰품의 처리

가. 의 의

표류물이라 함은 점유를 이탈하여 바다 또는 하천에 떠서 흐르고 있는 물건을 말하고 침몰품이라 함은 점유를 이탈하여 바다 또는 하천에 가라앉은 물건을 말한다.

나. 관련법령

(1) 수난구호법(1996. 8. 8 법률 제5153호)

(2) 동 시행령(1997. 5. 24 대통령령 제15379호)

(3) 동 시행규칙(1997. 1. 3 해양수산부령 제3호)

다. 취급 및 처리

표류물 및 침몰품에 관한 직무는 시·군·구청장이 이를 행한다. 이를 습득한 자는 지체없이 시·군·구청장에게 인도하여야 한다. 다만, 그 표류물 등의 소유자가 분명하고 그 표류물 등이 법률에 의하여 소유 또는 소지가 금지된 물건이 아닌 경우에는 습득한 날로부터 7일 이내에 직접 그 소유자에게 인도할 수 있다(법 제28조).

제5절 여성 · 청소년 보호업무

Ⅰ. 미아 · 가출인 업무

1. 목적

미아 · 가출인에 대한 소재의 발견, 확인, 기타 필요한 사항에 대한 업무를 신속, 정확하게 함을 목적으로 미아 · 가출인업무처리규칙(2003.7.28 경찰청예규 제319호)를 제정 운영하고 있다.

2. 용어의 정의

(1) "미아"라 함은 길을 잃어 집을 못 찾는 8세 이하의 아동으로서, 보호자가 찾고 있는 아동을 "찾는 미아"라 하고, 보호자로부터 이탈되어 경찰관서 등에서 보호하고 있는 아동을 "보호미아"라 말한다.

(2) "가출인"이라 함은 보호자로부터 이탈된 9세 이상의 자로서, 보호자가 찾고 있는 9세 이상에서 20세 미만의 자를 "가출청소년"이라 하고, 보호자가 찾고 있는 20세 이상의 자를 "가출성인"이라 말한다.

(3) "보호자"라 함은 친권자, 후견인, 미아 · 가출인을 보호 · 양육 · 교육하거나 그 의무가 있는 자 또는 업무 · 고용 등의 관계로 사실상 미아 · 가출인을 보호 · 감독하는 자를 말한다.

(4) "장기미아"라 함은 보호자로부터 신고를 접수한 지 48시간이 경과하도록 발견하지 못한 찾는 미아를 말한다.

(5) "보호시설"이라 함은 아동복지시설, 노인복지시설, 장애인복지시설, 모 · 부자복지시설, 부랑인복지시설, 정신보건시설 등으로 행정관청에 설치신고 등의 여부는 불문한다.

(6) "행불자"라 함은 미아·가출인 중 합동심의 결과 범죄와 관련되어 수사에 착수한 대상자를 말한다.

(7) 정신장애인에 관한 특례

① 정신장애인이라 함은 장애인복지법 제2조에서 규정하고 있는 정신지체 또는 정신적 질환으로 발생하는 정신적 장애를 가진 자를 말한다.

② 정신장애인은 나이와 관계없이 미아에 준하여 처리한다.

3. 주요내용

가. 전산수배대상

(1) 미아·가출인

(2) 보호시설에 수용된 자 중 무연고자

(3) 변사자·교통사고 사상자 중 신원불상자

나. 전산수배의 종류 등

(1) 경찰컴퓨터온라인 수배 : 제4조

(2) 사이버경찰청 수배 : 제4조제1호

다. 전산수배기간

(1) 발생미아 : 전산수배일로부터 발견시까지 수배한다.

(2) 보호미아 : 보호자 발견시까지 전산수배한다.

(3) 가출청소년 : 전산수배일로부터 3년간 수배한다.

(4) 가출성인 : 전산수배일로부터 2년간 수배한다.

(5) 보호시설 수용자 : 보호자 발견 또는 신원확인시까지 전산수배한다.

(6) 신원불상자 : 신원확인시까지 전산수배한다.

라. 전산수배불능 대상: 경찰서장 또는 미아찾기센터장은 다음 각 호의 1에 해당하는 신고를 접수하여서는 아니된다.

(1) 민사문제 해결 목적으로 신고된 자
(2) 범죄혐의를 받고 형사관련 수배된 자
(3) 수배를 요하는 사항이 발생하여 2년이 경과한 가출성인
(4) 수배기간의 경과로 수배해제된 자

Ⅱ. 소년경찰업무

1. 소년경찰업무의 목적

청소년을 과학적으로 선도·보호하고 유해환경을 정화하며, 비행을 방지하고 비행소년을 합리적으로 처우함으로써 청소년을 건전하게 지도육성하기 위하여 소년경찰 활동의 지침을 정함을 목적으로 한다.

2. 근거법령

경찰관직무집행법, 소년법, 형사소송법, 아동복지법, 청소년보호법, 사법경찰관리집무규칙, 범죄수사규칙, 기타 법령에 의한 외에는 소년경찰 직무규칙이 정하는 바에 따른다.

3. 용어의 정의

(1) 소년[13] : 20세 미만인 자를 말한다.

(2) 범죄소년 : 14세 이상 20세 미만의 자로서, 죄를 범한 자를 말한다.

(3) 촉법소년 : 12세 이상 14세 미만의 자로서, 형벌법령에 저촉되는 행위를 한 자를 말한다.

(4) 우범소년 : 보호자의 정당한 감독에 복종하지 않는 성벽이 있거나, 정당한 이유 없이 가정에서 이탈하거나, 범죄성이 있는 자, 또는 부

13) 소년법에서 "소년"이란 19세 미만인 자로 규정하고 있다.

도덕한 자와 교제하거나 기타의 사유로 그의 성격 또는 환경에 비추어 장래 형벌법령에 저촉되는 행위를 할 우려가 있는 12세 이상 20세 미만인 자를 말한다.

(5) 비행소년 : 범죄소년, 촉법소년, 우범소년을 총칭한다.

(6) 불량행위소년 : 비행소년은 아니나, 음주·흡연·싸움 기타 자기 또는 타인의 덕성을 해하는 행위를 하는 소년을 말한다.

(7) 요보호소년 : 비행소년은 아니나 학대·혹사·방임된 소년 또는 보호자로부터 유기 또는 이탈되었거나, 그 보호자가 양육할 수 없는 경우, 기타 경찰관직무집행법 제4조 또는 아동복지법에 의하여 보호를 요하는 자를 말한다.

(8) 보호자 : 친권자, 후견인, 법정대리인, 재학하는 학교의 장, 담임교사, 기숙사의 사감, 아동복리시설의 장, 고용주 또는 대리인 등 소년을 직접 보호 감독하는 자를 말한다.[14)]

(9) 관계자 : 보호자 및 피해자, 고소인 또는 고발인, 증인 기타 소년의 선도 또는 소년사건 처리에 직접 간접으로 관계있는 자를 말한다.

4. 소년사건의 처리절차

가. 보호사건

비행소년(범죄소년, 촉법소년, 우범소년)의 비행사건을 소년부 판사가 심리하여 이들 소년의 교화 개선과 보호를 위해 결정으로 하는 일정한 처분을 말한다.

(1) 소년부의 보호사건

1. 죄를 범한 소년
2. 형벌 법령에 저촉되는 행위를 한 10세 이상 14세 미만인 소년
3. 다음 각 목에 해당하는 사유가 있고 그의 성격이나 환경에 비추어

14) 소년법에서 "보호자"란 법률상 감호교육을 할 의무가 있는 자 또는 현재 감호하는 자를 말한다.

앞으로 형벌 법령에 저촉되는 행위를 할 우려가 있는 10세 이상인 소년

가. 집단적으로 몰려다니며 주위 사람들에게 불안감을 조성하는 성벽이 있는 것

나. 정당한 이유 없이 가출하는 것

다. 술을 마시고 소란을 피우거나 유해환경에 접하는 성벽이 있는 것

(2) 보호사건의 송치와 통고

전항 제2호 및 제3호에 해당하는 소년이 있을 때에는 경찰서장은 직접 관할 소년부에 송치하여야 한다(범죄소년은 검찰청에 송치). 전항 각 호의 어느 하나에 해당하는 소년을 발견한 보호자 또는 학교·사회복리시설·보호관찰소의 장은 이를 관할 소년부에 통고할 수 있다

(3) 보호처분

소년부 판사는 심리 결과 보호처분을 할 필요가 있다고 인정하면 결정으로써 다음 각 호의 어느 하나에 해당하는 처분을 하여야 한다.

1. 보호자 또는 보호자를 대신하여 소년을 보호할 수 있는 자에게 감호 위탁
2. 수강명령
3. 사회봉사명령
4. 보호관찰관의 단기 보호관찰
5. 보호관찰관의 장기 보호관찰
6. 「아동복지법」에 따른 아동복지시설이나 그 밖의 소년보호시설에 감호 위탁
7. 병원, 요양소 또는 「보호소년 등의 처우에 관한 법률」에 따른 소년의료보호시설에 위탁
8. 1개월 이내의 소년원 송치
9. 단기 소년원 송치
10. 장기 소년원 송치

나. 형사사건

(1) 소년경찰의 처리

소년범죄사건중 범죄소년의 사건은 형사사건으로 검찰에 송치한다. 소년범 수사에 있어서 다음에 해당하는 사건은 수사기능에서 처리한다.

(가) 살인·강도·강간 등 강력사건

(나) 마약, 밀수, 관세사범

(다) 특수폭행사범, 절도·폭력범중 전과 3범 이상의 사건

(라) 성인과 미성년자가 관련된 사건

(마) 집시법위반, 도로교통법, 보안 및 정보(선거법위반) 사범

(바) 소재수사 및 기소중지사범의 수배검거 동행사건

(사) 5명 이상의 공범이 있는 사건

(2) 소년형사사건의 처리절차

소년사건 중 금고이상의 형에 해당하는 범죄사실이 발견되고 그 동기와 죄질이 형사처분의 필요가 있다고 인정되어 검사가 형사법원에 기소하거나, 소년법원이 검찰청에 송치하거나 형사법원에 이송하여 형사재판을 할 때에는 형사사건으로 처리된다.

(3) 형사절차에서 소년사범에 대한 특례

(가) 사형 및 무기형의 완화

(나) 부정기형의 선고

(다) 정역처분의 금지(18세 미만의 환형처분의 금지)

(라) 자유형 집행의 분리

(마) 보호처분과 형의집행

제2장

수사경찰

제 2 장

수사경찰

제 1 절 수사경찰의 의의와 조직

Ⅰ. 수사경찰의 의의

수사경찰이라 함은 범죄의 수사를 목적으로 하는 경찰작용을 말하며, 본래 행정기관의 지위에 있는 자가 범죄수사를 담당하는 경우에 그 직무로 행하는 작용을 말한다. 수사경찰은 경찰작용 중 범죄의 수사, 범인의 체포, 구속영장의 집행 등 수사와 관련된 제반활동에 관한 경찰작용으로 행정경찰에 대한 개념이다.

행정경찰은 넓은 의미로는 사법경찰에 대응하는 행정상의 경찰작용이며, 협의로는 행정상의 경찰작용 중 위생 · 교통 · 경제 등 행정 각 부문에 부수하여 질서유지를 목적으로 하는 권력작용이다. 이는 법률상의 개념이 아니라 학문상의 개념이다. 광의의 행정경찰은 사법경찰이 형사사법권에 부수하는 작용인 데 대하여 행정권 본래의 작용으로서 각 행정법규의 규율을 받는다. 협의의 행정경찰은 일반의 공안유지를 임무로 하고 그 자체가 독립한 행정부문을 형성하고 있는 보안경찰에 대응하는 개념이며, 곧 광의의 행정경찰 중에서 보안경찰을 제외한 경찰작용이다. 사법경찰과 행정경찰의 구분은 유럽에서 유래한 것으로 영·미에서는 이 구별을 인정하지 않는다. 행정경찰이 사회질서의 유지, 즉 사전에 국민의 생명·신체·재산을 보호하려는 예방경찰에 중점을 두는데 대해, 사법경찰은 그 법익이 침해된 때에 범죄를 수사하는 활동으로 검사와 사법경찰관리가 그 임무를 담당하며, 형사소송법이 정하는 절차에 따라 행한다.

그러므로 수사경찰이라 함은 사법경찰작용을 수행하는 경찰을 의미한다.

Ⅱ. 수사경찰의 조직과 업무

1. 경찰청의 조직과 업무

경찰수사 업무는 경찰청 수사국이 중심이 되어 수행한다. 국장은 치안감 또는 경무관으로 보한다. 수사국의 일반적인 사무 분장은 다음과 같다.1)

1. 경찰수사업무에 관한 기획·지도·조정 및 통제
2. 범죄통계 및 수사자료의 분석
3. 범죄수사의 지도 및 조정
4. 과학수사기법에 관한 기획 및 지도
5. 범죄의 수사에 관한 사항
6. 범죄감식 및 범죄기록의 수집·관리
7. 경찰 직무수행과정상의 인권 보호에 관한 사항
8. 경찰 수사과정상의 범죄피해자 보호 및 지원에 관한 사항

---

1) 경찰청과 그 소속기관 직제 제12조.

경찰청 수사국은 수사과, 특수수사과, 형사과, 마약지능수사과, 과학수사 센터, 사이버테러대응 센터, 인권보호센터 등으로 구성되어 있다. 이를 수사국의 담당과별로 업무분장을 세부적으로 살펴보면 아래와 같이 정리할 수 있다.[2)]

경찰청 수사국의 업무 분장

〈수사과〉

1. 수사1업무
   가. 수사경찰 인력관리 및 교육지도
   나. 수사예산 및 경비의 관리
   다. 수사경찰제도 및 운영에 관한 기획
   라. 범죄통계 관리 및 수사지식정보 공유
   마. 수사절차 관련 법령에 대한 연구
   바. 기타 국내 서무와 다른 과의 주관에 속하지 아니하는 사항
   사. 경찰수사연수원의 교육운영 지도

2. 수사2업무
   가. 불법시위관련 사건 수사지도
   나. 수배자 수사상황 수집

〈특수수사과〉

1. 국가 및 사회이익에 반하는 중대한 범죄의 첩보수집 및 수사
2. 정부기관등에서 고발되는 중요사범의 수사
3. 국민경제 · 보건 및 환경등과 관련된 중요사건의 수사

〈형사과〉

1. 강력업무
   가. 민생치안 종합계획 추진 및 관계기관 협조
   나. 살인 · 강도 · 강간 및 방화범죄에 관한 대책과 수사 지도
   다. 변사사건의 수사 지도
   라. 초동수사 및 수사긴급배치 훈련 지도

2) 경찰청 사무분장 규칙 제9장 수사국

마. 도범 · 장물범에 대한 대책 및 수사 지도
사. 기타 강력범 등 중요사건의 현장 지도

2. 폭력업무
가. 조직폭력 · 일반폭력에 대한 대책 및 수사지도
나. 단순약취 · 유인 · 인신매매사건에 대한 대책 및 수사지도
다. 공갈 · 협박사건에 관한 수사지도
라. 행불사건에 관한 대책과 수사지도
마. 우범자 관찰보호 업무지도
바. 음료 · 음식물 등에 대한 이물질 투입사건 수사지도
사. 도주사건 수사지도
아. 도박사건 수사지도
자. 폭발물사고, 열차 · 항공기 · 선박사고 및 건물붕괴 등의 안전사고와 관련된 범죄의 수사지도

〈마약지능수사과〉

1. 지능1업무
가. 통화관련 범죄의 수사지도
나. 불법도청등 사생활침해사범 수사지도
다. 금융 및 경제사범의 수사지도
라. 부동산관련 범죄의 수사지도
마. 물가 및 공정거래관련 사범의 수사지도
바. 지적소유권사범의 수사지도
사. 금융정보분석원(FIU) 제공 특정금융거래정보 관련 업무
아. 해당범죄의 민원 및 이의사건 처리
자. 기타 다른 업무에 속하지 아니한 형법 및 특별법위반사범의 수사지도

2. 지능2업무
가. 공무원범죄의 수사지도
나. 병무 및 군수물자관련 범죄의 수사지도
다. 무역 및 밀수사범의 수사지도
라. 농 · 수 · 축산물관련 범죄의 수사지도

마. 문화관광에 관한 범죄의 수사지도
바. 총기관련범죄의 수사지도
사. 보건위생 및 환경사범의 수사지도
아. 직업안정에 관한 범죄의 수사지도
자. 선거관련사범의 수사지도
차. 해당범죄의 민원 및 이의사건 처리

3. 마약업무
가. 마약범죄에 대한 대책 수립 및 마약수사 기획
나. 마약수사 인력·예산·장비 관리
다. 국내외 마약수사 공조 등 관련기관 협력업무
라. 마약범죄 수사지도 및 조정
마. 마약수사기법 연구·개발 및 교육

〈과학수사센터〉

1. 과학수사업무
가. 과학수사에 관한 기획 및 관리
나. 과학수사 교육계획 수립·시행
다. 과학수사 예산 및 장비 관리
라. 국립과학수사연구소 운영 지원·감독

2. 자료운영 및 정보지원업무
가. 주민등록발급신청서 등 지문자료 수집·관리
나. 지문자동분류검색시스템 등 전산시스템 관리·운영
다. 수사자료표의 수집 및 형사입건 처리결과 정리
라. 범죄경력조회 및 회보
마. 감식자료의 축사 운영
바. 수사자료의 분석·지원
사. 지명수배(통보)·전산입력 및 해제 자료 관리 운영
아. 범죄수법·공조자료 관리 운영
자. 프로파일링 등 범죄분석

3. 증거분석업무
   가. 화재감식 등 현장감식 관리
   나. 지문 감정에 의한 신원확인 및 자료관리
   다. 족흔적 감정 및 감정자료 관리
   라. 몽타주 작성, 사진 등 영상자료 판독 및 판독자료 관리
   마. 거짓말탐지기 운영
   바. 과학수사기법·프로그램 및 장비 개발

〈사이버테러대응센터〉

1. 협력운영업무
   가. 서무, 예산, 장비 및 시스템 관리
   나. 사이버테러대책 종합계획 수립
   다. 사이버범죄 신고접수, 상담 및 초동조치
   라. 사이버테러관련 대외협력 및 홍보

2. 사이버수사1업무
   가. 해킹·바이러스 유포 등 사이버테러형 사건 수사 및 지도
   나. 사이버테러 관련 검색 및 경보

3. 사이버수사2업무
   가. 사이버수사 기획 및 지도
   나. 일반 사이버범죄중 신종범죄, 공공기관 관련 사건, 전국적·국제적 공조가 필요한 사건 수사
   다. 기타 사이버관련 중요사건 수사
   라. 위법사이트 검색 및 관련조치

4. 기법개발업무
   가. 사이버테러 예방전략 연구 및 개발
   나. 사이버범죄 관련 보안·수사기법 연구
   다. 사이버수사 기술 지원
   라. 디지털 증거분석 업무

〈인권보호센터〉

1. 인권보호 업무
   가. 경찰 직무수행과정의 인권보호에 관한 정책의 수립 및 지도
   나. 인권침해 신고와 상담에 대한 접수, 조사 및 처리
   다. 경찰청 인권위원회의 운영에 관한 사항
   라. 유치관리에 관한 사항

2. 피해자대책 업무
   가. 범죄피해자 보호 및 지원에 대한 경찰정책의 수립·지도 및 조정
   나. 범죄피해자 보호와 관련한 교육 및 홍보
   다. 범죄피해자에 대한 상담, 조사 및 처리

2. 지방경찰청과 경찰서의 조직과 업무

지방경찰청은 서울지방경찰청은 수사부장을 두고 경무관으로 보하고 예하에 수사과, 형사과를 두고 있고, 경기지방경찰청은 2부장(경무관) 산하에 수사과와 형사과를 기타지방청은 수사과와 형사과를 두고 있다. 과장은 총경으로 보한다. 일선 경찰서에는 치안수요에 따라 수사과와 형사과를 따로 두고 있는 경우 있거나, 수사과만 두고 있는 경우도 있다. 일선서의 과장은 경정 또는 경감으로 보한다. 사무분장은 경찰청에 준하여 지방청별 사무분장 규칙에 의한다.

제 2 절 수사의 일반론

Ⅰ. 수사의 개관

1. 수사의 의의

수사라 함은 보통은 범죄수사를 말하는데 형사사건에 관하여 공소제기 여부를 결정하거나 또는 공소를 제기하고 이를 유지·수행하기 위한 준비로서 범죄사실의 탐지, 범인의 검거·조사, 증거의 수집·보전 등을 목적으로 하는 수사기관의 일련의 활동을 말한다. 또 이러한 활동의 법적 규제절차를 수사절차라고 하며, 이러한 절차를 포괄하여 수사라고 부르기도 한다.

이와 같은 일반적 의미의 수사개념은 형사소송법 제195조[3]에 근거한 것으로 현재 통설적으로 인정되는 개념규정이나, 현실적으로 범죄혐의를 인정하기 위해서는 범죄혐의 유무에 대한 조사가 전제되어야 하며 그러한 혐의유무에 대한 조사단계가 내사이고 이러한 내사를 위해서는 상당한 정도의 범죄정보, 언론보도, 진정, 투서 등의 수사단서가 있는 것이 보통이다. 그러므로 일반적 의미의 수사실행 전 단계에 이루어지는 내사나 수사단서 수집 등도 적극적 의미의 수사개념에 포함된다고 할 수 있다.

2. 수사의 목적

수사활동은 형사소송절차의 일부분이고 형사절차는 수사에 의하여

3) 제195조 (검사의 수사) 검사는 범죄의 혐의가 있다고 사료하는 때에는 범인, 범죄사실과 증거를 수사하여야 한다.

개시된다고 볼 수 있다. 형사소송절차의 전 과정을 수사절차, 재판절차, 형집행절차라고 나누어 본다면 수사절차는 형사절차의 1단계라고 볼 수 있다. 그러므로 수사활동은 실체적진실의 발견과 인권보장이라는 형사소송의 이념에 충실하여야 할 것이다. 수사의 목적을 나누어 본다면 형사피의 사건에 대한 진상을 파악하고 공소를 제기 유지하기위한 준비절차로서 증거를 확보 보전하여 궁극적으로는 범법자의 유죄판결을 이끌어 내는 데에 있다. 이를 나누어 보면 피의사건의 진상파악, 기소여부의 결정, 공소의 제기유지, 형사소송의 목적 실현 등 4가지로 구분할 수 있다.

가. 피의사건의 진상파악

수사기관이 수사의 단서를 통하여 범죄에 관한 주관적인 혐의 점을 발견하고, 범인을 발견·체포하고 증거를 발견·수집·보전하여 범죄사실에 관한 객관적 진실을 찾아내는 수사기관의 활동인 것이다

나. 기소여부의 결정

수사활동을 통하여 파악된 객관적 진실을 토대로 하여, 이에 대한 법률적인 평가를 통해 기소여부를 결정하게 된다. 기소여부를 결정함에 있어서는 범죄사실의 내용은 물론이고 사안의 법률적인 성격을 고려하여 판단한다.

다. 공소의 제기·유지

통상적으로는 공소제기전의 수사가 일반적이기는 하지만 검거된 범인과 증거의 보강을 위해서 공소제기후의 보강수사도 행하여지기도 한다.

라. 유죄판결

수사의 궁극적인 목적은 범인을 법의 심판대에 세워 유죄판결을 받게 하여 법의 궁극적인 목적인 유죄의 판결을 받게 하는 데에 있다.

마. 형사소송의 목적 실현

형사소송의 실체적인 목적은 실체적 진실발견주의라면, 절차적 측면에서는 공공복리와 인권보장의 조화에 있다.

3. 수사의 성질

가. 사실의 진상을 규명하는 활동

범죄수사는 사안의 진상을 탐지하고 적용할 형벌법규를 규명하는 활동이다. 수사관은 인간활동이므로 완전한 사건의 진상을 파악한다는 것은 사실상 불가능하므로 진실에 의한 고도의 접근으로 '누구에게도 합리적인 의심을 불러일으키지 않고 수긍할만한 정도의 것'임을 요한다. 여기서 말하는 사실의 인정은 증거에 의한 것이어야 한다.

나. 형사절차의 일부분

범죄수사는 직접적으로 공소의 제기수행을 위한 준비활동이므로 형사절차의 일부분이다. 공송의 제기와 더불어 공소제기된 사건의 공소수행에 필요한 자료를 수집하는 것도 범죄수사의 목적이 되는 것이므로 수사활동은 주로 공소제기 전에 이루어지는 것이 바람직하지만 사안에 다라 공소제기 후에도 이루어진다.

다. 심증형성을 지향하는 활동

범죄수사는 사안의 진상을 파악하여 형사절차를 진행시키는 과정이므로 수사관은 우선 사안의 진실에 대하여 확신있는 판단을 얻어야한다. 수사의 목적을 달성하기위해서는 수사관이 얻은 종국적인 판단이 법관의 심증을 획득하는 것이어야 하기 때문이다. 그러므로 수사는 수사기관이 자신의 심증을 형성하는 것을 지향하는 하강과정이다.

라. 형성된 심증을 증명하는 활동

수사를 통하여 확신 있는 판단에 도달했을 경우 그것을 형사절차에서 유죄의 입증을 위해서는 증거를 통하여 진실성을 증명하지 않으면 안 된다. 수집된 증거에 의하여 검사에게 영향을 미쳐 공소제기가 행해지고 다시 법정에서 유죄의 심증에 영향을 미쳐 유죄의 판결이 내려지도록 하는 상승과정이기도 한 것이다.

수사에 있어서 하강과정과 상승과정은 고정적인 것이 아니라 현행범인의 체포와 사안에 따라서 유동적으로 진행되기도 한다.

마. 실체적 진실발견을 위한 창조적인 활동

형사사건은 사안의 성격에 따라 진실의 발견이 비교적 용이한 경우가 있는가 하면, 어떤 사건은 수사에 관한 단서가 전혀 확보되지 않아 애로를 겪기도 한다. 이러한 경우는 수사관들의 현장관찰, 탐문, 감별수사, 수법수사 등 다양한 수사기법을 통하여 새로운 증거를 발견하고 자료의 검증과정을 반복하여 실체적 진실에 접근하여야 한다. 즉, 실체적 진실발견을 위한 수사기관의 창조적인 활동이 필요한 것이다.

4. 수사의 대상

범죄수사로써 무엇을 탐색하고 명확하게 할 것인가 하는 수사의 대상 즉, 수사의 실체면은 이를 두 가지로 나누어 볼 수 있다. 하나는 범죄행위의 유무에 따르는 범죄의 사실적 내용, 또 하나는 그 행위가 형벌규정에 비추어 범죄의 구성요건을 충족하는가 여부를 규명하는 범죄의 법률적 내용이 그것이다. 여기서 전자를 "사실적 실체면"이라 하고, 후자를 "법률적 실체면"이라고 한다. 수사의 실체면은 이러한 사실적 실체와 법률적 실체의 양면을 명백히 함으로써 비로소 형성되는 것이다.

Ⅱ. 수사관의 기본적인 자세

1. 인권보장을 최우선으로 배려

수사요원은 그 업무를 집행함에 있어 인권보장을 최우선으로 배려하여야 한다. 인권이란 사람이라면 누구나 누려야 할 권리이며 특히 ① 누구나 신체와 생명을 지킬 권리 ② 고문받지 않을 권리 ③ 노예상태에 놓이지 않을 권리 등은 그 누구도 침범할 수 없는 기본권으로서의 인권을 보장받고 있다.

따라서 수사요원은 △욕설·폭언이나 폭행·가혹행위 등을 절대로 금지하여야 하며 △피의자 또는 변호인이 원하는 경우, 증거인멸 등 수사에 지장을 주지 않는 범위내에서 신문과정에 변호인의 참여를 보장하여야 하며 △피의자·피해자·참고인 등 사건관계자에 대한 인적사항·수사내용·전과 등 개인정보가 유출되지 않도록 수사비밀 유지하여야 하며 △공범자의 도주·증거인멸 등 수사에 지장을 초래할 우려가 없는 한 유치인에 대한 면회를 보장하는 등의 인권보장을 위하여 법령이 정하는 범위 내에서 최선을 다하여야 한다.

2. 법령에 정한 절차를 준수

수사요원은 피의자를 체포할 때는 반드시 「체포·구속시 피의자의 권리」를 고지하여야 한다. 바로 고지할 수 없는 정황이 명백한 경우에는 고지가 가능한 시점에서 즉시 이를 고지하여야 한다.

※ 범죄수사규칙상 체포·구속시 범죄사실 등의 고지

○ "○○경찰서 ○○○순경입니다. (신분증 제시)
(범죄사실의 요지, 체포·구속의 이유) ……·혐의로 당신을 체포하겠습니다. 지금부터 당신은 변호인의 도움을 받을 수 있고 변명의

기회를 가질 권리가 있습니다"라고 분명히 상대방이 인식할 수 있도록 고지하고 확인서를 받아 기록에 편철하여야 한다.

○ 체포할 당시 피의자에게 범죄사실의 요지, 체포의 이유와 변호인을 선임할 수 있음을 말하고, 변명할 기회를 준 후가 아니면 체포할 수 없다(대법원 95. 5. 9, 94도3016)

3. 불구속수사 원칙

수사요원은 인신구속시 구속사유와 필요성을 신중히 판단하되 가급적 인신구속을 억제하는 「불구속 수사 원칙」을 준수할 수 있도록 하여야 한다. 아울러 피의자를 체포 또는 구속할 때는 변호인 또는 피의자가 지정한 사람에게 「구속일시 · 장소 · 범죄사실 요지」 등을 지체없이 통보하여야 한다.

4. 증거위주의 과학수사

수사요원은 수사를 함에 있어 △현장 감식활동 강화 등 객관적 증거수집에 노력하여야 하며 △지문자동검색시스템 · 유전자 분석 등 첨단수사기법을 적극 활용하여 과학수사 체제 확립하는 데 노력하여야 하며 △국민의 편에 서서 사건을 처리하여야 함을 명심하여야 한다.

5. 민원인에 대한 성실한 자세

수사요원은 공정, 친절, 신속, 청렴의 4대 덕목인을 실천하는 데 게을리하지 않아야 한다. 그러기 위하여 수사요원은 민원인의 방문 · 전화문의시 친절하고 상세하게 설명하고, 고소 · 고발인이 서류 접수시 즉각 조사를 원하면 담당자를 지정, 신속히 조사하여 경찰서에 다시 출석하는 번거로움이 없도록 조치하여야 한다.

조사를 위해 불가피하게 사건관계인을 출석시킬 경우는 미리 조사계획을 세워 최단 시간내 신속히 처리하고, 피해자 · 참고인에 대한 소환을 최소화하고, 필요시에는 방문조사나 우편·전화를 이용한 조사방안도 고려하여야 한다.

출석요구서에 「일시·장소·약도·준비물·교통편」 등을 상세히 기재하여 사건관계인들의 불편을 최대한 줄이도록 노력하고, 사건수사는 정해진 기한 내에 처리하고, 수사가 장기화될 때는 피해자·민원인 등에게 중간수사사항을 통지하고 최선을 다해 수사 완료 후 그 결과를 통보한다. 민원인이 수사진행 및 처리결과에 이의가 있을 때 취할 수 있는 방법도 반드시 안내할 필요가 있다.

Ⅲ. 수사경찰의 근무자세

1. 범죄첩보 수집

오관의 작용을 극대화하여 관내의 범죄첩보를 수집하고, 우범지역을 수시 방문하여 지역내의 동향을 파악하여야 한다. 수집된 첩보는 수첩 등 메모하는 습관을 유지하고 소중한 자료로 활용하여야 한다. 일상생활의 모든 부분에서 범죄와의 관련성을 염두에 두고 눈과 귀를 열어두어야 한다.

2. 관내 범죄 동향 파악

관내의 범죄 발생, 검거동향을 파악하고 이를 각 요인별(시간대별, 장소별, 계절별 등)로 구분하여 자료화하면서 분석된 자료를 토대로 우범지역을 설정하고 수시 형사활동을 전개하여야 한다. 분석된 자료는 수시 정비하여 사건 발생시에 신속히 활용할 수 있도록 하고 동일수법의 범죄 동향과 미신고된 암수범죄의 파악에 노력하도록 한다. 자기 관내뿐만 아니라 인접경찰서의 범죄동향에도 주의를 기울여야 효과적인 수사활동을 할 수 있다.

3. 현장중심의 수사

범죄가 발생한 곳에 형사가 있어야 한다. 언제라도 사건에 즉응할 수 있는 체제를 갖추어야 하며 사건 접수시에는 즉시 출동하고 필요한 기자재와 통신수단을 확보하여야 한다. 현장은 사건과 관련한 증거의 보고이며 현장에서 얻어진 단서 없이는 범인을 검거할 수 없다는 것을 명심하고 현장보존을 철저히 하고 현장감식 및 채증에 만전을 기하도록 하여야 한다. 범죄현장은 직접 보고, 직접 듣고, 직접 확인하여야 한다.

4. 과학수사

과학화된 첨단수사장비와 국립과학수사소와 연계된 수사를 하여야 한다. DNA 분석, 방사성 동위원소 분석 등 수사업무에 관련된 최신 기법과 지식을 체득하면서 과학적인 증거수집과 감정은 수사경찰의 필수적인 요건이다.

발견된 증거는 과학적인 분석과 감정을 거쳐야 하며 감정물 채취요령을 숙지하여 발견된 증거물을 유용하게 활용하여야 한다.

5. 공조수사

공조수사란 수사에 필요하다고 인정할 때 피의자의 체포, 출석요구 또는 조사, 장물 기타 증거물의 수배, 압수, 수색 또는 검증과 참고인의 출석요구 또는 조사 기타 필요한 조치를 다른 사법경찰관에게 의뢰하는 것을 말한다. 수사에 있어서 혼자서 사건을 해결하고 공을 차지하겠다는 생각은 버려야 한다. 나보다는 우리가 수사하는 것이 효과적이기 때문이다. 수배를 할 때에는 규정된 방식에 의하고 수배의뢰를 받는 관서를 배려하여야 한다. 수배의 필요가 없어졌을 때는 즉시 해제하고 수배의뢰를 받았을 때에는 내일과 같이 처리하면서 합리수사와 종합수사를 하여야 한다. 이는 선입감에 사로잡혀 육감에 의한 추측만으로 수사를 행하는 일이 없이 기초수사를 철저히 하고, 과학적인 감식시설과 자료를 충분히 활용하면서 언제나 체계 있는 조직력에 의하여 종합적으로 수사를 진행해야 한다는 의미이다. 그리고 수사활동에 있어 자신의 의견을 고집하기보다는 전체의 의견을 존중하고 따름으로서 목적을 달성할 수 있다.

7. 공소 · 공판에 대한 배려

수사의 최종목적은 피의자에 대한 유죄판결이다. 범인의 검거만큼 중요한 것은 피의자에 대한 완벽한 조사와 증거물의 확보이다. 규정된 절차와 서류작성을 중시하여 검거한 범인이 무죄판결을 받는 경우가 없도록 하여야 한다.

8. 수사비밀의 엄수

수사를 할 때에는 비밀을 엄수하여 수사에 지장을 초래하지 않도록 주의하여야 한다. 첩보 제공자와 신고자의 인적사항을 누설하여서는 절대 안되며 필요시에는 보호조치를 하여야 한다. 피의사건(특히 성범죄)의 공표로 인한 사건관계자의 인권을 침해하지 않도록 주의하여야 한다.

9. 새로운 수사기법의 연구

개정되는 법률과 최신판례를 연구하여 법규위반이나 법리오해를 방지하도록 하여야 한다. 항상 새로운 수사기법을 연구하고 도입하면서 공부하는 자세를 갖고 사회 각 분야의 경험과 새로운 지식(컴퓨터, 회계분야 등)을 쌓아야 한다.

10. 기획수사 능력

수사업무의 백미는 기획수사이다. 기획수사의 대상인 화이트칼라 범죄와 지능범죄는 당장은 드러나 보이지 않지만 더 큰 피해를 양산한다는 것을 명심하면서 기획수사의 요체는 첩보수집과 보안의 유지이기 때문에 평소의 인간관계 등을 착실히 하면서 신뢰감을 형성하여 고급 첩보획득에 노력하여야 한다. 기획수사는 빠른 해결보다는 완전한 해결을 추구하여야 한다.

11. 자체사고의 예방

범죄피의자는 조사의 대상이며 감시의 대상이다. 범죄피의자는 심리적으로 불안해하며 항상 도주의 틈을 노리고 있다. 피의자를 조사할 때에는 안전한 장소를 선택하고, 조사실 내에 사무용 칼이나 가위 등을 제거하여 자해사고를 예방하도록 주의하여야 한다. 유치장은 사전검사를 실시하고 철저한 신체 수색과 감시를 통하여 사고, 통모를 방지하여야 한다. 피의자 송치시에는 호송수단별(승용차, 선박, 기차, 항공기), 장소별(식당, 화장실 등), 상황별(피호송자의 발병 등) 호송업무 원칙을 준수하도록 하여야 한다.

제 3 절 범죄수사

Ⅰ. 수사의 기본원칙

1. 인권보호의 원칙

수사에 있어서 인권의 보호는 형사소송절차를 아우르는 기본원칙이므로 수사절차에 있어서도 반드시 지켜져야 할 원칙이다. 수사관이 수사를 할 때에는 개인의 인권을 존중하고 신속·공정·성실하게 하여야 하며, 경찰 피의자, 피해자 등 사건 관계인의 명예를 훼손하지 않도록 주의하여야 한다.

2. 법령준수의 원칙

경찰관은 수사를 할 때에는 「형사소송법」 등 관계 법령과 규칙을 준수하여야 한다.

3. 합리수사의 원칙

수사를 할 때에는 기초수사를 철저히 하여 모든 증거의 발견수집에 힘써야 하며 과학수사기법과 지식·기술·자료를 충분히 활용하여 수사를 합리적으로 진행하여야 한다. 수사의 개시에서부터 진행과 종결에 이르기까지 상사의 지시명령을 성실히 수행하고 경찰관 상호 협력하여야 한다.

4. 임의 수사의 원칙

수사를 할 때에는 임의수사를 원칙으로 한다. 임의수사를 위해서 상대방의 승낙을 구할 때에는 승낙을 강요하거나 강요의 의심을 받을 염려가 있는 태도나 방법을 취하여서는 아니된다.

5. 비밀 엄수의 원칙

수사를 하면서 알게 된 사건관계인의 관련 비밀을 엄수하여야 한다.

6. 수사의 회피

수사관은 피의자, 피해자 등 사건관계인과 친족 관계에 있는 등 수사의 공정성을 잃을 염려가 있거나 의심을 받을 우려가 있을 때에는 상사의 허가를 받아 그 수사를 회피하여야 한다.

7. 공판절차의 고려

수사는 공소의 제기와 공판 심리의 전단계라는 점을 고려하여 수사관은 증거를 확보하고 실체적 진실을 발견하기 위해 노력하여야 한다.

8. 수사기록

수사관은 필요하다고 인정할 경우에는 수사의 진행 경과와 그 밖의 참고가 될 사항을 메모하여 당해 사건의 공판심리의 증인으로 출석하는 경우에 대비하고 관련 사건 수사에 참고하여야 한다.

9. 법정증언의 준비

수사관은 수사한 사건과 관련하여 법원으로부터 증인으로 소환을 받은 경우에는 직속 상급자에게 보고하고 관련 자료 및 예상 질의답변을 준비하여야 한다. 증인으로 출석하기 전에 검사와의 면담, 전화, 모사전송, 전자우편 그 밖에 적당한 방법으로 검사의 증인신문 준비활동에 협조하여야 한다. 법원에 증인으로 출석할 때에는 수사관으로서 품위에 손상이 가지 않도록 용모복장을 단정히 하여야 하며, 증언을 할 때에는 기억에 반하는 진술을 하지 않도록 하여야 한다.

10. 다른 기관과의 협조

수사관은 수사에 관하여 다른 수사기관과 협조하여야 할 사안이 있을 때에는 미리 소속경찰관서의 장에게 보고하여 그 지휘를 받아야 한다.

Ⅱ. 수사본부의 운영

1. 개관

경찰청장 또는 지방경찰청장은 살인 등 중요사건이 발생하여 종합적인 수사를 통하여 해결할 필요가 있다고 인정할 때에는 수사본부를 설치할 수 있다. 수사본부의 설치절차와 운영방법은 수사본부운영규칙(1993. 10. 30, 경찰청예규 제102호)에 규정하고 있다. 경찰청장 또는 지방경찰청장은 국가기관간 공조수사가 필요한 경우에 관계기관과 "합동수사본부"를 설치·운용할 수 있다.

수사본부설치 대상 중요사건은 다음과 같다(수사본부 운영규칙 제2조).

1. 살인, 강도, 강간, 약취유인, 방화, 피해자가 많은 업무상 과실치사상, 조직폭력사건 중 중요하다고 인정되는 사건 등과 국가중요시설물 파괴 및 인명피해가 발생한 테러사건 또는 그러한 테러가 예상되는 사건
2. 기타 사회적 이목을 집중시키거나 중대한 영향을 미칠 우려가 있다고 인정되는 중요사건

중요사건이 발생한 경우, 필요하다고 인정할 때에는 지방경찰청장에게 수사본부의 설치를 명하여 그 사건을 특별수사하게 할 수 있다. 지방경찰청장은 제1항의 경우 수사본부를 설치, 특별수사를 하여야 하고, 그 외 관할 지역내에서 발생한 중요사건의 경우, 필요하다고 인정할 때에는 제6조 제1항 각호의 1(수사본부장)에 해당하는 자에게 수사본부의 설치를 명하여 그 사건을 특별수사하게 할 수 있다.

수사본부에는 본부장, 부본부장, 수사전임관, 홍보관, 분석연구관, 지도관과 관리관 및 수사반을 둔다. 국가기관간 공조수사가 필요한 경우에 지방경찰청장은 관계기관과 합동수사본부를 설치·운용할 수 있으며, 수사본부의 조직, 설치장소, 인원구성, 수사분담 등에 관하여 상호협의하여 운용한다.

'국가기관간 공조수사가 필요한 경우'라 함은 다음과 같다(동규칙 제3조 제5항).

1. 군탈영병, 교도소·구치소·법정 탈주범 추적수사 등 수개의 국가기관이 관련된 사건
2. 마약·총기·위폐·테러수사 등 관계기관 간 정보교류·수사공조가 특히 필요한 사건
3. 기타 경찰청장이 필요하다고 인정한 사건

지방경찰청장은 필요하다고 인정하는 경우에는 수사전담반을 설치·운용할 수 있다. 수사본부는 사건 발생지를 관할하는 경찰서 또는 파출소에 설치함을 원칙으로 한다. 다만, 관계기관과 공조상 필요하거나 사건내용에 따라 다른 곳에 설치하는 것이 적당하다고 인정될 때에는 다

른 장소에 설치할 수 있다.

지방경찰청장이 수사본부의 설치를 명할 때에는 신속히 관할 경찰서장에게 ① 설치장소 ② 사건의 개요 ③ 수사요강 ④ 기타 수사에 필요한 사항을 지시하여야 한다.

각 경찰기관의 장은 신문 그 밖의 언론매체에 수사에 관한 사실을 발표할 때에는 「형법」 제126조(피의사실공표)에 해당하는지의 여부 등을 신중히 고려하여 홍보책임자 또는 홍보책임자로 지정한 자가 발표하도록 하여야 한다.

2. 수사본부의 구성과 운영

가. 수사본부장

수사본부장은 다음에 해당하는 자중에서 지방경찰청장이 지명한다.

1. 서울지방경찰청 수사부장, 경기지방경찰청 해당부장, 부산·대구·인천·강원·충북·충남·전북·전남·경북·경남지방경찰청 차장
2. 지방청 형사(수사)과장 또는 사건관계 과장
3. 사건관할지 경찰서장
4. 제3조제4항(합동수사본부)에 해당하는 경우에는 해당 지방경찰청장이 관계기관과 협의하여 기관별 대표자를 합동수사본부장으로 한다.

수사본부장은 수사본부 수사요원을 지휘·감독하여 수사본부를 운영관리한다.

나. 수사부본부장

수사본부의 부본부장은 다음에 해당하는 자가 된다.

1. 서울지방경찰청 수사부장, 경기지방경찰청 해당부장, 부산·대구·인천·강원·충북·충남·전북·전남·경북·경남지방경찰청 차장이 수사본부장이 되었을 때
   가. 지방경찰청 주무과장

나. 수사본부가 설치된 관할지 경찰서장
2. 지방경찰청 사건 주무과장 또는 관할지 경찰서장이 본부장이 되었을 때
가. 지방경찰청 주무계장
나. 관할지 경찰서 형사(수사)과장

부본부장은 본부장을 보좌하며 수사본부 운영관리에 원활을 기하고, 인접 지방경찰청 · 경찰서간의 공조수사지휘에 임한다.

다. 수사전임관

수사본부의 편성에 있어서는 수사본부를 설치한 지방경찰청 · 경찰서 사건 주무과의 경정 또는 경감급을 수사전임관으로 하여 수사본부의 중추로써 수사추진에 임한다. 전임관은 따로 임명절차를 요하지 않으며, 대상자 중에서 본부장이 지정한다.

라. 수사본부요원의 파견요청 등

수사본부장은 수사본부요원 등을 편성함에 있어 필요한 경우에는 인접 경찰서장 등에게 수사요원의 파견을 명하거나 요구할 수 있다. 수사본부장은 특수업무의 효율적 수행 등을 위하여 국가공무원법상 다른 국가기관원이나 국가기관외의 기관 · 단체의 임 · 직원을 파견받을 필요가 있을 경우에 관계기관 등의 장에게 파견을 요청할 수 있으며, 복무에 관한 제반사항은 국가공무원법을 적용한다.

국가기관간 수사본부가 설치된 경우나 규정에 의하여 수사업무의 수행에 필요하다고 인정되는 때에는 다른 국가기관 · 단체의 임 · 직원 등에게 예산의 범위 안에서 수사에 필요한 실비를 지원할 수 있다. 수사본부에 파견된 요원은 본부장의 지시명령에 따라야 하며, 타기관 및 타시도 본부장으로부터의 제보사항은 성실하고 신속 · 정확하게 처리하여야 한다.

마. 홍보관

홍보관은 본부장이 총경, 경정, 경감급으로 보하며, 대외적으로 알려야 할 사건내용과 수사협조사항 등 홍보에 주력하여야 한다.

바. 분석연구관

분석연구관은 본부장이 수사경력이 많은 경정, 경감, 경위급으로 보하며, 그 임무는 ① 사건분석 연구검토 ② 합리적으로 수사계획 수립 ③ 수사미진사항 수사상 문제점 도출보완 ④ 검증조서 작성 및 송치시까지 수사지침 제시 등이다.

사. 지도관

지도관은 본부장이 경정, 경감, 경위급으로 보하고, 분석연구관의 사건분석을 토대로 수사를 효율적으로 추진하기 위하여 수사반원지도, 수사방향 제시, 공조수사 조정 등 사건을 조기에 해결할 수 있도록 지도한다. 본부장은 경찰청 소속 지도관을 지원받은 경우, 그들의 수사지도를 반영하여 사건해결에 노력한다.

아. 관리반

관리반의 반장은 본부장이 경정, 경감, 경위급으로 보하고, 그 임무는 ① 사건기록 및 부책관리 ② 압수물, 증거물 등 보관관리 ③ 공조수사와 수사상황 보고, 시달 등 관리업무 등이다.

자. 수사반

수사반의 반장은 본부장이 경감, 경위급으로 보하고, 수사계획에 따라 여러 개 반으로 편성할 수 있으며, 분담 수사활동을 증거수집 및 범인검거 활동에 임한다.

차. 관할경찰서의 임무

관할경찰서에서는 수사본부 설치사건에 대하여 본부장이 지시한 수배, 조사, 기타 필요한 수사업무를 빠르고 정확하게 처리하여야 한다. 경찰서장 및 관계 소속장은 수사본부에 관련된 정보, 기타 수사자료를 얻었을 때에는 지체없이 필요한 조치를 하고 즉시 본부장에게 보고하여야 그 지시를 받아야 한다.

카. 초동수사반의 협력

초동수사반은 이미 출동한 사건에 대하여 수사본부가 설치되었을 경우에는 수사결과를 즉시 수사본부에 보고하고, 인계하는 동시에 그 후의 수사에 협력하여야 한다.

타. 인접경찰서의 협력

수사본부사건 발생지의 인접경찰서에서는 수사본부사건의 발생을 알았을 때에는 본부장의 특별한 지시가 없더라도 빨리 범죄현장에 임하여 수사에 협력하여야 한다.

파. 수사회의

본부장은 수사상 필요할 때에는 수사본부요원과 관계 소속직원을 소집하여 회의를 열 수 있다.

하. 비치서류

수사본부에서는 사건수사지휘 및 진행부, 수사일지 및 수사요원 배치표, 수사보고서철, 용의자 명부, 참고인 명부 등의 서류를 갖추고 수사 진행상황을 기록하여야 한다. 지방경찰청 또는 경찰서 해당과장은 제1항의 서류와 사건기록의 사본을 작성하여 한꺼번에 철하여 두고, 연구하는 동시에 앞으로의 수사 및 교양자료로 한다.

서류와 사건기록 사본의 보존기간은, 범인을 검거하였을 경우에는 3년, 검거하지 못한 사건인 경우에는 공소시효 완성 후 1년으로 한다.

3. 수사본부의 해산

가. 해산사유

지방경찰청장은 ① 범인을 검거하였을 때, ② 오랜기간 수사하였으나, 사건해결의 전망이 없을 때, ③ 기타 특별수사를 계속할 필요가 없게 되었을 때에 해당한 경우에는 수사본부의 해산을 명한다. 지방경찰청장은 수사본부를 해산하였을 때에는 각 경찰서장, 기타 관계소속장에게 해산사유를 알려야 한다.

나. 수사검토회의

본부장은 수사본부를 해산하기 전에 특별한 경우를 제외하고는 수사본부 관계자를 소집하여, 수사검토회의를 열고 수사실행의 경과를 반성, 검토하는 등 수사기능 향상을 꾀하여야 한다.

다. 계속수사

본부장은 사건을 해결하지 못하고 수사본부를 해산할 경우에는 그 사건수사를 계속 담당하여야 할 해당과장, 경찰서장에게 관계서류, 증거물 등을 인계하고 수사중 유의하여야 할 사항을 밝혀 주어야 한다.

사건을 인계받은 해당과장 또는 경찰서장은 수사전담반으로 전환, 편성운영하고, 필요성 감소시 연 4회 이상 수사담당자를 지명하여 특별수사를 하여야 한다. 다만, 수사한 결과 범인을 검거할 가망이 전혀 없는 사건은 지방경찰청장의 승인을 얻어 수사전담반 또는 수사담당자에 의한 특별수사를 생략할 수 있다.

라. 국립과학수사연구소장의 감정회보

본부장은 국립과학수사연구소장에게 범죄와 관련, 증거의 수집, 발견을 위하여 수사자료의 감정과 분석을 의뢰할 수 있고, 국립과학수사연구소장은 성실히 과학적 수사에 대응한 감정과 분석을 실시하고, 그 결과를 빠른 시일내에 의뢰관서에 회보하여야 한다.

마. 보고

지방경찰청장은 수사본부를 설치 운영하는 경우, 경찰청장에게 수사상황을 수시보고하고, 수사본부 해산시 해산사유를 보고하여야 한다.

Ⅲ. 수사지휘 및 보고

1. 수사지휘

수사지휘는 수사지휘권이 있는 자가 명시적인 이유를 근거로 구체적으로 하여야 한다. 수사지휘권자가 ① 체포·구속에 관한 사항 ② 영장에 의한 압수·수색·검증에 관한 사항 ③ 송치의견에 관한 사항 ④ 사건 이송 등 책임수사관서 변경에 관한 사항에 대해 수사지휘를 할 경우에는 서면으로 하는 것을 원칙으로 한다.

수사지휘권자가 전항에 따라 서면 수사지휘를 할 때에는 규정된 서식의 수사지휘서를 작성하거나 수사서류의 결재·수사지휘란에 기재하여야 한다.

작성된 수사지휘서 등 수사지휘 내용이 기재된 서면을 사건기록에 편철하여야 하며, 수사의 긴급 등 불가피한 사유로 구두로 수사지휘를 받은 경우에는 관련사항을 수사보고서로 작성하여 사건기록에 편철하여야 한다.

2. 보고

각 경찰기관의 장은 관할구역 내에서 별표 1에 규정된 보고대상 범죄가 발생하였거나 범인을 검거하였을 때에는 별표 1에 규정된 보고기준에 따라 신속히 보고하여야 한다.

보고대상 사건 및 기준[4)]

구 분	내 용
보고 절차	◦ 지구대장·파출소장은 경찰서장에게 보고, 경찰서장이 지방청장에게 보고, 지방청장은 경찰청장에게 보고(경찰청 조치가 필요한 사항은 경찰청까지 보고하고, 지방청에서 조치해야할 사항은 지방청에 보고) ◦ 단, 필요시 경찰서장은 지방청장과 경찰청장에게 동시보고
보고 시점	사건발생 또는 검거시 보고하되 필요시 첩보입수·수(내)사 착수시 및 중요수사진행 보고
보고 방법	무선·유선·팩시밀리 또는 전산망 등을 통해 지체 없이 보고
보고대상 사건	1. 정부시책에 중대한 영향을 미치거나 사회, 정치적 문제로 대두될만한 사건 2. 장·차관, 국회의원, 자치단체장, 판·검사, 대학총장과 관련된 사건 3. 신문·방송에 보도되거나, 보도가 예상되는 사건 4. 경찰관이 관련된 사건 또는 범죄수사 및 경찰제도, 치안정책 결정에 영향을 미치는 사건 5. 외국인이 관련된 사건중 한미행정협정(SOFA) 대상 사건 또는 국교에 중대한 영향을 끼칠수 있는 사건 6. 다음 형법·특별법범 중 피해 규모, 광역성, 연쇄성, 신분, 수법 등에 비추어 사회이목을 끌만한 중요사건 (1) 내란·외환·국교에 관한 죄 (2) 공안을 해하는 죄 (3) 폭발물에 관한 죄 (4) 공무원의 직무에 관한 죄 (5) 살인죄 (6) 도주와 범인은닉의 죄 (유치인 도주 및 사망사고 포함) (7) 방화·실화의 죄 (8) 통화에 관한 죄 (9) 과실사상의 죄 (항공기, 선박, 열차 등 대형 교통사고 포함) (10) 약취와 유인의 죄 (유괴·납치 포함) (11) 강·절도·폭력 (총기이용범죄 포함) (12) 교통 방해죄 및 대형환경오염사범 (유조선 전복 등) (13) 중요 마약·사이버 사범 (14) 공직선거법, 국민투표법, 집시법 등 기타 중요 특별법 위반사건 (15) 중요 수배자 검거

4) 범죄수사규칙 〔별표 1〕

Ⅳ. 특별사법경찰관리와의 관계

1. 공조의 원칙

경찰관은 수사를 위하여 필요한 경우에는 「형사소송법」 제197조의 규정에 따라 다른 법령에서 정한 사법경찰관리의 직무를 행할 자(이하 "특별사법경찰관리"라 한다)와 공조를 하여야 하며, 공조에 관하여 다른 법령에 특별한 규정이 없는 경우에는 이 절에서 정하는 바에 의한다(동규칙 제17조).

2. 직접 수사하는 경우

경찰관은 특별사법경찰관리의 직무범위에 속하는 범죄를 먼저 알게 되어 직접 수사하고자 할 때에는 경찰관서장의 지휘를 받아 수사하여야 한다. 이 경우에는 해당 특별사법경찰관리와 긴밀히 협조하여야 한다(동규칙 제18조).

3. 이송하는 경우

경찰관은 특별사법경찰관리에게 사건을 인계하고자 할 때에는 필요한 조치를 한 후 관련 수사자료와 함께 신속하게 인계하여야 한다(동규칙 제19조).

4. 인계를 받았을 경우

경찰관은 특별사법경찰관리가 그 직무범위에 해당하는 범죄를 경찰관이 수사 중인 다른 사건과 관련된다는 등의 이유로 인계하려 하는 경우에는 사건을 인수하여 수사하여야 하며, 수사를 종결한 후에는 수사결과를 통보하여야 한다(동 규칙 제20조 제1항).

이 경우에 있어서 필요한 때에는 해당 특별사법경찰관리에게 증거물의 인도 그 밖의 수사를 위한 협력을 요구하여야 한다(동규칙 제20조 제2항).

5. 수사가 경합되는 경우

특별사법경찰관리의 직무범위에 해당하는 범죄를 수사 중인 경찰관은 해당 사건 수사가 특별사법경찰관리가 행하는 수사와 경합될 때에는 경찰관서장의 지휘를 받아 해당 특별사법경찰관리와 그 수사에 관하여 필요한 사항을 협의하여야 한다(동규칙 제21조 제1항).

경찰관은 이 경우 필요하다고 인정할 때에는 관할 지방 검찰청 또는 지청의 검사에게 보고하여 그 조정에 관한 지휘를 받을 수 있다(동규칙 제21조 제2항).

Ⅴ. 수사서류

1. 수사서류의 작성서식

경찰관이 범죄수사에 사용하는 문서와 장부는 규정된 서식을 사용하여야 한다.

2. 기명날인 또는 서명 등

수사서류에는 작성년월일, 소속관서와 계급을 기재하고 기명날인 또는 서명하여야 하며, 날인은 문자 등 형태를 알아볼 수 있도록 하여야 한다. 수사서류에는 매장마다 간인하며, 여백이나 공백에는 사선을 긋고 날인한다.

피의자 신문조서와 진술조서는 진술자로 하여금 간인한 후 기명날인 또는 서명하게 한다. 다만, 진술자가 기명날인 또는 서명을 할 수 없거나 이를 거부할 경우, 그 사유를 조서말미에 기재하여야 한다. 인장이 없으면 날인 대신 무인하게 할 수 있다.

3. 통역과 번역의 경우의 조치사항

경찰관은 수사상 필요에 의하여 학식 경험있는 자 그 밖의 적당한 자에게 통역을 위촉하여 그 협조를 얻어서 조사하였을 때에는 피의자 신문조서나 진술조서에 그 취지와 통역을 통하여 열람하게 하거나 읽어주었다는 취지를 기재하고 통역인의 기명날인 또는 서명을 받아야 한다.

수사상 필요에 의하여 학식, 경험있는 자 그 밖의 적당한 자에게 피의자 그 밖의 관계자가 제출한 서면 그 밖의 수사자료인 서면을 번역하게 하였을 때에는 그 번역문을 기재한 서면에 번역인의 기명날인을 받아야 한다.

4. 서류의 대서

경찰관은 문맹 등 부득이한 이유로 서류를 대서하였을 경우에는 대서한 내용이 본인의 의사와 다름이 없는가를 확인한 후 대서의 이유를 기재하고 본인과 함께 기명날인 또는 서명하여야 한다.

5. 문자의 삽입 · 삭제

경찰관은 수사서류를 작성할 때에는 임의로 문자를 고쳐서는 아니되며, 다음과 같이 고친 내용을 알 수 있도록 하여야 한다.

1. 문자를 삭제할 때에는 삭제할 문자에 두 줄의 선을 긋고 날인하며 그 왼쪽 여백에 "몇 자 삭제"라고 기재하되 삭제한 부분을 해독할 수 있도록 자체를 존치하여야 함

2. 문자를 삽입할 때에는 그 개소를 명시하여 행의 상부에 삽입할 문자를 기입하고 그 부분에 날인하여야 하며 그 왼쪽 여백에 "몇자 추가"라고 기재
3. 1행중에 2개소 이상 문자를 삭제 또는 삽입하였을 때에는 각 자수를 합하여 "몇 자 삭제" 또는 "몇 자 추가"라고 기재
4. 여백에 기재할 때에는 기재한 곳에 날인하고 그 난외에 "몇 자 추가"라고 기재

피의자 신문조서나 진술조서인 경우 문자를 삽입 또는 삭제하였을 때에는 난외에 "몇 자 추가" 또는 "몇몇 자 삭제"라고 기재하고 그 곳에 진술자로 하여금 날인 또는 무인하게 하여야 한다. 이 경우에 진술자가 외국인인 때에는 그 날인을 생략할 수 있다.

6. 서류의 접수

경찰관은 수사서류를 접수하였을 때에는 즉시 여백 또는 그 밖의 적당한 개소에 접수년월일을 기입하고 특히 필요하다고 인정되는 서류에 대하여는 접수 시각을 기입해 두어야 한다.

Ⅵ. 범죄의 내사 및 수사 개시[5)]

1. 범죄의 내사

가. 내사의 착수

경찰관은 범죄에 관한 신문, 출판물, 방송, 인터넷, 익명의 신고, 풍설 등이 있어 내사가 필요한 때에는 수사부서장의 지휘를 받아 내사하여야 한다(동규칙 제28조).

내사는 범죄첩보 및 진정·탄원과 범죄에 관한 언론·출판물·인터넷 등의 정보, 익명의 신고 또는 풍문 중에서 출처·사회적 영향 등을

5) 범죄수사규칙 제28조~제53조

고려하여 그 진상을 확인할 가치가 있는 사안을 그 대상으로 한다.6)

내사는 첩보내사(범죄첩보), 진정·탄원내사(서면으로 접수되는 진정·탄원사건), 일반내사(첩보내사와 진정·탄원내사를 제외한 내사)로 분류한다.

첩보내사는 해당 범죄첩보의 사본을 첨부하고 내사할 대상 및 내용, 내사가 필요한 이유 등을 기재한 서면에 의하여 소속 경찰관서의 수사부서의 장에게 보고하고 그 지휘를 받아 내사에 착수하며, 진정·탄원내사는 접수된 서면에 대하여 소속 경찰관서의 수사부서의 장의 지휘를 받아 내사에 착수한다.

일반내사는 내사할 대상 및 내용, 내사가 필요한 이유 등을 기재한 서면에 의하여 소속 경찰관서의 수사부서의 장에 보고하고 그 지휘를 받아 내사에 착수한다.

다만, 경찰관서의 수사부서의 장은 수사단서로서 내사할 가치가 있다고 판단한 경우에는 내사보고를 받지 않고도 소속 경찰관에게 내사를 지휘할 수 있다. 이 경우에도 내사할 대상 및 내용, 내사가 필요한 이유 등을 기재한 서면에 의하여야 한다.

경찰관서의 수사부서의 장은 내사사건의 특성 등을 파악하여 내사사건을 배당하고 지휘하여야 하며 필요하다고 인정할 경우 해당 경찰관서의 장에게 이를 보고하여야 한다.

익명 또는 허무인 명의의 신고·제보, 진정·탄원 및 투서로 그 내용상 수사단서로서의 가치가 없다고 인정될 때에는 내사하지 아니할 수 있다. 토지 또는 사물관할이 없거나 범죄특성 등을 고려하여 자체 내에서 내사하는 것이 적당하지 않은 경우에는 내사착수 전에 관할있는 경찰관서 및 해당기관에 이첩하여야 한다.

나. 내사의 진행

내사는 임의적인 방법으로 함을 원칙으로 하지만, 경찰관서의 수사팀

6) 경찰내사처리규칙 [2005. 11.22 경찰청 훈령 제468호]

장은 내사사건을 무책임하게 이첩하거나 장기간 방치해서는 아니 된다.

내사과정에서 압수·수색·검증, 통신제한조치, 통신사실 확인자료제공 등 법원의 통제를 받는 대물적 강제조치가 이루어진 경우에는 특별관리하여야 한다.

다. 내사의 종결

내사과정에서 범죄혐의가 인정되어 수사할 필요가 있는 경우에는 내사를 종결하고 범죄사건부에 등재하여 수사하여야 한다(실무상 "입건"이라 함). 다만, 형사소송법 제200조의3제1항에 해당하여 긴급체포한 경우에는 즉시 검사의 승인을 얻는 등 관련조치와 함께 입건하여야 한다.

입건하지 않는 내사는 다음 각 호의 기준에 따라 처리한다.

1. 내사종결 : 혐의 없음, 죄가 안됨, 공소권 없음 등에 해당하여 입건의 필요가 없는 경우
2. 내사중지 : 피내사자 또는 참고인 등의 소재불명으로 사유해소시까지 내사를 계속할 수 없는 경우
3. 내사병합 : 동일 또는 유사한 내용의 내사사건이거나 경합범으로 다른 사건과 병합처리할 필요가 있는 경우
4. 내사이첩 : 토지 또는 사물관할이 없거나 범죄특성 및 병합처리 등을 고려하여 다른 경찰관서 및 수사기관에서 내사할 필요가 있는 경우

진정·탄원내사는 통상의 처리하며, 다음 각 호에 해당하는 경우는 공람종결할 수 있다.

1. 3회 이상 반복 진정하여 2회 이상 그 처리결과를 통지한 진정과 같은 내용인 경우
2. 무기명 또는 가명으로 한 경우
3. 단순한 풍문이나 인신공격적인 내용인 경우
4. 완결된 사건 또는 재판에 불복하는 내용인 경우
5. 민사소송 또는 행정소송에 관한 사항인 경우

2. 범죄신고

경찰관은 범죄로 인한 피해신고가 있는 경우에는 관할구역 여부를 불문하고 이를 접수하여야 한다. 피해신고 중 범죄에 의한 것이 아님이 명백한 경우 피해자 구호 등 필요한 조치를 행한 후 범죄인지는 하지 않는다.

경찰관은 범죄신고가 구술에 의한 것일 때에는 신고자에게 규정된 서식의 피해신고서를 작성하게 하여야 한다. 이 경우 신고자가 피해신고서에 그 내용을 충분히 기재하지 않았거나 기재할 수 없을 때에는 진술조서를 작성하여야 한다.

경찰관은 접수된 피해신고가 제2조(관할)의 규정에 따라 계속 수사가 어려운 경우에는 필요한 조치를 완료한 후 지체없이 책임수사가 가능한 관서로 인계하여야 한다.

3. 변사자의 검시

가. 검시보고

경찰관은 변사자 또는 변사로 의심되는 사체를 발견하거나 사체가 있다는 신고를 받았을 때에는 즉시 관할 경찰서장에게 보고하여야 한다. 사법경찰관은 이 경우에 「형사소송법」 제222조의 규정에 따른 검시가 이루어질 수 있도록 즉시 관할 지방검찰청 또는 지청의 검사에게 다음 사항을 보고하여 지휘를 받아야 한다.

1. 발견일시·장소와 발견자의 주거, 직업, 성명, 연령
2. 발견경위
3. 발견자의 신고일시
4. 변사자의 주거, 직업, 성명, 연령, 성별(판명되지 않을 때에는 인상, 체격, 추정 연령, 특징, 착의 등)
5. 사망의 추정년월일시

6. 사인(특히 범죄행위에 기인 여부)
7. 사체의 상황
8. 소지금품 등 증거품 및 참고사항
9. 의견

나. 검시대행

사법경찰관은 검사로부터 「형사소송법」 제222조 제3항의 규정에 따른 처분 지휘를 받았을 때에는 직접 검시하여야 한다. 사법경찰관은 이 경우에 의사를 참여시켜 사체를 검시하고 즉시 그 결과를 경찰서장과 검사에게 보고하여야 한다.

사법경찰관은 검시를 할 때 규정서식의 검시조서를 작성하여야 하며, 변사자의 가족, 친족, 이웃사람, 관계자 등의 진술조서를 작성하였을 때에는 이를 의사의 사체검안서와 촬영한 사진 등과 함께 검시조서에 첨부하여야 한다.

다. 검시와 참여인

이 경우 사법경찰관리와 의사를 참여하게 하는 외에 검시에 특별한 지장이 없다고 인정할 때에는 변사자의 가족, 친족, 이웃사람, 관련 공무원 등 필요한 자를 참여하게 하여야 한다.

라. 검시의 요령과 주의사항

사법경찰관은 검시할 때에는 변사자의 등록기준지 또는 국적, 주거, 직업, 성명, 연령과 성별, 변사장소 주위의 지형과 사물의 상황, 변사체의 위치, 자세, 인상, 치아, 전신의 형상, 상처, 문신 그 밖의 특징, 사망의 추정년월일, 사인(특히 범죄행위에 기인 여부), 흉기 그 밖의 범죄행위에 사용되었다고 의심되는 물건, 발견일시와 발견자, 의사의 검안과 관계인의 진술, 소지금품 및 유류품, 착의 및 휴대품, 참여인, 중독사의 의심이 있을 때에는 증상, 독물의 종류와 중독에 이른 경우 등을 면밀히 조사하여야 한다.

사법경찰관은 검시할 때에는 검시에 착수하기 전에 변사자의 위치,

상태 등이 변하지 않도록 현장을 보존하고, 변사자의 소지금품이나 그 밖의 유류한 물건으로서 수사에 필요가 있다고 인정할 때에는 이를 보존하는데 유의하며, 잠재지문과 변사자지문 채취에 유의하고 의사로 하여금 사체검안서를 작성하게 하고, 자살자나 자살의 의심있는 시체를 검시할 때에는 교사자 또는 방조자의 유무, 유서가 있을 때에는 그 진위를 조사하는 데에 주의하여야 한다.

마. 사진의 촬영과 지문의 채취

사법경찰관은 변사자에 관하여 검시, 검증, 해부, 조사 등을 하였을 때에는 특히 인상·전신의 형상·착의 그 밖의 특징있는 소지품의 촬영, 지문의 채취 등을 하여 사후의 수사 또는 신원조사에 지장을 초래하지 않도록 하여야 한다.

바. 검시에 연속된 수사

사법경찰관은 제31조 규정에 따른 검시를 한 경우에 사망이 범죄에 기인한 것으로 인정될 때에는 즉시 경찰서장과 당해 검시를 지휘한 검사에게 보고하는 동시에 수사를 개시하여야 한다.

사법경찰관은 이 경우에 있어서 수사에 필요한 때에는 압수·수색·검증 영장을 발부받아 검증을 하되 의사에게 사체의 해부를 위촉하여야 한다. 다만, 긴급을 요할 때에는 영장 없이 검증을 할 수 있으나 이 경우에는 사후에 지체없이 영장을 발부받아야 한다. 이 경우에는 검증조서와 감정서만을 작성하고 검시조서의 작성을 생략할 수 있다.

사. 사체의 인도

사법경찰관은 변사체를 검시한 결과 사망의 원인이 범죄로 인한 것이 아니라는 점이 명백히 인정되었을 때에는 검사의 지휘를 받아 소지품 등과 같이 사체를 신속히 유족 등에게 인도하여야 한다. 다만, 사체를 인수할 자가 없거나, 그 신원이 판명되지 않은 때에는 사체가 현존하는 지역의 시장, 군수, 구청장에게 인도하여야 한다. 사체를 인도하였을 때에는 인수자로부터 규정된 서식의 사체 및 소지금품 인수서를 받아야 한다. 변사체는 후일을 위하여 매장함을 원칙으로 한다.

아. 「가족관계의 등록 등에 관한 법률」에 의한 통보

사법경찰관은 변사체의 검시를 한 경우에 사망자의 등록기준지가 분명하지 않거나 사망자를 인식할 수 없을 때에는 「가족관계의 등록 등에 관한 법률」 제90조 제1항의 규정에 따라 지체없이 사망지역의 구·시·읍·면의 장에게 검시조서를 첨부하여 별지 제14호 서식의 사망통지서를 송부하여야 한다.

사법경찰관은 전항에 따라 통보한 사망자의 등록기준지가 분명하여졌거나 사망자를 인식할 수 있게 된 때에는 「가족관계의 등록 등에 관한 법률」 제90조 제2항의 규정에 의하여 지체없이 그 취지를 해당 구·시·읍·면의 장에게 통보하여야 한다.

4. 범죄인지

경찰관은 범죄의 혐의가 있다고 판단될 때에는 수사에 착수하여야 한다. 이 경우에는 범죄의 경중과 정상, 범인의 성격, 사건의 파급성과 모방성, 수사의 완급 등 제반 사정을 고려하여 수사의 시기 또는 방법을 신중하게 결정하여야 한다.

경찰관은 수사에 착수할 때에는 규정된 서식의 범죄인지 보고서를 작성하여 경찰관서장에게 보고하여야 한다. 보고서에는 수사의 단서 및 인지하게 된 경위를 명백하게 기재하여야 한다.

사법경찰관은 공무원에 대하여 수사를 개시한 경우에는 「국가공무원법」 제83조 제3항 및 「지방공무원법」 제73조 제3항의 규정에 따라 별지 제16호 서식의 공무원범죄수사개시 통보서를 작성하여 해당 공무원의 소속기관의 장에게 통지하여야 하며, 검찰에 사건을 송치한 경우에도 규정된 서식의 공무원범죄 수사상황통보서를 작성하여 그 결과를 통지하여야 한다.

5. 고소 · 고발 · 자수 사건

가. 고소 · 고발의 접수

경찰관은 고소 · 고발이 있는 때에는 이를 접수하되, 다음 각호의 하나에 해당되는 경우에는 수리하지 않고 반려할 수 있다.

1. 고소 · 고발사실이 범죄를 구성하지 않을 경우
2. 공소시효가 완성된 사건
3. 동일한 사안에 대하여 이미 법원의 판결이나 수사기관의 처분이 존재하여 다시 수사할 가치가 없다고 인정되는 사건. 다만, 고소 · 고발인이 새로운 증거가 발견된 사실을 소명한 때에는 예외로 함
4. 피의자가 사망하였거나 피의자인 법인이 존속하지 않게 되었음에도 고소 · 고발된 사건
5. 반의사불벌죄의 경우, 처벌을 희망하지 않는 의사표시가 있거나 처벌을 희망하는 의사가 철회되었음에도 고소 · 고발된 사건
6. 「형사소송법」 제223조의 규정에 의해 고소 권한이 없는 자가 고소한 사건
7. 「형사소송법」 제224조, 제232조, 제235조에 의한 고소 제한규정에 위반하여 고소 · 고발된 사건

규정에 의한 반려시 그 사유와 이의를 제기할 수 있음을 고지하여야 하고, 전항의 이의제기가 있는 경우, 심의위원회를 개최하여 수리여부를 결정할 수 있다.

고소 · 고발은 관할여부를 불문하고 접수하여야 한다. 단, 「고소 · 고발사건 이송 및 수사촉탁에 관한 규칙」 제4조에 규정된 관할권이 없어 계속 수사가 어려운 경우에는 제190조에 따라 책임수사가 가능한 관서로 인계하여야 한다.

나. 고소 · 고발인 진술조서

경찰관은 구술에 의한 고소 · 고발을 받았을 때에는 진술조서를 작성하여야 한다. 서면에 의한 고소 · 고발을 받았을 때에는 그 취지가 불분

명할 경우 고소·고발인에게 보충서면을 제출하게 하거나 진술조서를 작성하여야 한다.

다. 자수와 준용규정

제42조제4항 본문 및 제43조의 규정(고소·고발에 관한 규정)은 자수의 경우에 준용한다. 자수사건을 수사할 때에는 해당 범죄사실이나 자수인이 범인으로서 이미 발각되어 있었던 것인지 여부와 진범인이나 자기의 다른 범죄를 숨기기 위해서 해당 사건만을 자수하는 것인지 여부를 주의하여야 한다.

라. 고소의 대리 등

경찰관은 「형사소송법」제236조 (사문서의 부정행사)의 규정에 따라 피해자로부터 위임을 받은 대리인으로부터 고소를 수리할 때에는 위임장을 제출하게 하여야 한다. 「형사소송법」 제225조부터 제228조까지에서 규정(문서에 관한 죄)한 피해자 이외의 고소권자로부터 고소를 수리할 때에는 그 자격을 증명하는 서면을 제출하게 하여야 한다. 고소권자의 위임에 따른 대리인으로부터 고소를 수리할 때에는 피해자로부터 위임장이나 고소권자의 자격을 증명하는 서면을 함께 제출하게 하여야 한다. 이 규정은 고소를 취소하는 경우에 준용한다.

마. 고소·고발 수리시 주의사항

경찰관은 고소사건을 수사할 때에는 고소권의 유무, 자기 또는 배우자의 직계존속에 대한 고소 여부, 친고죄에 있어서는 「형사소송법」 제230조 소정의 고소기간의 경과여부, 간통죄에 있어서는 「형사소송법」 제229조 소정의 조건의 구비여부, 피해자의 명시한 의사에 반하여 죄를 논할 수 없는 사건에 있어서는 처벌을 희망하는가의 여부를 각각 조사하여야 한다.

고발사건을 수사할 때에는 자기 또는 배우자의 직계존속에 대한 고발인지 여부, 관세법·조세범처벌법 등 고발이 소송조건인 범죄에 있어서는 고발권자의 고발이 있는지 여부 등을 조사하여야 한다.

바. 고소 · 고발사건의 수사

경찰관은 고소 · 고발을 수리하였을 때에는 즉시 수사에 착수하여야 한다. 고소 · 고발에 따라 범죄를 수사할 때에는 무고, 중상을 목적으로 하는 허위 또는 현저하게 과장된 사실의 유무나 해당 사건의 범죄사실 이외의 범죄 유무 등에 주의하여야 한다.

사. 고소 · 고발사건의 수사기간

고소 · 고발 사건은 접수한 날로부터 2개월 이내에 수사를 완료하여야 한다. 경찰관은 전항의 기간 내에 수사를 완료하지 못하였을 때에는 그 이유를 경찰서장에게 보고하고 지방검찰청 또는 지청 검사의 지휘를 받아야 한다.

아. 친고죄의 긴급수사착수

경찰관은 친고죄에 해당하는 범죄가 있음을 인지한 경우에 즉시 수사를 하지 않으면 증거수집 등 그 밖의 사후 수사가 현저히 곤란하게 될 우려가 있다고 인정될 때에는 고소권자의 고소가 제출되기 전에도 수사할 수 있다. 다만, 고소권자의 명시한 의사에 반하여 수사할 수 없다.

자. 고소 취소 등에 따른 조치

경찰관은 고소 · 고발의 취소가 있을 때에는 그 사유를 명백히 조사하여야 한다. 피해자의 명시한 의사에 반하여 죄를 논할 수 없는 범죄에 관하여 처벌을 희망하는 의사표시의 철회가 있을 때에도 그러하다. 경찰관은 친고죄에 해당하는 사건을 송치한 후 고소인으로부터 그 고소의 취소를 수리하였을 때에는 즉시 필요한 서류를 작성하여 검사에게 송부하여야 한다.

자. 범칙사건의 경우

경찰관은 범칙사건에 관하여 세무공무원 등으로부터 고발을 받았을 때에는 즉시 수사를 하여야 하며 항상 해당 공무원과 긴밀한 연락을 취하여야 한다.

경찰관은 범칙사건에 관하여 즉시 수사를 하지 않으면 증거의 수집 그 밖의 사후에 있어서의 수사가 현저히 곤란하게 될 우려가 있다고 인정될 때에는 세무공무원 등의 고발이 제출되기 전이라도 수사하여 그 결과를 해당 공무원에게 통지하여야 한다.

「관세법」, 「조세범처벌법」 등에 따른 범칙사건을 인지하였을 때에는 해당 사건의 관할관서에 통지하여야 한다. 경찰관은 세무공무원 등이 조사를 위한 임검, 수색, 압수를 함에 있어서 협조를 요구할 때에는 필요한 지원을 할 수 있다.

Ⅶ. 임의 수사

1. 출석요구

경찰관은 피의자 또는 참고인 등에 대하여 출석을 요구할 때에는 사법경찰관 명의로 출석요구서를 발부하여야 한다. 이 경우 출석요구서에는 출석요구의 취지를 명백하게 기재하여야 한다.

신속한 출석요구를 위하여 필요한 경우에는 전화 · 모사전송 · 전자우편 · 문자메시지(SMS)전송 그 밖에 상당한 방법으로 출석요구를 할 수 있다. 출석한 피의자 또는 참고인에 대하여는 지체없이 진술을 들어야 하며 장시간 기다리게 하는 일이 없도록 하여야 한다.

출석요구시에는 규정된 서식의 출석요구통지부에 필요사항을 등재하여 그 처리상황을 명백히 정리하여야 한다.

2. 피의자신문 및 피의자 아닌 자에 대한 조사

가. 임의성의 확보

경찰관은 조사를 할 때에는 고문, 폭행, 협박, 신체구속의 부당한 장기화 그 밖에 진술의 임의성에 관하여 의심받을 만한 방법을 취하여서는 아니된다.

조사를 할 때에는 희망하는 진술을 상대자에게 시사하는 등의 방법으로 진술을 유도하거나 진술의 대가로 이익을 제공할 것을 약속하거나 그 밖에 진술의 진실성을 잃게 할 염려가 있는 방법을 취하여서는 아니된다. 부득이한 사유가 있는 경우 이외에는 심야에 조사하는 것을 피하여야 한다.

경찰관은 조사를 할 때에는 소속 경찰관서 사무실에서 하여야 하며 부득이한 사유로 그 이외의 장소에서 할 경우에는 소속 경찰관서장의 사전 승인을 받아야 한다.

나. 진술 거부권 등의 고지

경찰관은 피의자를 조사할 때에는 미리 다음 각 호의 사항을 알려주어야 한다.

1. 일체의 진술을 하지 아니하거나 개개의 질문에 대하여 진술을 하지 아니할 수 있다는 것
2. 진술을 하지 않더라도 불이익을 받지 아니한다는 것
3. 진술을 거부할 권리를 포기하고 행한 진술은 법정에서 유죄의 증거로 사용될 수 있다는 것
4. 신문을 받을 때에는 변호인을 참여하게 하는 등 변호인의 조력을 받을 수 있다는 것

경찰관은 전항에 따라 알려준 때에는 피의자가 진술을 거부할 권리와 변호인의 조력을 받을 권리를 행사할 것인지의 여부를 질문하고, 이

에 대한 피의자의 답변을 조서에 기재하여야 한다. 이 경우 피의자의 답변은 피의자로 하여금 자필로 기재하게 하거나 경찰관이 답변을 기재한 부분에 기명날인 또는 서명하게 하여야 한다.

피의자가 진술을 거부할 권리와 변호인의 조력을 받을 권리를 행사할 것인지의 여부에 대한 고지는 조사를 상당기간 중단하였다가 다시 개시할 경우 또는 담당 경찰관이 교체된 경우에도 다시 하여야 한다.

다. 변호인의 선임

경찰관은 피의자 또는 사건관계인이 변호인을 선임하는 경우에는 변호인과 연명 날인한 선임서를 제출하게 하여야 한다.

이 경우 경찰관은 변호인의 선임에 관하여 특정의 변호인을 시사하거나 추천하여서는 아니된다.

라. 변호인의 피의자신문 등 참여

경찰관은 피의자 또는 그 변호인 · 법정대리인 · 배우자 · 직계친족 또는 형제자매의 신청이 있는 경우에는 정당한 사유가 없는 한 변호인을 피의자의 신문과정에 참여하게 하여야 한다. 이 경우에는 피의자가 선임한 변호인에게 신문 일시를 통보하여야 한다.

경찰관은 변호인의 참여 신청을 받은 경우에는 변호인과 신문 일시를 협의하고, 변호인이 참여할 수 있도록 상당한 시간을 주어야 한다. 다만 변호인이 상당한 시간 내에 출석하지 않거나 변호인 사정으로 출석하지 않는 경우에는 변호인의 참여 없이 피의자를 신문할 수 있다. 사법경찰관은 변호인 참여 신청이 신문방해, 수사기밀 누설 등 수사에 현저한 지장을 초래할 우려가 있다고 인정되는 경우에는 참여를 제한할 수 있다.

사법경찰관은 피의자신문 중이라도 변호인의 참여로 인하여 다음 각 호의 어느 하나의 사유가 발생하여 신문방해, 수사기밀 누설 등 수사에 현저한 지장을 초래한 경우에는 변호인의 참여를 제한할 수 있다.

1. 사법경찰관의 승인 없이 부당하게 신문에 개입하거나 모욕적인 언동 등을 행하는 경우
2. 피의자를 대신하여 답변하거나 특정한 답변 또는 진술 번복을 유도하는 경우
3. 「형사소송법」 제243조의2 제3항의 취지에 반하여 부당하게 이의를 제기하는 경우
4. 피의자 신문내용을 촬영, 녹음, 기록하는 경우. 다만, 기록의 경우 피의자에 대한 법적 조언을 위해 변호인이 기억환기용으로 간략히 메모를 하는 것은 제외한다.

경찰관은 신문에 참여한 변호인에게 신문 후 의견을 진술할 수 있는 기회를 주고 해당 의견을 진술조서에 기재하여야 한다. 다만, 신문 중이라도 부당한 신문방법에 대한 이의 제기나 조사 중인 경찰관의 승인을 받은 경우에도 의견 진술권을 줄 수 있다.

변호인의 의견이 기재된 피의자신문조서는 변호인에게 열람하게 한 후 변호인으로 하여금 그 조서에 기명날인 또는 서명하게 하여야 한다. 경찰관은 피의자신문조서 등에 변호인 참여 및 제한에 관한 사항을 기재하여야 한다.

마. 변호인이 수인인 경우 신문참여 변호인 선정

사법경찰관은 신문에 참여하고자 하는 변호인이 2인 이상이고 피의자가 신문에 참여할 변호인을 지정하지 않는 경우에는 이를 직접 지정할 수 있다.

바. 피의자의 신뢰관계자 동석

「형사소송법」 제244조의5 규정에 따라 피의자와 동석할 수 있는 신뢰관계에 있는 자는 피의자의 직계친족, 형제자매, 배우자, 가족, 동거인, 보호시설 또는 교육시설의 보호 또는 교육담당자 등 피의자의 심리적 안정과 원활한 의사소통에 도움을 줄 수 있는 자를 말한다.

사법경찰관은 피의자 또는 법정대리인이 전항에 기재된 자에 대한 동석 신청을 한 때에는 신청인으로부터 규정된 서식의 동석 신청서 및

피의자와의 관계를 소명할 수 있는 자료를 제출받아 기록에 편철하여야 한다. 다만, 신청서 작성에 시간적 여유가 없는 경우 등에 있어서는 신청서를 작성하게 하지 않고, 수사보고서나 조서에 그 취지를 기재하는 것으로 갈음할 수 있으며, 대상자와 피의자와의 관계를 소명할 서류를 동석 신청시에 제출받지 못하는 경우에는 조사의 긴급성, 동석의 필요성 등이 현저히 존재하는 때에 한하여 예외적으로 동석조사 이후에 자료를 제출받아 기록에 편철할 수 있다.

사법경찰관은 신청이 없더라도 동석의 필요성이 있다고 인정되는 때에 있어서는 피의자와의 신뢰관계 유무를 확인한 후 직권으로 신뢰관계자를 동석하게 할 수 있다. 다만, 이러한 취지를 수사보고서나 조서에 기재하여야 한다. 수사기밀 누설이나 신문방해 등을 통해 수사에 부당한 지장을 초래할 우려가 있다고 인정할 만한 상당한 이유가 존재하는 때에는 동석을 거부할 수 있고, 동석자가 수사기밀 누설이나 신문방해 등을 통해 부당하게 수사의 진행을 방해하는 경우에는 신문 도중에 동석을 중지시킬 수 있다.

사. 피해자의 신뢰관계자 동석

「형사소송법」 제221조 제3항과 제163조의2의 규정에 따라 피해자와 동석할 수 있는 신뢰관계에 있는 자는 피해자의 직계친족, 형제자매, 배우자, 가족, 동거인, 보호시설 또는 교육시설의 보호 또는 교육담당자 등 피해자의 심리적 안정과 원활한 의사소통에 도움을 줄 수 있는 자를 말한다.

피의자의 신뢰관계자 동석에 관한 규정(범죄수사규칙 제2항~제5항까지의 규정)은 피해자에 대한 신뢰관계자 동석에 준용한다. 이 경우 피의자는 피해자로, 신문은 조사로 본다.

아. 공범자의 조사

경찰관은 공범자에 대한 조사를 할 때에는 분리조사를 원칙으로 하여 범행은폐 등 통모를 방지하여야 하며, 필요시에는 대질신문 등을 할 수 있다.

대질신문을 하는 경우에는 그 시기와 방법에 주의하여 한쪽이 다른 한쪽의 위압을 받는 등의 일이 없도록 하여야 한다.

자. 증거물의 제시

경찰관은 조사 과정에서 피의자에게 증거물을 제시할 필요가 있는 때에는 적절한 시기와 방법을 고려하여야 하며, 그 당시의 피의자의 진술이나 정황 등을 조서에 기재해 두어야 한다.

차. 임상조사 등

경찰관은 가료중인 피의자나 참고인을 임상조사하는 경우에는 피조사자의 건강상태를 충분히 고려하여야 하며, 이 경우에도 제60조(변호인이 수인인 경우 신문참여 변호인 선정) 및 제61조(피의자의 신뢰관계자 동석)의 규정을 준용한다.

피의자 신문 이외의 경우 피조사자가 경찰관서로부터 멀리 떨어져 거주하거나 그 밖의 사유로 출석조사가 곤란한 경우에는 우편, 모사전송, 전자우편 등의 방법으로 조사할 수 있다.

카. 직접진술의 확보

경찰관은 사실을 명백히 하기 위하여 피의자 이외의 관계자를 조사할 필요가 있을 때에는 되도록 그 사실을 직접 경험한 자의 진술을 들어야 한다.

사건 수사에 있어 중요한 사항에 속한 것으로서 타인의 진술을 내용으로 하는 진술을 들었을 때에는 그 사실을 직접 경험한 자의 진술을 듣도록 노력하여야 한다.

타. 진술자의 사망 등에 대비하는 조치

경찰관은 피의자 아닌 자를 조사하는 경우에 있어서 그 자가 사망, 정신 또는 신체상 장애 등의 사유로 인하여 공판준비 또는 공판기일에 진술하지 못하게 될 염려가 있고, 그 진술이 범죄의 증명에 없어서는 안될 것으로 인정할 경우에는 수사에 지장이 없는 한 피의자, 변호인 그 밖의 적당한 자를 참여하게 하거나 검사에게 증인 신문 신청을 하는 등 필요한 조치를 취하여야 한다.

파. 피의자신문조서와 진술조서

경찰관은 피의자를 신문하는 경우에는 규정된 서식의 피의자신문조서를 작성하여야 한다. 피의자 아닌 자를 조사하는 경우에는 특별히 필요없다고 인정되는 경우를 제외하고는 규정된 서식의 진술조서를 작성하여야 한다.

피의자와 그 밖의 관계자가 수기, 자술서, 경위서 등의 서류를 제출하는 경우에도 필요한 때에는 피의자신문조서 또는 진술조서를 작성하여야 한다.

진술인의 진술내용이 복잡하거나 진술인이 원하는 경우에는 진술서로 작성하여 제출하게 할 수 있다. 이 경우에는 될 수 있는 대로 진술인이 자필로 작성하도록 하고 경찰관이 대서하지 않도록 하여야 한다.

하. 피의자신문조서 등 작성시 주의사항

경찰관은 피의자신문조서와 진술조서를 작성할 때에는 다음 각호의 사항에 주의하여야 한다.

1. 형식에 흐르지 말고 추측이나 과장을 배제하며 범의 착수의 방법, 실행행위의 태양, 미수·기수의 구별, 공모사실 등 범죄 구성요건에 관한 사항에 대하여는 특히 명확히 기재
2. 필요할 때에는 진술자의 진술 태도 등을 기입하여 진술의 내용뿐 아니라 진술 당시의 상황을 명백히 알 수 있도록 함
3. 일상용어로 평이한 문구를 사용
4. 복잡한 사항은 항목을 나누어 기재
5. 사투리, 약어, 은어 등을 사용하는 경우에는 진술의 진실성을 확보하기 위하여 그대로 기재한 다음에 괄호를 하고 적당한 설명을 붙임
6. 외국어 또는 학술용어에는 그 다음에 괄호를 하고 간단한 설명을 붙임

7. 지명, 인명 등으로서 읽기 어려울 때 또는 특이한 칭호가 있을 때에는 그 다음에 괄호를 하고 음을 기재

경찰관은 진술을 기재하였을 때에는 이를 진술자에게 열람하게 하거나 읽어 들려주어야 하며, 진술한 대로 기재되지 않았거나 사실과 다른 부분의 유무를 물어 진술자가 증감 변경의 청구 등 이의를 제기하거나 의견을 진술한 때에는 이를 조서에 추가로 기재하여야 한다. 이 경우 피의자가 이의를 제기하였던 부분은 읽을 수 있도록 남겨두어야 한다.

진술자가 조서에 대하여 이의나 이견이 없음을 진술한 때에는 진술자로 하여금 그 취지를 자필로 기재하게 하고 조서에 간인한 후 기명날인 또는 서명하게 하여야 한다.

거. 피의자에 대한 조사사항

경찰관은 피의자에 대한 조사를 할 때에는 다음 각호의 사항을 조사하여야 한다.

1. 성명, 연령, 생년월일, 주민등록번호, 등록기준지, 주거, 직업, 출생지, 피의자가 외국인인 경우 이에 더하여 국적, 외국인등록번호, 입국년월일 및 입국목적, 피의자가 법인 또는 단체인 경우에는 명칭, 상호, 소재지, 대표자의 성명 및 주거, 설립목적, 기구
2. 구(舊)성명, 개명, 이명, 위명, 통칭 또는 별명
3. 전과의 유무(만약 있다면 그 죄명, 형명, 형기 ,벌금 또는 과료의 금액, 형의 집행유예 선고의 유무, 범죄사실의 개요, 재판한 법원의 명칭과 연월일, 출소한 연월일 및 교도소명)
4. 형의 집행정지, 가석방, 사면에 의한 형의 감면이나 형의 소멸의 유무
5. 기소유예 또는 선고유예 등 처분을 받은 사실의 유무(만약 있다면 범죄사실의 개요, 처분한 검찰청 또는 법원의 명칭과 처분년월일)
6. 소년보호 처분을 받은 사실의 유무(만약 있다면 그 처분의 내용, 처분을 한 법원명과 처분년월일)
7. 현재 다른 경찰관서 그 밖의 수사기관에서 수사 중인 사건의 유무(만약 있다면 그 죄명, 범죄사실의 개요와 당해 수사기관의 명칭)
8. 현재 재판 진행 중인 사건의 유무(만약 있다면 그 죄명, 범죄사실의

개요, 기소 연월일과 당해 법원의 명칭)
9. 병역관계
10. 훈장, 기장, 포장, 연금의 유무
11. 자수 또는 자복하였을 때에는 그 동기와 경위
12. 피의자의 환경, 교육, 경력, 가족상황, 재산과 생활정도, 종교관계
13. 범죄의 동기와 원인, 목적, 성질, 일시장소, 방법, 범인의 상황, 결과, 범행 후의 행동
14. 피해자를 범죄대상으로 선정하게 된 동기
15. 피의자와 피해자의 친족관계 등으로 인한 죄의 성부, 형의 경중이 있는 사건에 대하여는 그 사항
16. 범인은닉죄, 증거인멸죄와 장물에 관한 죄의 피의자에 대하여는 본범과 친족 또는 동거 가족관계의 유무
17. 미성년자 금치산자나 한정치산자인 때에는 그 친권자 또는 후견인의 유무(만약 있다면 그 성명과 주거)
18. 피의자의 처벌로 인하여 그 가정에 미치는 영향
19. 피의자의 이익이 될 만 한 사항
20. 전 각호의 사항을 증명할 만한 자료

너. 피의자 아닌 자에 대한 조사사항

경찰관은 피의자 아닌 자를 조사하는 경우에는 다음 각호의 사항에 유의하여야 한다.

1. 피해자의 피해상황
2. 범죄로 인하여 피해자 및 사회에 미치는 영향
3. 피해회복의 여부
4. 처벌희망의 여부
5. 피의자와의 관계
6. 그 밖의 수사상 필요한 사항

더. 수사과정의 기록

경찰관은 피의자를 조사할 때에는 수사과정확인서에 따라 수사과정을 기록하고 이를 조서의 끝부분에 편철하여 조서와 함께 간인함으로써 조서의 일부로 하거나, 별지 제44호 서식의 수사과정확인서로 작성

하여 기록에 편철하여야 한다. 수사과정을 기록할 때에는 조사장소 도착시각, 조사시작 및 종료시각 등을 기재하고, 만약 조사장소 도착시각과 조사시작 시각에 상당한 시간적 차이가 있는 때에는 구체적인 이유 등을 기재하며, 조사가 중단되었다가 재개된 경우 그 이유와 중단 및 재개시각 등을 구체적으로 기재하는 등 조사과정의 진행경과를 확인하기 위해 필요한 사항을 기재하여야 한다.

이 규정은 피의자가 아닌 자를 조사하는 경우에 준용한다.

3. 영상녹화

가. 영상녹화의 대상 · 범위

경찰관은 피의자 또는 피의자 아닌 자의 조서를 작성하는 때에는 그 조사 과정을 영상녹화할 수 있다. 이에 따라 조사 과정을 영상녹화할 때에는 조사가 개시된 시점부터 종료되어 진술자가 조서에 기명날인 또는 서명을 마치는 전 과정을 녹화하여야 하며, 조사의 객관적 정황 확보를 위해 필요한 경우에는 진술자가 조사실에 입실하는 순간부터 영상녹화할 수 있다.

나. 피의자 진술 영상녹화시 고지

경찰관은 피의자의 진술을 영상녹화하는 경우에는 다음 각 호의 사항을 고지하여야 한다.

1. 조사실 내의 대화는 영상녹화가 되고 있다는 것
2. 영상녹화를 시작하는 시각, 장소
3. 조사 및 참여 사법경찰관리 성명과 직급
4. 제60조 각 호에 규정된 진술거부권 및 변호인의 도움을 받을 권리
5. 조사를 중단 · 재개하는 경우 중단 이유와 중단 시각, 중단 후 재개하는 시각
6. 조사 종료 및 영상녹화를 마치는 시각, 장소

다. 피의자 아닌 자의 진술 영상녹화시 고지 및 동의

경찰관은 피의자 아닌 자의 진술을 영상녹화하는 경우에는 진술자에게 제76조 제1호(피의자 진술 영상녹화시 고지)의 내용을 고지하고 규정된 서식의 서면동의서를 제출하게 하여야 한다.

전항의 제1호부터 제3호까지, 제5호, 제6호는 피의자 아닌 자의 진술을 영상녹화하는 경우에 준용한다.

라. 영상녹화시 참여자

피의자 신문을 영상녹화하는 경우 「형사소송법」 제243조의 규정에 의한 참여자는 조사실 내에 위치하여야 한다.

마. 영상녹화물 작성 및 봉인

경찰관은 영상녹화를 종료한 경우에는 2부의 영상녹화물을 작성하고 영상녹화물 표면에 사건번호, 죄명, 진술자 성명 등 사건정보를 기재하여야 한다.

경찰관은 작성된 영상녹화물 중 1부는 원본으로서 진술자 또는 변호인 앞에서 지체없이 봉인하고 진술자로 하여금 기명날인 또는 서명하게 하여야 하며 나머지 1부는 부본으로서 수사기록에 편철한다.

사법경찰관은 원본을 봉인하며 진술자의 기명날인 또는 서명을 받을 수 없는 경우에는 기명날인 또는 서명란에 그 취지를 기재하고 직접 기명날인 또는 서명한다.

바. 봉인 전 재생·시청

경찰관은 원본을 봉인하기 전에 진술자 또는 변호인이 녹화물의 시청을 요구하는 때에는 영상녹화물을 재생하여 시청하게 하여야 한다. 이 경우 진술자 또는 변호인이 녹화된 내용에 대하여 이의를 진술하는 때에는 그 취지를 기재한 서면을 사건 기록에 편철하여야 한다.

Ⅷ. 체포와 구속

1. 영장에 의한 체포

사법경찰관은 체포영장을 신청하는 때에는 지명수배 전산망의 조회를 통해 현재 수사 중인 다른 범죄 사실에 관하여 그 피의자에 대하여 발부된 유효한 체포영장이 있는지 여부를 확인하여 해당사항이 있는 경우에는 체포영장신청서에 그 사실을 기재하여야 한다. 체포영장을 신청할 경우에는 체포영장신청부에 필요한 사항을 기재하여야 한다.

체포영장에 따라 피의자를 체포한 경우에는 체포·구속영장 집행원부에 그 내용을 등재하여야 한다.

2. 긴급체포

사법경찰관은 피의자가 사형·무기 또는 장기 3년 이상의 징역이나 금고에 해당하는 죄를 범하였다고 의심할 만한 상당한 이유가 있고 피의자가 증거를 인멸할 염려가 있는 경우, 피의자가 도망하거나 도망할 우려가 있는 경우 등 어느 하나에 해당하는 사유가 있으면서 긴급을 요하여 체포영장을 받을 수 없는 때에는 그 사유를 알리고 영장 없이 피의자를 체포할 수 있다.

이 경우 긴급을 요한다고 함은 피의자를 우연히 발견한 경우 등과 같이 체포영장을 받을 시간적 여유가 없는 때를 말하며 피의자의 연령, 경력, 범죄성향이나 범죄의 경중, 태양, 기타 제반사항을 고려하여 인권침해가 없도록 하여야 한다.

긴급체포를 하였을 때에는 즉시 긴급체포서를 작성하고, 긴급체포원부에 등재하여야 한다.

사법경찰관은 긴급체포 후 12시간 내에 관할지방검찰청 또는 지청의 검사에게 긴급체포승인건의를 하여야 한다. 다만, 기소중지된 피의자를 당해 수사관서가 위치하는 특별시, 광역시, 도 이외의 지역에서 긴급체포한 경우에는 24시간 내에 긴급체포승인건의를 할 수 있다.

이 경우 긴급체포승인건의는 서면으로 하여야 한다. 다만, 급속을 요하는 경우에는 긴급체포한 사유와 체포를 계속하여야 할 사유를 상세히 기재하여 모사전송기로 긴급체포승인건의를 할 수 있다.

긴급체포한 피의자를 석방한 때에는 긴급체포원부에 석방일시 및 석방사유를 기재하고 석방보고서를 작성하여 즉시 검사에게 보고하여야 한다.

사법경찰관은 긴급체포 후 석방된 자 또는 그 변호인·법정대리인·배우자·직계친족·형제자매로부터 통지서 및 관련 서류의 열람·등사 요청이 있는 경우 이에 응하여야 한다.

3. 현행범인의 체포

현행범인을 체포하였을 때에는 체포의 경위를 상세히 기재한 현행범인체포서를 작성하여야 한다.

경찰관은 현행범인을 인도받은 때에는 체포자로부터 성명, 주민등록번호(외국인인 경우에는 외국인등록번호, 위 번호들이 없거나 이를 알 수 없는 경우에는 생년월일 및 성별, 이하 '주민등록번호등'이라 한다), 주거, 직업, 체포일시·장소 및 체포의 사유를 청취하여 현행범인인수서를 작성하여야 한다.

이 경우에 현행범인인 때에는 범행과의 시간적 접착성과 범행의 명백성이 인정되는 상황을, 준현행범인인 때에는 범행과의 관련성이 강하게 인정되는 상황을 현행범인체포서 또는 인수서에 구체적으로 기재하여야 한다.

경찰관은 현행범인을 체포하거나 인도받은 경우에는 현행범인체포원부에 필요한 사항을 등재하여야 한다. 다른 경찰관서의 관할구역 내에서 현행범인을 체포하였을 때에는 체포지를 관할하는 경찰관서에 인도하는 것을 원칙으로 한다.

4. 현행범인의 조사 및 석방

경찰관은 현행범인을 체포하거나 이를 인수하였을 때에는 지체없이 조사하고 계속 구금할 필요가 없다고 인정할 때에는 소속 경찰관서장의 지휘를 받아 즉시 석방하여야 한다.

현행범인을 석방한 때에는 지체 없이 그 사실을 검사에게 보고하여야 하고, 석방일시와 석방사유를 기재한 피의자석방보고서를 작성하여 사건기록에 편철하여야 한다.

경찰관은 체포한 현행범인을 석방하는 때에는 현행범인 체포원부에 석방일시 및 석방사유를 기재하여야 한다.

5. 체포보고서

경찰관은 피의자를 영장에 의한 체포, 긴급체포, 현행범인으로 체포하였을 때에는 피의자 체포보고서를 작성하여 소속관서장에게 보고하여야 한다.

6. 구속영장 신청

사법경찰관은 피의자가 죄를 범하였다고 의심할 만한 이유가 있고 다음 각호의 하나에 해당하는 사유가 있는 경우에는 구속영장을 신청할 수 있다.

1. 피의자가 일정한 주거가 없는 때
2. 피의자가 증거를 인멸할 염려가 있는 때
3. 피의자가 도망하거나 도망할 염려할 염려가 있는 때

다만, 다액 50만원 이하의 벌금, 구류 또는 과료에 해당하는 사건에 관하여는 피의자가 일정한 주거가 없는 경우에 한한다.

피의자의 구속 여부를 판단할 때에는 범죄의 중대성, 재범의 위험성, 피해자 및 중요 참고인 등에 대한 위해 우려, 피의자의 연령, 건강상태 그 밖의 제반사항 등을 고려하여야 한다.

사법경찰관은 구속영장을 신청할 때에는 체포영장, 긴급체포서, 현행범인체포서 또는 현행범인 인수서와 그 사유를 인정할 수 있는 자료를 첨부하여야 하며 긴급체포 후 구속영장을 신청할 때에는 긴급체포의 사유를 인정할 수 있는 자료도 함께 첨부하여야 한다.

사법경찰관은 영장 또는 현행범인으로 체포한 피의자에 대하여는 체포한 때로부터 48시간 내에 구속영장을 신청하되 검사의 영장청구 시한을 고려하여야 한다. 긴급체포한 피의자를 구속하고자 할 때에는 체포한 후 지체없이 구속영장을 신청하되 검사의 영장청구 시한을 고려하여 48시간을 넘지 않도록 하여야 한다.

구속영장을 신청하였을 때에는 구속영장신청부에 필요한 사항을 등재하여야 하며, 이 경우 구속영장을 발부받지 못하였을 때에는 즉시 피의자를 석방하여야 한다.

7. 구속전 피의자 심문

경찰관은 검사로부터 「형사소송법」 제201조의2의 규정에 따라 심문기일과 장소를 통지받은 때에는 지정된 기일과 장소에 체포된 피의자를 출석시켜야 한다.

8. 체포 · 구속영장 발부 후 사정의 변경과 영장반환

사법경찰관은 체포 · 구속영장이 발부된 후 사정 변경에 의하여 체포 · 구속의 필요가 없다고 인정될 때에는 그 유효기간 내일지라도 검사의 지휘를 받아 영장 반환보고서에 첨부하여 즉시 반환하고 그 사본을 그 사건기록에 편철하여야 한다. 이 경우 체포영장 또는 구속영장이 여러 통 발부된 경우에는 모두 반환하여야 한다.

9. 체포 · 구속영장의 기재사항 변경

사법경찰관은 체포·구속영장의 발부를 받은 후 그 체포·구속영장을 집행하기 전에 인치 구금할 장소 그 밖에 기재사항의 변경을 필요로 하는 이유가 생겼을 때에는 검사를 거쳐 당해 체포·구속영장을 발부한 판사 또는 그 소속법원의 다른 판사에게 서면으로 체포·구속영장의 기재사항 변경을 신청하여야 한다.

10. 체포 · 구속영장의 재신청

사법경찰관은 다음 각 호의 사유에 해당되는 경우 동일한 범죄사실로 다시 체포·구속영장의 발부를 신청할 때에는 그 취지 및 이유를 구속영장 신청서에 기재하여야 한다.

1. 체포 · 구속영장의 유효기간이 경과된 경우
2. 영장을 신청하였으나 그 발부를 받지 못한 경우
3. 체포 · 구속되었다가 석방된 경우

11. 체포 · 구속영장의 집행

경찰관은 영장을 집행할 때에는 검사의 서명 · 날인 또는 집행지휘서에 따라 신속하고 정확하게 집행하여야 한다.

「형사소송법」 제81조제1항 단서 규정에 따라 재판장, 수명법관 또는 수탁판사로부터 구속영장의 집행지휘를 받았을 때에는 이를 즉시 집행하여야 한다.

경찰관은 영장의 유효기간 내에 집행할 수 없게 되었을 때에는 영장에 그 이유를 기재하여 영장 반환보고서에 첨부하여 반환하여야 한다.

영장의 집행을 받을 자가 심신의 장애로 의사능력이 없는 상태에 있거나, 그 집행이 부적당하다고 인정되는 이유가 있는 때에는 신속히 지휘한 검사에게 그 취지를 보고하여 지휘를 받아야 한다.

12. 체포 · 구속시의 주의사항

경찰관은 피의자를 체포 · 구속할 때에는 필요한 한도를 넘어서 실력을 행사하는 일이 없도록 하고 그 시간 · 방법을 고려하여야 한다. 다수의 피의자를 동시에 체포 · 구속할 때에는 각각의 피의자별로 피의사실, 증거방법, 체포 · 구속시의 상황, 인상, 체격 그 밖의 특징 등을 명확히 구분하여 체포 · 구속, 압수 · 수색 · 검증 그 밖의 처분에 관한 서류의 작성, 조사, 입증에 지장이 생기지 않도록 하여야 한다.

경찰관은 피의자를 체포 · 구속할 때에는 피의자의 건강상태를 조사하고 체포 · 구속으로 인하여 현저하게 건강을 해할 염려가 있다고 인정할 때에는 그 사유를 검사에게 보고하여야 한다.

피의자가 도주, 자살 또는 폭행 등을 할 염려가 있을 때에는 수갑이나 포승을 사용할 수 있다.

경찰관은 체포 · 구속한 피의자를 연행 또는 호송할 때에는 피의자의 도망 · 자살 · 피습 · 탈취, 증거 인멸 등에 주의하여야 한다.

경찰관은 연행 또는 호송 도중 필요한 경우에는 다른 경찰관서에 피의자를 임시로 유치할 수 있다.

13. 체포 · 구속의 통지 등

경찰관은 피의자를 체포 · 구속한 때에는 변호인이 있는 경우에는 변호인에게, 변호인이 없는 경우에는 피의자의 법정대리인, 배우자, 직계친족과 형제자매 중 피의자가 지정한 자에게 체포 · 구속의 통지를 하여야 한다.

피의자를 체포 · 구속한 때에는 피의자와 변호인, 피의자의 법정대리인, 배우자, 직계친족과 형제자매 , 가족, 동거인, 고용주 중 피의자가 지정한 자에게 체포·구속 적부심사를 청구할 수 있음을 통지하여야 한다.

체포·구속의 통지는 체포·구속한 때로부터 24시간 이내에 사법경찰관 명의로 서면에 의해 통지를 하여야 한다. 다만, 위에 규정된 자가 없어 통지를 하지 못하는 경우에는 그 취지를 기재한 서면을 그 사건기록에 편철하여야 한다.

체포·구속의 통지를 할 때에는 전화 또는 모사전송기 그 밖에 상당한 방법으로 체포·구속의 통지를 할 수 있다. 이 경우에도 사후에 지체없이 서면으로 체포·구속의 통지를 하여야 하고, 체포·구속의 통지서 사본은 그 사건기록에 편철하여야 한다.

14. 체포·구속시 범죄사실 등의 고지

경찰관은 피의자를 체포·구속한 때에는 피의자에게 범죄사실의 요지, 체포·구속의 이유와 변호인을 선임할 수 있음을 고지하고 변명할 기회를 준 후 피의자로부터 규정된 서식의 확인서를 받아 그 사건기록에 편철하여야 한다. 다만, 피의자가 확인서에 기명날인 또는 서명을 거부하는 경우에는 경찰관이 확인서 말미에 그 사유를 기재하고 기명날인 또는 서명하여야 한다.

15. 체포·구속적부심사

경찰관은 체포·구속 적부심사 심문기일과 장소를 통보받은 경우에는 수사관계서류와 증거물을 검사를 거쳐 법원에 제출하고 심문기일까지 피의자를 법원에 출석시켜야 한다.

법원이 석방결정을 한 경우에는 검사의 지휘를 받아 피의자를 즉시 석방하여야 하고, 보증금의 납입을 조건으로 석방결정을 한 경우에는 보증금 납입증명서를 제출받은 후 검사의 지휘를 받아 석방하여야 한다.

16. 체포 · 구속영장 등본의 교부

긴급체포서, 현행범인체포서, 체포영장, 구속영장 또는 그 청구서를 보관하고 있는 사법경찰관은 제97조제2항에 규정된 체포 · 구속적부심사 청구권자가 이의 등본의 교부를 청구할 경우 그 등본을 교부하여야 한다.

체포 · 구속영장등본을 교부한 때에는 체포 · 구속영장등본교부대장에 발부사항을 기재하여야 한다.

17. 체포 · 구속장소 감찰

경찰관은 검사가 「형사소송법」 제198조의2 규정에 따라 체포 · 구속장소를 감찰한 후 인치 또는 구금된 자의 석방을 명하거나, 사건을 송치할 것을 명한 때에는 소속 경찰관서장에게 보고한 후 즉시 피의자를 석방하거나 사건을 송치하여야 한다. 이 경우 피의자석방명령서 또는 사건송치명령서를 그 사건기록에 편철하여야 한다.

18. 범죄경력 조회 등

경찰관은 피의자를 체포 · 구속한 때에는 지문 채취, 사진 촬영 등 감식자료를 작성하고, 범죄경력 조회(수사자료를 포함한다), 여죄 조회, 지명수배 · 통보 유무 조회 등 수사와 관련된 경찰전산시스템의 조회를 하여야 한다.

19. 변호인 선임의뢰의 통지

경찰관은 체포 · 구속된 피의자가 변호인 선임을 의뢰한 경우에는 해당 변호인 또는 가족 등에게 그 취지를 통지하여야 하며 그 사실을 기재한 서면을 해당 사건 기록에 편철하여야 한다.

20. 피의자와의 접견 · 교통 · 수진

경찰관은 변호인 또는 변호인이 되려는 자로부터 체포·구속된 피의자와의 접견, 서류 또는 물건의 수수, 수진의 신청이 있을 때에는 친절하게 응하여야 한다.

변호인 아닌 자로부터 전항의 신청이 있을 때에는 면밀히 검토하여 피의자가 도망 또는 죄증을 인멸할 염려가 없고 유치장의 보안상 지장이 없다고 판단되는 경우에는 전항에 준하여 처리한다.

체포·구속된 피의자로부터 타인과의 접견, 서류 또는 물건의 수수, 수진의 신청이 있을 때에는 경찰관서장의 허가를 받아 친절하게 응하여야 한다. 이 경우에 친족 이외의 접견과 서신의 수수는 필요한 용무가 있을 때에 한한다.

체포·구속된 피의자와의 접견 서류 또는 물건의 수수 수진의 신청에 응하였을 때에는 체포·구속인접견부, 체포·구속인교통부, 물품차입부 또는 체포·구속인수진부에 그 상황을 상세히 기재하여야 한다.

21. 체포 · 구속된 피의자의 처우

경찰관서장은 체포·구속된 피의자에 대하여는 급양, 위생, 의료 등에 대하여 공평하고 상당한 대우를 하여야 한다.

22. 피의자의 석방

사법경찰관은 영장에 의한 체포, 긴급체포 또는 구속된 피의자를 석방하고자 할 때에는 미리 검사의 지휘를 받아야 하며, 검사의 석방지휘가 있을 때에는 즉시 석방하여야 한다.

피의자를 석방한 때에는 지체없이 그 사실을 검사에게 보고하여야 하고, 석방일시와 석방사유를 기재한 서면을 작성하여 그 사건기록에 편철하여야 한다.

피의자 석방건의는 서면으로 하는 것이 원칙이나, 긴급을 요하는 경우에는 전화, 모사전송, 전자우편 그 밖의 상당한 방법으로 할 수 있다.

23. 피의자의 도주 등

사법경찰관은 구금 중에 있는 피의자가 도주 또는 사망하거나 그 밖에 이상이 발생하였을 때에는 즉시 경찰서에 있어서는 지방경찰청장, 지방경찰청에 있어서는 경찰청장에게 보고하는 한편, 관할 지방검찰청 또는 지청의 검사에게 보고하여야 한다.

Ⅸ. 압수와 수색

1. 영장에 의한 압수 · 수색

경찰관은 증거물 또는 몰수할 것으로 판단되는 물건을 압수하거나 타인의 주거, 간수자가 있는 가옥, 건조물, 선차 내에 들어가 수색을 할 때에는 영장을 발부받아야 한다.

2. 영장의 신청과 범위

사법경찰관은 검사에게 압수 · 수색영장을 신청할 때에는 「형사소송법」 제215조제2항 규정에 따른 사전 영장과 「형사소송법」 제216조제3항, 제217조제1항 규정에 따른 긴급 영장으로 구분하여 신청하여야 한다.

영장을 신청할 때에는 압수 · 수색 · 검증영장신청부에 신청의 절차, 발부 후의 상황 등을 명확히 기재해 두어야 한다.

사법경찰관은 압수 · 수색영장을 신청할 때에는 수사에 필요한 충분한 범위를 정해야 하고, 수색할 장소 · 신체 또는 물건, 압수할 물건 등을 명백히 하여야 한다.

3. 소명자료

사법경찰관은 압수·수색영장을 신청할 때에는 피의자신문조서, 진술조서, 수사보고서 그 밖에 해당 처분의 필요성을 소명할 수 있는 자료를 첨부하여야 한다.

피의자 아닌 자의 신체, 물건, 주거 그 밖의 장소에 대하여 압수·수색영장을 신청할 때에는 압수할 물건이 있음을 인정할 수 있는 상황을 소명할 자료를 첨부하여야 한다.

사법경찰관은 우편물 또는 전신에 관한 것으로서 체신관서 그 밖의 자가 소지 또는 보관하는 물건(피의자가 발송한 것이나 피의자에 대하여 발송된 것을 제외한다)에 대한 압수·수색영장을 신청할 때에는 그 물건과 해당 사건의 관련성을 소명할 자료를 첨부하여야 한다.

4. 압수·수색영장의 재신청

사법경찰관은 압수·수색영장의 유효기간이 경과된 경우 또는 영장을 신청하였으나 그 발부를 받지 못한 경우에 동일한 범죄사실에 관하여 다시 압수·수색영장의 발부를 신청할 때에는 그 취지를 검사에게 보고하여야 한다.

5. 영장의 제시

경찰관은 영장에 따라 압수·수색을 할 때에는 해당 처분을 받는 자에게 반드시 영장을 제시하여야 한다.

부득이한 사유로 해당 처분을 받는 자에게 영장을 제시할 수 없을 때에는 참여인에게 이를 제시하여야 한다.

6. 피의자등 참여권자의 참여

경찰관은 압수·수색영장을 집행함에 있어 수사상 특히 필요가 있을 때에는 피의자 등을 참여하게 하여야 한다.

이 경우 피의자 등의 언어와 거동에 주의하여 새로운 수사자료를 입수하는데 노력하여야 한다.

경찰관은 공무소, 군사용의 항공기 또는 선차 내에서 압수·수색영장을 집행할 때에는 그 책임자에게 참여할 것을 통지하여야 한다. 규정한 이외의 타인의 주거, 간수자 있는 가옥, 건조물, 항공기 또는 선차 내에서 압수·수색영장을 집행할 때에는 주거자, 간수자 또는 이에 준하는 자를 참여하게 하여야 한다.

규정된 자를 참여하게 하지 못할 때에는 이웃사람 또는 시·도 또는 시·군·구 소속 공무원을 참여하게 하여야 한다.

경찰관은 범죄수사규칙 115조 제1항, 제2항 이외의 장소에서 압수·수색영장을 집행하는 경우에도 되도록 제3자를 참여하게 하여야 한다. 제3자를 참여시킬 수 없을 때에는 다른 경찰관을 참여하게 하고 수색을 하여야 하며, 여자의 신체에 대하여 수색할 때에는 성년의 여자를 참여하게 하여야 한다.

7. 집행중의 퇴거와 출입금지

경찰관은 압수·수색을 할 때에는 참여인 또는 따로 허가를 받은 자 이외의 자는 그 장소에서 퇴거하게 하고 그 장소에 출입하지 않도록 하여야 한다.

허가를 받지 않고 그 장소에 있는 자에 대하여는 퇴거를 강제하거나 간수자를 붙여 수색을 방해하지 않도록 하여야 한다.

8. 압수 · 수색 중지시의 조치

경찰관은 압수·수색에 착수한 후 이를 일시 중지하는 경우에는 그 장소를 폐쇄하거나 간수자를 두어서 사후의 압수·수색을 계속하는 데에 지장이 없도록 하여야 한다.

9. 압수조서 등

경찰관은 증거물 또는 몰수할 물건을 압수하였을 때에는 압수조서와 압수목록을 작성하고 소유자, 소지자, 보관자, 기타 이에 준할 자에게 압수증명서를 교부하여야 한다.

압수조서에는 압수경위, 압수목록에는 물건의 특징을 각각 구체적으로 기재하여야 한다.

증거물 또는 몰수할 물건을 압수하였을 경우에 있어서 피의자신문조서, 진술조서, 검증조서, 실황조사서에 압수의 취지를 기재하여 압수조서에 갈음할 수 있다.

경찰관은 압수물의 소유자가 그 물건의 소유권을 포기한다는 의사표시를 하였을 때에는 소유권포기서를 제출하게 하여야 한다.

10. 수색조서

경찰관은 수색을 한 때에는 수색의 상황과 결과를 명백히 한 별지 제94호 서식의 수색조서를 작성하여야 한다.

경찰관은 수색영장을 집행함에 있어서 처분을 받는 자에게 수색영장을 제시하지 못하였거나 또는 참여인을 참여시킬 수 없었을 때에는 수색조서에 그 취지와 이유를 명백히 기재해 두어야 한다.

11. 증명서 교부

경찰관은 수색한 결과 증거물 또는 몰수한 물건이 없을 때에는 그 처분을 받는 자에게 그 취지를 기재한 증명서를 교부하여야 한다.

12. 압수에 긴급을 요하는 경우

경찰관은 범죄에 관계가 있다고 인정되는 물건을 발견한 경우에 있어서 그 물건이 소유자, 소지자 또는 보관자로부터 임의의 제출을 받을 가망이 없다고 인정한 때에는 즉시 그 물건에 대한 압수영장의 발부를 신청하는 동시에 은닉·멸실·산일 등의 방지를 위한 적절한 조치를 하여야 한다.

13. 임의 제출물의 압수 등

경찰관은 소유자, 소지자 또는 보관자가 임의로 제출하는 물건은 영장 없이 압수할 수 있고, 주거주 또는 간수자가 임의로 승낙하는 경우에는 영장 없이 수색할 수 있다.

소유자, 소지자 또는 보관자에게 임의 제출을 요구할 필요가 있을 때에는 사법경찰관 명의로 물건 제출 요청서를 발부할 수 있다.

소유자, 소지자 또는 보관자가 임의 제출한 물건을 압수할 때에는 되도록 제출자에게 임의제출서를 제출하게 하고 압수조서와 압수목록을 작성하여야 한다. 이 경우에는 제출자에게 압수증명서를 교부하여야 한다.

경찰관은 임의 제출한 물건을 압수한 경우에 그 소유자가 그 물건의 소유권을 포기한다는 의사표시를 하였을 때에는 전항의 임의제출서에 그 취지를 기재하거나 소유권포기서를 제출하게 하여야 한다.

14. 영장에 의하지 않은 압수 · 수색

사법경찰관은 「형사소송법」 제200조의2, 제200조의3, 제201조 또는 제212조의 규정에 따라 피의자를 영장에 의한 체포, 긴급체포, 현행범인 체포 또는 구속하는 경우에 필요한 때에는 영장 없이 타인의 주거나 타인이 간수하는 가옥, 건조물, 항공기, 선차 내에서의 피의자를 수색하거나, 체포 현장에서의 압수 · 수색을 할 수 있다.

범행 중 또는 범행 직후의 범죄 장소에서 긴급을 요하여 법원 판사의 영장을 받을 수 없는 때에는 영장 없이 압수 · 수색을 할 수 있으며, 이 경우에는 사후에 지체없이 영장을 받아야 한다.

「형사소송법」 제200조의3의 규정에 따라 긴급체포된 자가 소유, 소지 또는 보관하는 물건에 대하여 긴급히 압수할 필요가 있는 경우에는 긴급체포한 때부터 24시간 이내에 한하여 영장 없이 압수 · 수색을 할 수 있다.

압수한 물건을 계속 압수할 필요가 있는 경우 지체없이 압수 · 수색영장을 신청하여야 한다. 이 경우 압수 · 수색영장의 신청은 체포한 때부터 48시간 이내에 하여야 한다.

이 경우 신청한 압수 · 수색영장을 발부받지 못한 때에는 압수한 물건을 즉시 반환하여야 한다.

15. 유류물의 압수

경찰관은 유류물을 압수할 때에는 거주자, 관리자 그 밖에 관계자의 참여를 얻어서 행하여야 한다.

압수에 관하여는 실황조사서 등에 그 물건이 발견된 상황 등을 명확히 기록하고 압수조서와 압수목록을 작성하여야 한다.

16. 압수 · 수색시 주의사항

경찰관은 압수 · 수색을 할 때에는 부득이한 사유가 있는 경우 이외에는 건조물, 기구 등을 파괴하거나 서류 그 밖의 물건을 흩어지지 않게 하여야 하고, 이를 종료하였을 때에는 원상회복 하여야 한다. 압수를 할 때에는 지문 등 수사자료가 손괴되지 않도록 주의하는 동시에 그 물건을 되도록 원상태로 보존하기 위한 적당한 조치를 하여 멸실, 파손, 변질, 변형, 혼합 또는 산일되지 않도록 주의하여야 한다.

17. 압수물의 보관 등

경찰관은 압수물을 보관할 때에는 사건명, 피의자 성명 및 압수목록의 순위번호를 기재한 표찰을 붙여 견고한 상자 또는 보관에 적합한 창고 등에 보관하여야 한다.

압수금품 중 현금, 귀금속 등 중요금품은 임치금품과 같이 물품출납공무원으로 하여금 보관하게 하여야 한다.

압수물의 운반 또는 보관이 불편한 경우에는 검사의 지휘를 받아 간수자를 두거나 소유자 또는 적당한 자의 승낙을 얻어 보관하게 할 수 있다. 이 경우에는 보관자의 선정에 주의하여 성실하게 보관하도록 하고 압수물건 보관증을 받아야 한다.

18. 압수물의 폐기

경찰관은 위험발생의 우려가 있는 압수물은 검사의 지휘를 받아 폐기할 수 있다.

법령상 생산 · 제조 · 소지 · 소유 또는 유통이 금지된 압수물로서 부패의 염려가 있거나 보관하기 어려운 압수물은 소유자 등 권한 있는 자의 동의를 받은 후 검사의 지휘를 받아 폐기할 수 있다.

19. 압수물의 대가보관

경찰관은 몰수하여야 할 압수물로서 멸실, 파손, 부패 또는 현저한 가치감소의 염려가 있거나 보관하기 어려운 압수물은 검사지휘를 받아 매각하여 대가를 보관할 수 있다.

환부하여야 할 압수물 중 환부를 받을 자가 누구인지 알 수 없거나 그 소재가 불명한 경우로서 그 압수물의 멸실, 파손 부패 또는 현저한 가치감소의 염려가 있거나 보관하기 어려운 때에는 검사의 지휘를 받아 매각하여 대가를 보관할 수 있다.

경찰관은 압수물에 관하여 폐기 또는 대가보관의 처분을 할 때에는 다음 사항에 주의하여야 한다.

1. 폐기처분을 할 때에는 사전에 반드시 사진을 촬영해둘 것
2. 그 물건의 상황을 사진, 도면, 모사도 또는 기록 등의 방법에 의하여 명백히 할 것
3. 특히 필요가 있다고 인정될 때에는 해당 압수물의 성상, 가격 등을 감정해둘 것. 이 경우에는 재감정할 경우를 고려하여 그 물건의 일부를 보존해두어야 한다.
4. 위험발생, 멸실, 파손 또는 부패의 염려가 있거나 보관하기 어려운 물건이라는 등 폐기 또는 대가보관의 처분을 하여야 할 상당한 이유를 명백히 할 것

경찰관은 폐기 또는 대가보관의 처분을 하였을 때에는 폐기조서 또는 대가보관조서를 작성하여야 한다.

20. 압수물의 환부와 가환부

경찰관은 압수물에 관하여 그 소유자, 소지자, 보관자 또는 제출인으로부터 환부 또는 가환부의 청구가 있거나 압수장물에 관하여 피해자로부터 환부의 청구가 있을 때에는 지체없이 압수물 환부(가환부)지휘

건의서를 작성하여 검사의 지휘를 받아야 한다.

압수물 환부(가환부)지휘 건의를 할 때에는 소유자, 소지자, 보관자, 제출인 또는 피해자(이하 "소유자등"이라 한다)로부터 압수물 환부(가환부)청구서를 제출받아 건의서에 첨부하여야 하며 청구자가 정당한 권한을 가진 자인가를 조사하여 뒤에 분쟁이 생기는 일이 없도록 하여야 한다.

경찰관은 압수물의 환부 또는 가환부할 때에는 소유자등으로부터 압수물 환부(가환부)영수증을 받아야 하며 먼저 가환부한 물건에 대하여 다시 환부의 처분을 할 필요가 있을 때에는 환부통지서를 교부하여야 한다.

21. 폐기 등 처분시 압수목록에의 기재

경찰관은 압수물의 폐기, 대가보관, 환부 또는 가환부의 처분을 하였을 때에는 그 물건에 해당한 압수목록의 비고란에 그 요지를 기재하여야 한다.

22. 대가보관 등 처분시 통지

경찰관은 압수물의 대가보관, 압수물의 환부·가환부, 압수장물의 피해자 환부 처분을 위한 검사의 지휘가 있을 때에는 지체없이 피해자, 피의자 또는 변호인에게 그 취지를 통지하여야 한다.

23. 영장에 의한 금융거래정보 요구시 주의사항

경찰관은 금융거래의 내용에 대한 정보 또는 자료를 제공받을 때에는 압수·수색·검증영장(금융계좌 추적용)을 발부받아 해당 금융기관에 금융거래정보 등을 요구하여야 한다.

거래정보 등을 제공받은 사법경찰관은 범죄수사목적 외의 용도로 이를 이용하거나 타인에게 제공 또는 누설하여서는 아니된다.

금융기관이 '거래정보 등을 제공하였다는 사실'을 거래명의자에게 통보하는 것이 해당 통보가 사람의 생명이나 신체의 안전을 위협할 우려가 있는 경우, 해당 통보가 증거인멸·증인위협 등 공정한 사법절차의 진행을 방해할 우려가 명백한 경우, 해당 통보가 질문·조사 등의 범죄수사절차의 진행을 방해하거나 과도하게 지연시킬 우려가 명백한 경우 등 어느 하나에 해당할 때에는 해당 금융기관에 대하여 명의자에게 통보하는 것을 유예하도록 신청하여야 한다.

X. 검증

1. 실황조사

경찰관은 범죄의 현장 그 밖의 장소, 신체 또는 물건에 대하여 사실발견을 위하여 필요가 있을 때에는 실황조사를 하여야 한다.

실황조사를 할 때에는 거주자, 관리자 그 밖의 관계자 등을 참여하게 하고, 그 결과를 실황조사서에 정확하게 기재해 두어야 한다.

경찰관은 실황조사서를 작성할 때에는 범죄현장을 조사하여 객관적으로 정확하게 기재하도록 하고, 현장 도면 및 사진을 첨부하여야 한다.

피의자, 피해자, 참고인 등의 지시, 설명 등 진술을 실황조사서에 기재할 필요가 있는 경우에는 「형사소송법」 제199조 및 제244조의 규정에 따라야 한다.

이 경우에 피의자의 진술에 관하여는 미리 피의자에게 제57조의 규정에 따른 진술거부권 등을 고지하고 그 점을 조서에 명백히 해 두어야 한다.

피의자의 진술에 의하여 흉기, 장물 그 밖의 증거자료를 발견하였을 경우에 증명력 확보를 위하여 필요할 때에는 실황조사를 하여 그 발견의 상황을 실황조사서에 정확히 해 두어야 한다.

2. 검증

경찰관은 범죄의 수사에 필요한 때에는 영장을 발부받아 검증을 할 수 있다. 검증을 할 때에는 신체의 검사, 사체의 해부, 분묘의 발굴, 물건의 파괴 그 밖의 필요한 처분을 할 수 있다.

검증을 하였을 때에는 검증의 상황 및 경과를 명백히 한 검증조서를 작성하여야 한다.

경찰관은 사체의 해부, 분묘의 발굴 등을 하는 때에는 예를 잃지 않도록 주의하고 배우자, 직계친족 또는 형제자매가 있을 때에는 이들에게 미리 통지하여야 한다.

이 경우에 수사상 필요하다고 인정되는 사체의 착의, 부착물, 분묘내의 매장물 등은 유족으로부터 임의제출을 받거나 압수·수색·검증영장을 발부받아 압수하여야 한다.

3. 신체검사시 주의사항

경찰관은 신체검사를 할 때에는 검사를 받는 자의 성별, 연령, 건강상태, 장소 그 밖의 사정을 고려하여 대상자의 건강과 명예를 해하지 않도록 주의하여야 한다.

이 경우 필요하다고 인정할 때에는 의사 그 밖의 전문적 지식을 가진 자의 조력을 얻어서 하여야 한다.

부상자의 부상부위를 신체검사 할 때에는 그 상황을 촬영 등의 방법에 의하여 명확히 기록하고 되도록 단시간에 끝내도록 하여야 한다. 여자의 신체를 검사하는 경우에는 의사나 성년의 여자를 참여하게 하여야 한다.

XI. 통신수사

1. 통 칙

가. 통신비밀보호

통신수사를 할 때에는 통신 및 대화의 비밀을 침해하지 않도록 필요 최소한도로 실시하여야 하며 직무상 알게 된 사항을 외부에 공개하거나 누설하지 말고 통신비밀보호에 최선을 다하여야 한다. 범죄수사나 국가안보를 위하여 우편물의 검열이나 전기통신의 감청을 하는 경우 또는 공개되지 아니한 타인간의 대화를 녹음·청취함에 있어서 통신제한조치 또는 대화의 녹음·청취가 특히 필요하고 「통신비밀보호법」에서 정한 요건을 모두 갖춘 경우에만 통신제한조치나 대화의 녹음·청취를 하여야 하며, 「통신비밀보호법」에 따른 허가를 받거나 승인을 얻어 통신제한조치를 하거나 대화를 녹음·청취한 경우에도 이를 계속할 필요성이 없다고 판단되는 경우에는 즉시 이를 중단함으로써 국민의 통신비밀에 대한 침해가 최소한에 그치도록 하여야 한다(통신비밀보호법 시행령 제2조).

나. 허가 및 자료요청의 주체

「통신비밀보호법」 제6조제2항, 제13조 제1항의 규정에 따른 통신제한조치 및 통신사실확인자료제공요청의 허가신청은 사법경찰관이 하여야 한다. 「전기통신사업법」 제54조제3항 규정에 따른 통신자료의 요청은 경찰서장 및 지방청·경찰청 과장 이상 결재권자의 직책, 직급, 성명을 명기하여 사법경찰관리가 요청할 수 있다.

다. 남용방지

사법경찰관은 통신제한조치 허가신청을 할 때에는 「통신비밀보호법」 제5조, 제6조에서 규정한 대상범죄, 신청방법, 관할법원, 허가요건 등을 충분히 검토하여 남용 및 기각되지 않도록 하여야 한다. 통신사실 확인자료제공 요청 허가신청을 할 때에는 요청사유, 해당 가입자와의 연관성, 필요한 자료의 범위 등을 명확히 하여 남용 및 기각되지 않도록 하여야 한다.

라. 관할

통신제한조치의 관할은 그 통신제한조치를 받을 통신당사자의 쌍방 또는 일방의 주소지·소재지, 범죄지, 통신당사자와 공범관계에 있는 자의 주소지·소재지를 관할하는 지방법원 또는 지원을 말한다. 통신사실 확인자료의 관할은 피의자, 피내사자의 주소지·소재지, 범죄지 또는 해당 가입자의 주소지·소재지를 관할하는 지방법원 또는 지원을 말한다.

마. 허가신청방법

사법경찰관은 통신제한조치 및 통신사실확인자료제공 요청의 허가신청을 할 때에는 원칙적으로 각 피의자별 또는 각 피내사자별로 신청하여야 한다. 통신사실 확인자료 허가신청을 할 때에는 피의자 또는 피내사자가 아닌 경우 다수의 가입자에 대하여 1건의 허가신청서로 요청할 수 있다.

바. 자료제공요청방법

통신제한조치 허가신청은 반드시 서면으로 하여야 한다. 통신사실 확인자료 및 통신자료 제공요청은 모사전송에 의하여 할 수 있다. 이 경우 신분을 표시하는 증표를 함께 제시하여야 한다.

통신제한조치의 집행 및 통신사실 확인자료제공 요청 후에는 취득한 결과의 요지 등을 집행조서에 작성하여야 한다.

사. 허가서의 반납

경찰관은 통신제한조치의 집행 또는 통신사실 확인자료 제공요청이 불가능하거나 필요없게 된 경우에는 허가서번호, 허가서 발부일자 및 수령일자, 수령자 성명, 집행불능의 사유를 기재하여 통신제한조치허가서 또는 통신사실확인자료 제공요청 허가서를 반환하여야 한다.

2. 긴급통신수사

가. 긴급통신수사의 원칙

사법경찰관이 긴급통신제한조치를 할 경우에는 미리 검사의 지휘를 받아야 한다. 다만, 특히 급속을 요하여 미리 지휘를 받을 수 없는 사유가 있는 경우에는 긴급통신제한조치의 집행착수 후 지체없이 검사의 승인을 얻어야 한다.

사법경찰관이 긴급통신제한조치를 하고자 하는 경우에는 반드시 긴급검열서 또는 긴급감청서를 작성하여야 하며 이를 긴급통신제한조치대장에 기재하여야 한다. 긴급 통신제한조치 및 긴급 통신사실확인자료 제공을 요청하였을 경우에는 36시간 이내에 법원의 허가를 받아 허가서 표지사본을 전기통신사업자에게 송부하여야 한다. 긴급 통신제한조치 후 36시간 이내에 허가를 받지 못한 경우에는 즉시 집행을 중지하여야 하며 체신관서로부터 인계받은 우편물이 있는 경우 즉시 반환하여야 한다.

사법경찰관은 긴급으로 통신사실확인자료를 제공받았으나 36시간 내 허가를 받지 못한 경우에는 제공받은 자료는 분쇄시키고 파일은 삭제하는 방법으로 폐기하여야 하고 허가신청서 등 관련서류 및 폐기에 대한 수사보고서를 기록에 첨부하여야 한다.

긴급한 사건으로 발신기지국의 위치추적자료(실시간 위치추적)를 제공받았으나 허가를 받기 전 조기에 검거된 경우에는 그 즉시 전기통신사업자에게 전화 등으로 자료제공의 중단을 요청하고 반드시 36시간 이내에 법원의 허가를 받은 후 허가서 사본을 전기통신사업자에게 송부하여야 한다.

나. 긴급통보서 작성 · 송부

사법경찰관은 긴급통신제한조치가 단시간 내에 종료되어 법원의 허가를 받을 필요가 없는 경우에는 지체없이 긴급통신제한조치통보서를 작성하여 관할 지방검찰청 검사장 또는 지청장에게 송부하여야 한다.

3. 통신수사 집행후 조치

가. 집행결과보고

사법경찰관은 통신제한조치 및 통신사실확인자료를 제공받아 집행한 후 수사 또는 내사한 사건을 종결할 경우 그 결과를 검사에게 보고하여야 한다. 타 관서에서 통신수사를 집행한 사건을 이송받아 내사한 후 내사종결한 경우는 내사종결한 관서에서 허가서를 청구한 검찰청에 집행결과를 보고한 후 허가서를 신청한 관서로 사건처리결과를 통보하여야 한다.

나. 통신제한조치 등 집행사실 통지

사법경찰관은 통신제한조치를 집행한 사건에 대하여 검사로부터 공소를 제기하거나 제기하지 않는 처분(기소중지 결정을 제외한다)의 통보를 받거나 내사사건에 관하여 입건하지 않는 처분을 한 때에는 그 날로부터 30일 이내에 그 대상이 된 가입자에게 통신제한조치를 집행한 사실과 집행기관 및 그 기간 등을 서면으로 통지하여야 한다.

사법경찰관은 통신사실 확인자료의 제공을 받은 사건에 관하여 검사가 공소를 제기하거나 공소를 제기하지 않는 처분(기소중지 결정을 제외한다)의 통보를 받거나 내사사건에 대하여 자체적으로 입건하지 않는 처분을 한 때에는 그 처분을 한 날로부터 30일 이내에 그 대상이 된 전기통신의 가입자에게 통신사실확인자료 제공을 받은 사실과 제공요청기관 및 그 기간 등을 서면으로 통지하여야 한다. 국가의 안전보장 · 공공의 안녕질서를 위태롭게 할 현저한 우려가 있거나, 사람의 생명·신체에 중대한 위험을 초래할 염려가 현저한 때에 해당하는 사유가 있어 통지유예 승인을 받은 경우에는 그 사유가 해소된 날로부터 30일 이내에 규정에 의한 통지를 하여야 한다.

사법경찰관은 전항의 규정에 의한 통지를 한 경우에는 지체없이 관할 지방검찰청 검사장 또는 지청장에게 통보하여야 한다.

다. 통신제한조치 취득자료 보관

사법경찰관은 통신제한조치 집행으로 취득한 물건은 허가서 및 집행조서와 함께 봉인한 후 허가번호 및 보존기간을 표기하여 별도로 보관하고 수사담당자 외의 자가 열람할 수 없도록 하여야 한다. 내사종결한 사건의 경우에도 전항과 같이 보존하여 25년 경과 후 검사의 지휘를 받아 즉시 폐기하여야 한다.

XII. 증거

1. 위법수집증거의 배제의 원칙

「형사소송법」 제308조의2의 규정에 따라 적법한 절차에 따르지 않고 수집한 증거는 증거로 할 수 없으므로 증거수집 절차에 있어서 법령을 준수하여야 한다.

2. 범죄현장과 증거보전

가. 현장임검

경찰관은 범죄현장을 직접 관찰("현장임검"이라 함)할 필요가 있는 범죄를 인지하였을 때에는 신속히 그 현장에 가서 필요한 수사를 행하여야 한다.

이 경우에 있어서 따로 수사주무관 그 밖의 자에 의한 현장임검이 행하여지게 될 때에는 현장을 보존하도록 하여야 한다.

나. 부상자의 구호 등

경찰관은 현장임검시 부상자가 있을 때에는 지체없이 구호의 조치를 취하여야 한다. 이 경우에 빈사상태의 중상자가 있을 때에는 응급 구호 조치를 하는 동시에 그 자로부터 범인의 성명, 범행의 원인, 피해자의 주거, 성명, 연령, 목격자 등을 청취해 두어야 하고, 그 중상자가 사망하였을 때에는 그 시각을 기록해 두어야 한다.

다. 현장보존의 범위와 조치

경찰관은 범죄를 실행한 지점 뿐만 아니라 현장 보존의 범위를 충분히 정하여 수사자료를 발견하기 위해 노력하여야 한다.

보존하여야 할 현장의 범위를 정하였을 때에는 즉시 출입금지 표시 등 적절한 조치를 취하여 함부로 출입하는 자가 없도록 하여야 한다. 이 경우에 있어서 현장 또는 그 근처에 있어서 배회하는 자가 있을 때에는 그들의 성명, 주거 등을 명확히 알아두어야 한다.

라. 현장에 있어서의 수사 통제

현장에서 수사를 할 때에는 수사주무관이 이에 종사하는 경찰관을 통제하여 조직적으로 수사하여야 한다.

마. 원상태로의 보존

경찰관은 현장을 보존할 때에는 되도록 현장을 범행 당시의 상황 그대로 보존하여 현장에 있어서의 수사가 정확하게 행하여지도록 하여야 한다. 부상자의 구호, 증거물의 변질되거나 흩어짐, 없어지는 것을 예방하기 위해 특히 부득이한 사정이 있는 경우를 제외하고는 함부로 현장에 들어가서는 아니된다.

현장에서 발견된 수사자료 중 광선, 풍우 등에 의하여 변질, 변형 또는 멸실할 우려가 있는 것에 대하여는 덮개로 가리는 등 적당한 방법으로 그 원상을 보존하도록 노력하여야 한다.

바. 현장보존을 할 수 없을 때의 조치

경찰관은 부상자의 구호 그 밖의 부득이한 이유로 현장을 변경할 필요가 있는 경우 등 수사자료를 원상태로 보존할 수 없을 때에는 사진, 도면, 기록 그 밖의 적당한 방법으로 그 원상을 보존하도록 노력하여야 한다.

사. 현장에서의 수사사항

경찰관은 현장에서 수사를 할 때는 현장 감식 그 밖의 과학적이고 합리적인 방법에 의하여 다음 각호의 사항을 명백히 하도록 노력하여 범행의 과정을 전반적으로 파악할 수 있도록 하여야 한다.

1. 일시 관계
 가. 범행의 일시와 이를 추정할 수 있는 사항
 나. 발각의 일시와 상황
 다. 범행당시의 기상 상황
 라. 특수일 관계(시일, 명절, 축제일 등)
 마. 그 밖의 일시에 관하여 참고가 될 사항
2. 장소 관계
 가. 현장으로 통하는 도로와 상황
 나. 가옥 그 밖의 현장근처에 있는 물건과 그 상황
 다. 현장 방실의 위치와 그 상황
 라. 현장에 있는 기구 그 밖의 물품의 상황
 마. 지문, 족적 그 밖의 흔적, 유류품의 위치와 상황
 바. 그 밖의 장소에 관하여 참고가 될 사항
3. 피해자 관계
 가. 범인과의 응대 그 밖의 피해 전의 상황
 나. 피해 당시의 저항자세 등의 상황
 다. 상해의 부위와 정도, 피해 금품의 종별과 수량 등 피해의 정도
 라. 시체의 위치, 창상, 유혈 그 밖의 상황
 마. 그 밖의 피해자에 관하여 참고가 될 사항
4. 피의자 관계
 가. 현장에 있어서의 침입과 도주경로

나. 피의자의 수와 성별
다. 범죄의 수단, 방법 그 밖의 범죄 실행의 상황
라. 피의자의 범행의 동기, 피해자와의 면식과 현장에 대한 지식의 유무를 추정할 수 있는 상황
마. 피의자의 인상, 풍채, 특징, 습벽 그 밖의 특이한 언동
바. 흉기의 종류, 형상과 가해의 방법 그 밖의 가해의 상황
사. 그 밖의 피의자에 관하여 참고가 될 사항

아. 감식자료 송부

경찰관은 감식을 하기 위하여 수사자료를 송부할 때에는 변형, 변질, 오손, 침습, 멸실, 산일, 혼합 등의 사례가 없도록 주의하여야 한다. 이 경우에 우송을 할 때에는 그 포장, 용기 등에 세심한 주의를 기울여야 하며, 중요하거나 긴급한 증거물 등은 경찰관이 직접 지참하여 송부하여야 한다. 주요한 감식자료의 인수·인계할 때에는 그 연월일과 인수·인계인의 성명을 명확히 해두어야 한다.

자. 재감식을 위한 고려

경찰관은 혈액, 정액, 타액, 대소변, 장기, 모발, 약품, 음식물, 폭발물 그 밖에 분말, 액체 등을 감식할 때에는 되도록 필요 최소한의 양만을 사용하고 잔량을 보존하여 재감식에 대비하여야 한다.

차. 증거물의 보존

경찰관은 지문, 족적, 혈흔 그 밖에 멸실할 염려가 있는 증거물은 특히 그 보존에 유의하고 검증조서 또는 다른 조서에 그 성질 형상을 상세히 기재하거나 사진을 촬영하여야 한다.

시체해부 또는 증거물의 파괴 그 밖의 원상의 변경을 요하는 검증을 하거나 감정을 위촉할 때에는 전항에 준하여 변경전의 형상을 알 수 있도록 유의하여야 한다. 전항의 경우 또는 유류물 그 밖의 자료를 발견하였을 때에는 증거물의 위치를 알 수 있도록 원근법으로 사진을 촬영하되 가까이 촬영할 때에는 되도록 증거물 옆에 자를 놓고 촬영하여

야 한다.

증명력의 보전을 위하여 필요하다고 인정되는 참여인을 함께 촬영하거나 자료 발견 연월일시와 장소를 기재한 서면에 참여인의 서명을 요구하여 이를 함께 촬영하고, 참여인이 없는 경우에는 비디오 촬영 등으로 현장상황과 자료수집과정을 녹화하여야 한다.

카. 증거보전의 신청

사법경찰관은 미리 증거를 보전하지 않으면 그 증거를 사용하기 곤란한 사정이 있을 때에는 그 사유를 소명하여 관할 지방검찰청 또는 지청의 검사에게 증거 보전의 청구를 신청하여야 한다.

타. 감정의뢰서 등

국립과학수사연구소 등에 감정을 의뢰할 때에는 감정의뢰서를 작성하여 의뢰하여야 한다. 국립과학수사연구소 이외의 감정기관이나 적당한 학식 경험이 있는 자에게 감정위촉을 하는 경우에는 감정위촉서에 따라 의뢰하며 이 경우 감정인에게 예단이나 편견을 생기게 할 만한 사항을 기재해서는 아니된다.

사법경찰관은 「형사소송법」 제221조 규정에 따른 감정을 위촉하며 「형사소송법」 제172조제3항의 유치처분이 필요할 때에는 감정유치신청서를 검사에게 제출하여 검사의 청구로 관할 법원 판사의 감정유치장을 발부받아야 한다.

감정을 의뢰하거나 위촉하는 경우에 감정에 관하여 타인의 주거, 간수자 있는 가옥, 건조물, 항공기, 선박, 기차 및 자동차 내에 들어가야 하거나, 신체의 검사, 사체의 해부, 분묘의 발굴, 물건의 파괴를 필요로 할 때에는 감정처분허가신청서를 검사에게 제출하여 검사의 청구로 관할 법원 판사의 감정처분허가장을 발부받아 감정인에게 교부하여야 한다.

파. 감정서

경찰관은 감정을 위촉하는 경우에는 감정인에게 감정의 일시, 장소,

경과와 결과를 관계자가 용이하게 이해할 수 있도록 간단명료하게 기재한 감정서를 제출하도록 요구하여야 한다.

감정인이 여러 사람인 때에는 공동의 감정서를 제출하도록 요구할 수 있다.

감정서의 내용이 불명확하거나 누락된 부분이 있을 때에는 이를 보충하는 서면의 제출을 요구하여 감정서에 첨부하여야 한다.

하. 증인신문의 신청

사법경찰관은 범죄수사에 없어서는 안될 사실을 안다고 명백히 인정되는 자가 출석 또는 진술을 거부하고, 그의 진술이 범죄의 증명에 없어서는 안 되는 것으로 인정될 경우에는 그 사유를 증명하여 관할 지방검찰청 또는 지청의 검사에게 증인신문의 청구를 신청하여야 한다.

XIII. 수배와 공조

1. 수사의 공조

경찰관은 수사에 필요하다고 인정할 때에는 피의자의 체포·출석요구·조사, 장물 등 증거물의 수배, 압수·수색·검증, 참고인의 출석요구·조사 등 그 밖의 필요한 조치에 대한 공조를 다른 경찰관에게 요청할 수 있다.

2. 사건수배

사건수배란 사건의 용의자와 수사자료 그 밖의 참고사항에 관하여 통보를 요구하는 것으로, 경찰관이 사건수배를 할 때에는 사건수배서에 따라 요구하여야 한다.

3. 긴급사건수배

경찰관은 범죄수사에 있어서 다른 경찰관서에 긴급한 조치를 의뢰할 필요가 있을 때에는 지체없이 긴급사건수배서에 따라 긴급배치, 긴급수사 그 밖의 필요한 조치를 요구하여야 한다.

4. 지명수배

사법경찰관은 다음 각 호의 어느 하나에 해당하는 자의 소재를 알 수 없을 때에는 해당 피의자에 대하여 지명수배를 할 수 있다. 다만, 기소중지 의견으로 사건을 송치할 때에는 지명수배를 하여야 한다.

(1) 법정형이 사형 무기 또는 장기 3년 이상의 징역이나 금고에 해당하는 죄(제180조제2호의 경우를 제외한다)를 범하였다고 의심할 만한 상당한 이유가 있어 체포영장 또는 구속영장이 발부된 자. 다만, 제81조제1항에서 정하는 긴박한 사유가 있는 때에는 지명수배를 한 후 신속히 체포영장을 발부받아야 하며, 발부받지 못한 경우 즉시 지명수배를 해제하여야 한다.

(2) 지명통보의 대상인 자로 지명수배의 필요가 있어 체포영장 또는 구속영장이 발부된 자

사법경찰관은 긴급사건 수배에 있어서 피의자의 성명 등을 명백히 하여 그 체포를 의뢰한 경우에는 지명수배를 하여야 한다.

지명수배를 한 경우에는 체포영장 또는 구속영장의 유효기간에 유의하여 유효기간 경과 후에도 계속 수배할 필요가 있는 때에는 유효기간 만료 전에 체포영장 또는 구속영장을 재발부받아야 한다.

5. 지명수배된 자의 소재발견시 조치사항

지명수배된 자(이하 “지명수배자”라 한다)의 소재를 발견하였을 때에

는 피의자에게 체포영장 또는 구속영장을 제시하고 범죄사실의 요지, 체포 또는 구속의 이유와 변호인을 선임할 수 있음을 고지하고 변명의 기회를 준 후 지명수배자를 체포 또는 구속하고 확인서를 받아 신병과 함께 지명수배한 경찰관서(이하 "수배관서"라 한다)에 인계하여야 한다.

체포영장 또는 구속영장을 소지하고 있지 않은 경우라도 급속을 요하는 때에는 피의자에게 범죄사실의 요지와 체포영장 또는 구속영장이 발부되었음을 고지하고 체포 또는 구속할 수 있다. 이 경우 사후에 신속히 체포영장 또는 구속영장을 제시하여야 한다.

체포영장 또는 구속영장을 발부받지 않고 지명수배한 경우에는 피의자에게 긴급체포한다는 사실 및 범죄사실의 요지, 체포의 이유와 변호인을 선임할 수 있음을 고지하고 변명의 기회를 준 후 지명수배자를 긴급체포하여야 하며, 즉시 확인서를 받고 긴급체포서를 작성하여야 한다.

도서지역에서 지명수배자가 발견된 경우에는 지명수배자 등을 발견한 경찰관서(이하 "발견관서"라 한다)의 경찰관은 지명수배자의 소재를 계속 확인하고, 수배관서와 협조하여 검거시기를 정함으로써 검거후 구속영장청구시한(체포한 때로부터 48시간)이 경과되지 않도록 하여야 한다.

지명수배자를 검거한 경찰관은 구속영장 청구에 대비하여 피의자가 도망 또는 증거를 인멸할 염려에 대한 소명자료 확보를 위하여 필요하다고 판단되는 경우에는 체포의 과정과 상황 등을 자세히 기재한 지명수배자체포보고서를 작성하고 이를 수배관서에 인계하여 수사기록에 편철하도록 하여야 한다.

검거된 지명수배자를 인수한 수배관서의 사법경찰관은 24시간 내에 제98조의 규정에 따라 체포 또는 구속의 통지를 하여야 한다. 다만, 지명수배자를 수배관서가 위치하는 특별시, 광역시, 도 이외의 지역에서 지명수배자를 검거한 경우에는 지명수배자를 검거한 경찰관서(이하 "검거관서"라 한다)의 사법경찰관이 통지를 하여야 한다.

6. 지명수배자의 인수 · 호송 등

경찰관서장은 검거된 지명수배자에 대한 신속한 조사와 호송을 위하여 미리 출장조사 체계 및 자체 호송계획을 수립하여야 한다. 수배관서의 경찰관은 다음 각호의 어느 하나에 해당하는 경우를 제외하고는 검거관서로부터 검거된 지명수배자를 인수하여야 한다. 다만, 수배관서와 검거관서 간에 서로 합의한 때에는 이에 따른다.

(1) 검거관서의 관할구역 내에서 수배를 받은 범죄의 죄종 및 죄질이 동등 또는 그 이상의 다른 범죄를 범한 경우

(2) 검거관서에서 지명수배자와 관련된 범죄로 이미 정범이나 공동정범인 피의자의 일부를 검거하고 있는 경우

(3) 지명수배자가 단일 사건으로 수배되고 불구속 수사대상자로서 검거관서로 출장하여 조사한 후 신속히 석방함이 타당한 경우

검거한 지명수배자에 대하여 지명수배가 여러 건인 경우에는 다음 각호의 수배관서 순위에 따라 검거된 지명수배자를 인계받아 조사하여야 한다.

(1) 공소시효 만료 3개월 이내이거나 공범에 대한 수사 또는 재판이 진행중인 수배관서

(2) 법정형이 중한 죄명으로 지명수배한 수배관서

(3) 검거관서와 동일한 지방검찰청 또는 지청의 관할구역에 있는 수배관서

(4) 검거관서와 거리 또는 교통상 가장 인접한 수배관서

검거관서와 수배관서의 경찰관은 지명수배자를 검거한 때로부터 구속영장 청구시한(체포한 때로부터 48시간)을 경과하지 않도록 서로 협조하여야 한다.

7. 재지명수배의 제한

긴급체포한 지명수배자를 석방한 경우에는 영장을 발부받지 않고 동일한 범죄사실에 관하여 다시 지명수배하지 못한다.

8. 지명수배자의 검거보고

지명수배자를 검거한 때에는 수배관서의 사법경찰관은 즉시 관할 지방검찰청에 전화 또는 모사전송기 그 밖의 상당한 방법으로 검거보고를 하고 피의자를 조사한 다음 검거한 때로부터 36시간 이내에 검사의 지휘를 받아야 한다. 이 경우 검거한 때라 함은 검거관서에서 지명수배자를 검거한 시점을 말한다.

9. 공개수배

경찰청장은 지명수배·통보한 후 6월이 경과하여도 검거하지 못한 주요 지명피의자에 대하여는 종합공개수배할 수 있다.

경찰관서장은 사건수배에 있어서 피의자의 인적사항이 명백히 밝혀져 긴급한 공개수배가 필요하다고 인정될 때에는 공개수배할 수 있다. 공개수배는 사진·현상·전단 그 밖의 방법에 의한다.

10. 지명통보

사법경찰관은 다음 각호의 어느 하나에 해당하는 자의 소재가 불명할 때에는 당해 피의자에 대하여 지명통보를 할 수 있다. 다만, 기소중지의견으로 사건을 송치할 때에는 지명통보를 하여야 한다.

(1) 법정형이 장기 3년 미만의 징역 또는 금고, 벌금에 해당하는 죄를 범하였다고 의심할 만한 상당한 이유가 있고, 수사기관의 출

석요구에 응하지 않고 소재수사결과 소재불명인 자

(2) 법정형이 장기 3년 이상의 징역이나 금고에 해당하는 죄를 범하였다고 의심되더라도 사안이 경미하거나 기록상 혐의를 인정키 어려운 자로서 출석요구에 불응하고 소재가 불명인 자

(3) 제174조 제1항 제1호의 규정에 불구하고 사기, 횡령, 배임죄 및 「부정수표단속법」 제2조에 정한 죄의 혐의를 받는 자로서 초범이고 그 피해액이 500만원 이하에 해당하는 자

(4) 구속영장을 청구하지 않거나 발부받지 못하여 긴급체포되었다가 석방된 지명수배자

11. 지명통보된 자 소재발견시 조치사항

경찰관은 지명통보된 자(이하 "지명통보자"라 한다)의 소재를 발견한 때에는 피의자에게 지명통보된 사실과 범죄사실, 지명통보한 관서(이하 "통보관서"라 한다) 등을 고지하고 발견일자로부터 1개월 이내에 통보관서에 출석하거나 사건이송 신청을 하겠다는 내용이 기재된 지명통보자소재발견보고서를 3부 작성하여 1부는 피의자에게 교부하고 1부는 발견관서에서 보관하며, 1부는 통보관서에 송부하여야 한다.

소재발견한 지명통보자에 대하여 지명통보가 여러 건인 경우에는 각 건마다 지명통보자 소재발견보고서를 작성하여야 한다.

지명통보자소재발견보고서를 송부받은 통보관서의 사건담당 경찰관은 즉시 지명통보된 피의자에게 피의자가 출석하기로 확인한 일자에 출석하거나 사건이송신청서를 제출하라는 취지의 출석요구서를 발송하여야 한다.

지명통보된 피의자가 정당한 이유없이 확인한 일자에 출석하지 않거나 사건이송신청을 하지 않은 때에는 제174조부터 제178조까지의 규정에 따른다. 이 경우 체포영장청구기록에 지명통보자소재발견보고서, 출석요구서 사본 등 지명통보된 피의자가 본인이 확인한 일자에 정당한

이유없이 출석하지 않았거나 사건이송 신청을 하지 않았다는 취지의 증명자료를 첨부하여야 한다.

12. 지명통보자에 대한 특칙

행정기관 고발사건 중 법정형이 2년 이하의 징역에 해당하는 범죄나 「향토예비군설치법」위반 중 예비군 편성신고 불이행, 동원연기사유 해제후 신고미필의 범죄중 어느 하나에 해당하는 범죄로 기소중지된 자를 발견한 발견관서의 경찰관은 통보관서로부터 사건송치의견서를 모사전송 등의 방법으로 송부받아 피의자를 조사한 후 귀가조치하고 조사서류만 통보관서에 이송한다. 다만, 피의자가 상습적인 법규위반자 또는 전과자이거나 위반사실을 부인하는 경우에는 그러하지 아니하다.

13. 장물수배

가. 의의

장물수배란 수사중인 사건의 장물에 관하여 다른 경찰관서에 그 발견을 요청하는 수배를 말한다.

경찰관은 장물수배를 할 때에는 발견해야 할 장물의 명칭, 모양, 상표, 품질, 품종 그 밖의 특징 등을 명백히 하여야 하며 사진, 도면, 동일한 견본·조각을 첨부하는 등 필요한 조치를 하여야 한다. 「범죄수법공조자료 관리규칙」 제10조의 피해통보표에 수록·전산입력한 피해품은 장물수배로 본다.

나. 장물수배서

경찰서장은 범죄수사상 필요하다고 인정할 때에는 장물과 관련있는 영업주에 대하여 장물수배서를 발급할 수 있으며, 장물수배서는 다음의 3종으로 구분한다.

(1) 특별 중요 장물수배서(수사본부를 설치하고 수사하고 있는 사건

에 관하여 발하는 경우의 장물수배서를 말한다)

(2) 중요 장물수배서(수사본부를 설치하고 수사하고 있는 사건 이외의 중요한 사건에 관하여 발하는 경우의 장물수배서를 말한다)

(3) 보통 장물수배서(그 밖의 사건에 관하여 발하는 경우의 장물수배서를 말한다)

특별 중요 장물수배서는 홍색, 중요 장물수배서는 청색, 보통장물수배서는 백색에 의하여 각각 그 구별을 하여야 한다.

장물수배서를 발급할 때에는 제182조제2항의 규정(장물수배시 경찰관의 조치사항)을 준용한다.

경찰서장은 장물수배서를 발부하거나 배부하였을 때 장물수배서 원부와 장물수배서 배부부(대장)에 따라 각각 그 상황을 명확히 해두어야 한다.

14. 수배 등의 해제

수배 또는 통보에 관계된 사건에 대하여는 다음 각호의 어느 하나의 사유가 발생하였을 때에는 사법경찰관은 즉시 그 수배 또는 통보를 해제하여야 한다.

(1) 피의자를 검거한 경우

(2) 사건이 해결된 경우

(3) 피의자가 통보관서에 출석하거나 이송신청에 따른 이송관서에 출석하여 조사에 응한 경우

체포영장 또는 구속영장의 유효기간이 경과되어 체포영장 또는 구속영장의 재발부를 받지 않거나 받지 못한 경우에도 전항과 같다.

제181조의 규정에 따라 수사 등의 의뢰를 한 경우 또는 장물수배서를 발행한 경우에 있어서도 그 필요성이 없다고 인정할 때에는 제1항의 규정에 준하여 필요한 절차를 취하여야 한다.

15. 참고통보

경찰관서장은 다른 경찰관서에 관련된 범죄사건에 대하여 그 피의자, 증거물 그 밖의 수사상 참고가 될 사항을 발견하였을 때에는 지체없이 적당한 조치를 취하는 동시에 그 취지를 해당 경찰관서에 통보하여야 한다.

경찰관서장은 전항의 통보 외에 중요사건, 타에 파급될 염려가 있는 사건 그 밖의 범죄의 수사나 예방에 참고가 될 사건에 관하여는 관계 경찰관서에 통보하여야 한다.

XIV. 송치와 이송

1. 송치와 이송

가. 송치

수사를 종결하였을 때에는 경찰관서장의 지휘를 받아 사건을 모두 관할지방검찰청 검사장 또는 지청장에게 송치하여야 한다.

나. 이송과 인계

① 경찰관서장은 관할구역 내의 사건이 아니거나 해당 경찰관서에서 수사하는 것이 부적당하다고 인정되는 사건 또는 검사로부터 이송 또는 인계의 지휘가 있는 사건은 신속히 이를 범죄지 또는 피의자의 거주지를 관할하는 경찰관서, 수사에 적합한 경찰관서 또는 검사가 지휘한 경찰관서나 기관에 이송 또는 인계하여야 한다. 다만, 상급 기관에서 하명된 사건을 이송할 때에는 미리 상급기관의 승인을 받아야 한다.

② 경찰관은 사건을 이송할 때에는 정확한 사건의 인수, 인계를 위하여 사건인계서 〔피의자 인도서〕 인수인란에 인수인의 소속, 계급, 성명을 명기하여 기명날인 또는 서명을 받아야 한다. 단, 관서간 사건의 인

수·인계시에는 전산시스템으로 인수자가 인수 여부를 확인하는 절차로 대체할 수 있다.

③ 경찰관은 사건을 인수, 인계한 경우에는 인계관서 범죄 접수부 비고란에 인수관서 범죄접수부의 접수 번호와 접수 일시를 기입해 두어야 한다.

④ 고소·고발사건 이송에 있어서는 「고소·고발시건 이송 및 수사촉탁에 관한 규칙」을 우선하여 적용한다.

2. 사건의 단위

다음 각호에 해당하는 범죄사건은 1건으로 처리하여야 한다.

1. 1인이 범한 수죄
2. 수인이 공동으로 범한 죄
3. 수인이 동시에 동일장소에서 범한 죄
4. 범인 은닉죄, 증거인멸죄, 위증죄, 허위감정·통역죄 또는 장물에 관한 죄와 그 본범의 죄
5. 제1호부터 제4호까지의 사건이라도 이미 검찰청 또는 상당관서에 송치하거나 이송한 후에 접수한 사건
6. 불기소 처분이 있은 후 검사의 지휘에 따라 다시 수사를 개시한 사건
7. 검사로부터 수사지휘를 받은 사건
8. 다른 관서로부터 이송을 받은 사건
9. 검찰청에 송치하기 전의 맞고소 사건
10. 판사로부터 검찰청에 송치명령을 받은 즉결심판 청구 사건
11. 피고인으로부터 정식재판 청구가 있는 즉결심판 청구 사건

3. 송치서류

① 경찰관은 사건을 송치할 때에는 수사서류에 사건송치서, 압수물

총목록, 기록목록, 의견서, 피의자환경조사서, 피의자의 등록기준지조회회답서 및 범죄경력조회(지문조회)통보서 등 필요한 서류를 첨부하여야 한다. 다만, 「형의 실효 등에 관한 법률」 제5조제1항 단서 제2호에 해당하는 경우로서 다음 각호의 어느 하나에 해당하는 의견으로 송치할 때에는 범죄경력조회(지문조회)통보서를 첨부하지 않는다.

1. 혐의없음
2. 공소권 없음
3. 죄가 안됨
4. 각하

② 경찰관은 사건송치 전에 전항의 첨부서류중 조회회답 또는 통보를 받지 못하였을 때에는 그 사유를 동 사건 송치서 비고란에 기재하여야 하며 송치후에 범죄경력을 발견하였거나 그 밖의 회보를 받았을 때에는 추송서를 첨부하여 즉시 이를 추송하여야 한다.

③ 송치서류는 다음 순서에 따라 편철하여야 한다.

1. 사건송치서
2. 압수물 총목록
3. 기록목록
4. 의견서
5. 그 밖의 서류

④ 제3항 제5호의 서류(그 밖의 서류)는 접수 또는 작성순서에 따라 편철하고 제4호와 제5호의 서류는 각 장마다 면수를 기입하고 제2호부터 제4호까지의 서류에는 송치인이 직접 간인하여야 한다.

⑤ 제3항제4호의 서류에는 각 장마다 면수를 기입하되, 1장으로 이루어진 때에는 1로 표시하고, 2장 이상으로 이루어진 때에는 1-1, 1-2, 1-3의 방법으로 하여야 한다.

⑥ 경찰관은 사건을 송치할 때에는 소속관서의 장인 사법경찰관의 명의로 하여야 한다. 다만, 소속관서장이 사법경찰관이 아닌 경우에는 수사주무과장인 사법경찰관 명의로 하여야 한다.

⑦ 의견서는 사법경찰관이 작성하며 통신제한조치를 집행한 사건의 송치서에는 「통신제한조치 집행사건」 부전지를 부착하여 송치하여야 한다.

4. 송치후의 수사와 추송

① 경찰관은 사건 송치후라도 항상 그 사건에 주의하여 새로운 증거의 수집과 참고가 될 만한 사항의 발견에 힘써야 한다.

② 사건을 송치한 후에 새로운 증거물, 서류 그 밖의 자료를 입수하였을 때에는 신속히 이를 추송하여야 한다.

③ 전항에 따른 추송을 할 때에는 앞서 송치한 사건명, 그 연월일, 피의자의 성명, 추송하는 서류와 증거물 등을 기재한 추송서를 첨부하여야 한다.

④ 사법경찰관은 수리한 고소·고발사건에 대하여 기소, 기소중지 또는 참고인중지의견으로 송치한 후 관할지방검찰청 또는 지청으로부터 그 사건에 대하여 혐의없음, 공소권 없음, 죄가 안됨, 각하의 처분결과와 함께 피의자에 대한 수사자료표를 폐기하도록 통보받은 때에는 그 수사자료표가 지체없이 폐기될 수 있도록 처분결과를 보고하는 등 필요한 조치를 하여야 한다.

5. 여죄의 추송

경찰관은 사건 송치 후에 당해 사건에 속하는 피의자의 여죄를 발견하였을 때에는 검사의 지휘를 받아 신속히 그 수사를 행하고 이를 추송하여야 한다.

6. 소재불명자의 처리

경찰관은 「사법경찰관리집무규칙」 제11조에 규정된 보고대상 범죄사건을 송치할 때에는 소재불명 피의자의 지명수배·통보 내용과 사진 및 인상서 등 관련자료를 첨부하여야 한다.

7. 참고인 등의 소재수사

① 사법경찰관이 참고인중지 의견으로 사건을 송치할 때에는 참고인 소재수사지휘부를 작성하고 그 사본 1부를 수사기록에 편철하여야 한다.

② 경찰관은 전항의 규정에 의하여 작성된 참고인등 소재수사지휘부를 편철하여 관리하고 매분기 1회 이상 참고인 등에 대한 소재수사를 하여야 한다. 다만, 검사가 송치의견과 다른 결정을 한 때에는 참고인등 소재수사지휘부에 그 취지를 기재하고 소재수사를 하지 않는다.

8. 기소중지자에 대한 수사

① 사법경찰관은 기소중지한 자를 발견하였을 때에는 즉시 수사에 착수하고 기소중지자 소재발견 보고서에 따라 관할 지방검찰청 또는 지청의 검사에게 보고하여야 한다.

② 전항의 기소중지가 특정 증거의 불명으로 인한 것인 경우에 이를 발견한 때 또는 참고인 중지의 경우에 참고인 등을 발견한 때에도 전항과 같다.

9. 중요범죄 사건부와 미검거 중요범죄 사건부 등

① 지방경찰청장은 중요범죄 사건부를 비치하고 그 관할구역 내에서 발생한 중요범죄 사건에 대한 발생보고나 검거보고를 접수하였을 때마다 기입, 정리하여야 한다.

② 지방경찰청장은 미검거 중요범죄 사건부를 비치하고 그 관할구역 내에서 발생한 중요범죄 중 발생 후 2개월 이내에 검거하지 못한 사건

을 기재하고 수시로 필요 사항을 기입, 정리하여야 한다.

③ 경찰서장은 미검거 중요범죄 사건 수사부를 비치하고 그 관할구역 내에서 발생한 중요범죄 중 발생 후 2개월 이내에 검거하지 못한 사건을 기재하고 계속 수사진행 상황을 수시 기입, 정리하여야 한다.

④ 경찰서장은 전항의 규정에 따라 서식에 기재된 범죄에 대하여는 연 4회 이상 수사담당자를 지명하여 특별수사를 하여야 한다. 다만, 수사한 결과 전혀 검거할 가망이 없다고 판단되는 사건은 지방경찰청장의 승인을 얻어 특별수사를 생략할 수 있다.

⑤ 사법경찰관은 미검거 또는 미체포 사건을 검사에게 송치할 때에는 각 피의자신문조서, 진술조서, 검증조서 등 장차 참고가 될 기록은 그 사본을 작성하여 중요범죄 미제사건으로 편철, 정리하고 계속 수사하여야 한다.

⑥ 미검거 사건의 수사주무관은 해당 사건을 다른 경찰관에게 인계할 경우에는 관계서류 증거물 등의 인계를 확실히 하여 사후의 수사에 지장을 초래하는 일이 없도록 하여야 한다.

10. 수사서류의 사본

경찰관은 처리한 사건 중 중요도나 특이성 그 밖의 보존의 필요가 있다고 판단되는 사건에 대하여는 해당 사건의 수사서류의 사본을 작성하여 이를 보존하여야 한다.

XV. 범죄피해자 보호

1. 범죄피해자 보호 원칙

① 경찰관은 범죄피해자와 그 가족(이하 '피해자등'이라 한다)의 심정을 이해하고 그 인격을 존중하며 신체적・정신적・경제적 피해의 회

복과 권익증진을 위하여 노력하여야 한다.

② 범죄신고자 및 참고인으로서 범죄수사와 관련하여 보복을 당할 우려가 있는 경우 이 장을 준용한다.

2. 피해자등 동행시 유의사항

경찰관은 피해자를 경찰관서 등으로 동행할 때 가해자 또는 피의자 등과 분리하여 동행하여야 한다. 다만, 위해나 보복의 우려가 없을 것으로 판단되는 등 특별한 사정이 있는 경우에는 그러하지 아니하다.

3. 피해자 조사시 주의사항

① 피해자에게 권위적인 태도, 불필요한 질문으로 수치심 또는 모욕감을 유발하지 않도록 유의하고, 피해자의 진술에 일관성이 없다는 이유만으로 무혐의 처리하여서는 아니된다.

② 피해자 등을 조사할 때에는 피해자의 상황을 고려하여 조사에 적합한 장소를 이용하고, 피해자 등이 불안 또는 괴로움을 느끼지 않도록 주의하여야 한다.

③ 살인·강도·강간 등 강력범죄 피해자로서 신원 비노출을 요하거나 그 밖의 지원이 필요한 피해자에 대하여는 특별한 사정이 없는 한 현장에 찾아가 조사하거나 필요한 지원을 하여야 한다.

④ 강력범죄 피해자 등 정신적 충격이 심각할 것으로 추정되는 피해자에 대하여는 피해자의 심리상태를 확인 후 지방청장에게 보고하여 피해자 심리 전문요원의 조치를 받을 수 있도록 하여야 한다.

4. 피해자 등에 대한 정보제공

범죄사건을 처리하는 과정에서 피해자 보호와 피해회복을 위하여 피해자 등에게 다음 각 호의 정보를 제공하여야 한다.

1. 형사절차의 개요
2. 환부・가환부 제도, 피해자 진술권, 변호인・신뢰관계 있는 자의 조력을 받을 권리 등 형사절차상 피해자의 권리에 관한 사항
3. 범죄피해자구조금 제도, 배상명령제도, 성폭력피해자 의료비 지원 제도 등 피해자 지원제도에 관한 사항

5. 사건처리 진행 상황에 대한 통지

① 피해자 등의 신고・고소・고발・진정・탄원에 따라 수사를 할 때에는 사건처리 진행상황을 통지하여야 한다.

② 사건을 송치하거나 타 관서로 이송하는 등 수사를 종결하였을 때에는 3일 이내에 피해자, 고소인 또는 고발인에게 그 사실을 통지하여야 한다.

③ 제1항 또는 제2항의 경우에 피해자가 사망 또는 의사능력이 없거나 미성년자인 경우에는 법정대리인, 배우자, 직계친족, 형제자매나 가족 등에게 통지하여야 한다.

④ 제1항에서 제3항까지의 통지가 수사 또는 재판에 지장을 주거나 피해자 또는 사건관계인의 명예와 권리를 부당히 침해할 우려가 있는 때에는 통지하지 않을 수 있다.

⑤ 제1항에서 제3항까지의 통지를 할 때에는 피해자 등의 비밀보호를 위해 구두, 전화, 우편, 모사전송, 이메일, 문자메시지(SMS) 등 사건을 접수할 때 피해자 등이 요청한 방법으로 할 수 있으며, 서면으로 통지하였을 경우 그 사본을 기록에 편철하고 그 이외의 방법으로 통지한 때에는 그 취지를 기재한 서면을 수사기록에 편철하여야 한다.

6. 피해자 등의 신변안전조치

① 경찰관서장은 피의자의 범죄수법, 동기, 피해자 등과의 관계, 언동 그 외의 상황으로 보아 피해자 등이 피의자 그 밖의 사람으로부터 생

명·신체에 해를 받거나 받을 염려가 있다고 인정되는 때에는 직권 또는 피해자 등의 신청에 의하여 신변안전에 필요한 조치를 강구하여야 한다.

② 신변안전조치의 종류

1. 일정기간 동안의 특정시설에서의 보호
2. 일정기간 동안의 신변경호
3. 참고인 또는 증인으로 출석·귀가시 동행
4. 피해자 등의 주거·직장에 대한 주기적 순찰
5. 비상연락망 구축 등 그 밖의 신변안전에 필요하다고 인정되는 조치

③ 제1항 및 제2항의 규정은 범죄수사에 관한 자료제공자에게도 준용한다.

7. 피해자 등의 비밀누설금지

① 경찰관은 성명, 연령, 주거지, 직업, 용모 등 피해자 등임을 미루어 알 수 있는 사실을 제3자에게 제공하거나 누설하여서는 아니된다. 다만, 피해자 등이 동의한 경우에는 그러하지 아니하다.

② 「특정 범죄신고자 등 보호법」에 따라 범죄신고자나 그 친족 등이 보복을 당할 우려가 있는 경우 직권 또는 범죄신고자나 그 법정대리인의 신청에 의해 조서 등에 인적사항의 전부 또는 일부를 기재하지 않고 신원관리카드를 작성하는 등 범죄신고자 등의 비밀보호에 최선을 다해야 한다.

XVI. 사건수사에 관한 특칙

1. 소년사건에 관한 특칙

가. 소년사건 수사의 기본

① 경찰관은 소년사건을 수사할 때에는 소년의 건전한 육성을 도모하는 마음을 가져야 한다.

② 경찰관은 소년사건을 수사할 때에는 반사회성 있는 소년의 환경조정과 성행의 교정에 관한 보호처분 또는 형사처분에 필요한 특별한 심리자료를 제공할 것을 염두에 두어야 한다.

나. 소년의 특성의 고려

경찰관은 소년사건을 수사할 때에는 소년의 특성에 비추어 되도록 다른 사람의 이목을 끌지 않는 장소에서 온정과 이해를 가지고 부드러운 어조로 조사하여야 한다.

다. 범죄의 원인과 환경조사

① 소년사건을 수사할 때에는 범죄원인, 동기, 그 소년의 성격, 행상, 경력, 교육정도, 가정 상황, 교우관계 그 밖의 환경 등을 상세히 조사하여 소년카드[소년환경조사서]를 작성하여야 하며, 심리전문가가 참여하는 경우에는 소년의 비행성예측자료표를 작성하여야 한다.

② 소년의 심신에 이상이 있다고 판단될 때에는 지체없이 의사로 하여금 진단하게 하여야 한다.

라. 관계기관, 보호자와의 연락

① 경찰관은 소년사건을 수사하며 필요하다고 판단될 때에는 청소년지원센터, 소년원, 학교 그 밖의 관계기관과 연락을 긴밀히 하여야 한다.

② 보호자와의 연락

경찰관은 소년피의자에 대한 출석요구나 조사를 할 때에는 그 소년의 보호자나 이에 대신할 자에게 연락하여야 한다. 다만, 연락하는 것이 그 소년의 복리상 부적당하다고 인정될 때에는 그러하지 아니하다.

마. 구속, 보도상의 주의사항

① 구속에 관한 주의

소년 피의자에 대하여는 되도록 구속을 피하고 부득이 구속, 체포 또는 동행하는 경우에는 그 시기와 방법에 특히 주의하여야 한다.

② 보도상의 주의

소년범죄를 수사할 때에는 「소년법」의 취지에 따라 신속히 처리하고 소년의 주거, 성명, 연령, 직업, 용모 등에 의하여 그 자를 본인으로 주지할 수 있는 정도의 사실이나 사진이 신문 그 밖의 출판물에 게재 또는 방송되지 않도록 특히 주의하여야 한다.

바. 소년보호 사건의 송치 등

① 경찰관은 소년사건을 수사한 결과 피의자가 형벌법령에 저촉되는 행위를 한 10세 이상 14세 미만인 소년(이하 "촉법소년"이라 한다)으로 판명되었을 때에는 해당 소년에 대하여 적당한 선도 보호의 조치가 취하여지도록 하여야 한다. 이 경우 그 자에게 보호자가 없거나 보호자에게 감호하는 것이 부적당하다고 인정될 때에는 「아동복지법」에 의한 조치를 강구하거나 이를 소년보호사건(촉법)으로 하여 경찰서장이 직접 가정법원 소년부 또는 지방법원 소년부(이하 "소년부"라 한다)에 송치하여야 한다.

② 이 경우에 있어서 촉법소년의 행위가 형법상의 금고 이상의 형에 해당하는 것인 때에는 이를 소년보호사건으로하여 소년부에 직접 송치하여야 한다.

③ 피의자가 형벌법령에 저촉되는 행위를 한 사실이 없는 것이 판명되었으나 소년법 제4조 제1항 제3호(이하 "우범소년"이라 한다)에 해

당하는 때에는 그 소년에 대하여 적절한 선도보호 조치가 취하여지도록 하여야 한다. 이 경우 그 자에게 보호자가 없거나 보호자에게 감호하게 하는 것이 부적당하다고 인정될 때에는 「아동복지법」에 의한 조치를 강구하거나 이를 소년보호사건(우범)으로 하여 경찰서장이 직접 소년부에 송치하여야 한다.

사. 소년보호사건 송치서

소년보호 사건을 송치하는 경우에는 소년카드[소년환경조사서] 그 밖의 참고자료를 첨부하여야 한다. 다만, 촉법·우범소년인 경우에는 소년보호사건 송치서만으로 송치할 수 있다.

아. 범죄규정의 준용

① 학생범죄의 준용

소년이 아니더라도 학생의 범죄사건에 관하여는 제208조, 제209조, 제210조와 제213조의 규정을 준용한다.

② 여성범죄의 준용

피의자가 여자인 경우에는 제208조와 제213조의 규정을 준용한다.

2. 성폭력사건에 관한 특칙

가. 성폭력범죄 전담 조사관의 조사

① 경찰관서장은 성폭력범죄 전담 조사관을 지정하여 성폭력범죄 피해자를 조사하도록 하여야 한다.

② 피해자의 의사에 반하지 않는 한 성폭력 피해여성은 여자 성폭력범죄 전담 조사관이 조사하여야 한다.

나. 성폭력범죄 수사시 유의사항

① 성폭력범죄를 수사함에 있어서는 피해자의 인권을 최우선시하여야 하며, 성폭력 피해자에 대한 조사와 피의자에 대한 신문은 분리하여

실시하고, 대질신문은 최후의 수단인 경우 예외적으로 실시하되 대질방법 등에 대한 피해자측의 의사를 최대한 존중하여야 한다.

② 성폭력 피해자 조사시 공개된 장소에서의 조사 및 증언요구로 인하여 신분노출이 되지 않도록 유의하고, 성폭력 피해자에 대한 조사는 수사상 필요 최소한도로 실시하여야 한다.

③ 성폭력 피해자 조사시 피해자의 연령, 심리상태 또는 후유장애의 유무 등을 신중하게 고려하여 가급적 진술녹화실 등 별실에서 조사하여 심리적 안정을 취할 수 있는 분위기를 조성하고, 조사 과정에서 피해자의 인격이나 명예가 손상되거나 사적인 비밀이 침해되지 않도록 주의하여야 한다.

다. 영상물의 촬영·보존 등

① 경찰관은 성폭력 범죄를 당한 16세 미만의 피해자와 신체장애 또는 정신상의 장애로 사물을 변별하거나 의사를 결정할 능력이 미약한 자(이하 '피해아동등'이라 한다)에 대해서는 피해자의 진술내용과 조사과정을 비디오녹화기 등 영상물 녹화장치에 의하여 촬영·보존하여야 한다. 이때 피해아동등과 그 법정대리인에게 진술녹화의 취지 등을 설명하고, 그 동의 여부를 확인하여야 하며, 피해아동 등 또는 법정대리인이 녹화를 원하지 않는 의사를 표시한 때에는 촬영을 하여서는 아니된다.

② 녹화장소는 피해아동등의 특성을 고려하여 피해자가 안전하고 편안하게 느낄 수 있는 적정한 환경을 갖추고 공개되지 않도록 하는 등 피해자의 정서적 안정에 유의한다.

라. 신뢰관계에 있는 자의 동석

①성폭력 피해자 조사시 피해자 또는 법정대리인에게 신뢰관계자가 동석할 수 있음을 고지하고 신청이 있는 때에는 수사상 지장을 초래할 우려가 있는 등 부득이한 경우가 아닌 한 피해자와 신뢰관계에 있는 자를 동석하게 하여야 한다. 신뢰관계에 있는 자로부터 신뢰관계자 동

석확인서 및 피해자와의 관계를 소명할 서류를 제출받아 이를 기록에 편철한다.

② 성폭력 피해아동등 조사시 신뢰관계자는 피해아동 등의 시야가 미치지 않는 적절한 위치에 좌석을 마련하고, 조사 전에 수사에 지장을 초래할 우려가 있는 경우 동석자의 퇴거를 요구할 수 있다는 것을 고지하여야 하며, 다음 각호의 사유가 발생하거나 그 염려가 있는 때에는 동석자의 퇴거를 요구하고 조사할 수 있다.

1. 조사 과정에 개입하거나 조사를 제지·중단시키는 경우
2. 피해아동 등을 대신하여 답변하거나 특정한 답변을 유도하는 경우
3. 피해아동 등의 진술 번복을 유도하는 경우
4. 그 밖의 동석자의 언동 등으로 수사에 지장을 초래할 우려가 있는 경우

③ 동석자를 퇴거하게 한 경우 그 사유를 피해자측에 설명하고 그 구체적 정황을 수사보고서로 작성하여 기록에 편철한다.

④ 그 밖의 성폭력 피해자 조사시 신뢰관계 있는 자 동석에 관한 사항은 제62조(피해자의 신뢰관계자 동석) 규정을 준용한다.

마. 장애인에 대한 특칙

① 성폭력 피해자가 정신상의 장애 등으로 사물을 변별하거나 의사를 결정할 능력이 미약한 때에는 본인이나 법정대리인 등에게 보조인을 선정하도록 권유하고, 선정된 보조인을 신뢰관계에 있는 자로 동석하게 할 수 있다.

② 성폭력 피해자가 언어장애인, 청각장애인 또는 시각장애인인 때에는 본인 또는 법정대리인 등의 의견을 참작하여 수화 또는 문자 통역 등의 방법을 활용하여 조사한다.

③ 성폭력 피해자가 정신지체인인 때에는 면담을 통하여 진술능력 등을 확인하고, 피해자가 자신의 의사를 제대로 전달하지 못하여 수사에 지장을 초래한다고 판단되는 경우에 한하여 제1항의 보조인 또는 신뢰관계에 있는 자로 하여금 피해자의 의사를 전달하도록 할 수 있다.

바. 증거보전의 특례

① 성폭력 피해자 또는 그 법정대리인이 피해자가 공판기일에 출석하여 증언하는 것이 현저히 곤란한 사정이 있어 그 사유를 소명하여 「형사소송법」 제184조(증거보전의청구와 그 절차)제1항의 규정에 의한 증거보전의 청구를 할 것을 요청한 경우 사법경찰관은 그 요청이 상당한 이유가 있다고 인정하는 때에는 관할 지방검찰청 또는 지청의 검사에게 증거보전의 신청을 할 수 있다.

② 전항의 경우 피해자가 16세미만 성폭력 피해아동 등일 경우에는 별도의 증명 없이 증거보전의 청구를 요청하더라도, 공판기일에 출석하여 증언하는 것이 현저히 곤란한 사정이 있는 것으로 간주하여, 당해 성폭력범죄를 수사하는 검사에 대해 증거보전 신청을 할 수 있다.

3. 가정폭력사건에 관한 특칙

가. 가정폭력범죄 수사시 유의사항

① 가정폭력 범죄를 수사함에 있어서는 보호처분 또는 형사처분의 심리를 위한 특별자료를 제공할 것을 염두에 두어야 하며, 가정폭력 범죄로 파괴된 가정의 평화와 안정을 회복하고 건강한 가정을 가꾸며 피해자와 가족구성원의 인권을 보호하려는 자세로 임하여야 한다.

② 가정폭력범죄 피해자 조사시 피해자의 연령, 심리상태 또는 후유장애의 유무 등을 신중하게 고려하여 가급적 진술녹화실 등 별실에서 조사하여 심리적 안정을 취할 수 있는 분위기를 조성하고, 피해자의 조사과정에서 피해자의 인격이나 명예가 손상되거나 개인의 비밀이 침해되지 않도록 주의하여야 한다.

③ 가정폭력 피해자에 대한 조사는 수사상 필요한 최소한도로 실시하여야 한다.

나. 응급조치

① 경찰관은 진행 중인 가정폭력 범죄에 대하여 신고를 접수한 즉시 현장에 출동하여 「가정폭력 범죄의 처벌 등에 관한 특례법」 제5조의 규정에 의한 응급조치를 취하되 폭력행위 제지시 가족 구성원과의 불필요한 마찰이나 오해의 소지가 없도록 유의한다.

② 전항의 응급조치를 취한 경찰관은 가정폭력 행위자의 성명, 주소, 생년월일, 직업, 피해자와의 관계, 범죄사실의 요지, 가정상황, 피해자와 신고자의 성명, 응급조치의 내용 등을 상세히 기재한 응급조치보고서를 작성하여 사건기록에 편철하여야 한다.

다. 환경조사서의 작성

경찰관은 가정폭력범죄를 수사함에 있어서는 범죄의 원인 및 동기와 행위자의 성격·행상·경력·교육정도·가정상황 그 밖의 환경 등을 상세히 조사하여 환경조사서를 작성하여야 한다.

라. 임시조치

① 가정폭력범죄가 재발할 우려가 있다고 인정하는 때에는 사법경찰관은 관할 지방검찰청 또는 지청의 검사에게 다음 각호의 임시조치를 법원에 청구할 것을 신청할 수 있다.

1. 피해자 또는 가정구성원의 주거 또는 점유하는 방실로부터의 퇴거 등 격리
2. 피해자 또는 가정구성원의 주거, 직장 등에서 100미터 이내의 접근 금지
3. 피해자 또는 가정구성원에 대한 「전기통신법」제2조제1호의 전기통신을 이용한 접근금지

② 사법경찰관은 전항의 신청에 의해 결정된 임시조치를 위반하여 가정폭력범죄가 재발될 우려가 있다고 인정하는 때에는 관할 지방검찰청 또는 지청의 검사에게 경찰관서 유치장 또는 구치소에 유치하는

임시조치를 법원에 청구할 것을 신청할 수 있다.

③ 피해자 또는 그 법정대리인은 사법경찰관에게 규정에 의한 임시조치의 신청을 요청하거나 이에 관하여 의견을 진술할 수 있다.

④ 전항의 요청을 받은 사법경찰관이 임시조치를 신청하지 않는 경우에는 검사에게 그 사유를 보고하여야 한다.

⑤ 경찰관은 임시조치 신청을 한 때에는 임시조치신청부에 소정의 사항을 기재하여야 한다.

⑥ 경찰관은 임시조치의 결정을 집행할 때에는 행위자에게 임시조치의 내용, 불복방법 등을 고지하고, 집행일시 및 집행방법을 기재한 서면을 사건기록에 편철하여야 한다.

⑦ 임시조치 결정에 대하여 항고가 제기되어 법원으로부터 수사기록등본의 제출을 요구받은 경우 경찰관은 항고심 재판에 필요한 범위 내의 수사기록등본을 관할검찰청으로 송부하여야 한다.

마. 가정폭력사건 송치

① 사법경찰관은 가정폭력범죄를 신속히 수사하여 사건을 검사에게 송치하여야 한다.

② 가정폭력사건 송치서 죄명란에는 해당 죄명을 기재하고 비고란에 '가정폭력사건'이라고 표시한다.

③ 사법경찰관은 가정폭력사건 송치시 사건의 성질·동기 및 결과, 행위자의 성행 등을 고려하여 「가정폭력 범죄의 처벌 등에 관한 특례법」의 가정보호사건으로 처리함이 상당한지 여부에 관한 의견을 제시할 수 있다.

바. 동행영장의 집행

① 경찰관은 「가정폭력 범죄의 처벌 등에 관한 특례법」제27조제1항의 규정에 따른 법원의 요청이 있는 경우 동행영장을 집행하여야 한다.

② 동행영장을 집행하는 때에는 피동행자에게 동행영장을 제시하고 신속히 지정된 장소로 동행하여야 한다.

③ 동행영장을 소지하지 않은 경우 급속을 요하는 때에는 피동행자에게 범죄사실과 동행영장이 발부되었음을 고지하고 집행할 수 있다. 이 경우에는 집행을 완료한 후 신속히 동행영장을 제시하여야 한다.

④ 동행영장을 집행한 때에는 동행영장에 집행일시와 장소를, 집행할 수 없는 때에는 그 사유를 각각 기재하고 기명날인 또는 서명하여야 한다.

바. 보호처분결정의 집행

「가정폭력 범죄의 처벌 등에 관한 특례법」제43조제1항의 규정에 따른 법원의 요청이 있는 경우에는 보호처분의 결정을 집행하여야 한다.

4. 국제범죄에 관한 특칙

가. 준거규정

외국인관련범죄 또는 우리나라 국민의 국외범, 대·공사관에 관한 범죄 그 외 외국에 관한 범죄(이하 "국제범죄"라 한다)의 수사에 관하여 조약, 협정 그 밖의 특별한 규정이 있을 때에는 그에 따르고, 특별한 규정이 없을 때에는 본 장의 규정에 의하는 외에 일반적인 수사절차를 따른다.

나. 국제법의 준수

경찰관은 국제범죄의 수사를 함에 있어서는 국제법과 국제조약에 위배되는 일이 없도록 유의하여야 한다.

다. 국제범죄 수사의 착수

국제범죄중 중요한 범죄에 관하여는 미리 경찰청장에게 보고하여 그 지시를 받아 수사에 착수하여야 한다. 다만, 급속을 요하는 경우에는 필요한 처분을 한 후 신속히 경찰청장의 지시를 받아야 한다.

라. 대 · 공사 등에 관한 특칙

① 국제범죄를 수사함에 있어서는 다음 각호의 어느 하나에 해당하는 자의 외교 특권을 침해하는 일이 없도록 주의하여야 한다.

1. 외교관 또는 외교관의 가족
2. 그 밖의 외교의 특권을 가진 자

② 전항에 규정된 자의 사용인을 체포하거나 조사할 필요가 있다고 인정될 때에는 현행범인의 체포 그 밖의 긴급 부득이한 경우를 제외하고는 미리 경찰청장에게 보고하여 그 지시를 받아야 한다.

③ 피의자가 외교 특권을 가진 자인지 그 여부가 의심스러운 경우에는 신속히 경찰청장에게 보고하여 그 지시를 받아야 한다.

마. 대 · 공사관 등에의 출입

경찰관은 대 · 공사관과 대 · 공사나 대 · 공사관원의 사택 별장 혹은 그 숙박하는 장소에 관하여는 당해 대 · 공사나 대 · 공사관원의 청구가 있을 경우 이외에는 출입해서는 아니된다. 다만, 중대한 범죄를 범한 자를 추적 중 그 자가 위 장소에 들어간 경우에 지체할 수 없을 때에는 대 · 공사관원이나 이를 대리할 권한을 가진 자의 사전 동의를 얻어 수색하여야 한다. 이 경우 수색을 행할 때에는 지체없이 경찰청장에게 보고하여 그 지시를 받아야 한다.

바. 외국군함에의 출입

① 경찰관은 외국군함에 관하여는 당해 군함의 함장의 청구가 있는 경우 외에는 이에 출입해서는 아니된다.

② 중대한 범죄를 범한 자가 도주하여 대한민국의 영해에 있는 외국군함으로 들어갔을 때에는 신속히 경찰청장에게 보고하여 그 지시를 받아야 한다. 다만, 급속을 요할 때에는 당해 군함의 함장에게 범죄자의 임의의 인도를 요구할 수 있다.

사. 외국군함의 승무원에 대한 특칙

외국군함에 속하는 군인이나 군무원이 그 군함을 떠나 대한민국의 영해 또는 영토 내에서 죄를 범한 경우에는 신속히 경찰청장에게 보고하여 그 지시를 받아야 한다. 다만, 현행범 그 밖의 급속을 요하는 때에는 체포 그 밖의 수사상 필요한 조치를 한 후 신속히 경찰청장에게 보고하여 그 지시를 받아야 한다.

아. 영사 등에 관한 특칙

① 경찰관은 임명국의 국적을 가진 대한민국 주재의 총영사, 영사 또는 부영사에 대한 사건에 관하여 구속 또는 조사할 필요가 있다고 인정될 때에는 미리 경찰청장에게 보고하여 그 지시를 받아야 한다.

② 총영사, 영사 또는 부영사의 사무소는 당해 영사의 청구나 동의가 있는 경우 외에는 이에 출입해서는 아니된다.

③ 총영사, 영사 또는 부영사의 사택이나 명예영사의 사무소 혹은 사택에서 수사할 필요가 있다고 인정될 때에는 미리 경찰청장에게 보고하여 그 지시를 받아야 한다.

④ 총영사, 영사 또는 부영사나 명예영사의 사무소 안에 있는 기록문서에 관하여는 이를 열람하거나 압수하여서는 아니된다.

자. 외국 선박내의 범죄

경찰관은 대한민국의 영해에 있는 외국 선박내에서 발생한 범죄로서 다음 각호의 어느 하나에 해당하는 경우에는 수사를 하여야 한다.

1. 대한민국 육상이나 항내의 안전을 해할 때
2. 승무원 이외의 자나 대한민국의 국민에 관계가 있을 때
3. 중대한 범죄가 행하여졌을 때

차. 조사와 구속에 대한 주의

경찰관은 외국인의 조사와 체포·구속에 있어서는 언어, 풍속과 습관의 특성을 고려하여야 한다.

카. 외국인 피의자 체포·구속시 영사기관 통보

① 사법경찰관은 「영사관계에 관한 비엔나협약」 제36조의 규정에 따라 외국인을 체포·구속하였을 때에는 체포·구속시 고지사항 외에 해당 영사기관에 체포·구속사실의 통보와 국내 법령에 위반되지 않는 한도 내에서 해당 영사기관원과 접견·교통을 요청할 수 있음을 고지하여야 한다.

② 사법경찰관은 전항의 내용을 고지하고 피의자로부터 별지 제194호 서식의 영사기관통보요청확인서를 작성하여야 한다.

③ 사법경찰관은 피의자가 영사기관 통보 및 접견을 요청한 경우에는 별지 제195호 서식의 영사기관 체포·구속통보서를 작성하여 해당 영사기관에 지체없이 통보하여야 한다.

④ 사법경찰관은 전항에도 불구하고, 별도 외국과의 조약에 따라 피의자 의사와 관계없이 해당 영사기관에 통보하게 되어 있는 경우에는 반드시 이를 통보하여야 한다.

⑤ 제2항부터 제4항까지의 서류는 수사기록에 편철하여야 한다.

타. 외국인 사망자 통보

사법경찰관은 외국인 변사사건을 접수한 때에는 「영사관계에 관한 비엔나협약」 제37조의 규정에 따라 영사기관사망통보서를 작성하여 해당 영사기관에 그 사실을 지체없이 통보하고 이를 사건관련기록에 편철하여야 한다.

파. 피의자 신문조서의 기재사항

피의자가 외국인인 경우에는 피의자신문조서 중에 제70조제1항에 열거한 사항 외에 다음 사항에 관하여도 명백히 해두어야 한다.

1. 국적, 출생지와 본국에 있어서의 주거
2. 여권 또는 외국인등록 증명서 그 밖의 신분증에 관한 서류의 유무
3. 외국에 있어서의 전과의 유무

4. 대한민국에 입국한 시기 체류기간 체류자격과 목적
5. 본국에서 퇴거한 시기
6. 가족의 유무와 그 주거

하. 조서의 작성

① 외국인인 피의자 그 밖의 관계자가 한국어에 통하지 않는 경우에는 통역인으로 하여금 통역하게 하여 한국어로 피의자신문조서나 진술조서를 작성하여야 하며 특히 필요한 때에는 외국어의 진술서를 작성하게 하거나 외국어의 진술서를 제출하게 하여야 한다.

② 외국인이 구술로써 고소·고발이나 자수를 하려 하는 경우에 한국어에 통하지 않을 때의 고소·고발 또는 자수인 진술조서는 전항의 규정에 준하여 작성하여야 한다.

거. 번역문의 첨부

외국인에 대하여 구속영장 그 밖의 영장에 의하여 처분하는 경우에는 되도록 번역문을 첨부하여야 한다. 외국인으로부터 압수한 물건에 관하여 압수증명서를 교부하는 경우에도 또한 같다.

5. 다중범죄에 관한 특칙

가. 심적대비

다중범죄의 수사에 관하여는 항상 일반 사회의 정세와 다중범죄의 주체가 될 염려가 있는 단체, 집단 등의 실태와 그 동향을 정확하게 파악하여 다중범죄의 수사가 철저하게 행하여지도록 유의하여야 한다.

나. 다중범죄 수사의 중점

다중범죄의 수사에 있어서는 실행행위자에만 그치지 말고 주모자, 모의 참여자 그 밖의 사건의 배후에 있는 공범관계자를 정확하게 탐색, 파악하도록 노력하여야 한다.

다. 현장에 있어서의 체포

다중범죄의 현장에서 그 피의자를 체포함에 있어서는 상대편의 세력, 정세의 추이 등을 신중히 고려하여 체포의 시기, 방법과 범위를 그르치는 일이 없도록 현장지휘관의 통제하에 행하여야 한다.

라. 감식활동의 주의

다중범죄가 발생한 경우에는 그 실행상황 그 밖의 현장의 상황을 명백히 하고 피의자의 범행을 확인하는 등 증거의 수집 보존에 노력하여야 한다.

마. 체포시의 주의

① 다중범죄의 피의자를 체포한 경찰관은 각각 체포한 피의자에 관하여 그 인상, 체격 그 밖의 특징, 범죄사실의 개요, 체포시의 장소와 상황 등을 명백히 기록해 두어 사후의 조사에 지장이 생기지 않도록 하여야 한다.

② 전항의 경우 필요한 때에는 피의자를 체포한 직후에 피의자를 체포한 경찰관과 함께 촬영해 두는 등 적당한 방법을 취하여야 한다.

③ 피의자를 체포한 경우에 있어서 당해 피의자와 관계가 있는 물건을 압수하였을 때에는 피의자와 압수물의 관계를 명백히 하기 위하여 이들을 함께 촬영하는 등 적당한 방법을 취하여야 한다.

바. 통모의 방지

다중범죄의 피의자를 다수 동시에 체포한 경우에 있어서 필요한 때에는 피의자를 분산하여 구금하는 등 통모, 탈환 등을 방지하기 위한 적절한 조치를 취하여야 한다.

사. 피의자의 조사

다중범죄의 피의자를 조사함에 있어서는 특히 조사를 하는 경찰관 상호간에 연락을 긴밀히 하여 사건의 전모를 명백히 하도록 유의하여야 한다.

XⅦ. 보석자 등의 관찰

1. 보석자 등의 관찰

① 경찰서장은 검사로부터 그 관할 구역내에 거주하는 보석 피고인 또는 구속집행정지자에 대한 시찰조회서를 송부받은 때에는 당해 사건을 수사한 경찰관 그 밖의 적당한 경찰관을 지정하여 주거지의 현주 여부 등을 관찰하여 회보하여야 한다.

② 경찰서장은 검사로부터 그 관할 구역내에 거주하는 형집행정지자에 대한 관찰을 요구받은 경우에는 매월 1회 이상 형집행정지사유 존속 여부를 관찰하여 보고하여야 한다.

③ 경찰서장은 형사소송규칙 제55조의3의 규정에 따라 법원으로부터 「형사소송법」 제98조제3호의 보석조건으로 석방된 피고인의 주거 제한 준수 여부에 대한 조사를 요구받은 때에는 제1항의 규정을 준용한다.

2. 관찰상의 주의

경찰관은 보석 피고인, 구속집행정지자, 형집행정지자에 대한 관찰은 적절한 방법으로 행하여야 하며, 피관찰자 또는 그 가족의 명예나 신용을 부당하게 훼손하지 아니하도록 주의하여야 한다.

3. 관찰부

경찰관은 보석자 등을 관찰하였을 때에는 보석(구속집행정지)자 관찰부에 그 관찰상황을 명백하게 기재해 두어야 한다.

XVIII. 장부와 비치서류

1. 비치하여야 할 장부와 서류

① 지방경찰청과 경찰서에는 다음의 장부와 서류를 비치하여야 한다. 다만, 지방경찰청에는 체포·구속인접견부, 체포·구속인교통부, 물품차입부, 체포·구속인수진부, 체포·구속인 명부와 보석(구속집행정지)자 관찰부와 검시조서철의 비치를 생략할 수 있다.

1. 범죄사건부
2. 압수부
3. 출석요구부
4. 체포영장신청부
5. 체포·구속영장집행부
6. 긴급체포원부
7. 현행범인체포원부
8. 구속영장 신청부
9. 압수·수색·검증영장 신청부
10. 체포·구속인 접견·수진·교통·물품차입부
11. 체포·구속인 명부
12. 보석(구속집행정지)자 관찰부
13. 수사관계예규철
14. 수사종결사건(송치사건)철
15. 내사사건 기록철
16. 수사미제사건 기록철
17. 통계철
18. 처분결과 통지서철
19. 검시조서철

20. 잡서류철
21. 통신제한조치 허가신청부
22. 통신제한조치집행대장
23. 긴급통신제한조치대장
24. 긴급통신제한조치통보서발송부
25. 통신제한조치 집행사실 통지부
26. 통신제한조치 집행사실 통지유예 승인신청부
27. 통신사실 확인자료제공 요청허가신청부
28. 긴급 통신사실 확인자료제공 집행대장(사후허가용)
29. 통신사실 확인자료제공 요청집행대장(사전허가용)
30. 통신사실 확인자료 회신대장
31. 통신사실 확인자료제공 요청 집행사실통지부
32. 통신사실 확인자료제공 요청 집행사실통지유예 승인신청부
32. 영상녹화물 관리대장

② 제1호 범죄사건부와 제11호 체포 구속인 명부는 미리 각 장마다 관할 지방검찰청 검사장 또는 지청장의 간인을 받아야 한다.

2. 범죄 사건부

① 범죄사건을 접수하거나 입건, 수사, 송치할 때에는 범죄사건부에 접수일시, 접수구분, 수사담당자, 피의자, 조회상황, 죄명, 범죄일시, 장소, 피해정도, 피해자, 체포·구속내용, 석방년월일 및 사유, 송치일자 및 번호, 송치의견, 압수번호, 수사미결사건철번호, 검사처분, 판결내용, 범죄원표번호, 그 밖의 필요한 사항을 기입하여야 한다.

② 압수물건이 있을 때에는 압수부에 압수년월일, 압수 물건의 품종, 수량, 소유자 및 피압수자의 주거, 성명 등을 기록하고 그 보관자, 취급자, 처분년월일과 요지 등을 기입하여야 한다.

3. 기타 수사관계 서류

① 수사관계 예규철에는 검찰청 그 밖의 감독관청이 발한 훈령, 지령, 통첩 등 관계서류를 편철하여야 한다.

② 수사종결 사건철에는 검사에게 송치한 사건송치서 기록목록, 의견서의 사본과 사건인계서 사본 등을 편철하여야 한다.

③ 내사사건 기록철에는 범죄를 내사한 결과 입건이 필요없다고 인정되어 완결된 기록을 편철하여야 한다.

④ 수사미제사건 기록철에는 장차 검거의 가망이 없는 피해 신고 사건 등의 기록을 편철하여야 한다.

⑤ 통계철에는 수사경찰 업무에 관한 각종 통계서류를 편철하여야 한다.

⑥ 처분결과 통지서철에는 검사의 기소, 불기소(기소유예, 무혐의, 죄가 안됨, 공소권 없음, 각하), 기소중지, 참고인중지, 이송 등 결정 및 각 심급의 재판결과에 관한 통지서를 편철하여야 한다.

⑦ 잡서류철은 위에 해당하지 아니하는 모든 서류를 편철하여야 한다.

4. 서류철의 색인목록

① 서류철에는 색인목록을 붙여야 한다.

② 서류편철 후 그 일부를 빼낼 때에는 색인목록 비고란에 그 연월일과 사유를 기재하고 그 담당 경찰관이 날인하여야 한다.

5. 임의의 장부

수사상 필요하다고 인정할 때에는 소정의 장부서류 이외에 필요한 장부 또는 서류철을 비치할 수 있다.

6. 장부 등의 갱신

① 수사사무에 관한 장부와 서류철은 매년 이를 갱신하여야 한다. 다만, 필요에 따라서는 계속 사용할 수 있다.

② 이 경우에는 그 연도를 구분하기 위하여 간지 등을 삽입하여 분명히 하여야 한다.

7. 장부 및 서류의 보존기간

장부 및 서류는 다음의 기간 이를 보존하여야 한다.

1. 범죄사건부 25년
2. 압 수 부 25년
3. 출석요구부 2년
4. 체포영장신청부 2년
5. 체포·구속영장집행부 2년
6. 긴급체포원부 2년
7. 현행범인체포원부 2년
8. 구속영장 신청부 2년
9. 압수·수색·검증영장 신청부 2년
10. 체포·구속인 접견·수진·교통·물품차입부 2년
11. 체포·구속인 명부 25년
12. 보석(구속집행정지)자 관찰부 2년
13. 수사관계예규철 영구
14. 수사종결사건(송치사건)철 25년
15. 내사사건 기록철 25년
16. 수사미제사건 기록철 25년
17. 통계철 10년
18. 처분결과 통지서철 2년

19. 검시조서철 2년
20. 잡서류철 2년
21. 통신제한조치 허가신청부 3년
22. 통신제한조치집행대장 3년
23. 긴급통신제한조치대장 3년
24. 긴급통신제한조치통보서발송부 3년
25. 통신제한조치 집행사실통지부 3년
26. 통신제한조치 집행사실통지 유예 승인신청부 3년
27. 통신사실 확인자료제공 요청 허가신청부 3년
28. 긴급 통신사실 확인자료제공 집행대장(사후허가용) 3년
29. 통신사실 확인자료제공 요청집행대장(사전허가용) 3년
30. 통신사실 확인자료 회신대장 3년
31. 통신사실 확인자료제공 요청 집행사실통지부 3년
32. 통신사실 확인자료제공 요청 집행사실통지유예 승인신청부 3년
33. 영상녹화물관리대장 : 25년

8. 보존기간의 기산 등

① 보존기간은 사건처리를 완결하거나 최종절차를 마친 다음해 1월 1일부터 기산한다.

② 보존기간이 경과한 장부와 서류철은 보존문서 기록대장에 주서로 폐기일자를 기입한 후 폐기하여야 한다.

제3장

경 비 경 찰

제 1 절　경비경찰의 의의와 조직

제 2 절　경비경찰 일반론

제 3 절　경비경찰의 주요활동

제 3 장

경비경찰

제 1 절 경비경찰의 의의와 조직

Ⅰ. 경비경찰의 의의

1. 경비경찰의 개념

경찰의 기능은 일반통치권에 의하여 국민의 생명, 신체, 재산의 보호하고, 공공질서를 유지하는 두 가지로 대별되는데 이러한 경찰기능 중에서 경비경찰업무는 특히 공공의 안녕과 질서 유지 역할을 강조하는 경찰이다.

경비경찰의 대상은 인위적 사건사고나 자연적 재해로 평온한 사회질서가 위태로워지거나, 극도로 혼란한 상황이다. 대표적인 경우로는 다중범죄, 테러, 중요시설의 위해 행위, 자연적 재해로 인한 혼란, 대간첩작전 등 제반 긴급사태 등이다

현대사회는 위험과 갈등이 일상화된 사회이다. 경찰은 이러한 위험과 갈등에 대응하는 위기관리자라고 볼 수 있다. 경비경찰은 어느 경찰보

다도 공동사회의 치안위기의 대응과 관련이 있는 업무이다. 따라서 경찰의 경비기능이 결핍된다면 국가적·사회적으로 매우 중대한 위난이 초래될 수 있다.

Ⅱ. 경비경찰의 조직 구성

1. 경찰청

경찰청과 그 소속기관 직제 제13조와 경찰청과 그 소속기관 직제 시행규칙 제10조에서 경찰청에 경비국을 두고 경비국장은 치안감 또는 경무관으로 보한다. 경비국의 사무분장은 다음과 같다.

1. 경비에 관한 계획의 수립 및 지도
2. 경찰부대의 운영·지도 및 감독
3. 청원경찰의 운영 및 지도
4. 민방위업무의 협조에 관한 사항
5. 경찰작전·경찰전시훈련 및 비상계획에 관한 계획의 수립·지도
6. 중요시설의 방호 및 지도
7. 향토예비군의 무기 및 탄약 관리의 지도
8. 대테러 예방 및 진압대책의 수립·지도
9. 전투경찰순경의 복무 및 교육훈련
10. 전투경찰순경의 인사 및 정원의 관리
11. 경호 및 요인보호계획의 수립·지도
12. 경찰항공기의 관리·운영 및 항공요원의 교육훈련
13. 경찰업무수행과 관련된 항공지원업무

경비국장 산하에 경비과·대테러센터·경호과 및 항공과를 두고 각 과장 및 대테러센터의 장은 총경으로 보하도록 하고 있다.

경비과장은 경비에 관한 계획의 수립 및 지도, 경찰기동대 운영의 지도 및 감독, 청원경찰의 운영지도, 민방위업무의 협조에 관한 사항, 전투경찰순경의 모집·선발, 전투경찰순경의 교육훈련·인사관리 및 정원

관리, 전투경찰순경의 복무 및 기율단속, 전투경찰순경의 사기 · 복지 등의 관리에 관한 사항, 기타 국내 다른 과의 주관에 속하지 아니하는 사항을 담당한다.

대테러센터의 장은 대테러관련 법령의 연구 · 개정 및 지침 수립, 대테러 종합대책 연구 · 기획 및 지도, 테러대책기구 및 대응조직 운영 업무, 대테러 종합훈련 및 교육, 경찰작전과 경찰 전시훈련에 관한 계획의 수립 및 지도, 비상계획에 관한 계획의 수립 및 지도, 중요시설의 방호 및 지도, 향토예비군 무기 · 탄약관리의 지도, 치안상황실 운영에 관한 사항을 담당한다.

경호과장은 경호계획의 수립 및 지도, 요인의 보호에 관한 사항을 담당하며, 항공과장은 경찰항공기의 관리 및 운영, 경찰항공요원에 관한 교육훈련, 경찰업무수행에 관련된 항공지원업무를 담당한다.

2. 지방경찰청과 경찰서

서울지방경찰청의 경우 지방청장 산하에 경비부를 두고 경무관으로 보하며, 그 밑에 경비1과와 경비 2과를 두어 과장은 총경으로 보한다. 다른 지방경찰청의 경우는 지방청장산하에 경비과나 경비교통과를 설치하여 과장은 총경으로 보하며, 경찰서의 경우에는 경비과 또는 경비교통과를 두어 경정 또는 경감으로 보한다.

제 2 절 경비경찰 일반론

Ⅰ. 경비경찰의 특징

경비경찰이 대응하는 치안위기란 경찰치안의 목표인 공공사회의 안녕질서 유지와 국가안위에 대한 중대한 위협이 되는 환경의 변화의 초래로 사회혼란이 야기되거나 야기될 수 있는 위기 상황이다.[7] 경찰은 치안위기 상황 발생으로 긴장하고 정책적 돌파구를 찾아 정책결정을 하거나 규범이나 법집행 등 과감한 행동을 취하기도 한다. 그러므로, 경비경찰은 사회 전반의 안녕과 질서유지를 목적으로 하기 때문에 다음과 같은 특징을 갖고 있다.

가. 경비경찰은 예방과 진압의 복합기능적인 활동이다.

나. 경비경찰은 현상유지적 기능을 수행한다.

급진적인 사회개혁이나 획기적인 변화의 추구는 경비경찰의 몫이 아니다. 즉 현재 헌법 등 법에서 정한 규범의 준수나 사회구성체계에서의 질서유지가 경비경찰의 몫이라고 할 수 있다. 또한 안정기저가 침범 받는 상황으로 동태적이고 적극적인 의미의 유지작용이라고 할 수 있다.

다. 경비경찰은 즉응적 활동이다.

7) 치안 위기의 종류

체 계	위기의 종류
자연재해	홍수, 태풍, 지진, 가뭄, 폭염, 냉해, 한해, 우박, 해일, 화산폭발
인위재난	인간의 무관심·부주의·실수 등으로 발생하는 화재·폭발·방사능 오염·통신망 마비·건물붕괴 등
사회재난	종교적·정치적·이념적인 목적달성을 위하여 개인이나 집단이 인간의 생명과 재산 위협 또 인종적·종교적·지역적 이익을 위한 집단행동으로 발생하는 재난상황
체제위기	전쟁, 무력시위, 쿠데타, 테러 및 파괴활동, 비행기 납치

경비사태는 항상 긴급을 요하는 사태로 다중범죄, 테러, 경호상 위해 등에서 일반 수사와 같이 기한을 정해 진압할 수 없다. 또 태풍, 백화점 붕괴 등 자연 인공재해시도 신속히 대처해야 한다.

라. 경비경찰은 조직적 부대활동이다.

부대라는 구성 조직으로 지휘관의 지휘를 받는 상하조직으로 구성된다.

마. 경비경찰은 하향적 명령에 따른 활동이다.

지휘관, 중간 지휘자, 대원들로 구성되고 책임은 주로 지휘관이 지게 된다. 지휘체계는 위계적 모델과 집합적 모델이 있는데, 위계적 모델은 상급자(지휘관)가 책임지는 모델이고, 집합적 모델은 조직전체의 조직행위로 책임으로 보는 것이다. 경비경찰은 대부분이 위계적 모델이 적용된다. 그만큼 지휘관의 역할이 막중하다.

바. 경비경찰은 사회전반적 안녕을 주요 활동목적으로 한다.

경비경찰 대상은 공공의 안녕과 질서를 유지하는 기능에 역작용하는 범죄와 사회현상이 대상이 되며, 또 경비경찰은 국가목적적 치안을 수행한다.

Ⅱ. 경비경찰의 업무

가. 재해 등 중요 돌발사건 처리

재해는 태풍, 홍수, 가뭄, 지진 등 자연현상에 의한 피해이고, 재난은 화재, 붕괴, 교통사고 등 자연재난 이외의 것을 말한다.

작전・테러 사건 처리에는 항공기・특정시설물(역, 터미널, 지하철, 방송국, 백화점)・외국 공・관저 폭파 및 위협사건, 다중운집시설 등 가스 살포 위협사건, 독가스 테러사건, 중요 탈주・탈영사건 등이다.

나. 혼잡경비

운동경기, 공연・박람회, 선거경비 등이다.

다. 집회・시위 관리

대책 수립 및 진압수칙 강구, 진압장비 사용, 부대원 훈련, 부대지휘 및 상황대비

라. 경호경비

근접경호로 직접 위해 방지 및 제거를 하는 호위와 특정지역을 경계, 순찰, 방비하는 경비를 망라한 개념이 포함된다.

마. 중요시설 경비

국가 중요시설은 적 활동으로 파괴, 태업, 비밀누설 시 막대한 손실을 초래하거나 국가안전보장에 연쇄적 혼란 초래할 우려가 있는 시설을 말한다.

바. 청원경찰

국가중요시설 경비강화를 위해 60년대 창설하여 현재까지 운영되고 있는데 경비경찰은 청원경찰관리를 위하여 배치승인, 임용승인, 무기대여 및 관리, 배치 폐지·중지 및 인원감축, 교육 및 감독업무를 수행한다.

사. 경찰작전

긴급사태에 즉응훈련 및 실제 사태에 대비한 비상소집, 상황실 운영, 검문소 운영, 기능별 긴급배치, 비상경계근무, 경찰서 5분대기대(112타격대), 비상대비 업무로 전시·사변 또는 이에 준하는 국가 비상사태에 대처 훈련인 도상훈련인 을지훈련과 종합 훈련인 충무훈련을 실시한다.

아. 전·의경 관리

자. 경찰헬기 운용

Ⅲ. 군중심리의 이해

경비경찰은 집단사태를 관리하는 경우가 많아 군중심리를 연구할 필요가 있다. 심리학은 인간의 정신과 행동과정을 연구하는 학문이고, 군중심리학은 군중의 집단행동을 연구대상으로 하는 사회과학이다.

1. 군중심리의 특징

(1) 정상군중심리

① 호기심 - 새로운 상황에 대한 궁금증이다.

② 동정심 - 희노애락 등 연민을 느끼게 된다.

③ 안전추구 - 투쟁 속 공동체에서의 안전을 추구한다.

④ 수치심 - 남의 시선의식 등으로 명예심이 손상된다.

⑤ 집체성 - 인간은 사회적 동물로 집단을 구성하려는 심리가 있다.

(2) 이상군중심리

① 정서의 충동성 - 평행 메커니즘은 붕괴되어 심리적으로 폭발한다.

② 추리의 단순성 - 논리가 단순해지며, 자기 자신을 군중속의 낙엽으로 생각한다.

③ 욕망의 확장성 - ID, Ego확장으로 욕망이 무한대로 커진다.

④ 도덕의 모순성 - 적(악)과 동지(선)의 극단적인 이분논리로 집단행동을 정당화 한다.

2. 군중심리학 이론

(1) **전염이론** - 군중심리에 자기 자신의 마음을 빼앗기는 이론이다.

① 비이성적 폭력군중론

이성이 소멸되어 감정이 우선적으로 작용하여 군중 속에서 자신을 잃어버리고 군중에 동일화 한다.

② 지도자의 역할론

군중 지도자를 부모, 가족과 같은 결속력으로 받아 들여 군중 속으로 빠진다.

③ 정서반응론

군중 속에 나타나는 흥분반응에 빨려들어 비정상적인 흥분상태가 지속된다.

④ 정서전염론

군중으로부터 사소한 암시로도 허구의 경험(Fiction)을 공유화하여 동질화하게 된다.

(2) **수렴(집중)이론** - 군중심리를 받아들이는 것이다.

공격적인 소수집단 행동에 공감대를 형성하여 군중 속으로 집중하게 된다.

(3) **몰개성화 이론** - 책임을 집단에 돌리고, 군중 속에서 행동하는 개인은 무책임화하는 몰개성화 현상이 나타난다.

Ⅳ. 경비경찰 활동의 법적근거

1. 헌법 제37조 제2항(국민의 자유와 권리의 존중 제한)

국민의 모든 자유와 권리는 국가안전보장, 질서유지 또는 공공복리를 위하여 필요한 경우에 한하여 법률로서 제한할 수 있으며, 제한하는 경우에도 자유와 권리의 본질적인 내용을 침해할 수 없다.

2. 법률

(1) 경찰법 제3조(경찰의 임무)

(2) 경찰관직무집행법 제1조(목적),제2조(직무의 범위)

(3) 경찰관직무응원법

(4) 재난관리법

(5) 집회및시위에관한법률

(6) 전투경찰대설치법

(7) 청원경찰법

(8) 수난구호법

(9) 대통령경호실법
(10) 계엄법
(11) 통합방위법

3. 명령

경찰관직무집행법시행령, 집회 및 시위에 관한 법률시행령, 청원경찰법시행령

4. 규칙

검문소운영규칙, 경찰기동대운영규칙, 경찰비상업부규칙, 경찰지휘본부운영규칙, 비상소집규칙, 야간통행증발행규칙등 시행규칙 등이 있다.

V. 경비경찰의 운영원칙과 수단

1. 조직운영의 원리

경비경찰은 부대단위 활동 원칙, 지휘관단일성의 원칙, 단체협력성의 원칙, 협력 원칙이 있다.

집단사태에 있어서 경찰관의 수가 아무리 많더라도 완전한 대응은 불가능하다. 따라서 국민과 유관기관의 협조를 통해 능동적으로 대처하여야 한다. 이때 강제적이 아닌 임의적인 방법을 강구하여야 한다.

2. 경비경찰의 기초적 활동

경비경찰의 기초적 활동에는 정치, 경제, 사회, 문화 등 사회 다방면에 있어서 예고정보는 필요하다. 이때 보안에 유의하여 신중하게 준비하여야 한다. 또, 경비계획과 경비훈련 그리고 경비 홍보활동으로 국민

과 상호 이해에 바탕을 둔 신뢰와 협조의 지지를 얻어야 한다.

3. 경비경찰의 수단

가. 경비수단의 원칙

(1) **균형의 원칙** : 경력 운영에 균형(주력부대와 예비부대 등)을 이루어야 한다.

(2) **위치의 원칙** : 유리한 지점과 위치를 선점하여야 한다.

(3) **적시의 원칙** : 실력의 시기를 가장 적절할 때 집행하여야 한다.

(4) **안전의 원칙** : 사고와 변수 없이 안전하게 집회시위를 관리 하여야 한다.

나. 경비수단의 종류

(1) 경고

생명 신체 재산상의 상당한 위험 및 손해를 끼칠 우려가 있는 천재지변, 사변, 공작물 손괴, 교통사고, 위험물의 폭발, 광견의 출현 등 극단의 혼잡 기타 위험한 사태 있을 시 경고를 발할 수 있다. 경고는 사실상의 통지행위이며 임의처분이다.

(2) 제지

경찰이 임무 수행 시 부득이 개인의 의사에 반해서 그 재산 또는 자유에 대하여 제한을 가하는 것으로, 경직법제6조(범죄의 예방과 제지)에서 경고에 이어 그 행위로 인해 인명·신체에 위해를 미치거나 재산에 중대한 손해를 끼칠 우려가 있어 긴급을 요하는 경우에는 그 행위를 제지할 수 있다고 규정하고 있다. 제지는 강제처분행위이나 수사상의 강제처분보다는 그 여지가 넓어 주의와 신중을 요한다.

(3) 체포

사건의 경중, 상대방의 세력 등을 감안하여 실력행사를 할 것인지 아니면 현장체포를 할 것인지 사전에 계획하고 검토하여 각 담당자간의 의사통일을 기해 처리한다.

제 3 절 경비경찰의 주요활동

Ⅰ. 집회 · 시위 관리

1. 집회 · 시위관리의 의의

오늘날 우리나라는 물론이고 세계 도처에서 자신의 이익과 특수한 목적 주장을 위한 각종 단체의 집회 · 시위가 일어나고 있다. 헌법과 집시법에 보장된 적법한 절차를 통하여 허가된 집회 · 시위에 대해서 경찰은 보호해 주어야 하나, 불법적인 집회를 강행하거나 신고된 내용을 넘어선 행위를 하는 등 위법한 집회 · 시위에 대하여는 법질서 확립 차원에서 제압을 하여야 한다.

이와 관련 불법적인 집회 · 시위로 인한 사회적 질서의 파괴가 현실적으로 발생하거나 발생할 우려가 확실시 될 때에는 경찰력으로 대처하여야 하는 데, 이 경우 다중범죄진압을 위한 경비활동이 전개된다.

2. 다중범죄진압

가. 의의

정치, 경제, 사회 문화적 원인 또는 특정집단의 주의, 주장, 요구조건 등을 관철시킬 목적으로 나타나는 다중에 의한 시위, 소요, 폭동 등의 범죄행위를 예방, 경계, 진압하는 경비경찰의 활동을 말한다.

※ 용어의 해설

○ 다중 : 여러 사람의 모임을 말하는 것인데, 모인 사람들의 정도는 여러 사람들이 모여서 폭행, 협박, 손괴행위를 함으로써 한 지방의

안전 또는 평온을 해칠 수 있는 정도의 다수를 요한다.

○ 시위 : 여러 사람들이 공동목적을 가지고 도로, 광장, 공원 등 공중이 자유로이 통행할 수 있는 장소를 진행하거나 위력, 기세를 보여 불특정 다수인의 의견에 영향을 주거나 제압을 가하는 행위를 말한다.

○ 소요 : 여러 사람들이 모여서 폭행, 협박 또는 손괴행위를 하는 것

○ 폭동 : 여러 사람들이 조직적으로 모여서 국가전복 등을 목적으로 폭행, 협박행위를 하는 것

나. 다중범죄의 특성

(1) 확신범인 경우가 많다

다중범죄를 주도하는 주동자나 참여하는 자들은 자신의 사고와 행동이 정의라는 확신을 갖고 감행하는 경우가 많다. 따라서 이들은 자신들을 사회 정의를 위하여 투쟁하는 것으로 믿고 죄의식을 느끼지 않으며, 과격한 행위를 하거나 심지어는 희생을 스스로 자초하는 경향도 많다.

(2) 조직을 기초로 하는 경우가 많다

조직에 기반을 두고 일정한 목적의식 하에 감행하는 경우가 많으므로 조직, 단체의 목적이나 활동방침을 분명하게 파악하는 것은 사건의 진상파악에 중요한 관건이 된다.

(3) 대립세력간의 충돌의 경우가 많다

일반적으로 정책이나 이해관계를 달리하는 세력간에 대립하는 양상으로 나타난다.

(4) 전국적인 파급성이 있다

사회적인 문제는 전국적인 공통성이 있으며, 조직도 전국적으로 연계되어 있는 경우가 많으므로 한 지방에서의 시위사태가 급속히 전국적으로 파급되는 경우가 많다.

(5) 군중심리로 움직인다

우연한 작은 동기에 의해 발생한 다중범죄라도 군중들의 부화뇌동으로 갑자기 확대되거나, 예상외의 엉뚱한 양상으로 전개되어 사회문제가 되기도 한다. 다중의 힘을 과신하여 반대의사를 받아들이지 않으려는

경향이 강하고, 이들의 주장은 편협하여 타협이나 설득이 어렵고 행동은 과격, 단순한 경우가 많다.

다. 진압의 기본원리

(1) 봉쇄방어

군중들이 중요시설이나 기관 등 보호대상물의 점거를 기도하거나 피습, 방화 등이 예상되는 경우에는 보호대상물에 진압부대를 배치하거나 바리케이트 등으로 봉쇄하여 방어조치를 취하는 방법

(2) 차단배제

미신고 불법집회는 다중이 모일 수 있는 교통상 편리한 특정장소에서 시도되는 경우가 많은데, 이 경우 군중이 목적지에 집결하기 전에 중간에서 차단하여 집합을 못하게 하는 방법으로 중요 목지점에 경력을 배치하고 검문검색을 실시하여 불법시위가담자를 사전에 색출, 검거하거나 귀가조치시킴으로써 시위군중의 집합을 사전에 차단함으로써 사태예방 또는 확산을 방지하는 방법

(3) 세력분산 및 통제파괴

일단 시위대가 집단을 형성한 이후 진압부대가 대형공격이나 가스탄 사용으로 상대집단을 혼란시켜 그 지휘계통을 분열, 둔화시키며 수개의 소집단으로 분할하여 응집력을 약화시켜서 해산하는 방안

(4) 선동자, 주모자의 격리 검거

다중범죄는 특정한 지도자나 주동자의 선동에 의하여 이루어지므로 그 주동자를 사전에 검거하거나 군중과 격리시킴으로써 군중의 집단적 결속력을 약화시켜 계속된 행동을 못하게 하는 진압방법

라. 다중범죄진압의 기본방침

(1) 치안정세의 정확한 판단

사회의 모든 움직임에 대하여 치안상의 위해요소를 찾아내어 이를 기초로 하여 과학적으로 분석, 판단하는 것을 치안정세 판단이라 한다.

이러한 치안정세 판단은 경비경찰 운영의 전제이며 경비계획수립의 전제조건이다.

(2) 경비계획의 책정

경비계획의 책정이란 정보판단에 의거해서 언제 어디서 어떤 규모의 경비를 실시할 것인가를 결정하는 것으로서 경비실시의 기본지침이 된다. 진압경비계획에는 부대편성 및 배치계획, 지휘통신계획, 경비본부운영계획, 인원 및 장비지원계획 등이 포함된다.

(3) 부대운영의 적정

부대운영은 진압의 성패를 가름하는 중요한 사항이며 신속히 사태를 해결할 수 있도록 운영되어야 한다. 적절한 부대운영을 기하기 위하여는 다음의 사항을 고려해야 한다.

1) 전반적으로 상황을 파악하여 그에 적응한 부대운영을 해야 한다.
2) 경비력을 적시에 중점으로 운영해야 한다.
3) 예비부대를 필수적으로 확보해야 한다.
4) 경비부대에게 휴식을 제공하여야 한다.

(4) 교육훈련

편성된 부대가 유사시 성공적인 임무를 수행하기 위해서는 평상시에 다음의 교육훈련을 통하여 부대의 진압능력을 숙달, 제고시켜야 한다.

마. 다중범죄진압의 3대 원칙

(1) 신속한 해산

다중범죄는 군중심리의 영향으로 격화, 확대되기 쉽고 파급성이 강하므로 초기단계에서 신속하게 해산시켜야 한다.

(2) 주모자 체포

다중범죄 군중은 주모자를 잃으면 방향을 잃고 무기력해져 쉽게 해산되는 것이 보통이므로 진압시 주동자를 체포하거나 지휘부를 와해시키는 것이 효과적이다.

(3) 재집결 방지

다중범죄 군중은 일단 해산되었다가도 다시 집결하기 쉬우므로 재집결할만한 곳에 경력을 배치하고 순찰과 검문검색을 강화하여 재집결을 막아야 한다.

바. 경찰의 단계별 집회관리 원칙

(1) 1단계 : 신고 내용에 따른 준법집회는 폴리스 라인 및 교통통제 등을 통하여 보호한다.

(2) 2단계 : 고의적인 폴리스라인 침범 및 군중심리에 의한 물리적 마찰이 있거나 폭력시위로 변질될 우려가 있을 경우, 그 확산을 방지하기 위하여 3회 이상의 자제 경고방송을 하는 등 집회참가자들의 자발적인 법준수 조치에 필요한 시간을 부여한 후, 상황에 따라 경찰력이 현장에서 투입되어 초동조치를 한다.

(3) 3단계 : 각목·쇠파이프·화염병 사용 등 폭력시위가 발생하면 용의자 체포 등 사법처리와 시위대 강제해산 등의 조치를 한다.

Ⅱ. 경호경비

1. 경호의 의의

국가지도자에 대한 위해는 국가의 안위와 직결되는 것이기 때문에 국가마다 중요인사에 대하여 경호조직을 구성하여 필요한 보호절차를 제공하고 있다. 경호라 함은 정부요인, 국내외 중요인사등 경호대상자의 신변에 대하여 직접 간접으로 가해지려는 위해를 방지하기위하여 위험요소를 사전에 제거하고 경호대상자의 안전을 도모하는 활동을 말한다.

「대통령 등의 경호에 관한 법률」에서 "경호"라 함은 경호대상자의 생명과 재산을 보호하기 위하여 신체에 가하여지는 위해를 방지 또는 제거하고, 특정한 지역을 경계·순찰 및 방비하는 등의 모든 안전활동을 말한다(동법 제 2조).

2. 경호의 목적

가. 경호대상자의 신변도모
나. 질서유지와 혼잡방지
다. 경호대상자에 대한 부드러운 분위기 조성
라. 위엄유지와 국위선양

3. 경호관련 법령

가. 헌법 제66조, 제74조, 제85조
나. 대통령 등의 경호에 관한 법률, 동시행령
다. 전직 대통령 예우에 관한 법률, 동시행령
라. 경찰관 직무집행법 제2조(직무의 범위)
마. 대통령경호안전대책위원회규정(대통령령)
바. 경호규칙(경찰청 훈령)
사. 경호편람

4. 경호활동의 원칙

경호경비는 국가의 안위와 직결되는 것으로 경찰에 부여된 임무중에서 가장 주요하고 최우선적인 임무이다. 요인에 대한 위해가능성은 언제나 존재하는 것이며 어떠한 경우라도 경호대상자에 대한 신변은 안전하게 보호되어야 한다.

경호의 내용과 기법은 국가별로 다양하고 상이하지만, 기본수칙을 정리해 보고자 한다.

가. 3선 경호의 원칙

경호대상자에게 위해를 가할 수 있는 지역을 3종류로 구분하여 안전구역(1선), 경비구역(2선), 경계구역(3선)으로 구분하고 각 구역별로 경호대책을 수립하여 시행한다.

〈3선 경호구역과 특성〉

구역	구분기준
안전구역(1선)	· 경호대상자의 신변에 결정적인 위해를 줄 수 있는 구역 · 승하차 지점과동선, 행사장의 직상하층을 포함
경비구역(2선)	· 안전구역을 보호하기 위한 경호활동이 이루어지는 구역
경계구역(3선)	· 안전구역과 경비구역을 보호하기위한 경호활동이 이루어지는 구역

나. 경호의 4대 수칙

(1) 자기희생의 원칙

경호원은 스스로를 희생해서라도 경호대상자를 절대 보호해야 한다는 원칙이다.

(2) 담당구역책임의 원칙

경호원은 자신의 담당구역을 절대 사수하여 주어진 임무를 완수해야 한다. 어떠한 경우에도 자기의 담당구역내의 상황은 자신만이 책임지고 해결해야 한다는 원칙으로, 담당구역 이외의 상황은 책임질 수 없고 비록 인근의 위급한 상황이라도 자기지역을 이탈해서는 안된다.

(3) 하나의 통제된 지점을 통한 출입의 원칙

경호대상자에게 접근할 수 있는 출입구는 하나만 필요하고, 나머지는 차단해야 한다. 다수의 출입구가 존재하는 경우에 위해자들의 접근가능성에 대한 취약점이 되기 때문이다. 따라서 출입구는 단일화하여야 하고, 허용된 출입구라도 접근자는 경호원에 의하여 확인되고 통제되어야 한다.

(4) 목표물 보존의 원칙

목표물 보존의 원칙은 위해가능자를 경호대상자로부터 분리하여야 한다. 이는 경호보안과도 관련된 것으로 경호대상자의 일정, 행사장소, 이동로에 대한 보안이 유지되어야 하며 반복적으로 이루어지는 행사는 가급적 수시로 변경시키는 것이 바람직하며 대중에게 노출된 도보행사는 최대한 지양되어야 한다.

다. 근접경호의 원칙

(1) 자연 방벽의 원리

수행경호원은 경호대상자를 중심으로 정지간이나 이동간에 주변인적 물적 취약요소에 대하여 다양한 형태의 방벽을 형성하여 경호대상자를 보호해야 한다.

(2) 대응시간의 원리

위해기도자의 공격에 대해서 경호경찰관은 총기로 대응하는 것보다는 자신의 몸을 이용하여 경호대상자를 보호하는 것이 효과적이다.

(3) 대응효과의 원리

위해기도자의 접근에 대하여 이를 제지하기 위한 반응시간을 고려하여 경호원이 위해기도자의 접근을 효과적으로 제지하기 위해 군중과 피경호인은 최소한 4~5m의 거리를 유지해야 한다.

라. 상황발생시 기본원칙

(1) SCE 원칙

비상상황발생시 경호원의 행동요령으로 경고(Sound off: 가장 먼저 위기를 포착한경호원이 상황을 전파한다), 방호(Cover: 우발상황시 경고와 동시에 경호대상자에 대하여 방벽을 형성한다), 대피(Evacuate: 경호대상자를 위험지역에서 안전한 장소로 신속히 대피시키고 동료들을 돌보거나 범인을 추격하여서는 안된다)하여야 한다.

(2) 촉수거리의 원칙

위해기도자에 대한 대응은 경호요원 중 위해기도자와 가장 근거리에 있는 경호원만 대응해야 한다는 원칙을 말한다.

(3) 체위확장의 원칙

비상상황발생시 경호경찰관은 자신의 몸을 최대한 노출시켜 경호대상자에 대한 방호효과를 극대화해야 한다는 원칙이다.

5. 경호의 구분

가. 경호수준에 따른 구분

경호는 경호대상자를 보호하기위하여 어는 수준으로 실시할 것인가가 문제된다. 경호수준은 경호환경과 경호대상자를 기준으로 하여 결정한다. 동일한 경호환경 속에서도 경호대상자에 따라서 경호활동의 수준이 달라지기도 한다.

경호수준에 따라서 모든 경호활동은 국내요인 행사의 경우 경호1등급에서 경호 5등급으로 구분하고, 외빈행사의 경우 외빈A등급에서 외빈F등급으로 구분하여 실시한다.

나. 경호활동의 유형에 따른 구분

(1) 행사의 성격

행사의 성격에 따라 완전공식, 공식, 비공식, 완전 비공식으로 구분한다.

(2) 행사 장소에 따른 구분

경호행사가 이루어지는 장소를 기준으로 육상, 해상 및 해안, 공중으로 구분한다.

(3) 경호형태에 따른 구분

경호형태에 따라 노출경호와 비노출 경호로 구분할 수 있다. 노출경호란 경호수단이나 방법을 노출시키는 경호활동으로 이며 비노출 경호는 이와 반대의 경우이다.

(4) 활동시점 및 경호방법에 따른 구분

활동시점 및 경호방법에 따른 구분으로 선발경호와 수행경호가 있다.

6. 경호의 절차

통상적인 경호의 절차는 ① 준비단계 ② 안전활동단계 ③ 경호실시단계 ④ 경호평가단계로 구분할 수 있다.

가. 준비단계

준비 단계는 행사계획을 접수한 때부터 대통령 경호실 선발대가 행사장에 도착하기 전가지의 기간으로 경호를 위한 사전준비절차에 속한다. 이 단계에서의 주요내용은 행사계획의 접수 및 행사장 답사, 행사 주최측 및 유관기관 협조, 경호안전판단서의 작성, 경호계획 수립, 자체 경호보고회의 개최 등이 있다.

나. 안전활동단계

안전활동의 단계는 경호업무 수행 절차상 사전준비단계의 다음단계로 상황본부의 운용, 경호관계관회의, 안전검측 및 안전유지, 인적 위해요소 안전조치, 물적 취약요소 안전조치, 지리적 취약요소 안전조치, 경호관련 정보수집 및 분석전파 등의 조치가 행하여진다.

다. 경호실시단계

경호실시단계에서는 본대가 경호행사장에 도착하기 직전 근접시간대부터 행사종료 후 본대가 경호책임구역을 벗어나는 시점가지의 경호활동을 말한다.

경호실시단계에서는 행사장경호, 숙소경호, 연도경호, 교통관리, 기동경호, 문형금속탐지기의 운용 등이 포함된다.

라. 경호평가단계

경호평가단계는 행사종료 후 경호계획의 수립과 준비과정 그리고 경호실시상에 나타난 문제점을 검토하고 개선방안을 마련하여 향후 경호업무수행에 반영하는 단계이다. 경호계획과 경호수행상의 잘된 점과 잘못된 점을 분석하여 향후경호 업무수행에 반영하기위하여 경호평가 보고서를 작성한다.

Ⅲ. 혼잡경비

1. 혼잡경비의 의의

혼잡경비란 경축·기념행사, 각종대회, 제례·종교행사 및 각종 귀성 등 일시에 몰려든 미조직 군중의 자연적인 혼란상태를 사전에 예방하거나 위험한 사태가 발생한 경우에 신속히 조치하여 사태가 확대되는 것을 방지하는 경찰활동을 말한다.

이러한 혼잡경비업무는 평온한 상태에서 행사가 진행될 경우에는 특별한 문제가 없지만 사람들이 많이 모이다 보면 어떤 계기에 의해 군중심리가 조성되어 쉽게 흥분하거나 급박한 혼란·무질서 상태로 돌입되는 경우가 있다. 집회장에 갑자기 기상이변이 생기거나 관중들이 집회내용에 대하여 지나친 열광으로 과도히 흥분하여 사고가 발생하는 경우를 들 수 있으며, 경비경찰은 이러한 모든 예측가능한 상황을 사전에 착안하여 안전대책을 세워야 한다.

2. 혼잡경비의 대상

혼잡경비는 행사 유형별, 장소별, 참가자별, 수익성 여부 등에 따라 다음과 같이 구분할 수 있다.

가. 행사 유형별

행사 유형별 혼잡경비로는 올림픽, 월드컵, 프로 스포츠 등 체육·경기대회, 국내외 유명 가수 콘서트 등 문화·예술 공연, 8·15 광복절 행사 등 경축·기념식, 지방자치 단체에서 개최하는 각종 축제, 부처님 오신날 봉축행사 등 종교·제례 의식 등이 있다.

나. 장소별

장소별 혼잡경비에는 전시회·박람회와 같은 옥내 행사와 마라톤, 새해맞이 행사등과 같은 옥외 행사 등이 있다.

다. 참가자별

참가자의 성격에 따라 국내행사와 국제행사가 있다.

라. 수익성 여부

혼잡경비는 수익성 여부에 따라 수익성 행사와 공익성 행사로 구분되는 바, 수익성 행사란 개인·단체·지방자치단체에서 수익(영리)을 목적으로 개최하는 행사를 말하고, 이와 반대로 공익성 행사는 공익을 목적으로 한다는 점에서 구분된다.

3. 혼잡경비의 중요성

혼잡경비업무는 상황에 따라서 변화되는 미조직 군중의 무질서를 예방하고 정리하는 임무이므로 평온한 상태에서 행사가 진행될 경우에는 특별한 문제가 없지만 일단 특이상황이 발생하면 심각한 결과를 초래할 수 있다.

사전 예방적인 혼잡경비계획이 부재할 경우에는 극단적인 경우 군중에 의한 대규모 압사사고도 발생할 수 있다. 그리고 올림픽, 월드컵과 같은 세계적인 경기대회의 진행상 중대한 차질을 빚는 경우나 마라톤 경기 중에 군중에 의하여 선수의 경기가 방해받게 되는 경우도 예상할 수 있다.

4. 혼잡경비활동상 주의사항

가. 적정한 부대배치

현지상황에 적합한 경비부대를 편성, 배치하고 각 단위부대간의 임무와 상호연락 및 지휘본부, 예비대의 위치결정과 협동지원요령을 명시하여야 한다. 지휘관은 지휘본부의 위치와 연락 통신망을 구성하고 진두지휘를 하여야 하며, 예비대는 돌발사태 발생시 지휘관이 직접 지휘할 수 있도록 하고 긴급출동 할 수 있는 장소에 대기시켜야 한다.

나. 냉정한 임무수행

혼잡경비에 있어서 여하한 돌발사태에도 침착, 과감, 용감히 대처하여 군중에 동요됨이 없이 냉정한 임무를 수행하여야 한다. 군중의 흥분이나 동요에도 제압당하지 않는 강인한 정신력과 의연한 자세가 무엇보다도 중요하다.

다. 적정한 통제

군중의 통제에 있어서 정도 이상의 지나친 통제는 군중의 반발과 항의를 초래하게 되는 경우가 있으므로, 상황에 맞는 적정한 통제가 무엇보다도 중요하다. 통제시에는 최대한 밝은 표정과 친절한 태도로 임하며, 통제사유를 설명하며 자연스럽게 수행하여야 한다.

Ⅳ. 재난관리

1. 재난의 개념

가. 재난의 의의

재난(disaster)이라는 용어는 원래 별의 불길한 모습을 상징하는 라

틴어에서 유래한 것으로 '하늘로부터 비롯된 인간의 통제가 불가능한 해로운 영향'으로 풀이한다. 과거의 재난은 홍수, 지진과 같은 대규모의 천재인 자연재해를 지칭하는 것이었으나, 현대사회에 들어와서는 대규모의 인위적 사고의 결과가 자연재해를 능가함에 따라 재난(disaster)은 자연 재해와 인위재난을 포괄하는 개념으로 사용되고 있다. 우리나라 재난 및 안전관리법 제3조(정의)에서 '재난'이라 함은 화재・붕괴・폭발・교통사고・화생방사고・환경오염사고 등 국민의 생명과 재산에 피해를 주거나 줄 수 있는 것을 말한다고 정의한다(재난 및 안전관리법 제3조 제1항).

〈유사개념정리〉

(1) 자연재해대책법(일부개정 2005. 8. 4)제2조에서 "재해"라 함은 태풍, 홍수, 호우, 폭풍, 해일, 폭설, 가뭄 또는 지진 기타 이에 준하는 자연현상으로 인하여 발생하는 피해를 말한다.

(2) 재난관련법 : 기상업무법, 수난구호법, 하천법, 사방사업법, 재해구호법, 방조제관리법, 항만법, 어촌・어항법, 민방위기본법, 산림법 등

(3) 미국의 연방재난관리청(FEMA)의「재난」개념

통상적으로 사망과 상해, 재산피해를 가져오고 정부의 일상적인 절차나 자원으로는 관리할 수 없는 심각하고 규모가 큰 사건으로, 보통 돌발적으로 일어나기 때문에 정부와 민간조직이 인간의 기본적 수요를 충족시키고 복구를 신속하게 하고자 할 때 즉각적, 체계적, 효과적인 대처를 하여야 하는 사건

구 분	인위재난	자연재해	민방위사태
근거법	재난및안전관리기본법 및 개별법	자연재해대책법 농어업재해대책법 및 개별법 농작물재해보험법	민방위기본법 비상대비자원관리법

나. 재난의 특성

(1) 실질적인 위험이 크더라도 그것을 체감하지 못하거나 방심한다.
(2) 본인과 가족과의 직접적인 재난피해 외에는 무관심하다.
(3) 시간과 기술·산업발전에 따라 발생빈도나 피해규모가 다르다.
(4) 인간의 면밀한 노력이나 철저한 관리에 의해 상당부분 근절시킬 수 있다.
(5) 발생과정은 돌발적이며 강한 충격을 지니고 있으나 같은 유형의 재난피해라도 형태나 규모, 영향범위가 다르다.
(6) 재난발생 가능성과 상황변화를 예측하기 어렵다.
(7) 고의나 과실이든 타인에게 끼친 손해는 배상의 책임을 가진다.

2. 재난의 수습체계

〈국가재난관리체계〉

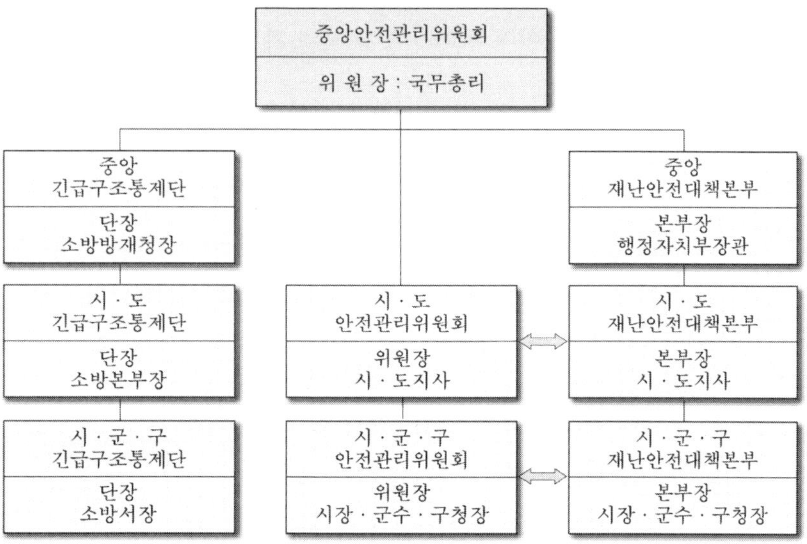

3. 재난과 경찰활동

가. 개요

우리나라의 재난관리방식은 재난규모별, 재난유형별로 관리조직과 관리내용이 다르다. 즉 대규모 재난은 중앙정부 행정안전부장관, 중규모인 경우 시·도지사, 소규모인 경우 시장·군수·구청장이 응급조치와 재난안전관리를 하며, 또 재난유형에 따라 적 침공에 대비한 민방위사태는 민방위기본법, 자연현상에 기인한 자연재해는 자연재해대책법, 인간의 잘못으로 인한 인위재난은 「재난 및 안전관리기본법」에 각각 규정하고 있다.

자연재해대책법이나 「재난 및 안전관리기본법」상 재난예방활동과 재난발생시 1차적 책무와 권한은 경찰이 아닌 관계행정기관에 있고 경찰은 재난발생지역에 응급조치를 위해 지방자치단체장의 출동 요청시 특별한 사유가 없는 한 이에 응해야 할 의무와 재해지역 응급조치 실시에 필요한 인력·장비 등을 수송하는 차량 등의 원활한 통행을 위해 다른 차량의 통행금지나 통행제한을 주임무로 규정하고 있으나, 어느 기관보다도 24시간 신속 출동대응체제를 갖추고 조직적인 활동을 전개할 수 있는 경찰의 활동은 실제 재난 발생시 그 이상의 상당히 중요한 역할을 맡고 있고, 또 경찰관직무집행법 제2조(직무의 범위)나 제5조(위험발생의 방지)의 규정에 비추어 볼 때 재난과 관련 경찰이 해야 할 사항은 더 포괄적이라고 볼 수 있다.

나. 재난 발생시 현장 대처요령

(1) 재난의 특성과 규모를 확인 후 즉보

발생 사건이 단일 사고인지 아니면 시간이 지난 후 확산될지도 모르는 계속되는 위험한 상황인지 판단하고, 사상자가 얼마나 되며 가장 필요한 것이 무엇인지를 파악하여 신속하게 무선 또는 유선으로 보고, 추후 변동사항 계속 보고한다.

(2) 현장 초동조치

가. 재난현장에 가장 필요한 안전조치 등을 실시

나. 재난주민에 대한 피난을 유도

다. 부상자 구호 조치, 병원 이송

라. 호기심으로 재난현장에 모여드는 군중들을 통제, 질서 유지

마. 후속 증원부대 도착시까지 현장 보존

(3) 재난현장 및 주변 교통통제

가. 재난지역에 출동하는 구조 · 구급 · 장비차량 등이 원활하게 출입할 수 있도록 교통확보 조치

나. 구조활동에 직접 참여하지 않은 인원 · 차량 등에 대해 통제

다. 경찰서 긴급상황반

〈긴급현장상황반 편성 및 임무〉

편성(5명 기준)	임　　무
반장 : 상황실장	○현장상황 총괄
상황파악반 : 2명	○사태발생 신고 접수후 즉시 현장출두, 상황처리 ○시간대별 경력출동 · 도착 및 조치사항 등 단계별 대비조치 파악 ○사망 · 실종 · 부상자 등 인적사항과 피해액을 신속 정확히 파악
전파반 : 1명	○상황의 발생 및 진행내용에 대한 자료를 취합하여 보고 · 통보 · 전파
통신반 : 1명	○유무선망을 구성하여 각급 지휘관이 현장상황반과 직접 통화할 수 있는 통신망을 최대한 신속히 구성 ○현장지휘본부 운영에 필요한 통신시설 구축

라. 재난현장지휘관리

〈재난현장 지휘관리체제〉

현장지휘본부 — 전담반

구분	임무
홍 보	· 관련정보 자료를 사실대로 제공 · 경찰활동 사항의 적극적 · 다각적 홍보 · 교통통제 등 국민협조 사항 홍보
경 비	· 현장지휘본부 설치 · 운영 · 경찰통제선(POLICE LINE) 설치 · 동원경력 · 장비의 확보 및 운용(비상소집) · 현장의 제반 작업장소에 대한 경비활동
교 통	· 비상출동로 사전지정 및 교통통제 등 관리 · 현장주변에 대한 교통통제 · 외곽지역 교통혼잡 예상지역 교통관리
생활안전	· 현장주변 방범순찰 · 대피한 건물, 사상자 소지품의 약탈방지 · 유류품 접수 및 가족에게 인계
수 사	· 피해자의 신원확인(감정) · 사고원인 및 범죄관련여부 수사 · 목격자 · 증거확보 및 수사상 필요한 업무
정 보	· 사태와 관련된 유용한 정보의 수집 · 보고 · 각종 유언비어의 차단 · 피해자 가족 등 동향 파악
통 신	· 현장지휘본부에 전화 · 무전기 등 통신시설 설치 · 현장에 투입된 모든 임무부서에 통신시설 제공

V. 비상대비

1. 비상대비계획의 일반론

가. 비상사태란?

동서고금을 막론하고 국가의 존립 목적과 최고의 기능은 국가공동체와 그 구성원의 안전을 지키는 일이다. 따라서 평상시에 국가의 위기상황에 대비한 완벽한 비상대비가 필요하다 할 것이다. 특히 우리나라와 같이 전쟁의 위험이 상존하고 있는 나라에서는 더욱 필요하고 중요한 업무인 것이다.

비상사태의 사전적(辭典的)정의는 '천재지변이나 중요한 재정 경제상의 위기, 또는 전시와 사변 및 이에 준하는 사태가 벌어져 통상적인 방법으로는 공공의 안녕질서를 유지할 수 없는 사태'를 뜻하며, 적의 침공이나 테러, 자연적 재해 및 인위적 재난으로 국가기능 또는 국민생활을 위태롭게 하는 군사 및 비군사적인 모든 현상을 의미한다.

비상사태의 유형은 적의 침공(전쟁), 자연재해(천재, 지변 등), 인위적 재난(산업, 교통·환경공해 등), 사회질서파괴(폭력시위, 폭동, 내란 등), 경제 위기 등이 있다.

나. 한반도의 전략적 특수성

(1) 지정학적(地政學的) 측면

역사적으로 한반도 주변에는 강대국들의 이해관계가 상충됨으로써 분쟁의 소지가 상존하고 대륙 및 해양세력들의 진출통로 및 병참기지로 이용되었다.

(2) 남북한의 정치적 군사적 측면

한국은 개방적 자유민주주의 체제로 모든 자원은 공공복리의 필요 즉, 국민의 행복추구와 복지향상을 위한 배분에 원칙을 두고 있어, 공공필요에 의한 재산권의 수용·사용 또는 제한 및 그에 대한 보상은 법률로 하도록 명시(헌법제23조)하고 있어, 유사시 전시체제로의 전환 및 그에 따른 자원의 동원을 위해서는 특별법이 필요하다(예로들면, 전시 자원동원에 관한 법률 등).

이에 반해 북한은 폐쇄적 사회주의 체제로 모든 자원이 국가 소유이므로 전·평시를 막론하고 자원 동원이 필요시는 신속한 취득·사용이 용이하고 동원체제 전환이 가능한 사회주의 국가인 동시에 병영국가이다.

북한은 군사력을 보강하고 체제를 보장하고 핵포기 대가로 경제지원을 받을 목적으로 핵을 개발하려는 것으로 분석되고 있는데 북한의 핵은 핵운반기술인 미사일 발사능력과 국제테러조직에의 유출 가능성, 그리고 동북아지역국의 연쇄 핵무장화 우려등 주변국의 안전보장을 위협하는 상황이 조성되고 있다.

우리나라 수도권은 수도권의 취약성 정치군사적으로 큰 취약성을 갖고 있는데, 현재 수도권은 전 국토 면적의 3.9%에 불과하나 국가공공기관, 인구, 국가주요시설이 집중되어 있으며 휴전선으로부터 약 40㎞ 거리의 안팎에 위치하고 있어, 비상시 외부로부터 고립되거나 통신 등이 차단되었을 때 국가 전체의 기능발휘에 크나큰 차질이 예상된다.

다. 비상대비의 필요성

(1) 비상대비의 중요성 재인식

비상대비는 국가총력전을 수행하는 기본축으로서 국가안보의 일부이며, 상호불가분의 관계이며, 통일이후에도 주변국의 다양한 위협에 철저히 대비할 필요가 있음.

(2) 현대전에 신속한 대응

현대전은 전쟁 수행주체와 대상에 구별이 없고 전·후방의 공간적 완충지대가 없으며, 과학적 첨단 무기와 신속한 정보체제에 의하여 수행되는 총력전 및 단기속결전등이 특징이므로 이에 대응하기 위해서는 평시부터 고도의 비상대비 대책이 요구된다.

(3) 전시대비계획의 효율성확보

비상사태발발시의 필요한 인원·물자를 예상하여 전시에 소요되는 자원을 평시부터 유지한다면 막대한 재원을 필요로 할 것이며, 이는 커다란 제약요인으로 대두될 것이므로 이러한 요인을 제거하려면 평시에는 최소한의 상비군과 거기에 필요한 체제를 유지하되 전시에는 예비전력을 극대화할 수 있는 체제를 유지하는 것이 가장 효율적이며 이는 세계적 추세이다.

〈스위스의 비상대비계획〉

대표적인 사례로 스위스를 들 수 있는데, 스위스의 병력동원은 이른바 민병제도를 운영, 평시에는 3,500명의 필수요원만 상비군을 유지하고, 유사시 동원령이 선포되면 48시간이내에 460,000명의 동원이 가능하다.

또한 평시 물자비축은 식량·연료 400일분을 분산저장하고 각 가정별로 2개월분 식량 비축을 의무화하고 있다.

(4) 유비무환(有備無患)

한반도에서 최초의 전쟁으로 기록된 것은 BC108년 한무제의 위만조선 침략전쟁으로 알려져 있음. 그 후 1950년 한국전쟁까지 약 2,000년간에 930여회의 전쟁이 있었다고 하는데, 그 중에서도 가장 치욕적으로 역사에 기록된 전쟁으로 흔히 임진왜란(1592년), 병자호란(1636년)그리고 한국전쟁을 들고 있는데 이들 전쟁들의 한결같은 공통점은 평소 비상사태에 대한 대비 부족에 따른 결과였다.

라. 비상대비 법적 근거

(1) 헌법 제76조 제①항(대통령 재정·경제 긴급처분 및 명령권)

(2) 헌법 제 76조 제②항(대통령 긴급명령권)

(3) 헌법 제77조(대통령 계엄선포권)

(4) 헌법 제91조(국가안전보장회의 설치)

(5) 비상대비자원관리법 및 동시행령, 시행규칙
(6) 대통령 훈령 제117호(국가전시지도지침)
(7) 국무총리 훈령 제332호(비상대비훈련예규)

2. 충무계획

가. 충무계획 의의

충무계획은 전시·사변 또는 이에 준하는 비상시에 대비하기 위하여 정부가 수립하는 비상대비계획의 별칭이다. 충무계획의 목적은 전시 군사작전의 효율적 지원하고, 전시 정부기능의 유지하며, 전시 국민생활의 안전도모에 있는데, 계획의 목적달성을 위해서 정부는 계획의 실효성을 극대화 할 수 있도록 안보환경에 적합한 계획의 지속적인 보완을 해야 하며, 이러한 정부계획의 성공적 수행을 위하여는 국민들의 적극적인 신뢰와 협조가 필수적인 요건이다.

충부계획의 작성근거는 비상대비자원관리법령, 대통령훈령 제117호 등에 규정하고 있다.

나. 충무계획의 구조

계획구분	계 획 명	주 관 기 관
기본계획	• 충무기본계획 지침 • 충무기본계획	행정안전부(재난안전실)
집행계획	• 충무집행계획	주무 부·처(경찰청)
	• 충무시행계획	시·도 등(지방경찰청)
	• 충무실시계획	시·군·구(경찰서), 중점 관리지정 업체 등
자체계획	• 자체충무계획	국가 및 주요공공기관, 중점 관리지정업체

다. 충무계획의 주요내용: 전시 군사작전 지원

(1) 인적자원 동원 대책

병력동원은 전시 군부대 증·창설 소요병력으로 전역 1~8년차 예비역과 교육소집필 보충역 및 전시 근로소집자(제2국민역)등 전시 정규군 소요병력이 동원되며, 인력동원은 국가기술자격법 또는 기타 법령에 의거 면허 및 자격취득자 20~60세의 남·여와 동원업체 종사자 20~50세 남자의 전쟁지원 인력이 된다.

(2) 물자동원대책

물자동원대책은 전시 군사작전지원에 최우선을 두고 시행하는데 물자동원은 탄약무기 등 군용물자·식량·유류·공산품·의약품·위생물자·건설장비·건물·토지 등이 대상이 되며, 업체동원은 전시소요물자의 제조판매·건설·운송·통신·의료·장비정비업체 등이 대상이 된다.

라. 충무계획 시행 절차 및 적용

(1) 충무사태(국가비상사태)

충무사태는 국가비상사태하에서 사전조치를 강구하기 위하여 정부가 설정한 비상사태의 명칭으로, 단계별로 1~3종 사태로 구분하고 상황은 군의 데프콘 (DEFCON)사태에 준한다. 충무사태는 국방장관의 건의로 국무회의의 심의를 거쳐 대통령이 선포한다.

(2) 충무사태 구분 및 적용

사태구분	상 황	계 획 적 용	군 사 상 황
충무Ⅲ종사태	• 전쟁징후증가 (높은 준비태세)	• 충무계획 시행준비	DEFCON Ⅲ
충무Ⅱ종사태	• 전쟁위협농후 (고도의 준비태세)	• 충무계획 일부시행	DEFCON Ⅱ
충무Ⅰ종사태	• 전쟁임박 (최고의 준비태세)	• 충무계획 전면시행	DEFCON Ⅰ

충무사태를 선포할 수 있는 상황의 구체적 사례를 보면, 충무3종 사태는 비무장지대 무력충돌, 서해5도 국지도발, 대규모 무장간첩 침투의 경우, 충무2종 사태는 북한군의 병력과 장비의 비정상적인 이동 등 전면공격이 예상되는 행위가 조기경보체제에 포착된 경우, 충무1종 사태는 사태가 악화되어 일부 교전상태로 돌입하는 등 사실상 전쟁이 개시되어 전면전으로 확대된다고 판단될 때 선포한다.

연습상황시 사태구분은 다음과 같다.

구 분	사 태 구 분
정부연습	을지Ⅲ종, 을지Ⅱ종, 을지Ⅰ종
군사연습	Round House, Fast Pace, Cocked Pistol

마. 경찰의 충무계획

(1) 의 의

경찰의 비상대비 충무계획은 전시 또는 이에 준하는 국가비상사태가 발발할 경우 사회 혼란 방지 및 전시 사범 예방·단속 등 전시 경찰의 임무와 주요활동을 제시하는 것으로 사태별 주요 조치사항을 살펴보면 다음과 같다.

(2) 충무3종 사태 발령시 기능별 주요 조치

가. 전 경찰 비상근무체제 수립(공통)

나. 전시 관계법령 검토(경무)

다. 청사 자체 방호계획 시행(경무)

라. 민유총포 경찰관서 보관(생활안전)

마. 전시 특정범죄 단속계획 수립(형사)

바. 유치인 안전보호 및 소산 대책 수립(형사)

사. 수도권 차량통제 계획 수립(경비·교통)

아. 수도권 주민 통제대책 검토(경비·교통)

자. 요인보호 대상자 보호활동 강화(경비·교통)

(3) 충무2종 사태 발령시 기능별 주요 조치

가. 전시 종합상황실 설치 운용 및 자체 소산 이동(공통)

나. 전시 법령 공포 · 국가동원령 선포(공통)

다. 접적지역 경찰관서 이동(경무)

라. 영치중인 민유총포 노리쇠 분리보관(생활안전)

마. 감식자료 소산(형사)

바. 공 · 항만 봉쇄(경비)

사. 군작전로 및 행정로 확보를 위한 교통 통제소 운영(경비 · 교통)

아. 자가용 승용차 전면운행 금지(경비 · 교통)

자. 접적지역 주민 이동계획 시행(경비 · 교통)

차. 전시 정보활동 강화(정보)

(4) 충무1종 사태 발령시 기능별 주요 조치

가. 계엄령 선포에 따른 지원 조치(계엄 치안체제 협조, 공통)

나. 전시 예산 배정(기획)

다. 전시 증원인력 충원(경무)

라. 뇌관류 파기(생활안전)

마. 유치인 완전 확보(수사)

바. 수도권 차량 통제 강화(경비 · 교통)

사. 군 통제하 제한된 경찰작전 수행(경비 · 교통)

아. 계엄선포에 따른 정보업무 수행(정보)

Ⅵ. 통합방위작전

1. 경찰작전의 의의

가. 경찰작전이란?

통합방위법 및 동법시행령, 대통령훈령 제28호 통합방위지침에 의거 평상시 및 통합방위 병종사태시 경찰책임지역 내에서 지방경찰청장 책임하에 경찰·군·예비군·관·민 등 전 국가방위요소를 지휘통제하여 적의 간첩 및 무장공비 등이 육상, 해상, 공중 기타 방법으로 침투하는 것을 봉쇄하고, 침투한 간첩 등을 조기에 색출하여 체포, 섬멸하는 일체의 작전을 말한다.

나. 법적근거

통합방위법, 통합방위법시행령, 대통령훈령 제28호 통합방위지침

2. 통합방위관련 용어

가. 통합방위

적의 침투, 도발이나 위협에 있어서 각종 국가방위요소를 통합하고 지휘체계를 일원화하여 국가를 방위하는 것을 말한다.

나. 국가방위요소

「국가방위요소」라 함은 통합방위작전의 수행에 필요한 다음의 방위전력 또는 그 지원 요소를 말한다.

(1) 국군조직법 제2조의 규정에 의한 국군

(2) 경찰청·해양경찰청 및 그 소속기관과 「제주특별자치도 설치 및 국제자유도시 조성을 위한 특별법」에 의한 자치 경찰기구

(3) 국가기관 및 지방자치단체((1) 및 (2)의 경우 제외)

(4) 향토예비군설치법 제1조의 규정에 의한 향토예비군
(5) 민방위기본법 제17조의 규정에 의한 민방위대
(6) 통합방위협의회를 두는 직장

다. 통합방위사태

「통합방위사태」라 함은 적의 침투·도발이나 그 위협에 대응하여 갑종·을종·병종사태의 구분에 따라 선포하는 단계별 사태를 말한다.

라. 통합방위작전

「통합방위작전」이라 함은 통합방위사태가 선포된 지역에서 그 사태의 구분에 따라 작전지휘관(통합방위본부장·지역군사령관·함대사령관 또는 지방경찰청장)이 국가방위요소를 통합하여 지휘·통제하는 방위작전을 말한다.

마. 지역군사령관

「지역군사령관」이라 함은 통합방위작전 관할구역 안에 소재하는 군부대의 여단장급 이상 지휘관 중에서 통합방위본부장이 지정하는 자를 말한다.

바. 갑종사태

「갑종사태」라 함은 대규모의 적의 침투·도발로 인한 비상사태로서 통합방위본부장 또는 지역군사령관의 지휘·통제하에 통합방위작전을 수행하여야 할 사태를 말한다.

사. 을종사태

「을종사태」라 함은 일부 또는 수 개 지역에서 적의 침투·도발로 인하여 단기간 내에서 치안회복이 어려워 지역군사령관의 지휘·통제하에 통합방위작전을 수행하여야 할 사태를 말한다.

아. 병종사태

「병종사태」라 함은 적의 침투·도발위협이 예상되거나 소규모의 적이 침투한 때에 지방경찰청장·지역군사령관 또는 함대사령관의 지휘·통제하에 통합방위작전을 수행하여 단기간에 치안이 회복될 수 있는 사태를 말한다.

자. 침 투

「침투」라 함은 적이 특정임무를 수행하기 위하여 대한민국 영역을 침범한 상태를 말한다.

차. 도 발

「도발」이라 함은 적이 특정임무를 수행하기 위하여 대한민국 국민 또는 영역에 가하는 일체의 위해행위를 말한다.

카. 위 협

「위협」이라 함은 침투 및 도발이 예상되는 적의 능력과 기도가 드러난 상태를 말한다.

3. 통합방위사태의 선포 및 해제

가. 사태의 선포

(1) 대통령(갑·을·병종사태)

국방부장관은 갑종사태에 해당하는 상황이 발생한 때 또는 2 이상의 시·도에 걸쳐 을종 및 병종사태에 해당하는 상황이 발생한 때에, 행정안전부장관은 2 이상의 시·도에 걸쳐 병종사태에 해당하는 상황이 발생한 때에, 즉시 국무총리를 거쳐 대통령에게 통합방위사태의 선포를 건의 하여야 한다. 대통령은 위 경우 중앙협의회와 국무회의 심의를 거쳐 사태를 선포할 수 있다.

(2) 시 · 도지사(을 · 병종사태)

지방경찰청장 또는 지역군사령관은 을종사태나 병종사태에 해당하는 상황이 발생한 때에는 즉시 시 · 도지사에게 통합방위사태의 선포를 건의 하여야 한다. 시 · 도지사는 위 건의를 받은 때에는 시 · 도협의회의 심의를 거쳐 을종 또는 병종사태를 선포할 수 있다. 시 · 도지사는 위 사태를 선포한 때에는 지체없이 행정안전부장관 및 국방부장관과 국무총리를 거쳐 대통령에게 그 사실을 보고하여야 하고, 사태 선포의 이유 · 종류 · 선포일시 · 구역 및 작전지휘관에 관한 사항을 공고하여야 한다.

나. 사태의 해제

(1) 대통령의 해제

대통령은 통합방위사태가 평상상태로 회복되거나 국회가 해제요구한 때에는 지체없이 당해 사태를 해제한 후 이를 공고하여야 하고, 이 때 중앙협의회와 국무회의의 심의를 거쳐야 하나 국회가 해제요구한 때는 제외한다.

(2) 해제의 건의

행정안전부장관 또는 국방부장관은 평상상태로 회복된 때에는 국무총리를 거쳐 대통령에게 사태의 해제를 건의하여야 한다.

지방경찰청장 또는 지역군사령관은 사태가 평상상태로 회복된 때에는 시 · 도지사에게 사태의 해제를 건의하여야 한다.

(3) 시 · 도지사의 해제

시 · 도지사는 사태가 평상상태로 회복되거나 시 · 도의회에서 해제요구한 때에는 지체없이 사태를 해제한 후 이를 공고하여야 하고, 이 때 시 · 도협의회의 심의를 거쳐야 하나 시 · 도의회가 해제요구한 때는 제외하며, 해제사실을 행정안전부장관 및 국방부장관과 국무총리를 거쳐 대통령에게 보고하여야 한다.

4. 통제구역설정 및 대피명령

가. 통제구역설정

시 · 도지사, 시장 · 군수 · 구청장은 사태가 선포된 때에는 대통령령이 정하는 바에 따라 인명 · 신체에 대한 위해방지를 위하여 필요한 통제구역을 설정하고, 작전에 관련되지 아니한 자의 출입을 금지 · 제한하거나 퇴거할 것을 명할 수 있다.

통제구역을 설정할 때는 작전지휘관의 제청을 받아 지역협의회의 심의를 거쳐야 한다.

나. 대피명령

시 · 도지사, 시장 · 군수 · 구청장은 사태가 선포된 때에는 인명 · 신체에 대한 위해방지를 위하여 즉시 작전지역 안에 있는 주민이나 체재자에 대하여 대피할 것을 명할 수 있다.

5. 책임지역구분

가. 지상작전 책임지역

(1) 특정경비지역

(2) 군책임지역

(3) 경찰책임지역

나. 도서작전 책임지역

(1) 특정경비지역 · 해역도서

(2) 군책임지역도서 : 육군책임지역도서, 해군책임지역도서

(3) 경찰책임지역도서

5. 통합방위작전 부대 운용

가. 기본절차

경찰책임지역에서의 통합방위작전은 거동수상자 또는 적 출현신고의 접수 및 처리·112타격대(5분대기대) 및 정보분석조의 출동·작전의 실행을 통한 원점에 대한 확인 및 수색·포위망형성·색출·소탕의 절차로 실시된다.

통합방위작전은 거동수상자가 출현했다는 신고 및 보고로부터 시작되고, 신고나 보고를 받은 작전지휘관은 작전가용요소를 완전히 장악하고, 이미 세워져 있는 가상의 작전계획을 실제상황에 적용시켜 작전을 전개한다.

나. 작전의 전개

(1) 봉쇄선형성

(가) 침투한 적의 도주로를 감시, 차단하고 조기에 적을 포착, 섬멸하기 위하여 적이 이동할 수 있는 지형상의 「목」에 진지를 점령하여 퇴로를 차단한다.

(나) 봉쇄선은 적의 출현시간과 작전반응시간을 고려하여 원거리부터 형성한다.

(다) 봉쇄선을 동시에 점령하는 것이 불가능할 경우에는 적의 도주방향부터 차단한다.

(2) 수 색

포위망 속에 은신중인 적을 색출하기 위하여 포위망 속에서 부대를 이동하여 찾는 부대활동을 말한다.

(가) 수색요령

① 각 부대에 부여된 책임지역을 빠짐없이 수색한다.

② 수색간에는 사주경계를 실시하고 수색부대간 상호지원을 고려한다.

③ 우거진 숲속, 덤불, 바위틈, 동굴, 큰 나무 위 등 적의 은신 예상지점을 중점적으로 수색한다.

④ 상향수색과 하향수색을 반복해서 실시한다.

⑤ 지휘관들은 수색부대의 위치를 상호 확인하여 아군간의 안전사고를 예방하여야 한다.

(나) 야간수색

① 명확한 이동로 및 수색구역을 부여한다.

② 개인간 식별할 수 있는 좁은 간격으로 이동하며 상호간 충돌을 방지한다.

③ 수색중에 최대한 정숙을 유지한다.

④ 청각을 최대로 활용한다.

⑤ 공제선을 피하고 어느 정도 소산해서 이동한다.

⑥ 상황이 급박하거나 적과 조우시 추격을 위해서 부득이한 경우를 제외하고는 야간수색은 실시하지 않는 것이 좋다.

(다) 수색의 종류

① 원심압축수색 : 포위망내 적의 은신처가 판명되었을 경우 또는 적이 포위망 중심에 있을 때, 비교적 평탄한 지형에서 실시된다.

② 단면 압축수색 : 장애물을 이동하거나 포위부대의 일부로서 압축하여 적을 소탕할 때 이용하는 수색이다.

③ 순환수색 : 포위망 내에서 수색지역을 분할하여 수색하는 것으로서 광활한 지역을 정밀수색할 때 사용한다.

다. 「목」진지 점령

매복은 「목」진지를 점령하여 경계근무를 하는 것이다. 경찰책임지역의 대간첩작전시 「목」진지 선정지역은 다음과 같다.

(1) 「목」진지 선정지역

(가) 능선이나 계곡, 소로의 합류지점

(나) 낭떠러지나 애로지역의 우회로

(다) 병력배치의 공간이나 관심이 소홀해지기 쉬운 전투지경선이나 행정구역의 경계선

(라) 야간에 방향유지가 양호한 도로, 하천, 제방, 철로, 고압선 등의 지형지물이 있는 곳

(마) 적의 관측이나 사격으로부터 보호받을 수 있는 자연적인 지형지물로부터 은폐된 지점

(바) 「목」진지는 상호지원이 가능하고 적의 수류탄이나 공용화기에 의한 동시 피해를 방지할 수 있도록 일정한 거리를 두고 선정

(2) 주간초소의 위치

(가) 넓은 지역을 감시할 수 있는 비교적 높은 곳

(나) 적의 관측이나 사격으로부터 은폐, 엄폐된 곳

(다) 적의 행동이나 접근을 감시하기 용이한 곳

(3) 야간초소의 위치

(가) 적의 움직임을 공제선상에 투시할 수 있는 비교적 낮은 곳

(나) 넓은 도로, 하천 등을 전방에 두고 위치를 선정

(다) 물소리나 바람소리가 들리지 않는 조용한 곳

라. 색출 및 소탕

(1) 포위망이 형성되면 적의 탈출을 거부하고, 은신하고 있는 적을 철저하게 색출 소탕한다.

(2) 적을 효과적으로 색출하기 위해서는 감시활동, 수색활동 및 검문검색을 유기적으로 실시해야 한다.

(3) 소탕은 적을 발견함과 동시에 이루어지며, 각개 전투원의 적극적

이고 과감한 전투행위와 신속한 기동타격이 중요하다.

마. 적 발견시 조치

(1) 적 발견시에는 인접초소에 은밀하게 연락함과 동시에 침착하게 근거리까지 유인하여 기습적인 집중사격을 실시한다.

(2) 상황조치는 예견치 못하게 이루어지므로 선조치·후보고가 원칙이다.

(3) 적을 고착시켜 견제한 후, 적이 예상치 못한 방향으로 접근하여 포획한다.

(4) 적이 도주시에는 꼬리를 물고 과감하게 추격하여 섬멸한다.

바. 적의 강행돌파시 대비

(1) 중요시되는 「목진지」에 종심 깊은 경계병을 배치한다.

(2) 유사시 활용할 예비대를 충분히 확보하여 우발사태에 대비한다.

(3) 작전부대원들의 투철한 근무자세를 견지시킨다.

(4) 철저하게 아군측의 위치를 노출시키지 않는다.

(5) 각종 장애물 및 경보장치를 설치하여 적이 이동시 기도가 노출되도록 한다.

사. 상황의 종료

작전전개로부터 작전종료까지를 요약하면, 출동부대에 의한 포위망을 형성·「목」진지의 점령·기동타격부대 및 수색부대에 의한 수색·적의 색출에 의한 생포나 사살로써 작전지역에 적이 없는 것이 판명되면 작전상황은 종료된다.

제4장

교 통 경 찰

제4장

교통경찰

제1절 교통경찰의 개념

Ⅰ. 교통경찰의 의의

교통경찰이라 함은 교통의 위험을 방지하고 안전·원활하게 소통시키기 위하여 교통장애를 제거하는 임무를 진 경찰이다. 교통경찰의 활동은 도로에서 수반하는 위험 즉, 교통사고의 위험을 방지하고 교통의 지도단속을 실시하며 교통의 안전과 원활을 도모하는 것을 목적으로 한다.

교통경찰의 대상은 보행자를 포함한 모든 교통수단의 왕래와 교통기구의 설비운용에 이르기까지 광범위하다. 교통경찰의 활동범위를 살펴보면 위험방지 및 교통의 안전·원활을 기하는 데 필요한 일정구간의 통행금지 또는 제한을 할 수 있고(도로교통법 6조), 교통이 정체되거나 혼잡한 때 이를 완화하기 위한 조치를 취할 수 있으며(7조), 정비불량차량에 대한 점검을 할 수 있고(도로운송차량법, 동시행령), 정비

불량차량에 대한 정지 및 필요한 조치(간단한 수리, 조건부 운전)를 행할 수 있으며, 음주운전 · 과로운전 등의 경우에는 면허증을 보관하고 출두지시서 · 범칙금납입통고서를 발급할 수도 있다.

도로상에서 도로의 손괴 · 사고발생, 기타 사정으로 도로가 위험 또는 혼잡할 염려가 있을 경우에는 이를 방지하기 위한 통행금지제한 등의 조치를 취한다. 또한 때와 장소에 따라서 변화하는 교통사정에 대응하여 교통정리를 하며 신호위반, 주 · 정차위반 단속, 신호기조작, 수신호, 보행자 유도횡단 지도단속 등은 물론, 교통정리업무 외에 교통사고 조사 등 일반경찰업무까지 수행한다.

Ⅱ. 교통경찰의 특성과 임무

교통경찰의 특성은 모든 계층의 사람들이 교통경찰의 대상이 되며, 사회생활에 중대한 영향을 미친다. 그러므로, 교통경찰의 활동은 경찰활동의 평가의 창구가 되며, 기술적인 분야와 행정적인 분야에 속하는 사항이 많다. 교통환경의 변화는 시간과 장소에 따라서 급격한 변화가 많이 일어나고 전국적인 관련성이 강한 업무이다.

이러한 교통경찰의 임무를 나누어 정리하면 다음과 같다.

가. 교통의 원활한 소통과 사고 방지를 위한 경찰의 종합적인 대책의 수립

나. 교통통계 등의 작성, 분류, 검토, 분석

다. 교통의 지도 단속

라. 교통사고의 처리 및 교통사고의 수사

마. 교통법규 및 교통안전시설의 정비 및 관리

바. 국빈등 중요인사의 기동 경호

사. 교통소통의 관리

아. 자동차 운전면허 시험 및 관리

자. 기타 교통관련 행정처분

Ⅲ. 교통경찰의 조직

1. 경찰청

교통경찰은 「경찰청과 그 소속기관 직제」제8조의2에 규정하고 있다. 주요내용으로는 경찰청에 교통관리관을 두며 교통관리관은 경무관으로 보한다. 교통관리관을 보좌하는 총경급으로 보하는 담당관으로는 교통기획담당관과 교통관리 담당관이 있다.

교통관리관에 속하는 업무는

① 도로교통에 관련되는 종합기획 및 심사분석

② 도로교통에 관련되는 법령의 정비 및 행정제도의 연구

③ 교통경찰공무원에 대한 교육 및 지도

④ 도로교통시설의 관리

⑤ 자동차운전면허의 관리

⑥ 도로교통사고의 예방을 위한 홍보 · 지도 및 단속

⑦ 도로교통사고조사의 지도

⑧ 고속도로순찰대의 운영 및 지도

등으로 구분할 수 있다.

2. 지방청 및 경찰서

지방청의 경우에는 지역사정에 따라 다르게 규정하고 있는데, 서울청의 경우에는 교통지도부(경무관) 산하에 교통지도과와 교통안전과를 두고, 기타의 지방청의 경우에는 교통과 또는 경비교통과를 두어 업무를 담당하고 있다.

제2절 도로교통법

Ⅰ. 개요

가. 목적(법 제1조)

도로교통법은 도로에서 일어나는 교통상의 모든 위험과 장해를 방지·제거하여 안전하고 원활한 교통을 확보함을 목적으로 한다(법 제1조).

나. 용어의 정의(법 제2조)

(1) 도로교통법상 도로란 도로법에 의한 도로, 유료도로법에 의한 유료도로 그 밖에 현실적으로 불특정 다수의 사람 또는 차마의 통행을 위하여 공개된 장소로서 안전하고 원활한 교통을 확보할 필요가 있는 장소를 말한다.

(2) 차로란 차마가 한 줄로 도로의 정하여진 부분을 통행하도록 차선에 의하여 구분되는 차도의 부분을 말한다.

(3) 차선이란 차로와 차로를 구분하기 위하여 그 경계 지점을 안전표지에 의하여 표시한 선을 말한다.

(4) 차마란 차와 우마를 말한다. 차는 자동차, 건설기계, 원동기장치 자전거, 자전거 또는 사람이나 가축의 힘 그 밖의 동력에 의하여 도로에서 운전되는 것으로서 철길 또는 가설된 선에 의하여 운전되는 것과 유모차와 행정안전부가 정하는 신체장애인용 의자차를 제외하며, 우마는 교통이나 운수에 사용되는 가축을 말한다.

(5) 자동차는 철길이나 가설된 선에 의하지 아니하고 원동기를 사용하여 운전되는 차(견인되는 자동차도 자동차의 일부로 본다)로서 자동

차관리법 제3조의 규정에 의한 승용자동차・승합자동차・화물자동차・특수자동차・이륜자동차 및 건설기계관리법 제26조 제1항 단서의 규정에 의한 건설기계를 말한다.[8] 다만, 원동기장치자전거를 제외한다.

(6) 원동기장치자전거란 자동차관리법 제3조의 규정에 의한 이륜자동차 중 배기량 125cc이하의 이륜자동차와 배기량 50cc미만(전기를 동력으로 하는 경우에는 정격출력 0.59 킬로와트 미만)의 원동기를 단 차를 말한다.

(7) 운전이란 도로에서 차마를 그 본래의 사용방법에 따라 사용하는 것(조종을 포함한다)을 말한다.

다. 교통안전시설(신호기 및 안전표지)

(1) 정의

교통안전시설의 대표적인 것으로 신호기와 안전 표지가 있다. 신호기란 - 도로교통에 관하여 문자・기호 또는 등화로써 진행, 정지, 방향전환, 주의 등의 신호를 표시하기 위하여 사람이나 전기의 힘에 의하여 조작되는 장치를 말하며, 안전표지는 - 교통안전에 필요한 주의, 규제, 지시 등을 표시하는 표지판이나 도로의 바닥에 표시하는 기호, 문자 또는 선 등의 표지를 뜻한다.

8) 자동차란 철길 또는 가설된 선에 의하지 아니하고 원동기를 사용하여 운전되는 차(견인되는 차도 자동차의 일부로 본다)로서 자동차관리법 제 3조의 규정에 의한 승용자동차, 승합자동차, 화물자동차, 특수자동차, 이륜자동차 및 건설기계관리법 제26조 1항 단서규정에 의한 건설기계(도교법 제2조 14호)와 원동기에 의하여 육상에서 이동할 목적으로 제작한 용구 또는 이에 견인되어 육상을 이동할 목적으로 제작한 용구(피견인자동차)를 말한다.(자동차 관리법 제2조 제1호). 자동차는 자자차관리법상 승용자동차, 승합자동차, 화물자동차, 특수자동차, 이륜자동차등으로 나눈다(자동차관리법시행규칙 별표 1 참조).

나. 신호의 종류 및 신호의 뜻(도교법 시행규칙 별표 3)

신호의 종류	신호의 뜻
녹색의 등화	1. 보행자는 횡단보도를 횡단할 수 있다. 2. 차마는 직진할 수 있고 다른 교통에 방해되지 않도록 천천히 우회전할 수 있다. 3. 비보호좌회전표시가 있는 곳에서는 신호에 따르는 다른 교통에 방해가 되지 않을 때에는 좌회전할 수 있다. 다만, 다른 교통에 방해가 된 때에는 신호위반책임을 진다.
황색의 등화	1. 보행자는 횡단을 하여서는 아니된다. 2. 이미 횡단을 하고 있는 보행자는 신속하게 횡단을 완료하거나 그 횡단을 중지하고 보도로 되돌아와야 한다. 3. 차마는 우회전을 할 수 있고 우회전하는 경우에는 보행자의 횡단을 방해하지 못한다. 4. 차마는 정지선이 있거나 횡단보도가 있을 때에는 그 직전이나 교차로의 직전에 정지하여야 하며, 이미 교차로에 진입하고 있는 경우에는 신속히 교차로 밖으로 진행하여야 한다.
적색의 등화	1. 보행자는 횡단하여서는 아니 된다. 2. 차마는 정지선이나 횡단보도가 있을 때에는 그 직전 및 교차로의 직전에서 정지하여야 한다. 3. 차마는 신호에 따라 직진하는 측면 교통에 방해하지 아니하는 한 우회전할 수 있다.
녹색화살표시의 등화	차마는 화살표 방향으로 진행할 수 있다.
적색등화의 점멸	1. 보행자는 주의하면서 횡단할 수 있다. 2. 차마는 정지선이나 횡단보도가 있을 때에는 그 직전이나 교차로의 직전에 일시정지한 후 다른 교통에 주의하면서 진행할 수 있다.
황색등화의 점멸	1. 보행자는 주의하면서 횡단할 수 있다. 2. 차마는 다른 교통에 주의하면서 진행할 수 있다.
보행등의 적색 등화	보행자는 횡단하여서는 아니 된다.
보행등의 녹색 등화	보행자는 횡단보도를 횡단할 수 있다.
보행등의 녹색 등화의 점멸	보행자는 횡단을 시작하여서는 아니되고 횡단하고 있는 보행자는 신속하게 횡단을 완료하거나 그 횡단을 중지하고 보도로 되돌아와야 한다.
녹색화살표시의 등화 (하향)	차마는 화살표로 지정한 차로로 진행할 수 있다.
적색×표 표시의 등화	차마는 ×표가 있는 차로로 진행할 수 없고, 이미 진입한 경우에는 신속히 그 차로 밖으로 진로를 변경하여야 한다.

Ⅱ. 보행자와 차마의 통행방법

가. 보행자의 통행방법

보행자는 도로를 통행함에 있어서는 보도통행의 원칙이며 차도와 보도구분이 명확하지 아니할 때에는 도로의 좌측 또는 길가장자리 구역을 통행하여야한다(법 8조). 행렬 등의 통행은 차도의 우측을 통행하여야하며 중요행사에 따라 시가 행진시 도로의 중앙 통행 가능하다(법 제9조).

나. 차로별 통행방법

차로가 설치되어 있는 도로에서는 특별한 규정이 있는 경우를 제외하고는 그 차로에 따라 통행하여야 한다.

※ 차로에 따른 통행차의 기준(도교법 시행규칙 별표8)

<table>
<tr><th colspan="2">도 로</th><th>차로 구분</th><th>통행할 수 있는 차종별</th></tr>
<tr><td rowspan="9">고속도로</td><td rowspan="4">편도 4차로</td><td>1차로</td><td>2차로가 주행차로인 자동차의 앞지르기 차로</td></tr>
<tr><td>2차로</td><td>승용자동차, 중·소형승합자동차, 적재중량 1.5t이하 화물자동차의 주행차로</td></tr>
<tr><td>3차로</td><td>대형승합자동차, 적재중량 1.5t초과 화물자동차의 주행차로</td></tr>
<tr><td>4차로</td><td>특수자동차, 건설기계의 주행차로</td></tr>
<tr><td rowspan="3">편도 3차로</td><td>1차로</td><td>2차로가 주행차로인 자동차의 앞지르기 차로</td></tr>
<tr><td>2차로</td><td>승용자동차, 승합자동차, 적재중량 1.5t 이하 화물자동차의 주행차로</td></tr>
<tr><td>3차로</td><td>적재중량 1.5t초과 화물자동차, 특수자동차, 건설기계의 주행차로</td></tr>
<tr><td rowspan="2">편도 2차로</td><td>1차로</td><td>앞지르기 차로</td></tr>
<tr><td>2차로</td><td>모든 자동차의 주행차로</td></tr>
<tr><td rowspan="4">고속도로외의</td><td rowspan="4">편도 4차로</td><td>1차로</td><td rowspan="2">승용자동차, 중·소형승합자동차, 적재중량 1.5t이하 화물자동차</td></tr>
<tr><td>2차로</td></tr>
<tr><td>3차로</td><td>대형승합자동차, 1.5t초과 화물자동차, 건설기계(덤프트럭, 콘크리트믹서트럭)</td></tr>
<tr><td>4차로</td><td>특수자동차, 이륜자동차, 원동기장치자전거, 자전거, 우마차, 그</td></tr>
</table>

도로			밖의 건설기계(덤프트럭, 콘크리트믹서 트럭 제외)
	편도 3차로	1차로	승용자동차, 중·소형승합자동차, 적재중량 1.5t이하 화물자동차
		2차로	대형승합자동차, 적재중량 1.5t초과 화물자동차, 건설기계(덤프트럭, 콘크리트믹서트럭)
		3차로	특수자동차, 이륜자동차, 원동기장치자전거, 자전거, 우마차, 그 밖의 건설기계(덤프트럭, 콘크리트믹서 트럭 제외)
	편도 2차로	1차로	승용자동차, 중·소형승합자동차, 적재중량 1.5t 이하 화물자동차
		2차로	대형승합자동차, 적재중량 1.5t초과 화물자동차, 특수자동차, 이륜자동차, 원동기장치자전거, 자전거, 우마차, 건설기계

주) 1. 모든 차는 위 지정된 차로의 오른쪽 차로로 통행할 수 있다.
2. 앞지르기를 할 때에는 위 통행기준에 지정된 차로의 바로 옆 왼쪽 차로로 통행할 수 있다.
3. 도로의 진·출입 부분에서 진·출입하는 때와 정차 또는 주차한 후 출발할 때의 상당한 거리 동안은 이 표에서 정하는 기준에 의하지 아니할 수 있다.
4. 이 표 중 승합자동차의 차종(대형·중형·소형)구분은 자동차관리법시행규칙 별표 1에 의한다.
5. 이 표 중 고속도로란의 건설기계는 법 제2조 제14호의 규정에 의한 자동차인 건설기계를 말한다.
6. 이 표에서 열거한 것 외의 차마와 다음 각목의 위험물 등을 운반하는 자동차는 도로의 오른쪽 가장자리 차로로 통행하여야 한다.
   가. 소방법 제2조 제4호의 규정에 의한 지정 수량 이상의 위험물
   나. 총포·도검·화약류등단속법 제2조 제3항의 규정에 의한 화약류
   다. 유해화학물질관리법 제2조 제3호의 규정에 의한 고압가스
   라. 폐기물관리법 제2조 제4호의 규정에 의한 지정폐기물과 동법 제2조 제4호의 2의 규정에 의한 감염성 폐기물
   마. 고압가스안전관리법 제2조의 규정에 의한 유독물
   바. 액화석유가스의안전및사업관리법 제2조 제1호의 규정에 의한 액화 석유가스
   사. 원자력법 제2조 제5호 및 방사선안전관리등의기술문제에관한규칙 제84조 제2호 내지 제6호의 규정에 의한 방사성물질
   아. 산업안전보건법 제37조 및 동법시행령 제29조의 규정에 의한 제조등의 금지유해물질과 동법 제38조 및 동법시행령 제30조의 규정에 의한 허가대상유해물질
   자. 농약관리법 제2조 제3호, 동법시행령 제20조 5항 및 별표 2에 의한 유독성 원제
7. 좌회전 차로가 2이상 설치된 교차로에서 좌회전하고자 하는 차는 그 설치된 좌회전 차로 내에서 고속도로 외의 도로의 통행기준에 따라 좌회전하여야 한다.
8. 편도 5차로 이상의 도로에 있어서는 이 기준에 준하여 지방경찰청장이 따로 정한다.

다. 통행의 우선순위(법 제16조)

차마 상호간의 우선순위는 일반적으로 ① 긴급자동차 ② 긴급자동차 이외의 자동차 ③ 원동기장치 자전거 ④ 그 밖의 차마순으로 통행하여

야하며, 긴급자동차 이외의 자동차 상호간의 통행 우선순위는 행정안전령이 정하는 최고속도의 순서에 의한다.

도로상황에 따른 우선순위는 비탈진 좁은 도로에서 서로 마주보고 진행하는 때에는 내려가는 차가 우선하며, 좁은 도로 또는 비탈진 좁은 도로에서 화물을 실었거나 승객을 태운 자동차와 빈자동차가 서로 마주보고 진행하는 때에는 빈자동차가 양보하여야 한다.

라. 자동차 등의 속도(법 제17조)

자동차의 속도의 지정은 행정안전부령으로 정하며 법정제한 속도는 별표와 같다.

※ 자동차 등의 법정제한

도로 구분	차 종	제 한 속 도
1. 일반도로	자동차 등	○ 매시 60km 이내 다만 편도2차로 이상의 도로에서는 매시 80km 이내
2. 자동차 전용도로	자동차	○ 최저속도는 매시 30km로 하고, 최고속도는 매시 90km로 한다.
3. 고속도로	자동차(이륜자동차 제외)	○ 편도2차로 이상고속도로의 최저속도는 매시 50km, 최고속도는 매시 100km이나, 1.5t초과화물자동차·특수자동차·위험물운반자동차(도교법시행규칙 별표 8 주(6))건설기계의 최고속도는 매시 80km ○ 편도1차로 고속도로의 최저속도는 매시 40km, 최고속도는 매시 80km ○ 편도2차로 이상의 고속도로로서 고속도로의 원활한 소통을 위하여 특히 필요하다고 인정하여 경찰청장이 지정·고시한 노선 또는 구간의 최저속도는 매시 60km, 최고속도는 매시 110km(화물자동차·특수자동차·위험물운반자동차 및 건설기계의 최고속도는 매시 90km)

눈·비·바람·안개 등으로 인한 이상 기후시에는 법정속도에도 불구하고 감속운행기준을 따라야 한다. 지방경찰정장이 구역 또는 구간을 지정하여 행정안전부령에 정한 운행속도를 제한할 수 있다. 다만, 고속도로의 경우 경찰청장이 제한할 수 있다

마. 횡단 등의 금지(법 제18조)

차마가 보행자나 다른 차마의 정상적인 통행을 방해할 염려가 있을 때나 지방경찰청장이 지정한 곳에는 횡단·유턴·후진의 금지를 할 수 있다. 길가의 건물이나 주차장 등에서 도로에 들어가려고 하는 때는 일단정지한 후에 안전여부 확인하면서 서행하여야 한다.

사. 안전거리확보 등(법 19조)

앞차가 갑자기 정지하게 되는 경우 앞차와의 충돌을 피할 만한 필요한 거리를 확보하여야 한다. 진로 변경시 변경하고자 하는 방향으로 오고 있는 다른 차의 정상적인 통행에 장해를 줄 우려가 있는 때에는 그 진로를 변경하여서는 아니 된다.

아. 앞지르기 등

앞지르기 방법은 좌측통행으로 안전한 속도와 방법으로 앞지르기하여야 한다. 앞지르기를 하는 때에는 속도를 높여 경쟁하거나 앞지르기를 하는 차의 앞을 가로막는 등 앞지르기를 방해하여서는 아니 된다. 그리고, ① 앞차의 좌측에 다른 차가 앞차와 나란히 가고 있는 때 ② 앞차가 다른 차를 앞지르고 있거나 앞지르고자 하는 때 ③ 앞차가 법령의 규정 또는 경찰공무원의 지시를 따르거나 위험을 방지하기 위하여 정지 또는 서행하고 있는 때에는 앞지르기를 할 수 없다. 앞지르기 금지장소로는 ① 교차로·터널 안 또는 다리 위 ② 도로의 구부러진 곳 ③ 비탈길의 고개마루 부근 ④ 가파른 비탈길의 내리막 ⑤ 기타 지방경찰청장이 지정한 곳은 앞지르기가 금지된다.

자. 보행자의 보호(법 제24조)

모든 차의 운전자는 보행자가 횡단보도를 통행하고 있는 때에는 그 횡단보도 앞(정지선)에서 일시 정지하여 보행자의 횡단을 방해하거나 위험을 주어서는 아니 된다. 그리고, 교통정리가 행하여지고 있는 교차로에서 좌회전 또는 우회전하려고 하는 때에는 신호기 또는 경찰공무원 등의 신호 또는 지시에 따라 도로를 횡단하는 보행자의 통행을 방해하여서는 아니 되며, 교통정리가 행하여지고 있지 아니하는 교차로 또는 그 부근의 도로를 횡단하는 보행자의 통행을 방해하여서는 아니 된다.

보행자가 제10조 3항의 규정에 의하여 도로를 횡단하고 있는 때에는 안전거리를 두고 일시 정지하여 보행자로 하여금 안전하게 횡단할 수 있도록 하여야 한다. 모든 차의 운전자는 차로가 설치되어 있지 아니한 좁은 도로에서 보행자의 옆을 지나는 때에는 안전한 거리를 두고 서행하여야 한다.

차. 긴급자동차에 대한 특례 등

긴급자동차란 소방자동차, 구급자동차, 그 밖의 대통령령이 정하는 자동차로서 그 본래의 긴급한 용도로 사용되고 있는 자동차를 말한다. 긴급자동차의 종류를 살펴보면

① 경찰용 자동차 중 범죄수사·교통단속 그 밖에 긴급한 경찰업무 수행에 사용되는 자동차

② 국군 및 주한 국제연합군용 자동차중 군내부의 질서유지 및 부대의 질서있는 이동을 유도하는데 사용되는 자동차

③ 수사기관의 자동차중 범죄수사를 위하여 사용되는 자동차

④ 교정기관의 자동차중 도주자의 체포 또는 피수용자·피관찰자의 호송·경비를 위하여 사용하는 자동차

⑤ 전기사업·가스사업 그 밖의 공익사업 기관에서 위험방지를 위한 응급작업에 사용하는 자동차

⑥ 민방위 업무를 수행하는 기관에서 긴급예방 또는 복구를 위한 출동에 사용되는 자동차

⑦ 도로관리를 위하여 사용되는 자동차 중 도로상의 위험을 방지하기 위한 응급작업에 사용되는 자동차

⑧ 전신·전화의 수리공사 등 응급작업에 사용하는 자동차와 우편물의 운송에 사용되는 자동차중 긴급배달 우편물의 운송에 사용되는 자

동차 및 전파감시 업무에 사용되는 자동차를 말한다.

긴급자동차의 운행방법으로는 법에 규정된 특례를 적용 받고자 하는 때에는 사이렌을 울리거나 경광등을 켜야 하며, 긴급자동차로 간주되는 자동차(생명이 위급한 환자나 부상자를 운반중인 자동차 등)는 전조등을 켜거나 그 밖의 적당한 방법으로 이를 표시하여야 한다. 긴급자동차는 제13조 3의 규정에 불구하고 긴급하고 부득이한 때에는 도로의 중앙이나 좌측부분을 통행할 수 있으며, 긴급자동차는 법령의 규정에 의하여 정지하여야 할 경우에도 불구하고 긴급하고 부득이한 경우에는 정지하지 아니할 수 있다. 긴급자통차의 통해시 교차로 또는 그 부근에서 긴급자동차가 접근한 때에는 모든 차는 교차로를 피하여 도로의 우측가장자리에 일시 정지하여야 한다. 단, 일방통행도로에서 우측가장자리로 피하여 정지하는 것이 긴급자동차의 통행에 지장이 있는 때에는 좌측가장자리로 피하여 정지할 수 있다. 상기 규정이외의 곳에서 긴급자동차가 접근한 때에는 모든 차는 도로의 우측 가장자리로 피하여 진로를 양보하여야 한다.

카. 서행 및 일시정지

모든 차는 다음의 곳에서는 서행하여야 한다.

⑴ 교통정리가 행하여지고 있지 아니하는 교차로

⑵ 도로가 구부러진 부근

⑶ 비탈길의 고갯마루 부근

⑷ 가파른 비탈길의 내리막

⑸ 기타 지방경찰청장이 지정한 곳

모든 차는 교통정리가 행하여지고 있지 아니하고 좌우를 확인할 수 없거나 교통이 빈번한 교차로 또는 지방경찰청장이 지정한 곳에서는 일시 정지하여야한다.

타. 정차 및 주차

정차 및 주차의 금지장소 도로교통법상

(1) 교차로, 횡단보도, 차도와 보도가 구분된 도로의 보도 또는 건널목(단, 「주차장법」에 의하여 차도와 보도에 걸쳐 설치된 노상주차장을 제외한다.)

(2) 교차로의 가장자리 또는 도로의 모퉁이로부터 5m 이내의 곳

(3) 안전지대의 사방으로부터 각각 10m 이내의 곳

(4) 버스여객자동차의 정류를 표시하는 기둥이나 판 또는 선이 설치된 곳으로부터 10m 이내의 곳

(5) 건널목의 가장자리로 또는 횡단보도로부터 10m 이내의 곳

(6) 지방경찰청장이 지정한 곳

등으로 규정하고 있다.(법 제32조). 다만, 법령 또는 경찰공무원의 지시에 의한 경우, 위험방지를 위하여 일시 정지하는 경우, 버스여객자동차가 그 운행노선에 따르는 정류소에서 승객의 승하차를 위하여 정차·주차하는 경우에는 주정차 할 수 있다.

Ⅲ. 운전자 등의 의무

누구든지 운전면허를 받지 아니하고(운전면허의 효력이 정지된 경우 포함)자동차 등을 운전하여서는 아니 된다. 운전면허를 받은 사람이라고 할지라도 술에 취한 상태에서는 자동차 등을 운전하여서는 아니 된다. 경찰공무원은 교통안전과 위험방지를 위하여 필요하거나 음주운전을 하였다고 인정할 만한 상당한 이유가 있는 때에는 주취여부를 측정할 수 있으며, 운전자는 이에 응하여야 한다. 술에 취한 상태의 기준은 혈중알코올농도 0.05%이상으로 한다.

교통사고가 발생하였을 때에는 그 차의 운전자 그 밖의 승무원은 즉시 정차하여 사상자를 구호하는 등 필요한 조치를 하여야 한다. 운전자

등은 경찰공무원 또는 경찰관서에 지체없이 ① 사고장소 ② 사상자수 및 부상정도 ③ 손괴한 물건 및 손괴정도 ④ 그 밖의 조치상황 등 다음 사항을 신속히 신고하여야 한다. 다만, 운행 중인 차만이 손괴된 것이 분명하고 도로에서의 위험방지와 원활한 소통을 위하여 필요한 조치를 한 때에는 그러하지 아니하다.

Ⅳ. 고속도로 및 자동차전용도로에서의 특례

고속도로 및 자동차전용도로에서의 자동차 또는 보행자의 통행방법은 동 특례에 정하는 바에 의하고, 규정이 없는 경우에는 일반도로에서의 규정에 의한다. 고속도로에서의 위험을 방지하고 교통의 안전과 원활한 소통을 확보하기 위하여 고속도로의 관리자가 경찰청장과 협의하여 설치하고 이를 관리하여야 한다. 경찰청장은 고속도로 관리자에게 교통안전시설의 관리에 관하여 필요한 사항을 지시할 수 있다.

자동차는 고속도로 등에서 자동차의 고장등 부득이한 사정이 있는 경우를 제외하고는 지정차로에 따라 통행하여야 하며, 갓길로 통행하여서는 아니 된다. 자동차는 고속도로에서 앞지르고자 하는 때는 방향지시기·등화 또는 경음기를 사용하여 앞지르기 차로로 안전하게 통행하여야 한다.

자동차는 고속도로 또는 자동차전용도로를 횡단하거나 유턴 또는 후진하여서는 아니 된다. 다만, 긴급자동차 등은 그 목적을 위하여 부득이한 경우 횡단·유턴·후진을 할 수 있다. 자동차(이륜자동차는 긴급자동차에 한함)외의 차마의 운전자는 고속도로 등을 통행하거나 횡단하여서는 아니 된다. 자동차는 고속도로 등에서 정차 또는 주차하여서는 아니 된다. 단, 고장 등의 사유로 길 가장자리에 정차·주차하는 경우 등은 예외적으로 허용된다.

제 3 절 교통지도 · 단속

Ⅰ. 교통지도 · 단속의 개요

가. 의의 및 목적

교통의 지도단속이란 도로에서의 위험을 방지하고 교통의 안전과 원활함을 도모하기 위하여 교통법규위반을 감시하고 위반자를 경고 · 주의시키며, 때로는 필요에 따라 처벌적 방법을 강구하는 경찰활동을 말하는 바, 이는 교통경찰 활동의 중요한 분야를 차지하고 있다.

교통 지도단속 활동을 수행함으로써 구체적으로는 교통사고를 미연에 방지하고 궁극적으로는 안전하고 원활한 교통질서의 확보라는 경찰행정목적을 달성하기 위해 교통 관여자와 교통행위를 계획적으로 바람직한 방향으로 변화시키려는 데 그 목적이 있는 것이다.

일반적으로 넓은 의미의 교통단속은 법령에 의하여 일정한 법률행위 또는 사실행위를 금지하거나 필요한 조건을 정하는 등 행정목적 달성을 위하여 필요한 의무를 부과하고 의무위반자에 대하여는 강제적으로 행정목적 달성을 도모하는 것이다.

이에 반하여, 좁은 의미의 교통단속이라 함은 법령에 의하여 단속권한이 부여된 행정기관 또는 당해 공무원이 그 권한에 기하여 단속법규의 준수여부를 감시하여 필요한 처분을 행하고 단속법규 위반여부를 감시 · 조사하여 위반사실을 적발하는 행위를 말한다.

나. 기능 및 역할

(1) 규칙의 이해와 안전행동의 유도

교통 참여자 모두에게 도로의 이용과 통행방법에 대하여 무엇이 잘못된 행동이고 어떻게 행동하여야 올바른 것인가의 판단기준을 제시하면서 도로이용자의 의사결정과 행동을 교통질서 형성에 바람직한 방향으로 동조시켜 나가게 하는 역할이다.

(2) 위반행위의 억제

교통지도단속 활동은 위반행위를 하면 법적 제재를 받아서 불이익을 받는다는 이미지(Image)를 확립시켜 나감으로써 위반행위를 억제하는 역할을 한다.

(3) 교통위반행위의 예방

교통지도단속의 주 기능은 본래 교통 위반행위의 억제, 즉 도로 교통 현장에서의 교통위반 행위를 공권력으로 억제 또는 배제시키는 데에 있다. 특히 교통위반 행위자에 대한 검거활동은 현행범적 성격을 띠고 있으므로 교통위반자 검거를 통하여 교통현장으로부터 배제시켜 나간다고 하는 것이 교통 지도단속 활동의 주 역할이 되는 것이다.

(4) 위반행위자에 대한 법적 제재조치의 실현

법적 의무이행을 강제하고 위반자에 대해서 법으로 정한 형사벌 및 행정벌을 과하는 절차를 취함으로써 법적 규범의 강행성을 보장하고 교통규칙의 실효성을 담보하는 역할을 한다.

Ⅱ. 교통지도 · 단속활동의 특성

가. 목적지향성

교통지도 · 단속 활동은 도로에서의 교통질서 유지라는 목적을 효과적이고 능률적으로 달성하기 위한 합리적인 활동이며 이러한 목적을 달성하기 위하여 구체적이고 가시적인 하위목표를 설정하게 되고 교통지도단속 현장에서의 단속활동은 상위목적을 향한 고도의 지향성을 갖게 되는 것이다.

나. 대량성

교통 지도단속 활동은 도로교통 현장에서 수많은 사람들을 대상으로 하고 있다. 다양한 계층을 대상으로 하는 지도단속 활동을 효과적으로 전개하기 위해서는 단속 경찰관의 적응성과 계획·관리력의 고도화가 필요하다.

다. 다양성

교통법규 위반과 교통환경 조건이 다양하다. 즉 교통현장에서 개개의 법규위반은 위반행위가 이루어지는 도로와 주위 교통상황이 모두 다르기 때문에 적정하고 효과적인 교통지도단속이 어려운 것이다.

라. 기술성

교통법규는 교통의 목적을 달성하기 위하여 기술적으로 설정된 것이 많고 단속방법이나 단속기법에 있어서도 단속의 합목적성과 능률성을 확보하기 위하여 고도의 전문성과 기술성이 요구되고 있다.

마. 종합성

교통지도단속 활동은 경찰관 등에 의한 개개의 활동이 전체적으로 종합됨으로써 비로소 단속의 효과가 나타나게 되는 종합적인 조직활동이라고 할 수 있다.

Ⅲ. 통고처분

가. 의의

경미한 교통법규 위반자에 대하여 경찰서장이 20만원 이하의 범칙금을 납부할 것을 통고하여 행정벌을 과하는 특별 과형절차의 하나인 행정형벌이다. 이는 형사재판의 전 단계로서, 확정판결은 아니나 상대방의 동의를 조건으로 하는 준 사법적 행정행위로서 상대방이 통고내용을 이행하면 확정판결의 효력이 발생하고 그 결과 일사부재리의 원칙이 적용된다.

나. 통고처분제도의 기능

경미한 교통법규 위반자에 대하여 일일이 즉심에 회부하는 번잡성을 피하고 신속·간편한 처리를 함으로써 사무처리의 능률과 소송경제에 부합하고, 통상절차에 의할 경우 법규위반 운전자가 법원에 출석하여 재판을 받거나, 정식의 형사절차에 의할 경우 심리지연, 비용의 증가, 고통의 장기화가 수반되게 경우를 억제함으로써 부담을 완화하게 된다.

또한, 위반자에 대한 처벌을 관계공무원에게 일임하는 것이 기술적이고 합리적이라고 볼 수 있으며, 또한 통고처분에 해당되는 대상범죄들은 증거인멸의 우려가 있으므로 신속한 처리가 필요한 것이다.

다. 범칙행위

범칙행위라 함은 도로교통법 제156조 각호 또는 제157조 각호의 죄에 해당하는 교통법규 위반행위를 말하고, 범칙자란 범칙행위를 한 보행자와 차마의 운전자가 모두 해당된다. 다만, 다음의 경우는 범칙자에 해당하지 않는다.

(1) 범칙행위 당시 운전면허증을 제시하지 못한 자동차 등의 운전자.

(2) 범칙행위로 교통사고를 일으킨 사람. 다만, 교통사고처리특례법 제3조 2항 또는 제4조의 규정에 의하여 업무상 과실치상죄·중과실치상죄 또는 도로교통법 제151조의 죄를 범하고 그 벌을 받지 아니하게 된 사람은 제외한다.

(3) 도로교통법 제96조의 규정에 의한 국제운전면허증을 가진 사람.

라. 범칙금

범칙금이라 함은 범칙자가 도로교통법 제163조의 규정에 의한 통고처분에 의하여 국고에 납부하여야 할 금전을 말하며, 범칙금의 액수는 범칙행위의 종류와 차종에 따라 대통령령으로 정한다.

마. 통고처분권자

경찰서장, 해양경찰서장

사. 통고처분 대상자

모든 범칙행위자에 대하여 그 이유를 명시한 서면으로 범칙금을 납부할 것을 통고할 수 있으며, 다음의 경우에는 범칙자 이기는 하지만 통고처분을 할 수 없고 즉결심판에 회부하여야 한다.

(1) 성명 또는 주소가 확실하지 아니한 사람.

(2) 달아날 염려가 있는 사람.

(3) 범칙금납부통고서 받기를 거부한 사람.

Ⅳ. 주취 운전 단속

음주운전은 혈중알코올농도와 상관없이 술을 먹은 상태에서 운전하는 일체의 행위를 말한다. 경찰의 단속의 대상이 되는 주취운전은 도로교통법 제41조 및 동법시행령 제31조의 규정에 의한 술에 취한 상태의 기준이 혈중알코올농도 0.05% 이상에서 운전하는 것을 말한다.

술에 취한 상태의 기준에 달하는 음주량은 아래 도표와 같다.

〈술에 취한 상태의 기준에 달하는 음주량〉

도수별 구분	소주(25도)		맥주(6도)		위스키(40도)	
	잔(50ml)	병(2홉)	잔(200ml)	병(640ml)	잔(30ml)	병(360ml)
0.05%	2	0.3	2.2	0.7	2.2	0.2

주취운전으로 적발되는 경우에는 혈중알코올의 농도에 따라 면허정지나 취소처분을 받고 형사처벌이 부과되고 있다. 주취운전에 대한 처벌기준은 아래와 같다.

〈주취운전에 대한 처벌기준〉[9]

측정치	형사처벌	면허처분
0.05~0.099%	2년 이하의 징역이나 500만원 이하의 벌금	100일 정지
0.10% 이상	2년 이하의 징역이나 500만원 이하의 벌금	취소
0.36% 이상	2년 이하의 징역이나 500만원 이하의 벌금 (구속수사원칙)	취소

제 4 절 운전면허 행정처분

Ⅰ. 운전면허제도

가. 개요

운전면허 소지자는 차량증가와 함께 매년 증가하고 있으며, 현재 그 수는 전 국민의 50%를 넘어서는 국민 2명당 1인이 운전면허를 소지하고 있는 것으로 나타나, 자동차 운전이 모든 국민들의 일상 생활화 되고 있다. 우리 사회의 가장 중요한 교통수단인 자동차는 1997년에 천만대를 돌파한 이래, 2010년 현재 2,000만대 시대를 맞이하고 있다.

나. 운전면허의 의의 및 기능

운전면허제도는 그 속도와 중량으로 인한 위험 때문에 일반적으로 금지된 자동차운전을 일정한 지식과 기능을 갖춘 사람에 대하여 적법하게 운전할 수 있도록 금지를 해제하여 국민들의 자유를 회복시켜 주는 행정행위로서, 대인적 경찰허가에 해당된다. 운전면허제도는 면허행정처분제도와 더불어 도로에서 운전시 도로교통상 위험성이 있다고 판단되는 운전부적격자를 선별하여 도로교통현장에서 배제시킴으로써, 구

9) 경찰서 교통과장 매뉴얼, 경찰청, p. 31

체적으로는 교통사고를 사전에 예방하고 궁극적으로는 도로교통법의 목적을 달성하고자 하는 운전부적격자 선별장치로서의 기능을 수행한다.

다. 운전의 의미

도로교통법 제2조 제24호에서 '운전'이라 함은 도로에서 차를 그 본래의 사용방법에 따라 사용하는 것(조종을 포함)을 말하므로, 도로가 아닌 장소에서의 사용은 도로교통법상 운전에 해당되지 않는다. 또한 그 본래의 사용방법에 따라 사용함을 요건으로 하므로 오토바이나 자전거를 타지 않고 내려서 끌고 가는 것도 운전에 해당되지 않는다.

운전의 개시시점과 관련한 판례를 보면, 자동차의 일부장치를 조작하여 움직이게 했다 하더라도 시동을 걸지 않았다면 운전행위로 볼 수 없다고 한 견해[10]도 있고, 자동차의 시동을 거는 것만으로는 부족하고 최소한 기어를 넣어 동력이 바퀴에 전달되는 정도의 차량발진을 위해 필요한 조작이 완료되어야 운전행위로 볼 수 있다는 견해[11]도 있다. 위의 판례의 태도를 종합하면, 운전행위는 자동차의 시동을 걸고 기어를 조작한 때에 시작된다고 볼 수 있다.

라. 운전면허 취득대상 차량

도로교통법 제80조 제1항은 '자동차등을 운전하고자 하는 사람은 지방경찰청장의 운전면허를 받아야 한다'라고 규정하여 '자동차등'이 도로교통법상 운전면허 취득대상 차량임을 규정하고 있다. 따라서 도로에서 자동차등을 운전할 때 지방경찰청장이 발급하는 운전면허가 없으면 도로교통법상 무면허운전으로 처벌받게 된다. 도로교통법상 '자동차등'은 자동차와 원동기장치자전거를 통칭하는 용어이다.

교통수단의 발달에 따라 새로운 교통수단이 도로상에서 운행되고 있으나, 현행 도로교통법상 운전면허를 취득해야 하는지 여부와 관련하여 문

10) 서울행정법원 1999. 3. 18. 선고. 98구23641판결
11) 서울지방법원 형사4부 항소심 1999. 4. 27. 선고. 99노518판결

제되는 경우가 있다. 대표적인 것으로 오토바이형 사륜차량(LT-160)[12], 레저 스포츠용 고페드(일명 씽씽카)[13], 장애인들이 많이 사용하는 전동스쿠터[14] 등이 있다.

Ⅱ. 운전면허의 종류

가. 운전면허의 종류

운전면허(국내운전면허)의 종류는 제1종 운전면허와 제2종 운전면허로 크게 구분되며, 제2종 운전면허를 받은 사람은 여객자동차운수사업법 또는 화물자동차운수사업법에서 규정한 사업용 자동차를 운전할 수 없다. 다만, 여객자동차운수사업법에 의한 대여사업용자동차를 임차하여 운전하는 것과 제2종 보통면허로 택시운전은 가능하다. 운전면허의 종류는 다음과 같다.

(1) 제1종 운전면허 : 대형면허, 보통면허, 소형면허, 특수면허

(2) 제2종 운전면허 : 보통면허, 소형면허, 원동기장치자전거면허

(3) 연습운전면허 : 제1종보통 연습면허, 제2종보통 연습면허

---

12) LT-160은 자동차관리법시행규칙의 개정에 따라 이륜자동차에 해당되어 2종소형 면허가 필요하다.

13) 50cc미만의 원동기를 단 레저 스포츠용 고페드(일명 씽씽카)를 도로상에서 운전시 동차량은 원동기장치자전거에 해당되므로 원동기장치자전거면허가 필요하다.

14) 신체장애인용 전동스쿠터는 기타 차에 해당되어 도로상에서 운전시 운전면허는 필요하지 않다고 하였으나, 후에 동력발생구조와 최대정격출력이 유사한 전기자동차가 원동기장치자전거에 해당한다고 봄에 따라, 전동스쿠터도 원동기장치자전거로 봄이 타당할 것이다.

나. 각종 운전면허로 운전할 수 있는 차량의 종류

운전면허		운전할 수 있는 차량
종별	구분	
제1종	대형 면허	ㅇ승용자동차 ㅇ승합자동차 ㅇ화물자동차 ㅇ긴급자동차 ㅇ건설기계 - 덤프트럭, 아스팔트살포기, 노상안정기 - 콘크리트믹서트럭, 콘크리트펌프 - 천공기(트럭적재식) - 도로를 운행하는 3톤 미만의 지게차 ㅇ특수자동차(트레일러, 레커는 제외) ㅇ원동기장치자전거
	보통 면허	ㅇ승용자동차 ㅇ승차정원 15인이하 승합자동차 ㅇ12인 이하 긴급자동차(승용, 승합자동차에 한함) ㅇ적재중량 12톤미만 화물자동차 ㅇ건설기계(도로를 운행하는 3톤 미만의 지게차에 한한다) ㅇ원동기장치자전거
	소형 면허	ㅇ3륜화물자동차 ㅇ3륜승용자동차 ㅇ원동기장치자전거
	특수 면허	ㅇ트레일러 ㅇ레커 ㅇ제2종보통면허로 운전할 수 있는 차량
제2종	보통 면허	ㅇ승용자동차(승차정원 10인이하 승합자동차포함) ㅇ적재중량 4톤이하 화물자동차 ㅇ원동기장치자전거
	소형 면허	ㅇ이륜자동차(측차부를 포함) ㅇ원동기장치자전거
	원동기장치자전거면허	ㅇ원동기장치자전거
연습면허	제1종보통	ㅇ승용자동차 ㅇ승차정원 15인 이하 승합자동차 ㅇ적재중량 12톤미만 화물자동차
	제2종보통	ㅇ승용자동차 ㅇ적재중량 4톤 이하 화물자동차

(주) 1. 자동차관리법 제30조의 규정에 의하여 자동차의 형식이 변경 승인되거나, 동법 제34조의 규정에 의하여 자동차의 구조 또는 장치가 변경승인 된 경우에는 다음의 구분에 의한 기준에 따라 이표를 적용한다.

가. 자동차의 형식이 변경된 경우

(1) 차종이 변경되거나 승차정원 또는 적재중량이 증가한 경우
변경 승인후의 차종이나 승차정원 또는 적재중량

(2) 차종의 변경 없이 승차정원 또는 적재중량이 감소한 경우
변경 승인전의 승차정원 또는 적재중량

나. 자동차의 구조 또는 장치가 변경된 경우변경 승인전의 승차정원 또는 적재중량

2. 다음 위험물 등을 운반하는 적재중량 3톤 이하 또는 적재용량 3,000리터 이

하의 화물자동차는 제1종 보통면허, 적재중량 3톤 초과 또는 적재용량 3,000리터 초과의 화물자동차는 제1종 대형면허가 있어야 운전할 수 있다.

가. 소방법 제2조제4호의 규정에 의한 지정수량 이상의 위험물

나. 총포도검화약류등단속법 제2조제3항의 규정에 의한 화약류

다. 유해화학물질관리법 제2조제3호의 규정에 의한 유독물

라. 폐기물관리법 제2조제4호의 규정에 의한 지정폐기물과 동법 제2조제4호의2의 규정에 의한 감염성폐기물

마. 고압가스안전관리법 제2조의 규정에 의한 고압가스

바. 액화석유가스의안전및사업관리법 제2조제1호의 규정에 의한 액화석유가스

사. 원자력법 제2조제5호 및 방사선안전관리등의기술기준에관한규칙 제84조제2호 내지 제6호의 규정에 의한 방사성물질

아. 산업안전보건법 제37조 및 동법시행령 제29조의 규정에 의한 제조등의 금지유해물질과 동법 제38조 및 동법시행령 제30조의 규정에 의한 허가대상 유해물질

3. 피견인자동차는 제1종대형면허·제1종보통면허 또는 제2종보통면허를 가지고 있는 사람이 그 면허로 운전할 수 있는 자동차로 견인할 수 있다. 이 경우 총중량 750kg을 초과하는 피견인자동차를 견인하기 위하여는 견인하는 자동차를 운전할 수 있는 면허 외에 제1종특수(트레일러)면허를 가지고 있어야 한다.

4. 제3호의 규정에 불구하고 자동차관리법 제3조의 규정에 의한 이륜자동차로는 피견인자동차를 견인할 수 없다.

Ⅲ. 운전면허의 결격사유

다음에 해당하는 사람은 운전면허를 받을 자격이 없다.

가. 18세 미만인 사람. 다만, 원동기장치자전거는 16세 미만인 사람

나. 정신병자, 정신미약자, 간질병자

다. 듣지 못하는 사람(제1종 운전면허에 한한다), 앞을 보지 못하는 사람 그 밖의 대통령령이 정하는 신체장애인

라. 양팔의 팔꿈치관절이상을 잃은 사람 또는 양팔을 전혀 쓸 수 없는 사람. 다만 본인의 신체장애 정도에 적합하게 제작된 자동차를 이용하여 정상적인 운전을 할 수 있는 경우에는 예외로 한다.

마. 마약·대마·향정신성의약품 또는 알콜 중독자

바. 제1종 대형면허 또는 제1종 특수면허를 받고자 하는 사람이 19세 미만이거나 자동차등(이륜자동차와 원동기장치자전거를 제외한

다)의 운전경험이 1년 미만인 사람.

Ⅳ. 운전면허 적성검사

가. 정기적성검사

운전면허(연습운전면허를 제외한다)를 받은 사람은 다음의 기간내에 대통령령이 정하는 바에 의하여 운전면허시험기관의 장의 정기적성검사를 받아야 한다. 다만 제2종 운전면허를 받은 사람은 정기적성검사를 받지 아니한다.

최초의 정기적성검사기간은 운전면허시험에 합격한 날부터 기산하여 7년(65세 이상인 사람은 5년)이 되는 날부터 3월(2008.6.22.이후는 6월) 이내이고, 그 외의 정기적성검사기간은 직전의 정기적성검사기간이 시작되는 날부터 기산하여 7년(65세 이상인 사람은 5년)이 되는 날부터 3월(2008.6.22.이후는 6월)이내이다.

제1종 운전면허를 받은 사람이 정기적성검사에 합격한 경우에는 지방경찰청장은 운전면허증을 갱신 교부하여야 하고, 제2종 운전면허를 받은 사람은 운전면허증갱신기간 내에 지방경찰청장으로부터 운전면허증을 갱신 교부받아야 한다.

(1) 최초의 운전면허증 갱신기간은 운전면허시험에 합격한 날부터 기산하여 9년이 되는 날부터 3월(2008.6.22.이후는 6월)이내

(2) 그 외의 운전면허증 갱신기간은 직전의 운전면허증 갱신기간이 시작되는 날부터 기산하여 9년이 되는 날부터 3월(2008.6.22.이후는 6월)이내

정기적성검사를 받아야 할 사람이 대통령령이 정하는 일정한 사유[15]로 인하여 정기적성검사기간내에 정기적성검사를 받을 수 없는 때에는

15) 해외여행을 하거나 재해 또는 재난을 당한 경우, 질병이나 부상을 입어 거동하기 어려운 경우, 법령의 규정에 의하여 신체의 자유를 구속당한 경우, 군복무중(전투경찰순경 또는 경비교도대원 포함하며 사병에 한함)이거나 부득이한 사유라고 인정할만한 상당한 이유가 있는 때 등이 해당된다.

정기적성검사기간만료일까지 정기적성검사 연기신청서를 주소지를 관할하는 운전면허시험장장에게 제출해야 한다. 정기적성검사의 연기를 받은 사람은 그 사유가 없어진 날로부터 3월(2008.6.22.이후는 6월)이내에 정기적성검사를 받아야 한다.

나. 수시적성검사

운전면허를 받은 사람(연습운전면허를 받은 사람은 제외하고 국제운전면허증을 받은 사람은 포함한다)이 안전운전에 장애가 되는 후천적 신체장애 등 대통령령이 정하는 사유에 해당되는 때에는 운전면허시험장장이 실시하는 수시적성검사를 받아야 한다. 수시적성검사통지를 받은 사람은 운전면허시험장장이 정하는 날부터 3월 이내에 수시적성검사신청서를 운전면허시험장장에게 제출하여야 한다.

Ⅴ. 국제운전면허제도

자동차운전면허의 발급권은 각 국의 국내법으로 규정하여 자국의 관할관청으로부터 면허증을 발급받지 아니하면 누구를 막론하고 자동차등을 운전할 수 없게 된다. 우리나라의 경우에도 도로교통법 제96조가 이를 규정하고 있다.

그러나 오늘날에 있어서 국가간의 교류와 개인 활동의 범위가 비약적으로 넓어져서 이러한 제도만으로는 상당한 불편이 생기게 된다.

이와 같은 불편을 해소하기 위하여 국제운전면허제도를 두어 도로교통에 관한 협약에 가입하고 있는 국가간에는 서로 상대국의 행정관청에서 발급한 면허증만으로 운전할 수 있도록 한 것이 본 제도의 취지이다.

국제운전면허증을 외국에서 발급받은 사람은 입국한 날로부터 1년의 기간에 한하여 국내에서 자동차등을 운전할 수 있다. 이 경우에 운전할 수 있는 차종은 그 국제운전면허증에 기재된 것에 한한다. 다만, 여객자동차운수사업법 또는 화물자동차운수사업법에 의한 사업용자동차의 운전은 할 수가 없다.

국제운전면허증을 가지고 국내에서 자동차등을 운전하는 사람이 다음 사유에 해당할 때에는 그 사람의 주소지를 관할하는 지방경찰청장은 1년을 넘지 아니하는 범위 내에서 그 국제운전면허증에 의한 자동차등의 운전을 금지할 수 있다.

가. 제88조 제1항의 규정에 의한 적성검사(수시적성검사)를 받지 아니하였거나 그 검사에 불합격된 때

나. 운전중 고의 또는 과실로 교통사고를 일으킨 때

다. 대한민국 국적을 가진 사람이 운전면허가 취소되거나 그 효력이 정지된 후 일정한 결격기간의 제한이 지나지 아니한 때[16)]

라. 자동차등의 운전에 관한 도로교통법 또는 동법에 의거하여 발하는 명령 또는 처분을 위반한 때

자동차등의 운전이 금지된 사람은 지체없이 그 국제운전면허증을 금지처분한 지방경찰청장에게 제출하여야 한다.

그리고 지방경찰청장은 금지기간이 만료된 경우 또는 금지처분을 받은 사람이 그 금지기간 중에 출국하는 경우에 그 사람의 반환청구가 있을 때에는 지체없이 보관중인 국제운전면허증을 돌려주어야 한다.

Ⅵ. 무면허 운전

무면허운전이란 지방경찰청장의 운전면허를 받지 아니하고(운전면허의 효력이 정지된 경우를 포함한다) 자동차등을 운전하는 것을 말한다. 그러나 국제운전면허증을 소지하고 운전하는 것은 예외이다. 무면허 운전의 유형을 살펴보면, 면허증 교부전 운전행위와 면허종별외 차량 운전행위로 구분할 수 있다.

16) 종래 운전금지처분을 부과하여 규제하였으나, 2001. 1. 26. 법개정시 무면허운전으로 처벌한다는 규정(제43조)을 신설하여 별도의 운전금지처분이 없어도 바로 무면허운전으로 처벌하도록 하고 있다.

운전면허의 효력은 운전면허증을 본인 또는 그 대리인에게 교부한 때부터 발생한다라고 규정[17]하고 있으므로, 면허증 교부전 운전행위는 운전면허시험에 합격한 후라도 운전면허증을 교부받기 전에 운전한 경우에는 무면허운전으로 처벌된다. 과거에는 경찰청의 입장과 대법원의 판례내용이 서로 상이하여 논란이 되었으나 1995. 1. 5.자로 도로교통법상 명문의 규정을 신설하여 입법적으로 해결한 이후에는 종전과 같은 견해의 대법원 판례는 아직까지 없는 상태이다.

이와 같이 무면허운전으로 적발된 운전자는 무면허운전에 따른 결격기간이 부과되나, 기히 면허시험에 합격한 사실은 효력을 상실하지 않으므로 합격한 면허증은 결격기간이 지난 다음에 교부받게 된다.

그리고, 자기가 받은 운전면허에 의하여 운전할 수 있는 차종이외의 차를 운전한 행위도 무면허운전이다. 따라서 형사처벌하고 면허취득기간이 제한되나 소지한 면허[18]는 그대로 유효하다. 도로교통법 제93조(면허의 취소 · 정지)에 근거가 없기 때문이다.

Ⅶ. 운전면허 행정처분 제도

가. 의 의[19]

교통법규위반 또는 교통사고의 법적 효과로써 행위자에게 과하여 지는 것으로 형벌적 제재가 있다. 그러나 교통의 안전과 원활이라는 목적은 형벌적 제재만으로써 달성되는 것은 아니다. 교통에 부적합한 위반자에 대하여 더 이상의 교통관여를 금지하거나 억제하는 것이 교통상의 위험을 예방하는 수단이기도 하며, 그러한 수단의 하나가 바로 교통

17) 도로교통법 제85조 제3항
18) 무면허운전으로 처벌하고, 소지한 면허에 대하여는 중앙선침범 등 기타 법규위반에 대한 벌점과 교통사고에 따른 벌점도 부과하지만 면허가 취소되지는 않음. 그러나 음주운전, 자동차등을 훔치거나 빼앗은 때 등과 같이 새로운 중대한 취소사유가 있는 경우에는 소지한 면허에 대하여도 취소(음주운전의 경우에는 정지도 가능)를 한다.
19) 운전면허 점수제도의 효율적 운영방안 연구(도로교통안전협회, 1988) 27-30면.

법규위반행위자에 대한 운전면허행정처분제도이다.

운전면허행정처분은 운전면허의 취소와 효력정지로 나뉘어 지는데 이는 점수제(벌점)를 기초로 하는 것으로서 주로 사고다발자 내지는 상습적인 교통법규위반자에 대한 효과적인 대처방안으로 평가되고 있다.

나. 법적 성질[20]

(1) 행정행위의 철회

운전면허 행정처분은 적법하게 성립한 유효한 행정행위에 대하여 사후적으로 그 효력의 전부 또는 일부를 장래에 향해 소멸시킨다. 행정법상으로 행정행위의 철회에 해당한다. 즉, 적법하게 운전면허를 발급한 후에 교통법규위반·교통사고야기 등 운전자의 의무위반행위로 인하여 운전면허의 효력을 장래에 향해서 전부 또는 일부를 소멸시키는 것이다.

(2) 재량행위성

운전면허의 취소, 정지를 규정하고 있는 도로교통법 제93조 규정을 살펴보면, 지방경찰청장은 운전면허를 받은 사람이 일정한 사유에 해당하는 경우에는 행정자치부령이 정하는 기준에 의하여 운전면허를 취소하거나 1년의 범위 안에서 그 운전면허의 효력을 정지할 수 있다고 하여 일응 재량규범을 정한 것으로 보여진다.

그러나 동조 제1항 단서에서 다만, 제2호, 제3호, 제6호 내지 제8호(정기적성검사기간이 경과된 때를 제외한다), 제11호 내지 제13호, 제15호, 제16호 또는 제17호에 해당하는 때에는 그 운전면허를 취소하여야 한다라고 규정하고 있는 점에 비추어 그 한도에서는 기속규범이다.

따라서 운전면허 행정처분제도를 일률적으로 재량행위라고 보기는 어렵고 그 사유가 무엇이냐에 따라 달리 보아야 한다.

---

20) 운전면허취소·정지처분의 법적성질 및 그 한계(김용섭, 판례월보, 1996.8) 29-32면.

(3) 행정목적위반에 대한 제재처분 및 사고예방 안전조치

종래 운전면허 행정처분은 운전면허소지자에 대해 제재를 가하는 이른바 제재적인 행정처분으로 설명되고 있다. 그러나 그러한 본래의 성질이 전혀 없는 것은 아니지만 보다 본질적인 것은 부적합한 운전자에 의한 위험으로부터 일반인을 보호하는데 기여하는 안전조치로서의 성격을 지닌다고 보아야 한다.

다. 근거규정

운전면허에 대한 행정처분을 부과하는데 근거가 되는 규정은 ① 도로교통법 제93조(운전면허 취소, 정지 및 연습운전면허의 취소), ② 도로교통법 시행규칙 제86조(운전면허의 취소, 정지기준), 별표28(운전면허 행정처분기준), 별표29(연습운전면허 취소처분기준), ③ 도로교통법 시행규칙 제88조(운전면허의 정지·취소처분 절차) 등이 있다.

제5절 교통사고처리

Ⅰ. 교통사고의 정의

차의 교통으로 인하여 사람을 사상하거나 물건을 손괴하는 것을 "교통사고"라 한다(도로교통법 제54조). 교통사고처리의 목적은 위급한 사상자의 구호와 추가사고의 방지 및 원활한 교통소통의 회복과 사고원인을 명백히 활보하기 위한 증거의 확보에 있다.

교통사고의 특성을 살펴보면 교통사고는 순간적 착오에 의해(순간성), 우발적으로 발생하기 때문에 언제 어디서든지 발생할 수 있어 그 예측하기 불가능하다(우발성). 교통이 빈번한 장소에서 발생되므로 현장이 변경되기 쉽고 교통소통을 위하여 현장을 계속적으로 보존하기 어렵고(현장보존의 곤란성), 자동차의 교통은 점차 고속화하고 있으며 범인과 목격자, 참고인 등은 유동성이 있어서 인적증거가 확보하기 곤란한데다 사고현장에 유류된 증거자료 역시 번잡한 교통의 흐름으로 인해 그 수집이 매우 곤란하다(증거확보의 어려움).

Ⅱ. 현장조치 절차

교통사고를 접수하면 경찰관은 신고시간, 신고자 성명, 연락처 등을 근무일지에 기재하고 119에 연락하여 신속하게 사상자를 구호하고, 사고지점에 출동하여 충돌지점과 최종위치 등을 스프레이로 표시하고, 사진촬영으로 현장을 표시한다. 교통사고는 그 처리과정에서 추가사고로 이어지는 경우가 많으므로 안전표지 및 라바콘을 설치하여 원활한 교통을 유도하여야 한다. 이어서 사고관련자를 확보하고 교통사고 발생보고서를 작성하여 교통사고 조사계에 인계하고 상황실과 지령실에 보고하여야 한다.

Ⅲ. 교통사고의 처리기준

교통사고의 처리기준은 그 유형별로 다양하다. 교통사고는 그 처리유형별로 나누어 보면 인적 피해사고와 물적 피해사고, 보험공제 가입사고, 도주사고로 나누어 볼 수 있다.

가. 인적피해사고

인적피해사고는 치사사고와 치상사고로 구분하여 치사사고는 교통사고 처리 특례법[21] 제3조 제1항을 적용하여 형사입건한다. 치상사고는 피해자의 처벌을 원치 않는다는 의사표시가 있을 때(합의 성립), 교

21) 업무상과실 또는 중대한 과실로 교통사고를 일으킨 운전자에 관한 형사처벌등의 특례를 정함으로써 교통사고로 인한 피해의 신속한 회복을 촉진하고 국민생활의 편익을 증진함을 목적으로 제정되었다.

통사고 처리 특례법 제3조 제2항을 적용하여 '공소권 없음'으로 처리하고, 피해자와 합의 가 성립되지 않을 때(합의 불성립)에는 교통사고 처리 특례법 제3조 제1항을 적용하여 형사입건한다.

다만, 교통사고 처리 특례법상 단서에 해당하는 11개항은 피해자와의 의사에 관계없이 동법 제3조 제1항을 적용하여 형사입건한다.

〈교통사고 처리 특례법상 처벌의 특례〉

제3조 (처벌의 특례) ① 차의 운전자가 교통사고로 인하여 형법 제268조의 죄를 범한 때에는 5년 이하의 금고 또는 2천만원 이하의 벌금에 처한다.

② 차의 교통으로 제1항의 죄중 업무상과실치상죄 또는 중과실치상죄와 도로교통법 제151조의 죄를 범한 운전자에 대하여는 피해자의 명시한 의사에 반하여 공소를 제기할 수 없다. 다만, 차의 운전자가 제1항의 죄중 업무상과실치상죄 또는 중과실치상죄를 범하고 피해자를 구호하는 등 도로교통법 제54조제1항의 규정에 의한 조치를 하지 아니하고 도주 하거나 피해자를 사고장소로부터 옮겨 유기하고 도주한 경우와 다음 각호의 1에 해당하는 행위로 인하여 동죄를 범한 때에는 그러하지 아니하다.

1. 도로교통법 제5조의 규정에 의한 신호기 또는 교통정리를 하는 경찰공무원등의 신호나 통행의 금지 또는 일시정지를 내용으로 하는 안전표지가 표시하는 지시에 위반하여 운전한 경우
2. 도로교통법 제13조제3항의 규정에 위반하여 중앙선을 침범하거나 동법 제62조의 규정에 위반하여 횡단·유턴 또는 후진한 경우
3. 도로교통법 제17조제1항 또는 제2항의 규정에 의한 제한속도를 매시 20킬로미터를 초과하여 운전한 경우
4. 도로교통법 제21조제1항·제22조·제23조 또는 제60조제2항의 규정에 의한 앞지르기의 방법·금지시기·금지장소 또는 끼어들기의 금지에 위반하여 운전한 경우
5. 도로교통법 제24조의 규정에 의한 건널목 통과방법을 위반하여 운전한 경우
6. 도로교통법 제27조제1항의 규정에 의한 횡단보도에서의 보행자보호의무를 위반하여 운전한 경우
7. 도로교통법 제43조제1항, 건설기계관리법 제26조 또는 도로교통법 제96조의 규정에 위반하여 운전면허 또는 건설기계조종사면허를 받

지 아니하거나 국제운전면허증을 소지하지 아니하고 운전한 경우. 이 경우 운전면허 또는 건설기계조종사면허의 효력이 정지중에 있거나 운전의 금지중에 있는 때에는 운전면허 또는 건설기계조종사면허를 받지 아니하거나 국제운전면허증을 소지하지 아니한 것으로 본다.

8. 도로교통법 제44조제1항의 규정에 위반하여 주취중에 운전을 하거나 동법 제45조의 규정에 위반하여 약물의 영향으로 정상한 운전을 하지 못할 염려가 있는 상태에서 운전한 경우
9. 도로교통법 제13조제1항의 규정에 위반하여 보도가 설치된 도로의 보도를 침범하거나 동법 제13조제2항의 규정에 의한 보도횡단방법에 위반하여 운전한 경우
10. 도로교통법 제39조제2항의 규정에 의한 승객의 추락방지의무를 위반하여 운전한 경우
11. 「도로교통법」 제12조제3항에 따른 어린이 보호구역에서 같은 조 제1항에 따른 조치를 준수하고 어린이의 안전에 유의하면서 운전하여야 할 의무를 위반하여 어린이의 신체를 상해에 이르게 한 경우

나. 물적 피해사고

물적 피해사고의 경우에는 3가지의 경우로 나누어서 살펴볼 수 있다. 피해자가 가해자의 처벌을 원하지 않는 경우에는, 피해액과 관계없이 교통사고 처리대장에 등재하고 불입건하되 원인행위중 5개 항목[22]에 대해서는 도로교통법을 적용 법칙금납부고지서 발부후 내사 종결 처리한다.

피해자가 가해자의 처벌을 원하는 경우(합의 불성립)에는 도로교통법 제151조[23]를 적용하여 형사입건한다. 다만, 피해액이 20만원 이하의 경우에는 즉심에 회부한다.

단순 물적 피해사고 이외에 인적피해사고, 음주운전 등이 경합되는 등 단순물적피해사고 이외에 수개의 행위가 경합되는 경우에는 단순물

22) 중앙선침범, 신호위반, 과속, 앞지르기(끼어들기), 건널목 통과 방법위반

23) 도로교통법 제151조 (벌칙) 차의 운전자가 업무상 필요한 주의를 게을리하거나 중대한 과실로 다른 사람의 건조물이나 그 밖의 재물을 손괴한 때에는 2년 이하의 금고나 500만원 이하의 벌금에 처한다.

적 피해사고 부분에 대하여는 피해자의 불벌의사가 있을 때에는 불입건하되 사건 송치 기록에 불입건한 단순물적 피해기록의 발생경위 피해내역 등에 대한 수사보고서를 작성하여 기록에 편철한다.

다. 보험공제 가입사고

인적피해 사고 중 치사사고와 치상사고 중 신호위반 특례단서 11개항 사고 그리고 도주 사고를 제외하고 교통사고로 인한 피해를 전액 보상할 수 있는 보험 또는 공제에 가입한때에는 교통사고 처리 특례법 제4조 제1항을 적용하여 '공소권 없음'으로 처리하고 원인행위만 도로교통법을 적용하여 처리하되 물적 피해에 대하여는 물적 피해사고의 예에 따른다.

라. 도주사고

교통사고를 일으키고 도주한 사고는 인적피해사고와 물적 피해사고와 미신고사고로 나누어 볼 수 있다.

인적피해사고는 특정범죄 가중처벌등에 관한 법률 제5조의3을 적용 형사입건한다. 이에 따르면, 도로교통법 제2조에 규정된 자동차·원동기장치자전거 또는 궤도차의 교통으로 인하여 형법 제268조(업무상과실·중과실 치사상)의 죄를 범한 사고운전자가 피해자를 구호하는 등 도로교통법 제54조 제1항(사고발생시의 조치)의 규정[24]에 의한 조치를

24) 도로교통법 제54조 (사고발생시의 조치) ① 차의 교통으로 인하여 사람을 사상(死傷)하거나 물건을 손괴(損壞)(이하 "교통사고"라 한다)한 때에는 그 차의 운전자나 그 밖의 승무원(이하 "운전자등"이라 한다)은 즉시 정차하여 사상자를 구호하는 등 필요한 조치를 하여야 한다.
② 제1항의 경우 그 차의 운전자등은 경찰공무원이 현장에 있는 때에는 그 경찰공무원에게, 경찰공무원이 현장에 없는 때에는 가장 가까운 국가경찰관서(지구대·파출소 및 출장소를 포함한다. 이하 같다)에 다음 각 호의 사항을 지체없이 신고하여야 한다. 다만, 운행 중인 차만이 손괴된 것이 분명하고 도로에서의 위험방지와 원활한 소통을 위하여 필요한 조치를 한 때에는 그러하지 아니하다.
1. 사고가 일어난 곳
2. 사상자 수 및 부상 정도
3. 손괴한 물건 및 손괴 정도
4. 그 밖의 조치사항 등
③ 제2항의 규정에 의하여 신고를 받은 국가경찰관서의 경찰공무원은 부상자

취하지 아니하고 도주한 때에는 이 법에 따라 가중처벌하도록 규정하고 있다.

단순 물적 피해 사고는 도로교통법 제148조(벌칙)를 적용 형사 입건한다.

미신고 사고는 도로교통법 제154조 4호를 적용 형사 입건한다. 다만, 운행중인 차량만이 손괴된 것이 분명하고 도로위에서의 위험방지와 원활한 소통을 위하여 필요한 조치를 한때에는 신고할 의무가 없다.

의 구호와 그 밖의 교통위험 방지를 위하여 필요하다고 인정하는 때에는 경찰공무원(자치경찰공무원을 제외한다)이 현장에 도착할 때까지 신고를 한 운전자등에 대하여 현장에서 대기할 것을 명할 수 있다. 〈개정 2006.7.19〉
④ 경찰공무원은 교통사고를 낸 차의 운전자등에 대하여 그 현장에서 부상자의 구호와 교통안전상 필요한 지시를 명할 수 있다.
⑤ 긴급자동차 또는 부상자를 운반 중인 차 및 우편물자동차등의 운전자는 긴급한 경우에는 승차자로 하여금 제1항 및 제2항의 규정에 의한 조치 또는 신고를 하게 하고 운전을 계속할 수 있다.
⑥ 경찰공무원(자치경찰공무원을 제외한다)은 교통사고가 발생한 때에는 대통령령이 정하는 바에 의하여 필요한 조사를 하여야 한다.

제5장

정 보 경 찰

제 1 절 정보경찰의 의의 와 조직
제 2 절 정보활동 일반론
제 3 절 정보의 순환
제 4 절 사회정보활동
제 5 절 문화정보 활동
제 6 절 집회 및 시위 관리

제 5 장

정보경찰

제 1 절 정보경찰의 의의와 조직

Ⅰ. 정보경찰의 의의

정보는 정보를 필요로 하는 분야에 따라 여러 가지로 정의할 수 있다. 원래 정보라는 용어는 군에서 사용하던 전문용어로서 '적국의 동정에 관하여 알림'이라는 의미가 있다. '정보'란 말은 이미 기원전 1500년경 중세 이집트 제국의 군사기록 중에 나타나고 있으며, 근세에 이르러 프러시아군이 이 정보활동을 중시하였고, 나폴레옹도 이를 모방하여 「정보국」(1800)을 설치하고, 정보활동을 강화하였다.

독일의 군사학자 클라우제비츠(Clausewits)는 그의 저서 『전쟁론』(1832)에서 "정보란 적과 적국에 관한 우리들의 지식의 총체를 의미하며, 전쟁에 있어서 아군의 계획 및 행동의 기초를 이루는 것이다"라고 정의하고 있다.

이와 같이 보는 관점에 따라 정보에 대하여 다양한 정의를 내리고 있지만 국가정보기관에서는 정보란 "국가의 정책결정을 위하여 수집된 첩보를 평가, 분석, 종합 및 해석한 결과로 얻은 지식"이라고 정의하여 첩보와 정보를 구분하고 있다. 또한 국가정책이나 전략기획을 수립하거나 의사를 결정하기 위하여 사용자에게 가치있고 유용한 지식이라고 정의할 수 있다.

그러므로, 정보경찰이란 경찰목적을 달성하기위하여 치안정보를 수집하고 작성·배포·활용하는 예방경찰활동을 담당하는 경찰작용을 말한다.

Ⅱ. 정보경찰의 조직

1. 경찰청

경찰청은 「경찰청과 그 소속기관 직제」 제14조와 「경찰청과 그 소속기관 직제 시행규칙」제11조에 의거하여 정보경찰의 사무를 위하여 정보국을 두고, 국장 밑에 기획정보심의관을 둔다. 정보국장은 치안감 또는 경무관으로, 기획정보심의관은 경무관으로 보하며, 기획정보업무의 조정에 관하여 국장을 보좌한다. 정보국의 사무분장은 다음과 같다.

1. 치안정보업무에 관한 기획·지도 및 조정
2. 정치·경제·노동·사회·학원·종교·문화 등 제분야에 관한 치안정보의 수집·종합·분석·작성 및 배포
3. 정책정보의 수집·종합·분석·작성 및 배포
4. 집회·시위등 집단사태의 관리에 관한 지도 및 조정
5. 신원조사 및 기록관리

정보국에는 정보1과·정보2과·정보3과 및 정보4과를 두고, 각 과장은 총경으로 보한다. 정보1과장은 정보경찰업무에 관한 기획·지도 및

조정, 신원조사 및 기록관리, 기타 국내 다른 과의 주관에 속하지 아니하는 사항을 분장한다.

정보2과장은 치안정보업무에 관한 기획·지도 및 조정, 정책정보의 수집·종합·분석·작성·배포 및 조정업무를 분장한다.

정보3과장은 정치·경제·노동분야에 관련되는 치안정보의 수집·종합·분석·작성 및 배포. 정치·경제·노동분야에 관련되는 집회·시위 등 집단사태의 관리에 관한 지도 및 조정업무를 분장한다.

정보4과장은 학원·종교·사회·문화분야에 관련되는 치안정보의 수집·종합·분석·작성 및 배포, 학원·종교·사회·문화분야에 관련되는 집회·시위 등 집단사태의 관리에 관한 지도 및 조정업무를 분장한다.

2. 지방경찰청과 경찰서

지방경찰청은 서울지방경찰청의 경우 지방청장 산하에 정보관리부를 두고 정보관리부장은 경무관으로 보한다. 정보관리부는 정보1과와 정보2과를 설치하여 각 과장을 총경으로 보한다. 다른 지방경찰청의 경우 정보과가 설치되어 있고 과장은 총경으로 보한다. 경찰서의 경우 경찰서장 산하에 정보과가 설치되어 있고 경정 또는 경감으로 보한다.

제2절 정보활동 일반론

Ⅰ. 정보개념의 구성요소

1. 정보의 사용자

정보는 어느 시기, 어느 상황을 막론하고 해당 정보를 필요로 하는 사용자가 있어야 한다. 사용자는 특정한 개인이나, 조직, 단체가 될 수 있으며 경우에 따라서는 국가나 군대, 기업체가 될 수도 있다. 아무리 많은 정보가 산재해 있더라도 그것을 필요로 하는 사용자가 없다면 정보는 무가치한 자료가 될 뿐이다.

2. 고유의 가치

정보는 나름대로 고유의 가치가 있어야 한다. 아무리 훌륭한 정보라고 하더라도 그것이 필요없는 사람에게는 아무런 가치가 없는 것이기 때문이다.

그런데 이 가치는 그 정보를 필요로 하는 사람과 상황에 따라 달리 평가되어질 수 있다. 예를 들어 우산장수에게 여름철의 일기예보만큼 중요한 가치가 있는 정보는 없을 것이며, 주식투자자에게 증권가 소식이나 정부의 경제정책 등은 매우 가치 있는 정보가 될 것이다. 그러나 청소년에게는 이와 같은 일기예보나 증권가 동향보다는 연예가 소식이나 수험정보 등이 더욱 중요한 가치를 가질 것이다.

3. 정보의 출처와 자료

정보는 자료나 정보원으로 구성되어 있다. 여기서 정보원은 자료나 첩보를 획득할 수 있는 원천을 말한다.

단편적으로 보아서는 정보를 제공해 주는 사람이나 조직과 같은 정보의 출처만을 의미하는 것으로 보기 쉬우나 이보다는 광의의 의미로 자료나 첩보를 제공한 직접 또는 간접의 공급원을 총칭하는 것이다.

4. 일정한 처리과정

정보는 일정한 형태의 처리과정을 거쳐야 산출된다. 일정한 처리과정을 거치지 않은 정보는 자료나 첩보의 수준에 지나지 않는 것이다. 그러므로 정보는 여러 사람의 조직적이고 협동적인 작업을 통하여 생산되는 것이 일반적이다.

Ⅱ. 자료 · 첩보와 정보의 구별

1. 자료(Data)

"특정한 목적에 의해 평가되어 있지 않은 단순한 여러 사실이나 기호"를 자료라고 한다. 즉, 데이터는 정보라기보다는 자료로서 이의 유용성 여부는 미지수이며 각종 신문자료, 서적, 광고, 개개인의 신상자료 등 삼라만상 모든 것이 자료에 포함된다. 이 자료는 특정한 목적이나 처리과정을 거치지 않은 채 산재해 있다.

2. 첩보(Information)

첩보란 "목적성을 가지고 의도적으로 수집한 데이터"를 말한다. 따라서 첩보는 의식적으로 수집하여야 하며, 아직 분석이나 평가 등의 정보처리과정을 거치지 않은 것이므로 다소 불확실한 특징을 가지고 있다.

따라서 첩보는 다소 조잡하고 경우에 따라서는 용도에 맞지 않을 때도 있다. 근거가 희박한 풍문, 소문, 루머도 첩보의 일종이라고 할 수 있다. 이러한 첩보의 진위여부를 확인하는 것은 정보전담기관의 역할이라고 할 수 있다.

3. 정보(Intelligence)

정보란 "특정한 상황에서 가치가 평가되고 체계화된 지식"으로서 「2차정보」 또는 「지식」이라고 한다. 정보는 데이터나 1차정보로부터 도출해낸 에센스이며 특정한 상황에서 가장 적합한 행동을 선택할 수 있는 판단의 기준이 되므로 유용성이 높다. 이러한 정보를 얻기 위해서는 과학적이고 체계화된 정보처리능력이 요구되기 때문에 통상 정보관리 전문가들이 이 과정을 담당하게 된다.

4. 자료 · 첩보 · 정보의 비교

자료, 첩보, 정보를 상호 비교하면 다음과 같다.

〈자료, 첩보, 정보의 비교〉

구 분	광의의 정보		
	자료(Data)	첩보(Information)	정보(Intelligence)
의 미	단순사실, 상태, 신호	목적의식에 따라 수집된 자료	일정한 절차에 따라 처리된 유용한 정보
용 어	데이터(자료)	첩보, 1차정보	정보, 2차정보, 지식
활 동	입력(input)	수집	평가, 분석, 가공
활동특성	임의적	의식적	의식적
활동주체	전체구성원	전체구성원	정보전담직원
특 성	무의미	불확실성	확실성
유 용 성	小	中	大
시 간	자동적	신속성	지연성

Ⅲ. 정보의 특성

1. 비소비성

물질적인 자원이나 상품은 소비하면 없어지는 것이나 정보는 아무리 사용해도 물질과 같이 없어지는 것이 아니다.

2. 비이전성

정보는 소유자가 다른 사람에게 양도할 경우 그 자신에게서 완전히 없어지는 것이 아니라 그에게도 여전히 남아 있는 것이다.

3. 누적효과성

일반적인 상품은 많이 생산되면 가치가 떨어지는 것이나 정보는 데이터베이스의 사례에서 볼 수 있듯이 풍부하게 생산되고, 축적될수록 그 가치가 높아진다.

4. 신용가치성

정보의 구입시 출처, 즉 정보원(source)의 신용이 중요한 판단기준이 된다. 같은 정보라도 출처의 신뢰도가 높을수록 그 정보의 가치는 높다고 할 수 있다.

5. 적실성

사용권자의 의사결정에 반드시 필요한 내용을 제공할 때 정보로서의 가치를 발하는 특성이 있다.

제 3 절 정보의 순환

Ⅰ. 정보순환의 개념

정보활동은 소요되는 정보요구를 결정하고 이 요구를 충족시키기 위한 첩보를 수집, 보고하며 수집된 첩보를 평가, 분석, 종합, 해석하여 정보를 생산하고 생산된 정보를 사용자에게 배포하는 4개 단계를 부단히 순환하면서 이루어지는데 이러한 연속적 과정을 정보순환이라고 한다. 이 정보순환은 연속적으로 이루어지는 것이 일반적이나 경우에 따라서는 전 단계가 동시에 발생할 수도 있는 것이다.

〈정보순환도〉

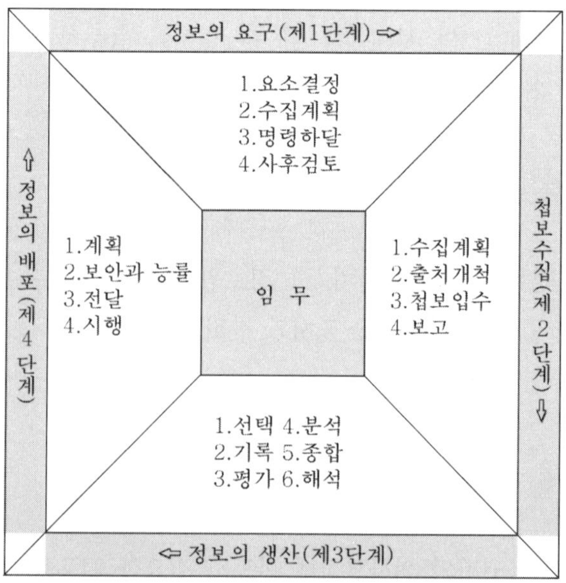

*통상은 연속적으로 이루어지나, 상황에 따라서는 전 단계가 동시 또는 부분통합적으로 발생할 수도 있다.

즉, 이러한 정보순환 단계에서는 새로운 첩보가 수집되고 있는 동안에 이미 입수된 정보는 처리, 분석되고 있으며 한편에서는 처리된 정보가 전파되고 수요자들에 의해 사용되고 다른 한편에서는 새로운 정보 수요가 나타나기도 하는 것이다.

이처럼 정보의 순환은 정보생산의 여러 단계가 유기적으로 조직되고 상호 보충작용으로 반복되고 계속되는 과정으로서 국가목표를 향해 형성되고 발전되어 가는 총괄적인 정보활동과정이라 말할 수 있는 것이다.

특히 오늘날의 정보순환이 객관적으로 존재하는 첩보의 진실성과 공개된 자료에 대해 여러 부문별로 분석되고 체계화되어 결집된 종합적 판단지식으로서의 필요와 경향이 강화되고 있음에 따라 순차적으로 종합화된 분석이 유기적으로 계속되는 정보순환과정의 이해야말로 현대 정보체계를 이해하는 데 가장 필수적인 모형이라고 할 수 있다.

한편 정보의 순환은 시계열적인 기획과 운영도 필수적인 요소로 평가되고 있다. 즉 기본방침에 따라 수립된 연간 정보관리 계획이 수립되어져야 하며 다시 분기별, 월별 활동계획을 작성해 분석과 종합이 연속화되는 시계열적인 정보 순환 과정도 동시에 이루어지고 있음을 명심해야 한다.

Ⅱ. 정보의 요구

1. 의의

국가지도자 및 정책입안자의 수요, 횡적 관계기관의 수요, 정보생산자 자체의 판단에서 오는 수요에 따라 첩보의 수집을 지시하고 감독하는 활동을 말한다.

2. 정보요구의 과정

가. 첩보수집의 기본요소 결정

정치, 경제, 사회 등 어느 분야의 정보를 수집할 것인가를 선정하고 구체적 부문을 결정하는 과정으로 첩보의 요구내용을 설정하고 한정하며 구체적 요구를 가능하게 한다.

나. 수집계획서의 작성

첩보를 요구함에 있어서는 어떤 내용을 누가 언제까지 어떤 방법으로 수집 보고할 것인가를 사전에 계획서를 작성하여 지시하여야 요구되는 첩보를 철저히 수집할 수 있다. 수집계획서에 포함할 사항으로는 기본요소, 요구배경, 요구되는 내용, 수집기관, 보고시기 등이 있다.

다. 명령 및 하달

계획서가 완성되면 적합한 시기에 요구내용을 명령하게 되는데 그 방법은 구두나 서면 등 상황에 알맞은 방법으로 하되 충분한 시간을 고려하고 보안에 유의하여야 한다.

라. 사후검토

요구내용이 본래의 목적에 따라 제대로 시행되고 있는가를 확인하고 지시내용의 가감, 보완하여야 할 사항은 없는지를 계속 검토한다.

3. 정보요구의 방법

가. 요구방법

요구방법은 요구되는 정보의 내용이나 성질에 따라 구두 또는 서면의 방식을 택할 수 있을 것이며 여러 정보수집기관에 동시에 요구하거나 개별적으로 요구할 수도 있다. 다만 주의할 것은 정보기관이라 할지라도 수집능력이나 분석능력이 무한정한 것은 아니므로 수많은 정보수요를 동시에 충족시킬 수는 없는 것이다.

따라서 다급하고 중요한 일부터 먼저 집중적으로 처리하여야 한다. 다시 말해 효과적인 정보 수집을 위해서는 우선순위를 결정하고 이에 따라 수집요구 및 활동이 이루어질 것이다.

나. 정보활동의 우선순위

정보활동의 우선순위[1]가 있는데 여기에는 PNIO,[2] EEI,[3] SRI,[4] OIR[5] 등이 있다.

(1) 국가정보목표우선순위(PNIO)

국가안전보장이나 정책에 관련되는 국가정보, 정부의 연간 기본정책의 수립, 시행에 필요한 정보로서 전 정보기관의 국가정보활동의 우선순위는 통상적으로 PNIO에 귀결된다. 따라서 PNIO는 정부에서 기획된 연간기본정책 수행에 필요한 자료를 목표로 선정되며 국가 전 정보기관 활동의 기본방침이 된다.

(2) 첩보기본요소(EEI)

첩보의 기본요소(EEI)는 정부의 각 부서에서 맡고 있는 정책을 수행함에 필요한 정보로서 계속적이고 반복적이며 전 지역에 걸쳐 수집되어야 할 사항과 해당 부서의 정보활동을 위한 일반적인 지침이라 할 수 있으며 통상 첩보수집계획서라 하면 EEI계획서를 의미한다.

(3) 특별첩보요구(SRI)

특별첩보요구(SRI)는 어떤 수시적 돌발사안에 대한 첩보요구로서 한시적 · 단편적이며 특수 지역적 사안에 대한 단기적 해결을 위하여 필요한 사항이며 특별한 사전의 수집계획서가 필요하지 않은 통상적인

1) 경찰청 예규 제330호('05. 1. 6) 견문수집 및 처리규칙 제5조
2) Priority of National Intelligence Objective
3) Essential Elements of Information
4) Special Requirements Information
5) Other Intelligence Requirement

정보활동은 특정사안이나 상황을 중심으로 SRI에 의하여 요구되어지고 있다. 보통 경찰업무에서 활용되어지는 정보요구는 주로 이 특별첩보요구(SRI)에 의해 이루어지고 있다.

(4) 기타정보요구(OIR)

기타정보요구(OIR)는 급변하는 정세변화에 따라 불가피하게 국가정책의 수정이 요구되는 경우 이를 위해 필요한 정보를 요구하는 것으로서 국가 정보목표 우선순위(PNIO)에 포함되어 있지 않거나 포함되어 있다 할지라도 정책 우선순위가 변경된 경우 등에 대응하기 위한 정보요구를 말한다.

Ⅲ. 첩보 수집

1. 첩보수집의 의의

첩보의 수집이란 정보순환의 2단계로서 첩보수집기관이 정보의 자료가 되는 첩보를 수집하는 활동을 말하며 이러한 첩보의 수집은 출처의 개척, 첩보의 입수·획득, 첩보의 전달·보고 등의 과정을 통해 이루어지며, 첩보수집의 방법으로는 관찰, 면담, 공개출처에 의한 방법, 기타 첩보수집 방법 등이 있다.

2. 첩보수집의 법적근거 및 견문의 종류

가. 법적근거

(1) 경찰법 제3조[6]

(2) 경찰관직무집행법 제2조 제3호[7]

(3) 견문수집및처리규칙(경찰청 예규 330호 '05. 1. 6)

---

6) 치안정보의 수집을 경찰의 임무로 규정

7) 치안정보의 수집, 작성 및 배포를 경찰의 직무범위로 규정

나. 견문수집 및 처리규칙상 견문의 종류

(1) 정책자료

(2) 범죄자료

(3) 판단 · 대책 자료

(4) 중요정보자료

(5) 통보(하달)자료

(6) 기록자료

(7) 보완자료

(8) 참고자료

※ 경찰관 개인별 수집 기준(월별)

수 집 량	제출면제자
• 지방청 · 서 정보과장(주요정책자료) : 2건 • 정보외근요원 : 30건 • 기타 수사 · 보안 등 외근요원 : 4건 • 파출소 · 분소 근무 경찰관 : 4건 • 내근 · 교통외근 · 검문소 및 항공요원 : 2건	• 전경대원, 기동대원 • 교육기관 입교자 • 공상관련 장기 병(휴)가 • 국외여행자 등 • 기타 소속장이 인정하는 면제 사유가 있는 자

3. 첩보수집의 과정

첩보의 수집은 '첩보수집의 계획→출처 개척→첩보수집 활동→첩보 보고' 의 4단계를 거쳐 이루어진다.

가. 첩보수집 계획의 수립

첩보수집을 계획할 때는 다음과 같은 사항을 잘 검토해야 한다. 그리고 획득해야할 첩보가 다양하거나 임무부여를 확실히 할 필요가 있을 때에는 수집계획서를 작성하여 체계적이면서도 완벽한 첩보 수집이 가능하도록 한다.

나. 출처의 개척

(1) 출처의 의의

출처(Source)란 다른 말로 정보원이라고도 하는데 첩보가 획득되는 모든 근원을 의미한다. 출처를 잘 찾아내고 효율적으로 관리하는 것이 성공적인 정보활동을 보장하는 길이며 첩보수집의 제일보라고 할 수 있다.

(2) 출처의 종류

(가) 근본출처 : 부차적출처

근본출처란 첩보의 대상목표를 직접 관찰하거나 대상인물과 면담 등을 통해 첩보를 입수하는 것을 말하며, 부차적 출처란 전달자로부터 제2차적으로 첩보를 입수하는 경우로 경찰청에서 노동부의 자료를 받아 노사분규의 상황을 파악하는 경우 등을 말한다.

(나) 공개출처 : 비공개출처

공개출처란 신문, 방송, 간행물, 인터넷, 외교경로 등과 같이 첩보의 존재상태가 일반인에게 공개되어 계속적·반복적으로 입수할 수 있는 출처이며, 비공개출처란 출처에의 접근이 허가된 사람들에게만 공개되는 출처를 말한다. 요즘 공개출처의 중요성이 강조되고 있지만 핵심적인 내용은 비공개출처로부터 획득될 가능성이 많기 때문에 비공개출처의 중요성을 경시해서는 안 된다. 또한 비공개출처의 개척은 고도의 첩보활동이 요구되며, 때에 따라서는 비합법적 방법이 동원되기 때문에 이해당사자와의 분쟁에 휘말릴 수 있다. 따라서 비공개출처를 개척하고자 할 때는 사전에 면밀한 계획을 세워 접근하여야 한다.

(다) 정기출처 : 우연출처

정기출처란 첩보를 정기적, 주기적으로 입수할 수 있는 출처를 말하며, 우연출처란 여행 중 우연히 또는 평소의 인간관계로부터 자발적으로 제공받는 경우의 출처를 말한다.

(3) 출처결정 및 첩보입수시 고려사항

첩보의 출처를 수집자가 어떻게 개척하고 입수할 것인가는 다음과 같은 사항을 고려하여 결정해야 한다.

(가) 어떤 종류의 첩보가 요구되는가?

(나) 어떤 출처가 더 신뢰성 있고 유용한가?

(다) 출처의 접근·개척가능성은 있는가?

(라) 어느 출처가 더 빠르고 정확한가?

(마) 이중성·가외성의 원칙(이중출처)이 고려되는가?

(바) 가까운 곳에서 찾아라.

(사) 한 번 개척한 출처는 절대로 잃지 않도록 관리하라.

(아) 공개자료(OSINT)는 즉시 이용가능토록 평소에 정리

(4) 출처의 관리

출처를 개척한 후에는 이를 지속적으로 관리하는 것이 중요하다. 평상시에 관리를 소홀히 하면 첩보 수집이 필요할 때 다시 출처를 개척해야하는데 특히 단체나 HUMINT의 경우는 오히려 접근하기가 더 어려워 질 수 있기 때문이다.

그러므로 바람직한 인간관계를 위한 노력을 게을리 하지 말아야 하는데 필요한 경우에는 경조사 참석, 전화 방문, 전자우편활용, 동호회 모임 등의 부단한 노력을 하여야 한다. 아울러 인사 이동시에 후임자에게 출처를 인계하여 새로 온 직원이 출처개척에 애로를 겪는 일이 없도록 배려하는 자세가 필요하다.

다. 첩보수집 활동

(1) 첩보수집활동의 원칙

(가) 유용성

수집할 첩보가 사용자의 임무 수행에 도움이 되어야 한다. 사용자에게 전혀 도움이 되지 않는다면 그것은 무용지물에 불과하며, 무용한 정

보는 인력의 낭비이며 정보활동에 오히려 지장을 준다.

(나) 중요성

중요도가 높은 것부터 우선적으로 수집해야 한다. 그러나 실제에 있어서 첩보의 중요성을 구별하기란 쉽지 않기 때문에 이를 구별해 낼 수 있는 고도의 정보감각이 필요하다.

(다) 가능성

아무리 유용성과 중요성을 갖춘 첩보일지라도 수집이 불가능하다면 아무런 의미가 없을 것이다.

(라) 긴급성

긴급히 필요한 정보일수록 우선순위를 두어 수집하여야 한다는 것을 말한다.

(마) 경제성

나름대로의 B/C(Benefit-Cost)분석을 통하여 첩보의 효용가치가 수집 시 들어가는 비용보다 클 때 첩보활동을 개시한다.

(바) 신빙성

첩보가 유용성과 중요성을 갖추고 수집할 가능성이 있다 하더라도 출처의 신빙성이 없다면 첩보로서의 가치가 없을 것이다.

(2) 첩보수집자가 갖추어야 할 자세

㈎ 수집목표를 명확히 가지고 있을 것

㈏ 문제의식을 가질 것

㈐ 배경이나 이면을 파악하려는 노력을 할 것

㈑ 다각적이고 종합적인 시각을 가질 것

㈒ 선입견을 버릴 것

㈓ 정보제공자를 조직화할 것(Human Network 형성)

㈔ 컴퓨터 등 정보수집 장비를 갖출 것

㈕ 현장정보를 중시할 것

(자) 손을 부지런히 놀리고(memo, scrap, filing), 입을 요령껏 구사(상대로부터 정보유도)할 것

(차) 정보 보안을 유지할 것

라. 첩보의 보고

정보는 그 자체가 목적이 아니라 수단에 불과하므로 보고되지 않은 정보는 정보로서의 가치를 발휘할 수 없다. 어떠한 형태의 보고이든

첫째, 가치가 변질되기 전에 즉시 보고가 이루어져야 하며

둘째, 사안에 대한 정확한 사실보고가 되어야 하고

셋째, 간결한 핵심 보고가 이루어져야 한다.

그러나 경우에 따라서는 수집 즉시 전달하는 것보다 첩보를 확인하고 출처의 신빙성을 검토한 후에 전달하는 것이 효과적일 수도 있다. 또한 첩보의 전달 수단이 고려되어야 하는데 그 첩보의 긴급성과 중요성, 그리고 첩보의 형태에 따라 적절히 결정한다.

일반적으로 전달수단에는 구두, 문서, 전신 및 전화 등이 있고 요즘은 컴퓨터통신이나 인터넷을 통한 보고가 새로운 전달수단으로 활용되고 있는데 이를 사용할 때에는 보안에 대한 기술적 고려를 충분히 하여 사용해야 할 것이다.

마. 첩보수집의 방법

(1) 관 찰

관찰이란 특정 목적하에 인간의 실체, 사물의 현상, 사건의 전말을 오관을 통해 감지하는 과정을 말하며 모든 첩보수집활동의 기본이 된다.

(2) 면 담

첩보 수집을 위해 인간정보를 활용할 필요가 있다. 항상 주변에 여러 분야별로 휴먼네트워크를 구성해놓고 이들과 원만한 인간관계를 유지하는 것이 핵심이다. 이를 위해 면담 기술을 익히는 것이 필요하다.

(3) 공개출처에 의한 방법[8)]

미국의 경우, 정보활동에 요구되는 총 첩보의 약 80%가 공개출처로부터 획득되며 반면에 이것의 수집비용은 총 수집비용의 20% 미만을 차지하고 있다고 한다. 정보기술의 발전에 따라 공개출처 정보의 수단은 신문, 보고서 등의 종이매체에서 전자통신매체(인터넷, 데이터베이스)로 급속히 전환되고 있으며 이에 따라 공개 출처의 종류와 정보의 양이 폭발적으로 증가하고 있는 추세이다. 따라서 넘쳐나는 공개출처의 홍수 속에 휘말리지 않기 위해서는 필요한 자료가 무엇인지를 명확히 하는 선행작업이 필요하며 그러한 자료가 어디에 있는지를 빨리 파악할 수 있는 능력이 요구된다.

(4) 비공개첩보 수집방법

공개정보가 대부분을 차지한다 하여도 정보의 가치는 궁극적으로 비공개 정보에 의하여 결정되는 경우가 많다. 따라서 필요로 하는 정보를 가진 자가 누구인가 또는 필요한 정보를 가진 자로부터 어떻게 정보를 입수할 것인가가 문제된다.

(5) 기타 첩보수집 방법

기타 첩보수집 방법으로 진정서・투서 등의 분석, 민원성 시위의 이슈 분석, 증권가의 풍문 분석, 시민・사회단체 등의 주장 입수, 폐기물 조사에 의한 방법 등이 있다.

Ⅳ. 정보의 분석・평가

수집된 첩보가 정보 생산기관에 전달되면 정보사용자의 요구에 맞도록 첩보를 평가, 분석, 종합, 해석하는 과정을 거쳐 정보보고서 작성 등

8) 공개출처(OPEN SOURCE INTELLIGENCE)란 책, 신문, 정기간행물, 보고서, PC통신, 인터넷, 데이터베이스 등 모든 공개출처로부터 합법적으로 수집될 수 있는 정보를 말하다.
※ 파레토의 법칙 80:20법칙

최종적으로 정보를 생산하는 과정에 이르게 된다. 이 과정에서 분석관이나 판단관은 고도의 전문적인 지식과 경험 그리고 냉철한 사고와 추리 판단력을 가져야 한다.

정보분석이란 국가이익이나 정책·시책 또는 이에 영향을 미치는 제반 중요요소를 알아내기 위해 평가된 첩보를 세밀히 조사하고 분류하여 대책을 제시하는 것이라고 할 수 있다.

또한 정보분석이란 분석관의 마음속에서 행하여지는 일종의 전문성 있는 기술로서 이는 "장차 발생할 사태를 예측하고 과거 사태가 발생하게 된 원인을 규명"하는 기능을 수행하게 된다.

분석·평가 처리과정은 선택 → 기록 → 평가 → 분석 → 종합 → 해석 등 6단계를 거친다.

1. 선택

우선 수집된 첩보 중에서 쓸모없는 첩보를 골라내고 첩보의 긴급성·유용성·신뢰성·적합성 등을 제1차적으로 판단하는 단계이다. 이러한 선택단계는 초기의 평가과정이라 할 수 있다.

2. 기록

당장 사용할 필요가 없는 첩보이거나 이미 사용된 첩보는 기록하여 관리한다. 이 경우 색인목록만을 요하는 것, 통독해야 할 것 또는 완전히 분석하여 요약 기록해 둘 것 등으로 분류하여 기록한다.

가. 관리방법

(1) 집중관리

자료를 한 곳에서 일괄하여 보관하는 방법이며 이러한 곳은 기록보관소 혹은 파일센터라고 하는데 이는 정보도서관인 것이다. 자료의 사물화를 방지하고 여러 사람이 이용할 수 있는 점에서 효과적인 방법이다.

(2) 분산관리

자료를 소요로 하는 과, 계 또는 개인별로 보관하는 방법이다.

나. 자료의 분류

(1) **종합의 원칙**: 실용적인 분류는 세분하는 것이 목적이 아니라 모으기 위하여 분류하는 것임을 잊어서는 안 된다는 원칙이다.

(2) **점진의 원칙**: 제1분류, 제2분류, 제3분류 등과 같이 모을 것을 모아 가지고 간단에서 복잡으로, 일반에서 특수로 분류해 나가야 한다는 원칙이다.

(3) **일관성의 원칙**: 분류를 하는 목적에 의해서 어떠한 기준으로 분류할 것인가를 확실히 정해야 한다. 즉 한 개의 분류가 끝날 때까지 변경하지 말아야 한다.

(4) **상호배제의 원칙**: 분류의 세분항목은 애매한 점이 없이 확실하고 중복이 없어야 한다는 원칙이다.

(5) **병치(竝置)의 원칙**: 유사한 것이나 관계되는 자료는 가깝게 위치할 수 있도록 분류되어야 한다는 원칙이다.

다. 정리 제도

자료를 빨리 찾고 이용에 편리하도록 보관하기 위하여 수직식 편철시스템이 고안되었으며, 수직식이란 기록물을 서류함의 서랍안에 수직으로 배열하는 것이다. 수직식 편철시스템은 그 방법에 따라 다음과 같이 구분된다.

(1) 명칭별 분류(방법)

자료를 제공한 출처 혹은 각 발송기관 명칭에 의해서 모아 가지고 가나다순 또는 ABC 순으로 배열하는 방법이다.

(2) 번호별 분류

이 방법은 접수되는 자료의 순차에 따라 또는 출처나 기관에 따라 일련번호를 배당하고 그 번호순으로 배열하는 방법이다.

(3) 연대별 분류

자료를 접수하는 일자순으로 보관하는 방법을 말하는 것인데 이 방법은 많은 양의 자료를 취급하거나 장기간 보관을 요하는 기관에서는 적합치 않다. 따라서 이 제도는 입수된 일자를 모르고서는 찾기가 곤란하다는 단점이 있다.

(4) 지역별 분류

자료의 내용을 지역 혹은 지명별로 관리하는 것이다.

(5) 주제별 분류

보관한 자료를 그 내용을 대표하는 주제에 의해 분류하고 배열하는 방법이다. "가나다식" 주제별 제도와 "숫자식" 제도가 있는 바, 가나다식이란 각 주제를 전후 관계없이 가나다순, 즉 사전식으로 배열하는 방법이고 숫자식이란 주제를 전후 관련시켜 각 주제에 특정한 기호를 배당하고 이 기호에 의거 배열하는 방법이다.

(6) 기타 분류

이상에서와 같은 것만으로는 모든 기관의 요구조건을 충족시킬 수는 없다. 따라서 정보기관은 기관의 특성에 맞는 적절하고 융통성이 있으며 경제적인 방법을 고안해서 사용해야 한다. 또한 컴퓨터에 자료를 보관할 때는 자료가 유출되거나 조작되지 않도록 각종 보안장치를 철저히 하여야 한다.

3. 평가

가. 평가의 의의

평가란 첩보의 내용을 파악하여 첩보의 적합성, 출처의 신뢰성, 내용의 정확성 등을 검토하는 것이다. 첩보에 대한 평가는 첩보가 수집될 때부터 시작하여 全 과정에 걸쳐 행하여지는 것이지만 정보생산과정에서의 평가과정은 보다 정확하고 치밀하게 이루어져야 한다.

나. 평가 요소

(1) 첩보의 적합성

평가를 위하여 가장 먼저 해야 할 사항은 그 첩보에 대한 적합성을 검토하는 것이다. 아무리 신뢰성 있는 출처에서 정확한 첩보가 입수되었다 하더라도 시기적으로 늦었거나 직접 관련되지 않은 내용 또는 이미 타 출처에 의해 명백히 알려진 사항은 무가치하다. 첩보의 적합성은 다음과 같은 질문에 자문자답하는 과정에서 검토할 수 있다.

㈎ 첩보의 의미는 무엇인가?

㈏ 입수시기는 적절한가?

㈐ 시급을 요하는 내용인가?

㈑ 당면하고 있는 문제와 관련성이 있는가?

㈒ 장래에 사용가치가 있는가?

첩보의 적합성을 평가한 결과 긴급을 요하는 사항이라면 신속히 처리해야 할 것이고 적합성이 없는 첩보라면 평가, 분석에 시간을 소비할 필요가 없을 것이다.

(2) 출처의 신뢰성

첩보의 적합성을 검토하여 적당한 시기에 입수되었고 유용한 자료라고 판단될 때에는 그 자료를 제공한 출처에 대한 신뢰성을 검토하여야 한다. 첩보에 대한 신뢰성은 ㈎ 출처의 능력 및 지식 ㈏ 훈련과 경험 ㈐ 성실성 ㈑ 수집환경 ㈒ 과거업적 등을 검토하여 결정한다.

(3) 첩보의 정확성

첩보의 정확성은 출처의 신뢰성에 관계없이 검토되어야 한다. 과거 상세하고 정확한 첩보를 제공하였던 노련한 수집자도 때로는 착오를 일으켜 부정확한 첩보를 제공할 수 있다. 반면에 과거에는 가치 없는 첩보를 제공하였다 하더라도 특정한 분야에 대하여는 매우 상세하고 정확한 첩보를 보고할 수도 있다는 사실을 염두에 두어야 한다.

신뢰성은 첩보의 형식적인 신뢰이고 정확성은 첩보의 실체적 신뢰라고 할 수 있다. 첩보의 정확성은 내용의 견실성과 상세성, 일반적인 지식과 경험에 비추어 본 타당성, 그리고 다른 출처에서 입수한 첩보와의 일치성을 검토함으로써 용이하게 판단할 수 있다.

(가) 내용의 견실성

(나) 보고의 상세성

(다) 내용의 타당성

(라) 다른 출처에서 입수한 첩보와의 일치성

다. 평가등급 표시

(1) 출처의 신뢰성 표시

첩보에 대한 평가를 실시한 후 출처의 신뢰성 정도에 따라 다음과 같이 등급을 정하여 구분한다.

(가) A등급 : 완전히 신뢰할 수 있다.

(나) B등급 : 일반적으로 신뢰할 수 있다.

(다) C등급 : 어느 정도 신뢰할 수 있다.

(라) D등급 : 일반적으로 신뢰할 수 없다.

(마) E등급 : 신뢰할 수 없다.

(바) F등급 : 판단불능

(2) 첩보의 정확성 표시

첩보의 정확성은 다음과 같이 등급을 정하여 구분한다.

(가) 1등급 : 타 출처에 의거 확인하였다.

(나) 2등급 : 거의 사실이다.

(다) 3등급 : 사실일 수도 있다.

(라) 4등급 : 의심되는 사실이다.

(마) 5등급 : 거의 있을 수 없는 사실이다.

(바) 6등급 : 판단불능

(3) 평가등급 표시시 유의사항

평가자는 일반적으로 출처의 신뢰성 등급이 높을 경우 첩보의 정확성 등급도 높이 평가하는 경향이 있다. 물론 믿을 수 있는 출처가 더욱 정확한 첩보를 제공할 수 있겠지만 이것이 첩보를 평가하는 제1요소로 생각해서는 안 된다. 즉, A등급으로 평가된 출처라고 해서 반드시 그 내용을 1등급으로 해야 하는 것은 아니며 완전히 믿을 수 있는 출처가 5등급에 해당하는 첩보를 제공할 수도 있고 믿을 수 없는 출처에서 나온 첩보가 1등급에 해당하는 첩보를 제공할 수도 있다.

4. 분석

정보생산과정에서 '평가된 첩보를 구성요소별로 세분화하고 세분화된 요소들의 인과관계, 패턴이나 경향, 상관관계 등을 논리적으로 검토하여 행동의 예측과 조정에 도움이 되게 하는 것'을 분석이라고 할 수 있다.

분석기법으로는 (1)통계분석기법 (2) 핵심판단 추출기법 (3) 인과관계 분석법 (4) 상관관계 분석법 (5) 연역적 분석법 (6) 귀납적 분석법등이 있다.

5. 종합

종합이란 부여된 주제에 대한 정보를 생산하기 위하여 동류의 것끼리 분류된 사실을 하나의 통일체로 결합하는 과정으로서 분석에서 확인된 하나하나의 단편적인 자료와 그에 관련된 여러 가지 사실을 맞추어 하나의 통일체로 만드는 작업을 말한다.[9)]

---

9) [사례] 북한의 식량사정을 판단할 경우, 북한 내에서 생산되는 쌀, 보리, 밀, 감자 등에 대하여 개별적으로 정확한 통계를 집계하고 북한의 인구, 그에 따르는 소비량은 어느 정도인가?, 사료 및 공업용 소비량은 얼마인가?, 외국에 어떠한 종류의 식량을 수출하고, 수입하고 있는가? 등을 모두 짜 맞추어 북한의 식량사정을 판단하게 되는 것이다.

6. 해석

평가, 분석, 종합된 생정보에 대하여 그 의미와 중요성을 결정하고 건전한 결론 도출을 가능케 하는 과정이다. 타당한 해석을 위해서는 분석관의 객관적인 관찰과 예리한 판단력이 필요하다. 특히, 주관이 개입할 가능성이 많으므로 주의를 하여야 한다.

7. 결론의 도출

결론이란 해석에서 나타난 여러 가정을 확정하는 것으로 최초에 부여된 문제에 대한 해답을 주는 것으로서 가장 중요한 과정이다. 결론은 연구분석에서 발견된 사실과 일치해야 하고 어떠한 경우에 있어서나 도출된 결론은 증명이 가능해야 하며 간단하고 인상깊게 표현하여야 한다.

V. 정보보고서 작성

1. 보고의 일반론

가. 보고의 의의

보고란 정보 사용자 또는 보고 받는 자의 의사결정 및 이해에 도움을 주고자 판단자료 및 설명 자료를 일정한 형식에 의거 제공하는 행위를 말한다. 그런데 정보요원이 아무리 정보활동을 열심히 하여 가치있는 자료와 첩보를 수집하였다고 하더라도 수집된 내용을 보고 과정을 통해 제대로 전달하지 못한다면 아무런 의미가 없는 활동이 되고 말 것이다. 따라서 정보는 보고가 잘 이루어 졌을 때에 비로소 가치를 갖기 때문에 정보와 보고는 불가분의 관계에 있다고 할 수 있다.

나. 보고방법의 종류

(1) 구두(口頭)보고

전화보고 등의 구두보고는 주로 시간이 촉박하여 보고서를 만들 시간적 여유가 없거나 내용이 간단할 때 또는 은밀한 내용이나 보고 받는 자의 즉각적 반응을 알고자 할 때 주로 사용하는 방법이다. 구두보고 요령은 우선 결론부터 언급한 후, 내용을 간략하게 요약해서 보고하는 것이 좋다.

(2) 서면보고

서면보고는 보고서를 작성할 시간적 여유가 있거나 내용이 복잡하고 분량이 많을 때 또는 심도 있는 분석이 요구될 때 주로 사용하는 방법이다.

2. 정보보고서 작성

가. 정보보고서의 종류

종 류	내 용
견문보고서	경찰관이 오관의 작용을 통해 근무 및 일상생활 중 지득한 여러 가지의 보고(見) 들은(聞) 것을 신속·정확하게 수집하여 보고하는 문서
특별보고서 주요정책자료	국내 치안상 중대한 위해를 미치거나 사회에 물의를 야기시킬 사항, 중요시책자료에 공할 사항에 관한 보고서
정보판단서	타 견문과 자료를 종합, 분석하여 작성한 보고서로서 지휘관으로 하여금 상황에 대한 조치를 요하는 보고서

나. 보고서 작성방법 3요소

(1) 계획(plan)

㈎ 보고를 요구하는 사람이 누구인가를 생각하여 요구에 초점을 맞추어 계획한다.

㈏ 사실의 관찰, 의견, 설명 등 모든 자료를 빠짐없이 수집한다.

㈐ 자료를 결합, 순서에 따라 정리하고 항목을 기록하여 개괄적인 골격을 만든다.

(2) 기술(describe)

㈎ 항목별로 작성하고 대제목, 소제목을 붙여 큰 항목만 읽어도 그 보고의 내용이 파악될 수 있도록 한다.

㈏ 알기 쉬운 용어, 문자를 사용하여 간결한 문장으로 작성한다.

㈐ 한눈에 알아 볼 수 있도록 도면, 그림 혹은 도표를 사용하기도 한다.

(3) 검토(check)

작성된 문서를 재검토하여 논지의 일관성, 문장 · 단어 · 표기의 적절성 등을 확인한다.

다. 보고서 작성시 유의사항

보고서 작성시에 간과하기 쉬우나 자칫 잘못하면 보고서 내용과는 상관없이 성의 없는 보고서로 보일 수도 있기 때문에 보고서 작성시에는 다음과 같은 사항들을 항상 염두에 두어야 한다.

(1) 보고받을 사람의 입장에서 생각하여 보고서에 의문점이 없도록 하여야 한다. 보고서에 의문점이 있다면 결코 훌륭한 보고라고 할 수 없을 것이다.

(2) 용어 선택을 상황 및 문맥에 맞게 적절히 하여야 한다.

(3) 오 · 탈자가 없도록 하고 맞춤법에 맞추어 작성한다.

(4) 현대적 용어를 사용하고 일본식 표현이나 고어 등 경직된 용어는 배제하여야 한다.

(5) 반복되는 용어, 문장은 삭제하고 불필요한 말이 없도록 최대한 간결한 표현을 사용하여야 한다.

(6) 애매모호한 표현은 가급적 배제하여야 한다.

(7) 사안별 점검표(checklist)를 만들어 보고서에 꼭 들어갈 내용이 빠지지 않았는가 검토한다.

Ⅵ. 정보의 배포

1. 의의

정보의 배포란 생산된 정보를 필요로 하는 공인된 사람과 기관 즉 사용자에게 적절한 형태와 내용을 갖추어서 적시에 전파하는 것을 말한다.

첩보를 수집하고 평가 분석하여 정보를 생산했으면 이를 필요로 하는 사용자에게 적절한 형태와 내용을 갖추어서 적시에 배포하여 이를 효과적으로 활용할 수 있도록 해야 한다.

2. 배포의 원칙

생산된 정보가 효과적으로 이용되기 위해서는 최대의 효과를 발휘할 수 있도록 배포 부서를 결정하고 능률적으로 배포할 수 있는 절차와 형태 및 시기를 충분히 고려하여 다음과 같은 원칙에 따라야 한다.

가. 필요성의 원칙

알아야 할 필요가 있는 대상자에게는 알려야 하고 알 필요가 없는 대상에게는 알려서는 안 된다는 것을 말한다.

나. 적시성의 원칙

작성된 정보가 아무리 정확하고 완전하며 중요한 정보라 할지라도 적시에 필요로 하는 대상에게 배포되지 않는다면 그 가치를 상실하게 된다.

다. 적당성의 원칙

적당성이라고 하는 것은 정보량을 정하는 기준을 말하는 것으로 너무 적게 배포하면 임무수행에 곤란을 초래할 것이고 반대로 너무 많은 양을 필요 이상으로 배포한다면 보안과 능률면에서 역효과를 가져오게 된다.

라. 보안성의 원칙

작성된 정보연구 및 판단이 누설됨으로서 초래될 수 있는 결과를 사전 방지하기 위하여 보안대책을 강구해야 한다. 이러한 대책으로 비밀등급을 만들어 꼭 필요한 당해 인가자에게만 배포함으로써 작성된 정보를 접할 수 있는 사람수를 최소화해야 한다.

마. 계속성의 원칙

어떤 사항의 정보가 필요한 기관에 배포되었으면 그 주제와 관련성을 가진 새로운 정보가 작성되었을 때는 계속 배포해 주어야 한다. 정기적으로 발행되는 정보가 변동사항이 없다 할지라도 이전의 수요자에게 변동사항이 없음을 통보하여야 한다.

Ⅶ. 정보기록 관리

1. 정보기록의 의의

정보기록이란 정보활동의 결과 얻은 제반자료를 경찰목적에 맞게 사용할 수 있도록 문서화 또는 전산화한 것을 말한다. 즉, 정보업무의 대상이 되는 인물, 단체, 사건 및 시설 등에 관련된 동향을 사후 참조할 수 있도록 작성 보관하는 문서 또는 자료를 말한다. 모든 암호, 부호, 사진, 필름, 슬라이드, 테이프, 지도, 도표 및 컴퓨터에 의하여 처리되는 매체 등에 기록된 사항을 포함한다.

2. 정보기록의 보관

합리적인 정보기록 보관을 위한 조건으로는 일단 보관된 기록은 다시 찾는데 시간과 노력을 최소한으로 줄일 수 있도록 보관하는 것을 말하는데 ① 필요하면 언제든지 ② 요구되는 기록을 ③ 단 시간 내에(최장 3분 이내) ④ 보관위치를 알 수 있고 ⑤ 그 내용을 열람할 수 있어야 한다.

〈정보보안의 3원칙〉

○ 알사람만 알아야 하는 원칙

○ 적당성의 원칙

○ 보안과 능률의 조화

〈보안누설의 유형〉

○ 기도적인 누설

○ 보안의식 결핍으로 인한 누설

○ 제3자의 침입에 의한 누설(절취, 도청, 컴퓨터 해킹)

제4절 사회정보활동

Ⅰ. 사회정보활동의 의의

정보가 국가의 능력과 취약점 및 가능한 행동방책에 관련한 모든 지식이라고 한다면 사회정보는 사회학에서 취급되는 많은 문제 가운데서 국가의 사회적 능력과 사회적인 취약요소 및 가능한 행동 방책을 분석하여 얻은 지식이라고 할 수 있다. 특히 오늘날과 같이 사회의 제 현상과 기능이 유기적인 관계를 맺고 있는 사회에서는 어떤 하나의 사회현상은 곧 정치·경제현상에 지대한 영향을 주고 서로 밀접히 관련되어 있다.

가. 사회정보의 대상

실무상에서는 경찰이 수집하는 모든 정보 중에서 정치, 경제, 노동. 학원, 종교, 문화 등에 대한 문제의 모든 것을 사회담당 정보 경찰이 처리하고 있다.

사회정보에서 중점적으로 다루는 대상을 명확하게 분리시키기는 곤란하나 사회의 구조적 문제, 사회의 변동을 가져오는 요인, 사회운동의 종류, 커뮤니케이션과 여론 등으로 규정할 수 있다. 즉, 각종 사회정책의 입안·수행과 관련한 민심동향, 민원성집단시위 관련 정보, 대형안전 사고의 위험 요소 등이 그 대상이 된다.

나. 사회정보 수집활동시 유의사항

정보경찰은 일반경찰작용의 선행적 행위로서 일반 경찰 작용에 필요한 모든 사항을 수집하여 배포하여야 한다. 따라서 정보경찰은 범죄나 방법에 관한 사항도 수집하여야 한다.

민원성집단시위의 이슈는 쓰레기장건설, 핵폐기물처리장설치, 공해배출업소입주 등과 관련한 인근 주민들의 환경피해, 재개발사업과 관련한 철거민들의 이주대책요구, 장애인, 노점상들의 생존권보장요구 등 나날이 다양해지고 있는 추세이다.

다. 사회변화와 정보 경찰의 역할

급격한 사회변화는 예기치 못한 사회병리와 가치의 갈등 즉, 아노미[10]를 일으킨다. 이러한 병리적 현상은 지금까지의 정책대안만으로는 치료할 수 없는 경우가 대부분이라고 할 수 있다.

---

10) 아노미(anomie)란 뒤르껭의 정의에 의하면, 무규범, 무질서의 상태를 뜻하는 용어로서 현재의 사회구조가 구성원 개인의 욕구와 욕망에 대한 통제를 할 수 없을 때 발생하는 사회적 상황을 말한다.

※ 참고 사항

① **NIMBY현상** : (Not in my backyard) 자신이 거주하는 지역 주변에 산업폐기물 또는 핵폐기물 처리시설 등의 환경시설이나 장애인수용시설 등 특수한 시설의 설치를 반대하는 이기적인 풍조를 말한다.

② **Sprawl현상** : 도시의 급격한 팽창에 따라 도시의 교외지역이 무질서하게 주택화 하는 현상

③ **U턴현상** : 대도시에 취직한 시골 출신자가 고향으로 되돌아가는 형태의 노동력 이동현상

④ **도넛현상** : 대도시의 거주지역 및 업무의 일부가 외곽지역으로 집중되고 도심에는 공공기관, 상업기관만 남게 되어 도심이 도넛 모양으로 텅 비어버리는 현상(공동화현상)

Ⅱ. 집단행동

1. 집단행동의 개념

집단행동이란 일반적으로 동일한 대상에 초점을 맞추고 이에 반응하는 사람들의 행위를 말한다. 집합행동은 일시적이고 구조화되어있지 않으며, 우발적이어서 예측하기 어려운 것이 특징이라고 할 수 있다. 이러한 집합행동의 종류는 매우 다양한데 군중행동, 폭동, 공황, 유행, 광란, 사회운동, 여론 등 광범위한 현상들이 집단행동의 유형으로 간주된다.

집합행동은 전통적 조직 속에서 규범·역할·사회통제와 같은 조직요소들에 의해 제약을 받지 않을 뿐만 아니라 상대적으로 예측 불가능하다는 점에서 집단행동과 구별된다. 그러나 이와 같은 구별은 상대적인 것으로서 집합행동은 집단행동보다 무질서하고 그 결과를 예측하기 어렵다는 것을 강조하는 것이라 할 수 있다.

2. 군중의 행동

가. 군중의 개념과 특성

(1) 군중의 개념

군중이란 어떤 사건을 중심으로 하여 공통의 이해를 가지고 일시적으로 모인 사람들의 집합체라고 볼 수 있다. 이들은 물리적으로는 근접해 있지만 조직화되어 있지 않으며, 구성원들은 기존에 상호작용이 없는 사람들이다.

(2) 군중의 특성

군중을 형성하고 있을 때 모인 사람들 사이에는 감정적인 상호작용이 일어나고, 이 상호작용은 쉽게 확산되어 나가며, 개개인은 때로 자제력을 잃고 행동하게 된다.

일반적으로 군중의 개념 속에는 다음과 같은 특성을 내포하고 있다.

(가) 익명성

군중 속에서 행동할 때 개인은 군중의 단순한 일원으로서 행동하며, 이름이 밝혀지거나 신분이 노출되지 않는 것이다. 이와 같은 익명성 때문에 군중속의 개인은 평상시와는 다른 과격한 행동을 하게 되며, 자신의 행동에 대해서 책임감을 느끼지 않게 된다.

(나) 집단성

비개인성이란 익명성과도 통하는 개념으로서 군중 내에서의 개인은 그 개인으로서 행동하는 것이 아니며, 집단행동을 할 때에는 어느 특정 개인을 공격하거나 지지하는 것을 목적으로 하지 않는다는 의미이다.

(다) 피암시성

군중 속에는 조직적인 사고를 가진 지도자가 존재하지 않으며 단지 군중속의 누군가의 암시에 쉬게 동조하여 즉흥적인 행동을 하게 된다.

나. 군중의 종류

군중은 분류의 기준에 따라 그 유형이 달라질 수 있다.

(1) 우연적 군중

사람들이 일시적으로 특정한 개인이나 사건에 대한 관심 때문에 모여든 경우로서 이들 상호간에는 공통적인 목적이나 상호작용이 없다.

(2) 인습적 군중

동일한 목적지로 가기 위해 탑승한 비행기의 승객이라든가, 음악회에 모인 청중, 운동경기 시합을 구경하기 위하여 모인 관중들과 같이 특정한 목적을 위하여 한 자리에 모인 사람들을 인습적 군중이라고 한다. 인습적 군중의 행동은 우연적 군중의 행동보다 규칙화되어 있으며 행동체계가 보다 확립되어 있다.

(3) 능동적 군중

앞에서 본 두 가지 형태의 군중은 근본적으로 관찰자라고 볼 수 있고 그들을 모이게 한 특정의 사건에 직접 개입되고 있지 않다.

능동적 군중은 어떤 쟁점을 이루는 사건에 초점을 두고 모인 감정적으로 긴장되어 있는 사람들이며 이러한 사건은 사람들로 하여금 분개, 노여움, 행동의 욕구를 일으키게 자극한다. 따라서 능동적 군중은 예측할 수 없는 행동이나 때에 따라서는 난폭한 행동을 일으킨다.

다. 군중행동의 사회적 과정

일반적으로 군중행동이라고 하면 능동적 군중의 행위를 말하는데 앞에서 설명한 우연적 군중이나 인습적 군중은 수동적 군중으로 분류되지만 어떠한 감정이나 긴장요소가 생기면 이들도 능동적 군중으로 발전할 수 있다. 군중행동이 발생하는 데에는 다음과 같은 요건이 있다.

(1) 예기치 않은 사건의 발생

어떤 예상하지 못한 사건이 발생했을 때 이를 타개하기 이하여 극렬

하게 반응할 수 있으며, 경우에 따라 폭도가 될 수 있는 것이다.

(2) 감정적 전염

어떤 특정한 감정이 모여 있는 사람들에게 퍼져 나가게 되면 군중행동을 일으키기 쉽다. 이러한 감정적 전염은 한 집합체의 성원들로 하여금 심리적으로 일체감을 느끼게 하고, 공공연한 행동에 쉽게 가입하게 만든다. 감정적 전염은 이질적인 집합체에서보다는 동질적인 특성을 가진 집합체에서 더욱 빠르게 일어난다.

(3) 전파과정

전파과정이란 감정적 전염이 구체화되는 과정으로서 이에는 믿음, 유언비어, 행위의 세 가지 과정이 있다.

구체적인 군중행동이 발생하기 전에 나타나는 최초의 과정은 믿음이다. 사람들은 어떤 상황에 집합적으로 반응을 하기 전에 그 상황이 무엇을 의미하는가에 관한 일종의 믿음을 공유하게 된다. 따라서 무엇이 잘못되었다든가, 또는 선악의 여부 등 특정사실에 대한 유언비어가 퍼져나가게 된다. 유언비어는 결코 증명될 수 없는 정보이지만 사람들은 확신을 가지고 이를 믿으려 한다.

이렇게 유언비어가 전파되면 행동의 전파과정이 있게 되는데 일단의 군중이 방화를 할 경우 똑같이 방화를 하거나, 경찰에 투석을 함께 하는 등의 양태를 보이는 경우이다.

3. 커뮤니케이션과 집단행동

집단행동은 사람들이 이용할 수 있는 커뮤니케이션의 수단에 따라 크게 좌우된다고 볼 수 있다.

현대사회에서 대중매체인 일간신문, 라디오, TV는 새로운 형태의 집합행동을 만들어냈다. 매스미디어를 통한 이와 같은 집단행동은 유언비어, 여론 및 선전 등의 커뮤니케이션의 과정에서 나타나게 된다.

가. 유언비어

(1) 유언비어의 의의

유언비어란 사람들의 입을 통하여 퍼지는 어떤 증명되지 않은 화제를 말한다. 유언비어란 유언(流言 ; 근거 없는 풍설)과 비어(蜚語 ; 이리저리 퍼뜨려 세상을 현혹하게 만들거나 아무 근거 없이 떠도는 말)의 합성어이다. 그러므로, 유언비어는 그 출처가 애매하거나 또는 알려지지 않았는데도 불구하고 상당히 광범위하게 유포될 뿐만 아니라 많은 사람들이 이를 사실로 받아들인다는 속성이 있다[11].

(2) 유언비어의 사회적 해악

유언비어는 사람들 사이의 커뮤니케이션을 통한 일종의 대중전염인 까닭에 그 본질에 있어 사회적인 것이라 할 수 있다.

따라서 유언비어는 가장 사회 병리적인 현상 중의 하나로 인식되고 있다. 만약에 유언비어의 내용이 전체 사회구성원에게 개연적이고, 특히 생존에 직접 관계되는 것이라면 증오나 공포와 같은 격렬한 감정을 수반하여 심각한 사회적 혼란을 야기할 수도 있기 때문이다.

(3) 유언비어 대책

유언비어를 유포하는 행위를 정신병의 일부로 보고 이를 치료하는 방안이 있는가 하면 특정사안에 대하여 관련인물이나 존경받는 지도자가 직접 해명하는 방법도 있다. 또한 역선전을 이용하기도 한다. 그러나 각종 중요한 대책은 대중매체의 공정한 보도자세와 이를 제도적으로 뒷받침 해주는 시스템의 운영이라고 할 수 있다

11) 유언비어가 전달과정에서 과장되거나 왜곡되는 이유는 ① 정보의 내용이 점차 단순화되거나 간결해지고 ② 전달이 거듭될수록 정보의 내용이 제한적으로 선별되고 부분적으로 어떤 설명이 추가되며 ③ 유언비어에 귀를 모으는 사람들이 자신들의 관심이나 선입관 등에 의하여 들은 내용을 재해석하는 경향이 있기 때문이다.

나. 여 론

(1) 공중과 여론

어떤 집합행동은 사람들이 공간적으로 떨어져 있어도 발생할 수가 있는데 그 중의 하나가 공중의 행동이라고 할 수 있다

공중이란 "공동의 이익과 관심을 가지고 흩어져 있는 사람들의 집단"이라고 규정지을 수 있다. 공중의 집단적 의견을 「여론」이라고 하며, 공중은 내부 조직을 가지고 있지는 않지만, 사실과 감정에 기초를 두어 서로 상호작용하여 특정한 의견을 형성하는 것이다.

(2) 여론조작과 선전

한편 여론은 항상 자연스럽게 형성되는 것은 아니며, 경우에 따라서는 인위적으로 조작되기도 한다.

여론을 조작하거나 조정하는 방법은 선전과 PR의 두 가지 방법으로 구분할 수 있다. 선전은 검열을 통하여 정보의 흐름을 제한하는 방법으로 사회변동을 촉진시킬지도 모르는 집합 행동을 미리 방지하고자 이루어진다. 따라서 선전은 인위적으로 다소 조작될 수가 있다. 따라서 검열제는 집합행동을 조작하는 하나의 수단이라고도 할 수 있다.

선전은 사람들의 다양한 감정 및 편견에 호소하게 되는 것이 특징이며 특정인의 성명인용, 권위자의 동원, 공포에의 호소, 힘의 과시 등과 같은 도구들이 여론조작에 이용되기도 한다.

Ⅲ. 사회운동

1. 사회운동의 개념

가. 사회운동의 의의

사회운동이란 사회변동을 성취하거나 저해하려는 지속적이고 집합적인 노력이라고 규정할 수 있다. 사회운동은 집합행동과 비슷한 특성을

가지고 있으나 상당기간 지속된다는 점과 집합행동보다는 상대적으로 조직화되어 있다는 점, 그리고 운동의 초점이 뚜렷하다는 점에서 차이가 있다.

노예해방운동, 여권신장운동, 반전운동, 환경운동 등과 같은 경우에서 볼 수 있는 것처럼 사회운동은 참여자들이 공통되는 문제를 인식하고, 그것을 해결하기 위해서 일정기간동안 지속적으로 행하는 집합적인 행동을 말한다.

나. 사회운동의 특성

사회운동이 집합행동의 범주에 속하기는 하지만 이를 다른 형태의 집합행동 과 구분하는 이유는 사회운동이 가지고 있는 특성 때문이다.

(1) 사회운동은 어떤 특별한 이념을 바탕으로 한 목적이며 수단적인 성질을 가지고 있다.

(2) 군중행동과 같은 집합행동이 그 성원들의 감정을 폭발시켜 하나의 사회문제를 야기하는데 반해, 사회운동은 그 나름대로의 어떤 이념에 입각한 구체적인 프로그램을 가지고 있다.

(3) 폭도의 경우에는 시간과 공간적 제약을 많이 받지만 사회운동의 경우에는 시간과 공간을 초월한 연속성과 확산성을 가지고 있다

(4) 다른 형태의 집합행동에 비해서 사회운동은 조직성과 계획성이 강한 특성이 있다.

이와 같이 사회운동은 뚜렷한 목적을 가지고 어떤 문제를 해결하기 위한 청사진을 제시하고 이를 위해 지속적 활동하는 조직적인 집합행동이라고 볼 수 있다.

2. 여성운동

구한말 여성을 억압하는 구습을 타파하고 남녀평등의 여성교육을 목적으로 양반층 부인들을 중심으로 자발적으로 결성된 1898년의 「순성회」가 한국여성단체의 출발로 간주된다.

1910년 이후 식민지 시기에는 조국의 독립과 전통적 가족가치에서 여성의 종속적 지위를 탈피하려는 여성운동이 전개되었다. 1924년에는 「조선여성동우회」가 결성되어 성적·경제적으로 억압을 받고 있는 여성의 지위를 개선하고 농촌계몽·문맹퇴치 등의 사회운동을 전개하였다. 그러나 이러한 여성단체들의 활동은 민족주의 운동과 연루된 탓에 철저한 통제와 식민지정책의 탄압으로 더 이상 발전하지 못하고 1930년대에 중단되었다. 1945년 해방 후 새로운 여성단체들이 학회·친목·정치·문화 등의 목적으로 결성되었다. 그러나 사회주의 단체들은 1948년 정부수립과 더불어 불법화되었다.

1950년대 후반 사회안정과 더불어 여성의 이해관계에 따른 다양한 단체들이 등장하였다. 1959년에는 여성문제연구회, 가정법률상담소, 대한여자약사회, 여기자클럽 등이 「한국여성단체협의회」를 결성하여 여성전문인의 이익을 보호하고 여성문제를 해결하기 위한 체계적인 활동을 시작하였다. 1978년에는 「범여성발전촉진회」가 결성되었고 1983년에는 여성문제 전담기구인 「한국여성개발원」이 설립되었다.

이어 1987년에는 비등록 여성단체의 연합체인 「한국여성단체연합회」가 발족함에 따라 현재 한국 여성단체는 공식적으로 등록된 것은 「여성단체협의회」의 산하기관으로 활동하고, 비등록 단체는 「한국여성단체협의회」를 중심으로 활동하고 있다.

1980년대 이후, 여성운동은 소비자보호, 환경보호, 법률 및 제도개선, 정치참여 확대 및 퇴폐와 폭력 추방운동 등 적극적인 사회개선활동을 전개하고 있다. 특히 여성의 불이익을 제도적으로 개선하려는 적극적인 활동을 전개하고 있는데 1998년 7월부터 시행되고 있는 「가정폭력범죄의 처벌 등에 관한 특례법」과 「가정폭력방지 및 피해자보호등에관한 법률」은 여성운동의 결과라고 평가받고 있다.

3. 환경운동

가. 환경운동의 정의

환경운동은 환경을 파괴하고 공해를 유발하여 사람들에게 피해를 주는 대상을 인식하고 이를 극복하기 위한 집단적, 조직적인 실천활동을 일컫는다. 환경운동은 이른바 전통적인 사회운동이라고 할 수 있는 노동운동이나 여성운동과 같이 특수한 계층이나 집단을 위한 특수이익을 추구하는 사회운동과는 상당히 다른 양상을 보이고 있다.

또한 새로운 변화를 요구하기보다는 변화된 환경을 원상회복 내지는 이에 대한 배상을 요구하는 경우가 많다.

다. 환경운동의 유형

(1) 지역주민 환경운동

지역주민환경운동은 생활환경의 파괴와 이에 따른 건강상·재산상의 직접적 피해로 인한 경우가 대부분이며 운동 형태도 격렬한 양상을 보일 때가 많다.

지역주민 환경운동의 예는 수없이 많지만 각 지역의 핵발전소 대책위원회, 골프장건설반대 지역주민 대책위원회를 비롯해 서울시 공해피해주민 공동대책위원회, 서해안개발 지역주민 대책위원회, 고리·월성·울진·고성 등 원자력 발전소 인근 지역주민들의 생존권 대책위원회, 안면도 반핵투쟁위원회 등이 대표적인 사례라고 할 수 있다.

(2) 생활공동체 운동

생활공동체 운동이라 할 수 있는 환경운동은 자연 생태계의 파괴와 더불어 인간의 생활 공동체도 해체되어 가고 있다는 사실에 주목한 시민들을 중심으로 전개되고 있다. 서구의 생태주의적 환경운동과 일정한 유사점을 갖는 이 운동은 유기농법으로 생산된 무공해식품 등을 도시 소비자에게 직거래하는 등의 활동을 통해 공해식품을 추방하고 환경파괴를 줄일 뿐 아니라 종국적으로 생활공동체를 회복시키려는 목적을 가지고 있다.

(3) 전문 환경운동

전문 환경운동은 환경운동의 대중화·전문화를 획기적으로 진전시키고 사상적 통일을 꾀하기 위한 목적 지향적 실천활동을 전문적으로 수행하는 경우를 말한다. 이 운동은 환경문제에 관해 고도의 전문성을 가진 사람들에 의하여 이루어진다는 특성이 있다.

(4) 자연보호 운동

위에서 지적한 자생적 민간 환경운동들과는 다른 차원에서 전개되는 운동으로서 자연환경의 파괴와 오염 그 자체에 우선적인 관심을 기울이며, 그 실태를 파악·개선하기 위해 자연보호 캠페인 등의 활동을 벌이고 있다. 이 운동은 일상생활 속에서 실천할 수 있는 다양한 방법들을 통해 문제에 대처하고자 하며, 주로 정부의 환경정책을 홍보 내지는 보완하는 기능을 전개한다는 데 그 특징이 있다.

제 5 절 문화정보 활동

Ⅰ. 문화의 의의

문화정보라고 하면 문화에 관한 지식이라고 할 수 있을 것이다. 일상생활에서 우리는 문화라는 말은 예술·편안함·교양 등의 의미로 쓰이는 것이라고 할 수 있다. 그러나 사회학에서는 문화인류학적 입장을 받아들여 문화를 공동생활의 테두리 내에서 인간에 의해 만들어진 모든 산물을 총칭하는 개념으로 사용하고 있다. 따라서 문화라는 어의자체는 매우 관념적인 형이상학적 입장에 놓이게 되며 사회생활 전부를 포함하는 가장 넓은 뜻으로 쓰인다.

오늘날 사회과학 분야에서 광범위하게 사용되고 있는 문화를 정의하여 [문화란 지식, 신앙, 예술, 도덕, 법률, 관습 및 사회의 한 구성원으로서의 인간에 의하여 획득된 기타 모든 능력과 습관들을 포함하는 복합적 총체라고 하였다. 이 정의에 따르면 문화는 한 사회집단의 생활양식 그 자체를 지칭하는 것이다.

Ⅱ. 문화의 특성

1. 문화는 습득된다.

인간은 태어난 이후 사회화 과정을 통하여 가치와 예절, 생활수단, 집단방법을 배우는 것이다. 즉, 사회성원들이 공유하고 있는 특질을 학습하는 것으로서 예를 들어 법을 준수하는 사회라면 성원들은 준법행위를 당연한 것으로 학습한다는 것이다.

2. 문화는 축적된다.

문화는 한 사회의 생활양식을 뜻한다. 이미 존재하고 있는 생활양식을 학습·획득함으로써 생존을 보장받게 된다.

문화의 축적성은 문화란 한 세대에 의해서만 학습·공되어지는 것을 의미하는 것이 아니라, 그것이 한 세대에서 다음 세대로 전승되는 사회적·역사적 소산임을 말하는 것이다. 그렇다고 그 내용이 그대로 전승되는 것은 아니며, 새로운 생활양식과 지식이 축적되면서 문화가 이어져나간다는 의미한다.

3. 문화는 초유기체적이다.

문화는 인간에 의하여 창조된 것이기는 하지만, 일단 형성된 문화는 독립한 가치체계를 가지고 독자성을 갖는다. 사회의 구성원들은 늘 교체되지만 문화는 이에 구속받지 않고 늘 존재하며, 사회성원은 문화적 규범이나 범주를 벗어나서는 존재할 수 없으므로 개인을 구속하는 특성이 있다.

4. 문화는 동화작용을 한다.

전수된 문화는 자연적으로 또는 인위적으로 상호영향을 끼치며, 동화작용을 일으킨다. 의식주는 물론 사상·교육·정치·경제 등 동서간의 문화적 동화작용이 현대사회에서 현저하게 나타나고 있음을 볼 수 있다.

5. 문화는 여러 하위문화로 구성되어 있다.

하위문화란 어느 특정집단의 문화요소가 너무 특수하고 또 독자적인 체계를 이루어 그 성원들의 생활양식을 구속하는 경우의 문화를 말한다. 지식·이념·가치관·지역성·계층구조·종교 등에 따라 각기 그 문화양식을 달리한다.

6. 문화는 통일성을 유지한다.

문화는 사회에 따라 일정한 일관성을 가지고 있다는 의미이다.

Ⅲ. 문화정보의 대상

문화정보란 사회구성원들의 차치, 법, 종교, 각종 제도, 교육, 예술 등과 관련하여 정책결정에 필요한 지식이라고 할 수 있다. 여기서 문화정보와 사회정보를 구별할 수 있는가의 문제가 제기된다. 앞서 문화의 개념정의에서 보았듯이 문화는 사회적 산물이므로 양자를 분리하는 것은 논리적이지 못하다. 다만, 정보경찰의 활동상의 편의를 고려하여 이를 분류하여 취급하고 있다.

구체적인 문화정보의 활동대상을 어느 범위까지 할 것인가는 문화의 개념정의나 특성에서 보았듯이 어려운 문제이지만 정치·경제정보 및 집합적 행동에 대한 이해와 관련한 정보활동을 하는 사회정보 부문을 제외한 여타 분야라고 할 수 있겠다.

따라서 문화정보활동을 위해서는 문화를 배우고 전수할 수 있는 능력을 키워주는 교육 분야와 개인적 신념체계를 정립시키는 역할을 담당하는 종교, 그리고 공동생활체를 유지할 수 있는 사회적 가치를 형성시키는 언론·출판 분야에 대한 사전적 이해가 필요하다고 할 수 있다.

제6절 집회·시위 관리

Ⅰ. 집회·시위 자유의 개념

1. 집회·시위 자유의 의의

집회의 자유라 함은 공동의 목적을 가진 다수인이 자발적으로 일시적인 모임을 가질 수 있는 자유를 말한다. 여러 사람이 한자리에 모여 공동의 관심사를 이야기하고 함께 의사표현을 하는 것은 남과 더불어 살아가는 인간공동생활에서는 불가결한 하나의 생활양식이 아닐 수 없다.

또 타인과의 접촉을 통하여 정보를 교환하고 의사를 형성하고 집단적으로 의사표현을 하는 것은 정치적인 의사형성과정에서 가장 보편적이면서도 효과적인 행동양식이라고 할 수 있다.

이러한 집회의 자유에 시위의 자유가 포함되는가에 대해서는 견해가 갈리고 있는데 다수설은 집단적 시위나 시위행렬은 「움직이는 집회」로서 집단적 의사표현의 한 형태이기 때문에 집회의 개념에 포함된다고 한다.

2. 집회 · 시위자유의 성격

가. 초실정법적 권리

집회 · 시위자유를 보장하는 목적은 다수인이 공동의 목적하에 의견을 교환하고 공동의견을 형성 또는 확인하며, 나아가 다른 사람 또는 다른 집단에게 전달하는 것은 인간 본래의 자연적 행동 양식이기 때문에 집회 · 시위의 자유는 민주주의 국가의 기본적 권리이다.

나. 주관적 권리

집회의 자유는 개개인이 타인과의 교섭을 통하여 자신의 인격발전을 이룩할 수 있다는 점에서 주관적 권리로의 성격을 가진다.

다. 정치적 기본권

집회 · 시위의 자유는 민주국가에서 의사형성과 의견발표를 위하여 불가결한 집단적 형태의 정보교환과 시위를 보호하는데 있으므로 정치적 기본권 또는 민주적 기본권이라 할 수 있다.

라. 공물이용권으로서의 성격

집회 · 시위의 자유는 집회 또는 시위가 건조물 · 도로 · 공원 · 광장 등과 같은 공물의 사용을 전제로 하는 경우가 많기 때문에 국민이 국가 또는 지방자치단체에 대하여 공공시설의 이용을 적극적으로 요구할 공물이용권으로서의 성격도 가지고 있다.

3. 언론 · 출판의 자유와의 관계

언론 · 출판이 개인적으로 행해지는 표현형태라면 집회 · 시위는 집단적으로 행해지는 표현형태이다. 따라서 집회 · 시위의 자유는 넓은 의미에서의 표현의 자유의 한 형태라고 할 수 있다.

Ⅱ. 집시법의 제정목적 및 용어

1. 제정목적

「집회 및 시위에 관한 법률」은 적법한 집회 및 시위를 최대한 보장하고 위법한 시위로부터 국민을 보호함으로써 집회 및 시위의 권리 보장과 공공의 안녕질서가 적절히 조화되게 함을 목적으로 한다.

2. 용어의 정의

가. 집회

집회라 함은 다수인이 공동의 목적을 가지고 일정한 장소에서 일시적으로 회합하는 행위를 말한다. 집회의 개념적 요소는 ① 다수인 ② 공동의 목적 ③ 일시적 회합이다. 또한 공동의 목적이 있어야 하므로 노상에서의 우연한 군집은 집회로 볼 수 없다.

나. 옥외

옥외라 함은 천장이 없거나 사방이 폐쇄되지 않은 장소를 말한다. 옥외집회는 옥내집회에 비하여 기본권 제한이 광범위한데 이는 옥외집회는 옥내집회에 비하여 일반공중의 권리나 자유와 충돌할 가능성이 높기 때문에 타인의 기본권이나 공익과의 마찰을 최소화시키려는 것이다.

현행 집시법 운용실무상 대학구내, 회사구내, 종교시설 경내 등에서의 집회에 있어서 시설이용권이 있는 학생이나 근로자, 종교인이 자체집회를 개최하는 경우 현행법상으로는 옥외집회로서 집회신고대상이나 현실적으로는 시설당국의 자치권을 인정하여 학교 및 회사측이나 종교시설주에게 일임하고 있는 실정이고 다만, 시설이용권이 없는 외부단체가 동 시설 내에서 집회를 하는 경우에는 집회신고를 하도록 하고 있다.

다. 시위

시위라 함은 다수인이 공동목적을 가지고 도로·광장·공원 등 공중이 자유로이 통행할 수 있는 장소를 진행하거나, 위력 또는 기세를 보여 불특정 다수인의 의견에 영향을 주거나 제압을 가하는 행위를 말한다.

이는 크게 두 가지 행위로 구분할 수 있다. 첫째는 도로·광장·공원 등 공중이 자유로이 통행할 수 있는 장소를 진행함으로써 불특정 다수인의 의견에 영향을 주거나 제압을 가하는 행위이며, 둘째는 위력 또는 기세를 보여 불특정 다수인의 의견에 영향을 주거나 제압을 가하는 행위이다. 따라서 둘째 행위의 경우에는 위력 또는 기세를 보인 장소가 공중이 자유로이 통행할 수 있는 장소이든 아니든 상관없이 그러한 행위가 있고 그로 인하여 불특정 다수인의 의견에 영향을 주거나 제압을 가할 개연성이 있으면 집시법상의 시위에 해당되는 것이고 이 경우에는 공중이 자유로이 통행할 수 있는 장소라는 장소적 제한개념은 시위의 개념요소라고 볼 수 없다.

라. 행진

행진은 법규로 개념정의를 하고 있지 않으나 집시법 제11조제3호, 제12조제3항에서 행진이라는 용어를 사용하고 있는 바, 일정한 장소를 진행하는 행위로 해석하는 것이 일반적이다. 예컨대, 「도로를 행진한다」는 의미는 도로진행하면서 연좌시위나 중간집회 등 없이 연속하여 진행하는 것을 말한다.

마. 주최자

주최자라 함은 자기명의로 자기책임아래 집회 또는 시위를 개최하는 사람 또는 단체를 말한다. 주최자는 주관자를 따로 두어 집회 또는 시위의 실행을 맡아 관리하도록 위임할 수 있다. 이 경우 주관자는 그 위임의 범위 내에서 주최자로 본다.

바. 질서유지인

질서유지인이라 함은 주최자가 자신을 보좌하여 집회 또는 시위의 질서를 유지하게 할 목적으로 임명한 자를 말한다. 현행 집시법상의 질서유지인제도는 집회 또는 시위에 참가한 자들이 자율적으로 질서를 유지하게 함으로써 평화적인 집회 · 시위문화를 정착하기 위하여 독일 집시법에서 도입하였다.

질서유지인은 집회의 자치기구이지 국가적 공권을 수여받은 자가 아니다. 그러므로 질서유지인제도는 주최측이 자율적으로 질서를 유지하고자 하는 의지와 집회를 관리하는 능력이 부족할 때에는 유명무실하게 될 가능성이 많다.

사. 질서유지선

질서유지선이라 함은 적법한 집회 및 시위를 보호하고 질서유지 또는 교통소통을 위하여 집회 또는 시위장소나 행진구간에 일정한 구획을 정하여 관할 경찰서장 또는 지방경찰청장이 설정한 띠 · 방책 · 차선 등의 경계표지를 말한다.

Ⅲ. 집회 · 시위의 보장적 규정

1. 집회 · 시위의 방해금지(제3조)

가. 평화적 집회 · 시위의 방해 및 질서문란행위 금지(제1항)

누구든지 폭행 · 협박 · 기타의 방법으로 평화적인 집회 또는 시위를 방해하거나 질서를 문란하게 하여서는 아니 된다. 여기서 폭행 · 협박 · 기타의 방법이라 함은 일정한 사람에 대한 직접 또는 간접의 유형력을 행사하거나 외포심을 일으키게 할 만한 정도의 해악을 고지하는 것으로서 형법상 광의의 의미에 해당하는 폭행 · 협박으로 해석해야 할 것이다.

집시법 제19조에서 일반인의 집회 및 시위에 대한 방해행위는 3년이하의 징역 또는 300만원 이하의 벌금에 처하도록 규정하고 군인, 검사, 경찰관의 집회 및 시위에 대한 방해행위에 대하여는 5년 이하의 징역에 처하도록 규정하고 있다.

나. 주최자 및 질서유지인의 임무수행 방해금지(제2항)

누구든지 폭행·협박·기타의 방법으로 집회 또는 시위의 주최자 및 질서유지인의 이 법의 규정에 의한 임무의 수행을 방해하여서는 아니된다.

다. 집회·시위의 보호요청권(제3항)

집회 또는 시위의 주최자는 평화적인 집회 또는 시위가 방해될 염려가 있다고 인정될 때에는 관할경찰관서에 그 사실을 통고하여 보호를 요청할 수 있다. 이 경우 관할 경찰관서장은 정당한 이유없이 보호요청을 거절할 수 없다. 따라서 보호요청을 받은 관할 경찰관서장은 집회·시위의 성격, 타인의 방해가능성, 출동가능경력 등 제반상황을 신중히 검토하여 적절한 보호조치를 취하여야 한다.

2. 특정인의 참가배제(제4조)

가. 주최자 및 질서유지인의 판단에 기한 참가배제

집회 또는 시위의 주최자 및 질서유지인은 특정인이나 특정단체가 집회 또는 시위에 참가하는 것을 배제할 수 있다. 이는 평화적인 집회 또는 시위가 특정인이나 특정단체에 의해 방해받지 않도록 하기 위한 것이다.

나. 기자의 출입보장

언론기자는 그 출입이 보장되어야 하며 이 경우 기자는 신분증을 제시하고 기자임을 표시한 완장을 착용하여야 한다. 이는 언론기자의 취재활동을 보장하기 위한 것이다.

다. 경찰관의 출입(제19조)

경찰관은 집회 또는 시위의 주최자에게 통보하고 그 집회 또는 시위의 장소에 정복을 착용하고 출입할 수 있다. 다만, 옥내집회장소에의 출입은 직무집행에 있어서 긴급성이 있는 경우에 한하여 출입할 수 있다.

3. 집회 · 시위의 금지통고에 대한 불복제도(제9조)

가. 이의신청

집시법 제9조 제1항, 제2항은 집회 또는 시위의 주최자는 집시법 제8조의 규정에 의하여 금지통고를 받은 때에는 10일 이내에 당해 경찰관서의 직근 상급 경찰관서의 장에게 이의를 신청할 수 있으며 이의신청을 받은 경찰관서의 장은 이의신청이 접수된 때로부터 24시간이내에 재결을 하여야 한다.

이의신청은 경찰관서장의 행정행위에 대한 행정심판청구이므로 주최자의 이의신청에 대하여 재결청이 각하재결 또는 기각재결을 한 경우에는 경찰관서장의 금지통고는 효력을 잃지 않으나 만약, 인용재결을 한 경우에는 경찰관서장의 금지통고는 소급하여 효력을 잃는다.

이의신청이 인용되어 금지통고가 효력을 잃은 경우 또는 재결청이 24시간 이내에 재결서를 발송하지 아니하여 금지통고가 효력을 상실한 경우에는 이의신청인은 최초에 신고한 대로 집회 · 시위를 개최할 수 있다.

다만, 금지통고 등으로 인하여 시간을 놓친 경우에는 일시를 새로이 정하여 집회 · 시위의 24시간 전에 관할경찰관서장에게 신고하고 집회 · 시위를 개최할 수 있다. 이의신청을 거쳐 집회 · 시위를 재신고하는 경우에는 신고서에 재결서 사본을 첨부하여야 한다.

나. 행정소송

구법에 의하면, 재결에 불복하는 이의신청인은 재결서를 송달받은 날로부터 10일 이내에 재결청의 소재지를 관할하는 고등법원에 행정소송을 제기할 수 있으며 당해 법원은 소가 제기된 날로부터 3월 이내에 판결을 선고하여야 하고, 행정소송에서 원고가 패소하는 경우에는 경찰관서장의 금지통고는 효력을 잃지 않으나 승소하는 경우에는 경찰관서장의 금지통고는 효력을 잃게 된다. 그러나 현행법에는 관련 규정(구법 제9조 제4항, 제5항)이 삭제되어 일반 행정소송절차에 의하도록 하고 있다.

이의신청인이 행정소송에서 승소하여 새로이 집회·시위를 신고하는 경우에는 24시간 전에 관할경찰관서장에게 신고서를 제출하여야 하며 이 경우에는 신고서에 판결문 사본을 첨부하여야 한다.

Ⅳ. 집회·시위의 제한적 규정

1. 사전적 제한규정

가. 내용상 제한

(1) 집회 및 시위의 금지(제5조제1항)

누구든지 헌법재판소의 결정에 의하여 해산된 정당의 목적을 달성하기 위한 집회·시위(1호)와 집단적인 폭행·협박·손괴·방화 등으로 공공의 안녕질서에 직접적인 위협을 가할 것이 명백한 집회 또는 시위(2호)를 주최하여서는 아니된다. 여기서 집단적이라 함은 다수인이 조직적으로 결합되거나 지휘통솔체계가 갖추어진 경우만을 의미하는 것이 아니라 군중심리에 의해 지배되는 경우를 포함한다고 할 수 있으며, 공공의 안녕질서에 직접적인 위협을 가할 것이 명백한지는 경찰이 자의적으로 판단하여서는 아니되고 폭력시위용품의 준비상황 등 객관적

자료를 근거로 판단하여야 한다. 따라서 주최자·주관자·참가단체에 관한 사항, 화염병·돌·각목·쇠파이프 등의 준비상황, 참가단체 등의 과거 폭력시위전력을 입증할 사진·영상자료·사건기록 등을 확보하여 집회·시위의 위험성을 판단하는 자료로 사용하고 나아가 금지통고를 하였을 경우에 예상되는 이의신청이나 행정소송의 증거자료로 활용토록 하여야 한다.

(2) 금지된 집회·시위의 선전·선동행위 금지(제5조 제2항)

누구든지 집시법 제5조제1항의 규정에 의하여 금지된 집회 또는 시위를 할 것을 선전하거나 선동하여서는 아니된다. 여기서 선전·선동행위라 함은 방송, 유인물 배포, 구호제창, 참가의 지시, 격려 등의 행위를 말한다.

(3) 공공의 안녕질서에 직접적인 위험초래시 남은기간 금지통고 가능(제8조 제1항)

이미 신고된 집회라도 폭력 등 발생시, 신고접수 후 48시간이 지났어도 남은 기간의 당해집회를 금지할 수 있다. 집회 참가자 중 일부가 폭력을 행사하였다고 해서 무조건 금지하여서는 아니되며, 집단적인 폭행·협박 등으로 공공의 안녕질서에 직접적인 위험을 초래했을 경우에만 잔여집회를 금지할 수 있다.

(4) 집회·시위의 시간·장소 경합시의 금지(제8조 제2항)

집회 또는 시위의 시간과 장소가 경합되는 2이상의 신고가 있고 그 목적으로 보아 서로 상반되거나 방해가 된다고 인정될 경우에는 뒤에 접수된 집회 또는 시위에 대하여 금지를 통고할 수 있다.

(5) 주거지역 등에서의 집회·시위의 제한·금지(제8조 제3항)

집회신고서에 기재된 장소가 타인의 주거지역이나 이와 유사한 장소인 경우 그 거주자 또는 관리자가 재산·시설에 심각한 피해가 발생하고 사생활의 평온을 뚜렷하게 해칠 우려가 있거나, 신고장소가 초·중등교육법 제2조의 규정에 의한 학교의 주변지역으로서 집회 또는 시위로 인하여 학습권을 뚜렷이 침해할 우려가 있거나, 신고장소가 군사시설보호법 제2조 제1호의 규정에 의한 군사시설의 주변지역으로서 집회 또는 시위로 인하여 시설이나 군작전의 수행에 심각한 피해가 발생할 우려가 있음을 이유로 시설이나 장소의 보호를 요청한 때에는 집회 또는 시위의 금지 또는 제한을 통고할 수 있다. 금지나 제한통고 위반시 제20조(해산)와 제22조(벌칙)를 통하여 제재가 가능하다.

(6) 옥외집회 또는 시위의 금지장소(제11조)

집시법 제11조는 누구든지 다음 각호에 규정된 청사 또는 저택의 경계지점으로부터 100m이내의 장소에서는 옥외집회 또는 시위를 하여서는 아니된다.

㈎ 국회의사당, 각급법원, 헌법재판소

㈏ 대통령관저, 국회의장공관, 대법원장공관, 헌법재판소장공관

㈐ 국무총리공관. 다만, 행진의 경우에는 해당하지 아니한다.

㈑ 국내주재 외국의 외교기관 또는 외교사절의 숙소. 다만, 다음 각목의 1에 해당하는 경우로서 외교기관이나 외교사절의 숙소의 기능이나 안녕을 침해할 우려가 없다고 인정되는 때에는 해당하지 아니한다.

1) 당해 외교기관이나 외교사절의 숙소를 대상으로 하지 아니하는 경우

2) 대규모 집회 또는 시위로 확산될 우려가 없는 경우

3) 외교기관의 업무가 없는 휴일에 개최되는 경우라고 규정하고 있다.

이는 법 제11조의 각 호에 규정된 금지장소의 청사 또는 저택의 경계지점으로부터 100m이내의 장소는 집회 또는 시위를 절대적으로 금지하되 국무총리공관의 경우에는 행진만을 예외적으로 허용하고 있다고 해석하여야 한다.

(7) 금지시간 (제10조)

누구든지 일출시간전, 일몰시간 후에는 옥외집회 또는 시위를 하여서는 아니된다. 다만, 집회의 성격상 부득이하여 주최자가 질서유지인을

두고 미리 신고하는 경우에는 관할경찰관서장은 질서유지를 위한 조건을 붙여 일출시간전, 일몰시간 후에도 옥외집회를 허용할 수 있다. 일출시간전, 일몰시간후의 옥외집회를 신고하는 자는 일출시간전, 일몰시간후 옥외집회를 하여야 하는 이유를 기재하고 필요한 자료를 관할경찰관서장에게 제출하여야 한다.

관할경찰관서장은 일출시간전, 일몰시간 후 옥외집회를 허용하는 경우에 서면으로 질서유지를 위한 조건을 명시하여 주최자에게 통보하여야 한다. 조건통보는 조건을 기재한 야간옥외집회의 조건부 허용 통보서를 야간 옥외집회의 개최전에 주최자에게 송달하여야 한다.

질서유지를 위한 조건은 야간옥외집회의 질서유지를 위한 것이면 그 방법에 제한이 없으므로 관할경찰관서장은 그 집회의 성격, 집회장소 등 제반여건을 종합하여 합리적인 범위안에서 구체적으로 결정하여야 한다.

(8) 교통소통을 위한 제한(제12조)

관할경찰관서장은 대통령령이 정하는 주요도시의 주요도로에서의 집회 또는 시위에 대하여 교통소통을 위하여 필요하다고 인정할 때에는 이를 금지하거나 교통질서유지를 위한 조건을 붙여 제한할 수 있다.

집회 또는 시위의 주최자가 질서유지인을 두고 도로를 행진하는 경우에는 금지를 할 수 없다. 다만, 당해 도로와 주변도로의 교통소통에 장애를 발생시켜 심각한 교통불편을 줄 우려가 있는 경우에는 그러하지 아니하다.

질서유지를 위한 조건은 관할경찰관서장이 당해 주요도로의 교통여건과 집회, 시위 또는 행진의 성격, 규모 등을 종합적으로 판단하여 합리적 범위내에서 구체적으로 결정하여야 한다.

(9) 확성기 등 소음제한(제14조)

집회 또는 시위의 주최자는 확성기 · 북 · 징 · 꽹과리 등 기계 · 기구의 사용으로 타인에게 심각한 피해를 주는 소음으로서 대통령령이 정하는 기준을 위반하는 소음을 발생시켜서는 아니 된다. 관할경찰관서장은 집회 또는 시위의 주최자가 제1항의 규정에 의한 기준을 초과하는 소음을 발생시켜 타인에게 피해를 주는 경우에는 그 기준 이하의 소음 유지 또는 확성기 등의 사용중지를 명하거나 확성기 등의 일시 보관 등 필요한 조치를 할 수 있다.

나. 절차상 제한

(1) 신고의무(제6조)

옥외집회 또는 시위를 주최하고자 하는 자는 집회(시위 · 행진) 목적, 일시, 장소, 주최자(주소, 성명 또는 단체명), 주관자(주소, 성명 또는 단체명), 주최단체의 대표자(주소, 성명), 연락책임자(주소, 성명), 질서유지인의 인원, 참가예정단체 및 참가예정인원, 시위방법, 시위진로 등을 기재한 신고서(별지 제1호 서식)를 옥외집회 또는 시위의 720시간 전부터 48시간전에 관할경찰관서장에게 제출하여야 한다. 다만, 2이상의 경찰관서의 관할에 속하는 경우에는 관할 지방경찰청장에게 제출하여야 하고 2이상의 지방경찰청의 관할에 속하는 경우에는 주최지를 관할하는 지방경찰청장에게 제출하여야 한다.

주최자로 하여금 집회개최 48시간 전에 집회 및 시위에 관한 상세한 내용을 신고토록 한 것은 관할경찰관서에서 신고서 접수처리, 금지통고, 보완통고 등의 조치와 집회 · 시위에 대비한 교통 · 경비대책을 수립, 시행토록 함으로써 집회 및 시위를 최대한 보호함과 동시에 공공의 안녕질서를 유지할 수 있도록 하기 위한 것이다.

주최자는 신고한 옥외집회 또는 시위를 하지 아니할 경우에는 신고서에 기재된 집회일시전에 관할경찰관서장에게 그 사실을 통지하여야 한다.(제6조 제3항) 이 경우 관할경찰관서장은 제8조 제2항의 규정에 의하여 금지통고한 집회 또는 시위가 있는 경우 주최자에게 이러한 사실을 즉시 통지하여 당초 신고한 대로 집회를 개최할 수 있도록 보장하여야 한다.

(2) 신고서 보완의무

신고서의 기재사항에 미비한 점이 있는 경우에는 관할경찰관서장은 접수증을 교부한 때로부터 12시간 이내에 주최자에게 24시간을 기한으로 그 기재사항을 보완할 것을 통고할 수 있으며 통고는 보완할 사항을 명시하여 서면으로 한다. 이 경우 보완통고를 받은 주최자는 보완통고서를 송달받은 때로부터 24시간 이내에 기재사항을 보완하여 보완통고를 한 경찰관서에 보완신고를 하여야 한다.

2. 사후적 제한규정

가. 주최자 등의 준수사항

(1) 주최자의 준수사항(제16조)

주최자는 집회·시위의 질서를 유지하여야 하고, 질서를 유지할 수 없을 때에는 집회·시위 종결선언을 하여야 하며, 총포·폭발물·곤봉·석괴 등 위험물의 휴대·사용, 폭행·협박·손괴·방화 등 질서문란행위, 신고한 목적·일시·장소·방법 등 그 범위의 현저한 일탈행위, 옥내집회 주최자의 주변에서의 옥외참가 유발행위 등을 하여서는 아니된다.

특히, 위험물 중 화염병에 관하여는 집시법 제14조의 위험물로 해석, 화염병을 휴대·사용하여서는 아니된다고 해석할 수 있겠으나 화염병에 관하여는 화염병사용등의처벌에관한법률에서 그 제조·보관·운반·소지행위를 금지하고 있다.

(2) 질서유지인의 준수사항(제17조)

질서유지인은 주최자의 지시에 따라 질서를 유지하여야 하고, 위험물 휴대 및 사용·질서문란행위·신고범위 일탈행위 등을 하여서는 아니되며, 임무를 수행함에 있어서 완장, 모자, 어깨띠, 상의 등을 착용하여 질서유지인임을 알아볼 수 있도록 하여야 한다.

(3) 참가자의 준수사항(제18조)

집회·시위의 참가자는 주최자 및 질서유지인의 지시를 준수하여야 하고, 위험물 휴대 및 사용·질서문란행위 등을 하여서는 아니된다. 여기서 참가자라 함은 토론이나 연설에 적극적으로 개입하는 자 뿐만 아니라 단순한 청중으로서 개최장소에 있는 자도 포함한다. 그러나 다른 목적으로 집회에 참가하는 상인, 기자, 경찰관, 참가자들을 접대하는 사람 등은 참가자가 아니다.

나. 경찰관의 현장출입 수인 및 직무집행 협조 의무(제19조)

주최자·질서유지인 또는 장소관리자는 질서유지를 위한 경찰관의 직무집행에 협조하여야 한다.

다. 관할경찰관서장의 해산명령시 퇴거의무(제20조)

집회·시위의 모든 참가자는 금지된 집회·시위, 금지시간·금지장소에서의 집회·시위, 종결선언한 집회·시위, 미신고 집회·시위, 금지통고된 집회·시위, 야간 옥외집회시의 조건 및 교통질서 유지를 위한 조건에 위반하여 질서유지에 직접적인 위험을 명백하게 초래한 집회·시위에 대하여 관할경찰관서장으로부터 해산명령을 받은 때에는 지체없이 퇴거하여야 한다.

관할경찰관서장이 집회·시위에 대하여 해산명령을 할 때에는 집회나 시위의 참가자들에게 상당한 시간 이내에 자진 해산할 것을 요청하고 이에 응하지 아니할 때에 해산을 명하되 집회·시위의 여건을 참작하여 변수가 발생치 않도록 상당한 범위내에서 발동하고 상당한 시간은 참가인원 등 집회·시위의 규모, 질서침해의 정도 등 현장상황에 따라 구체적 시간을 결정하여야 할 것이다.

V. 집회신고서 접수 · 처리

1. 집회신고서의 접수

관할경찰관서에서 집회 · 시위의 주최자로부터 집회신고를 받은 때에는 주최자와 연락책임자의 주소 · 성명 등을 확인한 후 「집회신고 접수부」에 등재하고 접수일시를 기재한 「집회신고서 접수증」을 즉시 신고자에게 교부하여야 한다.

신고서의 기재사항에 미비한 점이 있는지, 금지통고나 조건통보를 할 집회 · 시위인지는 접수증 교부 후에 검토하여야 할 것이나 보완통고나 금지통고 등을 위하여 주최자와 연락책임자의 주소, 성명만은 접수시 꼭 확인하여야 한다.

2. 보완통고

관할경찰관서장은 신고서의 기재사항에 미비한 점이 있는 때에는 신고서를 접수한 때로부터 12시간 이내에 24시간을 기한으로 기재사항을 보완토록 주최자에게 통고할 수 있다. 12시간 이내에 보완통고를 하여야 하므로 관할경찰관서에서는 신고서의 접수증을 교부하여준 후 지체없이 신고서의 기재사항을 면밀히 검토하여 미비점이 있으면 신속히 주최자나 연락책임자에게 보완통고서를 송달하여 12시간이 초과되지 않도록 하여야 할 것이다. 12시간이 초과된 후에 보완통고서를 송달하면 보완통고는 효력이 없다.

3. 신고내용의 검토

집회신고서를 접수한 관할경찰관서장은 집회 · 시위의 내용을 실질적으로 검토하여 신고를 수리할 것인지, 금지통고할 것인지, 조건부 허용

(야간옥외집회의 조건부허용, 교통질서유지를 위한 조건부 허용)을 할 것인지를 결정하여야 한다.

신고내용을 검토함에 있어서는 적법한 시위를 최대한 보장하고 위법한 시위로부터 국민을 보호함으로써 집회·시위의 권리보장과 공공의 안녕질서를 적절히 조화한다는 집시법의 목적에 입각하여 관련조항을 하나하나 신중히 검토하여야 한다.

4. 심사결과에 따른 조치

가. 신고수리시

허가가 아니므로 상대방에 대하여 아무런 통고를 요하지 않는다. 다만, 신고된 집회가 질서있게 개최될 수 있도록 참가인원, 집회장소, 집회의 성격 등을 고려하여 교통·경비경찰이 적절한 대비책을 수립할 수 있도록 관련정보의 제공 등 협력하여야 한다.

나. 조건부 허용시

관할경찰관서장은 야간옥외집회의 조건부 허용의 경우 「야간옥외집회의 조건부 허용 통보서」를 주최자에게 통보하고 교통질서유지를 위한 조건통보의 경우에는 「교통질서유지를 위한 조건통보서」를 주최자에게 통보하여야 한다.

관할경찰관서장은 야간옥외집회에 대한 조건을 통보하는 경우나 교통질서유지를 위해 조건을 통보하는 경우나 공히 질서유지를 위한 것이면 그 방법에는 구체적 제한이 없으나 집회·시위에 대한 경찰의 자의적 제한이 되지 않도록 집회의 성격과 규모, 집회장소 등 제반여건을 종합하여 합리적인 범위 안에서 조건을 정하여 통보하여야 할 것이다.

다. 금지통고

관할경찰관서장은 신고된 집회·시위가 금지된 집회·시위, 금지시간 위반, 금지장소 위반, 보완통고 불이행, 교통질서유지를 위한 금지 위반에 해당하는 때에는 금지통고할 수 있다. 또한 시간과 장소가 경합되는 2이상의 신고가 있고, 그 목적으로 보아 서로 상반되거나 방해된다고 인정될 경우 뒤에 접수된 집회·시위의 금지를 통고할 수 있다.

금지통고는 그 이유를 명시한 금지통고서를 집회신고서를 접수한 때로부터 48시간 이내에 주최자 또는 연락책임자에게 송달하면 효력이 발생한다. 금지통고의 송달은 48시간 이내에 하여야 하고 또한 주최자 또는 연락책임자로부터 접수증을 교부받아야 하므로 담당직원이 직접 방문하여 수교하는 것이 바람직하다.

금지통고는 신고된 집회 또는 시위를 금지하는 것이므로 신중하게 통고여부를 판단하여야 함은 물론 금지통고를 받은 주최자가 이의신청이나 행정소송을 제기할 것에 대비하여 해당 집회·시위와 관련되는 자료를 수집·정리하여 두어야 한다.

제6장

보 안 경 찰

제 6 장

보안경찰

제 1 절 보안경찰의 의의와 조직

Ⅰ. 보안경찰의 개념

1. 보안경찰의 의의

보안경찰이란 국가안전보장을 위태롭게 하는 간첩활동 및 반국가세력의 활동에 대비하여 국가적 대공취약점에 대한 첩보수집, 분석, 판단과 보안사범수사를 전담하는 경찰을 말한다. 여기서의 보안 경찰은 실무적 의미의 보안경찰을 의미하며 협의의 행정경찰과 대립되는 보안경찰은 아니다.

최근 우리사회는 6·15남북 공동선언 이후 높아진 통일열기로 인하여 북한을 같은 민족으로 포용하고 지원해야 한다는 인식이 확산되면서 금강산 관광, 개성공단의 공동투자 등 북한 경제를 지원하고 북한사회를 개방시키기 위한 노력들이 다양하게 전개되고 있다.

그러나, 남북교류협력은 평화적 통일로 가는 바람직한 과정이기는 하지만 적화통일의 목표를 버리지 않고 있는 북한정권의 안보위협이 상존하고 있는 상황이다. 북한정권을 조국의 평화적 통일을 위한 대화와 협력의 동반자이자 동시에 반국가 단체의 성격을 가지고 있는 이중적인 실체로 인식하여, 남북간의 화해와 교류협력을 적극적으로 진행하되, 자유민주주의 체제를 부정하는 북한 정권에 대한 대비도 게을리 하지 말아야 한다.

2. 보안경찰의 특징

(1) 보안경찰은 국가안전과 사회공공의 안녕과 질서유지를 목적으로 한다.

(2) 보안 경찰의 주된 대상은 대공상황이다.

(3) 보안경찰은 고도의 보안을 중시하는 비공개활동이 많다.

Ⅱ. 보안경찰의 조직

1. 경찰청

보안 경찰의 조직은 경찰청과 그 소속기관 직제 제15와 경찰청과 그 소속기관 직제 시행규칙 제12조에 규정하고 있다. 경찰청에 보안국을 두고 보안국장은 치안감으로 보한다. 보안국은 다음 사항을 분장한다.

1. 보안경찰업무에 관한 기획 및 교육
2. 보안관찰에 관한 업무지도
3. 북한이탈 주민관리 및 경호안전대책 업무
4. 간첩등 보안사범에 대한 수사의 지도·조정
5. 보안관련 정보의 수집 및 분석
6. 남북교류와 관련되는 보안경찰업무

7. 간첩등 중요방첩수사에 관한 업무
8. 중요좌익사범의 수사에 관한 업무

보안국에는 보안1과 · 보안2과 및 보안3과를 두고, 각 과장은 총경으로 보한다. 보안1과장은 보안경찰업무에 관한 기획 및 교육, 북한의 실상에 대한 홍보, 보안관찰에 관한 업무지도, 기타 국내 다른 과의 주관에 속하지 아니하는 사항을 담당한다.

보안2과장은 간첩 등 보안사범에 대한 수사의 지도 및 조정, 불온유인물의 수집 및 분석, 북한에 대한 정보의 수집 및 분석, 남북교류와 관련되는 보안경찰업무를 담당하고, 보안3과장은 간첩 등 중요 방첩수사, 중요 좌익사범의 수사를 담당한다.

2. 지방경찰청과 경찰서

지방경찰청은 서울지방경찰청의 경우에는 서울지방경찰청장 산하에 보안부를 두고 경무관으로 보한다. 보안부에는 보안1과 · 보안2과 · 보안3과가 있으며. 각 과장은 총경으로 보한다.

기타 지방경찰청에는 보안과를 두고 총경으로 보하며, 경찰서는 보안과 또는 정보보안과 등을 두어 경정 또는 경감으로 보한다.

제2절 공산주의 이론과 비판

Ⅰ. 공산주의의 기본개념

공산주의는 사유재산제도의 부정과 공유재산제도의 실현으로 빈부의 차를 없애려는 사상이다. '코뮤니즘(communism)'은 본래 공유재산을 뜻하는 '코뮤네(commune)'라는 라틴어의 조어로서, 사유재산제를 철폐하고 사회의 모든 구성원이 재산을 공동소유하는 사회제도를 의미한다. 사유재산제로부터 발생하는 사회적 타락과 도덕적 부정을 간파하고, 재산의 공동소유를 기초로 하여 더 합리적이고 정의로운 공동사회를 실현하고자 하였다.

오늘날 공산주의의 전통적 이론은 공산주의의 종주국이라 할 수 있는 소련의 붕괴와 중국의 자본주의의 도입으로 이미 실질적 효용성이 부정된 것으로 검증되었으나, 이론의 핵심을 아래에서 소개하고자 한다.

Ⅱ. 변증법과 유물사관

1. 변증법이란?

변증법이란 헤겔은 인식이나 사물은 정(正)·반(反)·합(合)의 3단계를 거쳐서 전개된다고 생각하였으며 이 3단계적 전개를 변증법이라고 생각하였다.

정(正)의 단계란 그 자신 속에 실은 암암리에 모순을 포함하고 있음에도 불구하고 그 모순을 알아채지 못하고 있는 단계이며, 반(反)의 단계란 그 모순이 자각되어 밖으로 드러나는 단계이며, 이와 같이 모순에 부딪침으로써 제3의 합(合)의 단계로 전개해 나간다고 정리한다.

2. 유물론과 유물사관

물질을 제1차적·근본적인 실재로 생각하고, 마음이나 정신을 부차적·파생적인 것으로 보는 철학이론이다. 근본적으로 근세철학에서 유물론은 실재론적 입장의 세계를 구성하는 '물질적 실체'에 근거를 두고 존재론이라는 형식으로 자기 주장을 해왔던 데 대하여, 관념론은 유심론적 입장이 '사고하는 우리'에게 근거를 두고 인식론적으로 전개해 왔다.

유물사관은 마르크스주의의 근거가 되는 역사관으로 변증법적 유물론의 역사에의 적용이며, 그 근본 사상은 역사가 발전하는 원동력은 관념이 아니라 물질적인 것이라고 하는 데 있다.

즉, 사회사(社會史)로서의 역사의 실체가, 자연과 노동에 의해서 자연에 작용하는 인간, 그리고 인간 상호간의 관계를 규제하는 생산 관계 등, 물질적인 것으로 성립되며 그것이 자기를 발전시킨다고 주장한다.

Ⅲ. 계급투쟁론

자본주의 사회에서 생산수단의 사유화로 사회적 분화를 낳고 이에 따라 착취계급과 피착취계급으로 인간의 적대관계가 형성되어 각 계급간의 투쟁이 계속된다는 이론이다. 레닌은 이 계급투쟁은 계급 없는 사회가 완성될 때까지 전개·확대시켜야 하며, 그 결과 피착취 계급인 프롤레타리아가 승리한다고 주장한다.

Ⅳ. 노동가치설과 잉여가치설

1. 노동가치설이란?

상품의 가치는 그 상품을 생산한 노동에 의하여 형성되고, 가치의 크기는 그 사회에 있어서의 평균적인 생산조건하에서 그 상품을 생산하는 데 필요한 노동시간(사회적 필요노동시간)에 의하여 결정된다는 학설이다.

마르크스는 이 노동가치설을 토대로 잉여가치론(剩餘價値論)을 구성하고, 이 잉여가치론을 자본주의 경제에 대한 분석도구로 삼아 자본주의의 경제적 운동법칙을 밝히는 한편, 자본주의의 착취적 본질 및 그 멸망의 필연성을 주장함으로써 경제학적 혁명선동론 또는 혁명적 경제학으로서의 그의 경제학을 체계화하였다.

2. 잉여가치설

마르크스 경제학의 주요 개념의 하나로, 투하된 자본가치에 대하여 자기증식을 이룩한 가치부분이다.

자본재적 생산의 목적은 잉여가치의 생산인데, 이 잉여가치는 산업자본가에게 고용된 노동자의 노동에 의해 생산과정에서 생산되는 것이다. K.마르크스는 「자본론」에서 '경제적 사회구조를 구별하는 것은 이 잉여노동이 직접생산자·노동자로부터 착취되는 형태 바로 그것이다'라고 정의하고, '고대 노예제 사회에서 근대자본주의 사회에 이르는 각 사회에서의 잉여노동은 각기 그 사회에 속하는 생산수단의 소유자에게 취득되었다'고 하였다.

Ⅴ. 막스 베버의 자본주의의 붕괴론

1. 막스 베버의 자본주의

(1) 근대자본주의는 '직업으로서 합법적 이윤을 조직적·합리적으로 추구하는 정신적 태도'라고 정의하였다. 자본주의란 상품생산에 의해서 이윤을 획득하려고 하는 정신적 태도를 말하며, 자본주의체제 또는 자본주의경제란, 이와 같은 태도하에서 상품생산이 이루어지는 유통경제 조직을 말한다.

(2) 자본주의의 특징은

① 사유재산제에 바탕을 두고 있다.

② 모든 재화에 가격이 성립되어 있다.

③ 이윤획득을 목적으로 하여 상품생산이 이루어진다.

④ 노동력이 상품화된다.

⑤ 생산은 전체로서 볼 때 무계획적으로 이루어지고 있다.

2. 자본주의 붕괴론

(1) 자본축적의 법칙

자본가가 이윤을 많이 남기기 위해 생산비를 감소하면서 기계화가 되어 노동자의 고용기회는 줄어 인구가 증가해도 실업자는 늘어난다는 이론이다.

(2) 자본집중의 원칙

자유경쟁하에서는 각 생산 부문간에 우열의 차가 심해지며 중소자본은 대자본과의 경쟁에서 패한 다음 몰락하여 그에 흡수된다.

(3) 빈곤증대의 원칙

자본의 급속한 자기증식과 병행하여 증가하는 것은 노동계급뿐만 아니라 그들의 빈곤 또한 끊임없이 증가한다는 것이다.

Ⅵ. 폭력혁명론과 프롤레타리아 독재

1. 폭력혁명론이란?

무장봉기 · 혁명전쟁 등을 수단으로 기존의 지배계급 및 그 국가권력을 폭력적으로 타도하는 혁명으로, 레닌은 그의 저서 「국가와 혁명」에서, 국가란 계급지배의 기관이므로 혁명은 의회주의적 수단에 의해서는 불가능하며 폭력혁명으로써 국가권력을 탈취해야 한다고 주장하였다. 러시아혁명이 이러한 폭력혁명의 가장 전형적인 형태라고 할 수 있다.

레닌의 주장 이후 공산주의는 폭력혁명, 사회민주주의는 평화혁명이라는 형태의 대립이 계속되어 오다가 마르크스와 엥겔스도 평화혁명을 부정하지 않았다는 설이 대두되어 1956년 소련공산당 제20차 대회에서 흐루시초프가 평화혁명의 가능성을 명확히 밝힘으로써 중국공산당의 노골적인 반발을 사게 되었고, 영국·이탈리아·일본 등의 공산당은 현재 평화혁명방식을 채택하고 있다.

2. 프롤레타리아 독재

노동자계급이 혁명을 통하여 부르주아 정치권력을 무너뜨리고 정치적 승리를 거두어 수립하는 정치적 지배권력이다. 프롤레타리아독재는 정치권력을 행사하는 노동자계급 및 그들의 마르크스-레닌주의 당의 주도적 역할을 그 특징으로 하며 주도적 노동자계급과 기타 근로계급 및 계층, 특히 근로 농민과의 계급동맹이라는 특수한 형태를 가진다.

칼 마르크스는 「공산당선언」에서 공산주의의 당면목표는 프롤레타리아의 계급적 결성, 부르주아 지배의 폐절, 프롤레타리아에 의한 정치권력의 획득이라고 하였고, 또한 「고타강령비판」에서는 자본주의하에서의 계급투쟁은 필연적으로 프롤레타리아독재로 되며, 이 독재는 자본주의로부터 계급 없는 공산주의사회로 이행하기 위한 과도기라고 설명한다. 또한 1871년의 '파리코뮌(Paris Commune)'에서 프롤레타리아독재의 국가형태를 발견하여 이것이 본질적으로 노동자계급의 정부라고 규정하였다.

제3절 북한의 전략과 전술

Ⅰ. 전략과 전술의 의의

1. 전략

전쟁에서의 승리를 위해 여러 전투를 계획·조직·수행하는 방책을 전략이라고 정의한다.

전략이란 용어는 전쟁에서 적을 속이는 술책이라는 뜻을 가지고 있으며, 18세기 말까지의 전쟁은 이와 같은 의미로서만 통하였다. 그러나 전략의 개념은 본질적으로 동적(動的)인 것이기 때문에 전술이 복잡해지고 다양화됨에 따라 전략의 개념도 점차 변화하였다. 예를 들면 나폴레옹이 생각했던 전략적인 문제가 그 본질에 있어서 오늘날 개념으로는 전술적일 수가 있다.

시대의 변천에 따라 무기기술이 발전되었듯이 전략의 개념도 발전되었으며, 또한 전략은 군사적 개념으로서의 일반적 규범을 벗어나 기업전략 등 비군사적 분야에도 응용되고 있다.

2. 전술과 전략의 관계

전술은 전투에서 병력을 운영하는 기술로 작전 목적을 수행하는 데 있어 부대나 개인을 가장 효율적인 방법으로 배치·기동·운영하는 방법과 기술을 뜻하며, 전투행위와 직접적인 관계가 없는 행정과 구분된다.

전술은 국가 차원의 종합적이고 광범위하며 장기적인 계획 및 운영을 의미하는 전략과는 달리, 국부적이고 단기적인 성격을 띠고 있다.

전략이 전쟁목적의 달성에 목적을 두는 데 반하여 전술은 적의 병력을 격멸함으로써 전략목적을 달성하는 데 그 목적이 있다

Ⅱ. 북한의 전략과 전술 원칙

가. 북한의 전략

(1) 다양성의 원칙 (2) 임기응변의 원칙 (3)배합의 원칙

(4) 일시적 후퇴와 양보의 원칙 (5) 불포기의 원칙

나. 북한의 전술

연합전선전술, 무장봉기 전술, 폭로전술, 전위조직 및 침투전술, 종교이용전술, 문학과 예술의 이용전술, 테러 전술, 평화 공존전술, 군중노선 전술, 게릴라 전술

Ⅲ. 주체사상과 비판

가. 형성과정

북한에서 김일성이 1930년에 창시하였다고 주장하는 사상으로 오늘날 북한의 주체사상의 중심명제가 "사람이 모든 것의 주인이며 모든 것을 결정한다"는 것을 내세워 "인간 중심의 새로운 철학사상"이라고 주장하고 있지만, 그것은 주체확립의 의지와 실천성을 강조하는 하나의 지배적 통치이념으로 규정될 수밖에 없다. 북한의 주체사상은 1926년 10월 김일성이 결성하였다고 주장하는 타도제국주의동맹에서 주창되기 시작하였다.

김일성이 14세 때 주장하기 시작하여 18세에 이르러서는 그 원리를 공식적으로 천명하게 되었다는 주장으로, 이같은 주장은 1982년에 이르러 김정일이 김일성의 위광(威光)을 높이려는 의도적인 조작에서 나온 것이다.

나. 주체사상 비판

김일성은 주체에 대하여 "모든 것을 북한의 실정에 맞게 해나가며, 마르크스·레닌주의의 일반원리와 다른 나라의 경험을 북한의 실정에 맞게 창조적으로 적용해 나간다는 것을 의미한다"라고 정의하고 있다.

주체사상의 핵심적 내용은 주체확립에 대하여 북한은 1970년 노동당 제5차 대회에서 그 규정을 했는데, 여기서 주체확립의 중심개념은 주인다운 태도인 자주적 입장의 견지와 창조적 활동으로서, 이것은 곧 자기 혁명은 자기가 해야 한다는 것, 남으로부터 원조를 받지 않고 자기갱생을 해야 한다는 실정을 반영하는 것이다. 결국 주체사상은 초기에는 북한의 실정에 알맞은 혁명과 건설의 추진을 강조하는 소박하고 통속적인 사고에 불과하다.

제4절 방첩활동

Ⅰ. 방첩일반

1. 방첩의 의의

방첩이란 상대방으로 하여금 우리측의 의도를 간파하지 못하게 하고, 우리측의 어떤 상황도 상대에게 간파되어서는 안 되도록 하는 제반 방책과 활동을 말한다.

(1) 외세 또는 국가불순세력의 위해행위로부터 국가안전을 보장하기 위한 안전통제 방책

(2) 적의 정보활동에 대비하여 자기편을 보호하는 노력으로써 간첩, 태업, 전복행위 등을 미연에 방지하고 적발하기 위한 조직적 활동

(3) 첩보, 인원, 시설, 물자 등을 보호하기 위한 적극적, 소극적 보안

대책에 관계되는 활동

2. 방첩의 기본원칙

(1) 완전협조의 원칙

방첩기관과 보조기관 그리고 전국민이 일체적인 협조를 이루어야만 효과적인 방책이 될 수 있다.

(2) 치밀의 원칙

적의 간첩활동은 세밀한 계획하에 물색되고 교육되어 교묘한 방법으로 활동하게 되므로 이에 대하여 더욱 더 치밀한 대책이 있어야 한다.

(3) 계속접촉의 원칙

방첩기관은 간첩 등의 용의자를 발견하였다고 즉시 검거하는 것이 아니라, 조직망 전체가 완전히 파악될 때까지 계속해서 유형무형의 접촉이 이루어져야 한다.

3. 방첩수단

방첩수단이란 외세나 국내 불순세력으로부터 국가위해행위에 대한 국가안전 통제 방책을 말한다. 방첩활동의 기본원칙으로는 완전협조의 원칙, 치밀의 원칙, 계속접촉의 원칙 등이 있으며 방첩수단으로는 적극적 방첩수단(공격적인 수단)과 소극적 방첩수단(방어적인 대응수단) 그리고 기만적 방첩수단으로 구분한다.

가. 적극적인 방첩수단

(1) 적에 대한 첩보수집

적에 대한 첩보가 없는 한 방첩기관은 어떠한 구체적인 행동을 취할 수 없기 때문에 첩보수집이 무엇보다 중요하다.

(2) 적의 첩보공작 분석

입수된 첩보를 바탕으로 적의 공작방향과 수단을 분석

(3) 대상인물감시

미행감시 및 기술감시

(4) 침투공작의 전개

정황탐지 및 증거수집

(5) 역용공작

검거간첩에 대한 활용을 통하여 다른 간첩검거

(6) 간첩신문

검거된 간첩의 신문을 통하여 정보입수

나. 소극적인 방첩수단

(1) 정보 및 자재보안의 확립

적이 목표하고 있는 첩보나 정보가 내포되어 있는 자체를 보호하기 위한 활동

(2) 인원보안의 확립

비밀취급인가 인원에 대한 철저한 통제로 비밀취급 인가제도를 확립하고, 철저한 신원조사가 실시되어야함

(3) 시설보안의 확립

보안 시설에 대한 경비, 출입자 통제등 적절한 조치가 있어야함

(4) 보안 업무의 법령과 절차의 확립

다. 기만적 방첩수단

적극적 소극적 방첩수단이 철저하여 보안 조치가 잘되어있다고 하더라도, 항상 비밀이 적에게 누설되지 않았다고 자신할 수 없는 것이 현실이므로, 비밀이 적에게 노출되는 상황에서 우리가 기도하는 바를 적이 오인 판단하도록 방해하는 고도의 심리전이다.

기만적 방첩 수단으로는 (1) 수단허위 정보의 유포 (2) 양동 간계시위(거짓행동을 적에게 시위) (3) 유언비어유포 등이 있다.

Ⅱ 첩보수집

1. 첩보수집의 의의와 유형

가. 의의

국가의 안전보장을 위한 방첩활동은 보안 경찰의 업무 중 가장 중요한 부분으로, 첩보수집은 방첩활동의 기본요소로서 효율적인 첩보를 수집하기 위해서는 먼저 방첩이론의 숙지와 아울러 북한의 대남공작, 국내의 반국가활동에 대한 이해가 필요하다.

나. 첩보의 유형

(1) 공작첩보

간첩검거활동에 필요한 모든 지식과 견문자료, 국가안전보장을 해하는 각종행위와 언동에 대한 단편적인 견문내용등 국가안전보장상의 법률에 정한 처벌조항과 불가분한 관계에 있어야 한다.

(2) 일반보안 첩보

북한 대남공작기구의 전술, 해외조직활동, 북한 내 정치, 경제, 군사, 사회 등의 정세변화와 각종동향, 기타 국가안전보장상 필요한 중요대공정책자료 등을 말한다.

2. 첩보수집요령

공개자료에 의한 수집으로 신문, 잡지, 각종 유인물, 표현물의 분석등이 있고, 비공개 자료에 의한 수집으로는 간첩에 대한 정보자료는 공작에 의한 방법으로 수집한다.

Ⅲ 공작활동

1. 공작의 의의와 분류

가. 공작이란?

정보기관이 어떤 목적하에 대하여 계획적으로 수행하는 비밀활동이다. 비밀활동이란 대적을 무릅쓰고 적의 면전에서 수행되는 첩보수집활동, 파괴공작활동, 선전 선동 활동 등이 있다. 이러한 비밀공작활동의 예를 들면 위장술, 비밀통신, 정찰묘사, 사전 정찰, 미행감시 등이 있다.

나. 공작의 분류

(1) 공작운영기구에 의한 분류

(2) 대상지역에 의한 분류

(3) 목표에 의한 분류

다. 공작의 4대요소

(1) 주관자 : 상부로부터 받은 지시를 계획하고 준비하고 수행하는 집단

(2) 목표 : 공작목적을 수행하기 위하여 수행되는 대상

(3) 공작원 : 조직의 일선에서 공작임무를 부여 받은 자

(4) 공작금 : 공작을 수행하는데 소용되는 비용

라. 공작의 순환

(1) 지령 → (2) 계획 → (3) 모집 → (4) 훈련 → (5) 브리핑 → (6) 파견 및 귀환 → (7) 디브리핑 및 보고서의 작성 → (8) 해고

마. 공작활동

(1) 가장

정보활동에 관계되는 제요소가 노출되지 않도록 꾸며지는 내적 외적

제형태

(2) 연락

안전성, 정확성, 신속성

(3) 신호

인식신호, 확인신호, 안전 위험신호, 행동신호

(4) 관찰묘사

주의, 감지, 기억

(5) 사전정찰

목표에 대한 사전 조사활동

(6) 감시

도보감시, 차량감시, 고장감시

Ⅳ. 대공상황

1. 대공상황

가. 대공상황이란?

대공상황이란 국가안보와 관련된 새로운 제반사태 중 보안 업무영역에 해당되는 상황으로서, 대공상황이 발생 탐지되면 즉각 신속 정확하게 보고, 전파하여야 하며 즉시 이에 대한 적절한 대책을 조속히 수립하여 정확한 처리를 하여야 한다.

나. 종류

간첩, 괴한, 거동 수상자, 간첩선, 괴선박, 의아선박, 간첩장비, 적성물품, 어선이나 항공기 피랍, 납북 등

2. 대공상황 관련용어

(1) 무장공비

유격활동 및 거점확보 중요시설의 파괴, 양민학살, 약탈 등 민심교란을 목적으로 침투한 북한의 인원

(2) 괴한

인상착의, 휴대품, 언동 등으로 미루어 반국가 용공행위를 자행하였거나 자행할 우려가 농후한자

(3) 거동수상자

인상착의, 휴대품, 언동 등과 주위의 사정으로 볼 때 간첩, 무장공비, 용공불순분자 기타 범법자로 인정할 만한 징후가 농후한 자

(4) 괴(의아)선박

주위의 제반사정으로 보아 정체불명의 선박

(5) 적성물품

공식적으로 수입하거나 반입하지 않은 적성국가 또는 집단에서 제조 가공된 것으로 국가의 안전보장에 영향을 미칠 수 있는 물품

3. 대공상황 분석 판단 및 조치요령

가. 대공상황의 분석이란?

상황의 발생 및 발전과정을 세밀히 파악하고 그 내용을 거증적으로 확인 하며 관련성을 검토 체계화하는 것이고, 이러한 상황을 분석한 내용을 가지고 거증적으로 전개과정과 결과 발생을 종합하여 결론을 도출하는 것이다.

나. 대공상황 발생시 조치요령

(1) 신속한 출동

(2) 목격자 및 현장조사

(3) 상황보고 및 전파

(4) 보고서작성

제 5 절 보안수사활동

Ⅰ. 정보사범의 의의 및 특성

1. 정보사범의 의의

국가정보원장은 국가정보 및 보안업무에 관한 정책의 수립 등 기획업무를 수행하며, 동 정보 및 보안업무의 통합기능수행을 위하여 필요한 합리적 범위내에서 각 정보수사기관의 업무와 행정기관의 정보 및 보안업무를 조정한다.

2. 보안사범의 특성

정보 사범은 일반형사범과는 달리 수사활동이 어려운 특성이 있다. 즉, (1) 확신범 (2) 보안성 (3) 비노출적 범행 (4) 조직적 범죄 (5) 비인도적 범행 (6) 동족간의 범행의 특징이 있다.

Ⅱ. 국가보안법의 주요내용

I. 의의

반국가활동을 규제하여 국가의 안전보장을 위해 제정한 법률로 반국가단체의 구성 등 목적수행, 자진지원 · 금품수수, 잠입 · 탈출, 찬양 · 고무, 회합 · 통신, 편의제공, 불고지, 특수직무유기, 무고 · 날조 등의 죄와 그에 대한 형이 규정되어 있다.

2. 국가보안법 제정목적(동법 제2조)

국가의 안전을 위태롭게 하는 반국가활동을 규제함으로써 국가의 안전과 국민의 생존 및 자유를 확보함을 목적으로 한다. 이 법을 해석적용함에 있어서는 제1항의 목적달성을 위하여 필요한 최소한도에 그쳐야 하며, 이를 확대해석하거나 헌법상 보장된 국민의 기본적 인권을 부당하게 제한하는 일이 있어서는 아니된다.

3. 국가보안법의 특성

(1) 범죄의 성립범위 확장

미수, 예비, 음모의 확장, 특수한 범죄의 성립 인정(편의 제공죄, 선동 선전 및 권유죄, 불고지죄)

(2) 중형주의

재범자의 누범가중, 자격정지형의 병과, 몰수, 추징 압수물의 처분

(3) 수사의 효율성 보장

참고인의 구인 구치, 구속기간의 연장, 형의 사면범위 확대

(4) 범인의 사회복귀 및 범죄예방 도모

자수 등의 경우 형의 필요적 감면, 공소보류제도

4. 반국가 단체 관련범죄

가. 반국가단체의 정의

"반국가단체"라 함은 정부를 참칭(僭稱)하거나 국가를 변란할 것을 목적으로 하는 국내외의 결사 또는 집단으로서 지휘통솔체제를 갖춘 단체를 말한다(제2조).

나. 반국가 단체의 성립요건

(1) 정부를 참칭하거나 국가를 변란할 것을 목적으로 할 것

참칭(僭稱)이란 합법적인 절차에 의하지 아니하고 임의로 정부를 조직하여 진정한 정부인양 사칭하는 것, 국가 변란이란 정부를 전복하여 새로운 정부를 조직하는 것 등이다.

(2) 국내외 결사 또는 집단일 것

결사라 함은 진정한 공동목적을 수행하기 위하여 조직된 특정다수인의 계속적인 결사체를 말하며, 집단이란 일정한 목적을 수행하기 위하여 조직되었다는 점에서는 결사와 같으나 결사는 계속적인 집합체임에 반해 집단은 일시적인 집합체이다.

(3) 지휘 통솔체제를 갖출 것

5. 반국가 단체 구성, 가입, 가입권유죄

가. 의의

반국가 단체를 구성하거나 이에 가입하거나 타인에게 가입할 것을 권유함으로써 성립하는 범죄

나. 구성요건

(1) 주체 : 내외국인을 막론하고 누구든지

(2) 행위 : 구성, 가입, 가입권유

구성이라 함은 2인 이상의 사람이 의사합치에 의하여 단체를 창설하는 것을 말하고, 가입이라 함은 기존의 반국가 단체의 새로운 구성원이 되는 것을 말하며, 가입권유란 타인에게 반국가 단체에 가입할 것을 권유하는 것이다.

6. 목적수행죄

가. 의의

본 조는 정부를 참칭하거나 국가를 변란할 목적으로 조직된 결사 집단의 구성원 또는 그 지령을 받은 자가 그 결사 집단의 목적 수행을 위하여 자행하는 간첩, 인명살상, 시설파괴의 범죄를 특히 중요하게 처벌하기 위하여 마련된 조항

나. 행위태양

(1) 외환, 간첩 등 국가안전 침해행위
(2) 방화, 일수 등 사회 안녕침해행위
(3) 살인 상해 등 인명신체 침해행위
(4) 강도등 재산 침해행위

7. 간첩죄

가. 개념

본죄는 반국가 단체의 구성원이나 그 지령을 받은 자가 목적수행의 의사로 간첩함으로써 성립한다.

나. 구성요건

(1) 주체 : 반국가 단체의 구성원 또는 그 지령을 받은 자이어야 한다.
(2) 행위의 객체 : 군사상의 기밀
(3) 행위의 태양 : 탐지, 수집하는 것

8. 군사상의 기밀

가. 군사상의 기밀이란?

순수한 군사에 관한 사항뿐만 아니라 정치, 경제, 사회, 문화 등 각 방면에 걸쳐 적국에 알리지 아니하거나, 확인되지 아니함이 우리나라의 국가이익 내지 국방정책상 필요한 모든 기밀사항을 포함한다.

구체적으로 무엇이 반국가 단체에 알리지 않거나 확인되지 않게 하는 것이 우리나라의 이익이 되는 것인지 국내외의 정세, 우리나라 국가정책, 반국가 단체의 동향 및 책략을 종합적으로 고찰하여 합리적으로 판단하여야 할 것이다.

나. 판례상 나타난 군사기밀

(1) 각지의 지형

(2) 주요기관 시설의 위치, 기능 현황

(3) 정부 및 군경의 활동상황

(4) 주요인사 동정 및 인적 사항

(5) 중요제도

(6) 주요경제 상황

(7) 좌익재야 운동권의 동향

(8) 주요사회현상

10. 간첩방조죄

가. 의의

간첩을 방조함으로써 성립하는 범죄로 간첩이라는 정을 알면서 간첩의 임무수행과 관련하여 간첩행위자의 범의를 강화시키거나 또는 간첩의 범의에 의한 실행행위를 용이하게 하는 일체의 행위를 말한다.

나. 구성요건

(1) 주체 : 반국가단체의 간첩이라는 인식이 있는 자

(2) 행위의 객체 : 적국의 간첩

(3) 행위 : 간첩을 방조하여 간첩행위를 용이하게 하는 일체의 행위

다. 판례상 간첩방조 인정사례

(1) 남파공작원을 금강하류에 상륙시켜 준 경우(대판 60형상307)

(2) 간첩의 지시에 따라 접선 암호표시를 해주고 무인 포스트 설치장소와 은신장소를 선정해 준 경우(대판68도678)

(3) 간첩과 접선방법을 합의 한 경우(대판70도2417)

(4) 간첩의 심부름으로 내친간의 단순한 안부편지와 사진을 전달한 경우(대판66도470)

(5) 간첩으로 남파된 4촌 동생에게 2일간의 숙식을 제공한 경우(대판67도1661)

제6절 보안관찰활동

Ⅰ. 보안처분의 의의와 종류

1. 보안처분의 의의

보안처분이란 일정한 행위 속에 객관화된 행위자의 장래의 위험성 때문에 행위자의 치료, 교육, 재사회화를 위한 개선과 그에 대한 보안이라는 사회방위를 주목적으로 하여 과하여지는 형벌 이외의 형사제재를 말한다.

책임능력을 결한 정신병 질환자의 사회적 위험성에 대한 사회방위를

위한 합목적적 강제조치는 필요불가결한 요청이 되었고, 더욱이 알코올, 마약중독자와 같은 개선적 위하적인 형벌이 적절한 방법이 될 수 없는 사람들에게는 새로운 위험제거수단이 필요하게 된다.

2. 보안처분의 종류

가. 대인적 보안처분

(1) 자유를 박탈하는 처분

치료감호처분, 교정처분, 보호감호처분, 노동시설 수용처분, 사회치료처분

(2) 자유를 제한하는 처분

보호관찰, 선행보증, 직업금지, 주거제한, 국외추방, 주점 출입금지, 운전면허 박탈, 단종, 거세

나. 대물적 보안처분

범죄와 관련된 물건의 몰수, 영업소 폐쇄, 법인의 해산등

Ⅱ. 보안관찰

1. 보안관찰법 개요

가. 제정목적

특정범죄를 범한 자에 대하여 재범의 위험성을 예방하고 건전한 사회복귀를 촉진하기 위해 보안관찰처분을 함으로써 국가의 안전과 사회의 안녕을 유지함을 목적으로 제정한 법률이다.

나. 보안관찰법 해당범죄

형법	내란목적살인죄(제88조),내란목적살인미수죄(제89조),내란목적살인죄의 예비·음모·선전·선동(제90조),외환유치죄,여적죄,모병이적죄,시설제공이적죄,시설파괴이적죄,물건제공이적죄,간첩죄(제92~98조) 및 미수범(제100조),예비·음모·선전·선동(제101조) *내란죄(제87조) 및 일반이적죄(제99조)는 해당하지 않음
군형법	반란(제5조), 반란목적 군용물탈취(제6조), 반란불보고(제9조제2항), 이적의죄(제11~제16조)
국가보안법	목적수행죄(제4조), 자진지원·금품수수죄(제5조), 잠입·탈출죄(제6조), 편의제공죄(제9조)

2. 보안관찰처분

가. 보안관찰처분대상자(제3조)

이 법에서"보안관찰처분대상자"라 함은 보안관찰해당범죄 또는 이와 경합된 범죄로 금고 이상의 형의 선고를 받고 그 형기합계가 3년 이상인 자로서 형의 전부 또는 일부의 집행을 받은 사실이 있는 자를 말한다.

나. 보안관찰처분(제4조)

(1) 제3조에 해당하는 자중 보안관찰해당범죄를 다시 범할 위험성이 있다고 인정할 충분한 이유가 있어 재범의 방지를 위한 관찰이 필요한 자에 대하여는 보안관찰처분을 한다.

(2) 보안관찰처분을 받은 자는 이 법이 정하는 바에 따라 소정의 사항을 주거지 관할경찰서장에게 신고하고, 재범방지에 필요한 범위 안에서 그 지시에 따라 보안관찰을 받아야 한다.

다. 보안관찰처분의 기간(제5조)

(1) 보안관찰처분의 기간은 2년으로 한다.

(2) 법무부장관은 검사의 청구가 있는 때에는 보안관찰처분심의위원

회의 의결을 거쳐 그 기간을 갱신할 수 있다.

라. 보안관찰처분의 결정절차

(1) 대상자의 신고
(2) 보안관찰처분사안의 조사
(3) 보안관찰처분사안의송치
(4) 보안관찰처분의 청구
(5) 보안관찰처분의 결정
(6) 보안관찰처분의기간갱신

마. 보안관찰처분의 면제(제11조)

법무부장관은 보안관찰처분대상자중 다음 각호의 요건을 갖춘 자에 대하여는 보안관찰처분을 하지 아니하는 결정을 할 수 있다.

(1) 준법정신이 확립되어 있을 것
(2) 일정한 주거와 생업이 있을 것
(3) 대통령령이 정하는 신원보증이 있을 것

제7절 북한 이탈주민의 관리

Ⅰ. 「북한 이탈주민의 보호 및 정착지원에 관한 법률」의 개요

1. 개념

북한체제의 염증을 느끼고 이탈하는 탈북자가 급증함에 따라 정부는 특별법을 제정하여 이들에 대한 법적 제도적 지원을 강화하고 있다.

「북한 이탈주민의 보호 및 정착지원에 관한 법률」은 군사분계선이북지역에서 벗어나 대한민국의 보호를 받고자 하는 북한주민이 정치·경제 · 사회 · 문화 등 모든 생활영역에 있어서 신속히 적응 · 정착하는 데 필요한 보호 및 지원에 관한 사항을 규정함을 목적으로 하고 있다. 이 법의 적용범위는 대한민국의 보호를 받고자 하는 의사를 표시한 북한 이탈주민에 대하여 적용한다.

2. 용어의 정의

가. 북한이탈주민

북한에 주소 · 직계가족 · 배우자 · 직장 등을 두고 있는 자로서 북한을 벗어난 후 외국의 국적을 취득하지 아니한 자를 말한다.

나. 보호대상자

이 법에 의하여 보호 및 지원을 받는 북한이탈주민을 말한다.

다. 정착지원시설

보호대상자의 보호 및 정착지원을 위하여 제10조제1항의 규정에 의하여 설치 · 운영하는 시설을 말한다.

라. 보호금품

이 법에 의하여 보호대상자에게 지급하거나 대여하는 금전 또는 물품을 말한다.

3. 보호의 기본원칙(제4조)

① 대한민국은 보호대상자에 대하여 인도주의에 입각하여 특별한 보호를 행한다.

② 대한민국은 외국에 체류하고 있는 북한이탈주민의 보호 · 지원 등을 위하여 외교적 노력을 다하여야 한다.

③ 보호대상자는 대한민국의 자유민주적 법질서에 적응하여 건강하고 문화적인 생활을 영위할 수 있도록 노력하여야 한다.

④ 통일부장관은 북한이탈주민에 대한 보호·지원 등을 위한 실태를 파악하고, 그 결과를 정책에 반영하여야 한다.

Ⅱ. 북한 이탈주민 보호제도

1. 북한 이탈주민 보호기준(제5조)

「북한 이탈주민의 보호 및 정착지원에 관한 법률」에 의거하여 보호대상자에 대한 보호 및 지원의 기준은 연령·세대구성·학력·경력·자활능력·건강상태 및 재산등을 고려하여 합리적으로 정하여야 한다. 이 법에 의한 보호 및 정착지원은 원칙적으로 개인을 단위로 행하되, 필요하다고 인정하는 경우에는 대통령령이 정하는 바에 의하여 세대를 단위로 행할 수 있다.

보호대상자에 대한 정착지원시설에서의 보호기간은 1년으로 하고, 거주지에서의 보호기간은 5년으로 한다. 다만, 특별한 사유가 있는 경우에는 제6조의 규정에 의한 북한이탈주민대책협의회의 심의를 거쳐 그 기간을 단축 또는 연장할 수 있다.

2. 보호결정의 기준(제9조)

① 이 법에 의하여 보호여부를 결정함에 있어서 다음에 해당하는 자에 대하여는 보호대상자로 결정하지 아니할 수 있다.

1. 항공기납치·마약거래·테러·집단살해 등 국제형사범죄자
2. 살인등 중대한 비정치적 범죄자
3. 위장탈출혐의자
4. 체류국에서 10년 이상 생활근거지를 두고 있는 자
5. 국내 입국후 1년이 경과하여 보호신청한 자
6. 기타 보호대상자로 정하는 것이 부적당하다고 대통령령이 정하는

자

② 체류국에서 10년 이상 생활근거지를 두고 있는 자로서 체류국이나 체류 중인 북한이탈주민에게 대통령령으로 정하는 부득이한 사정이 있는 경우에는 그러하지 아니하다.

③ 통일부장관은 북한이탈주민으로서 제1항 각 호에 따라 보호대상자로 결정되지 아니한 자에 대하여 필요한 경우 다음 각 호의 어느 하나에서 정한 지원을 할 수 있다.

1. 이 법에 따른 보호 및 특례

2. 그 밖에 사회정착에 필요하다고 대통령령으로 정한 사항

④ 보호 및 지원에 관하여 그 밖에 필요한 사항은 대통령령으로 정한다.

3. 취업보호의 제한(제17조의2)

통일부장관은 취업보호대상자가 다음에 해당하는 경우에는 대통령령이 정하는 바에 따라 일정기간 취업보호를 제한할 수 있다.

(1) 통일부장관이 취업을 알선한 사업장에 정당한 사유없이 취업하지 아니한 경우

(2) 취업한 후 정당한 사유없이 대통령령이 정하는 기간 미만을 근무하고 자의로 퇴직한 경우

(3) 근무태만·직무유기 또는 부정행위 등의 사유로 징계에 의하여 면직된 경우

4. 보호의 변경(제27조)

통일부장관은 보호대상자가 다음에 해당하는 경우에는 협의회의 심의를 거쳐 보호 및 정착지원을 중지 또는 종료시킬 수 있다

(1) 1년 이상의 징역 또는 금고의 형을 선고받고 그 형이 확정된 경우

(2) 고의로 국가이익에 반하는 허위의 정보를 제공한 경우
(3) 사망 또는 실종선고를 받은 경우
(4) 북한으로 되돌아가려고 기도한 경우
(5) 이 법 또는 이 법에 의한 명령에 위반한 경우
(6) 기타 대통령령이 정하는 사유에 해당한 경우

제8절 남북교류협력활동

Ⅰ. 개요

1. 남북교류 협력활동의 의의

6·15 공동선언 이후 남북관계는 전쟁의 위협과 적대감이 현저히 감소하고, 사람의 왕래와 물자의 교류 및 상호협력사업이 크게 증가하는 등 괄목하게 발전하였으나 전쟁의 경험과 반세기 이상 지속된 분단은 대립·반목 의식을 지속시키려는 관성력으로 작용하고 있으며, 군사적 대치상황도 엄연한 현실이다.

6·25전쟁의 유산으로 형성된 현재의 정전상태와 군사적 대립을 청산하고, 한반도에 항구적 평화를 정착시키기 위해 한반도 평화체제 구축이 필요하다. 한반도의 통일접근방식은 이제까지 분단국가들의 경험에 비추어 볼 때 점진적이고, 단계적인 접근 방식 즉, 상호간의 교류와 협력의 과정을 거쳐서 정치적인 통합으로 가는 것이 가장 합리적이고 현실적인 것이라고 할 수 있다.

지난 반세기 동안 불신과 대결을 계속해온 남북한이 평화적이고 민주적으로 통일하기 위해서는 상호교류와 협력을 통해 불신관계에서 벗어나 신뢰관계를 회복하고 이질성이 심화되고 있는 민족사회의 동질성

을 회복해 나아가야 할 것이며, 남북한의 교류와 협력은 평화적 통일을 위해 반드시 건너야 할 점진적이고 단계적인 과정이다.[1)]

2. 남북관계의 발전방향

한반도는 반세기 이상 '53년 정전협정에 기반한 불안정한 정전체제에 놓여 있는 상황이며, 6·15 공동선언 이후 남북 화해협력의 진전 속에서도 이러한 정전체제의 특수성은 정치·군사 분야에서의 남북관계 발전에 대한 제약요인으로 작용하고 있다.

정부는 그간의 남북 화해협력의 성과를 바탕으로, 한반도 평화정착을 실현해 나간다는 입장에서 '한반도 평화체제 구축'을 추진하여, 전쟁방지와 항구적 평화를 제도화, 남북 평화공존과 공동번영의 기반을 조성하고, 경제·사회 분야에서의 교류협력에 상응하는 정치·군사 분야에서의 남북관계 발전을 유도하고 있다.

Ⅱ. 남북교류관련 법령

가. 「남북교류협력에 관한 법률」

남한과 북한 사이의 상호교류와 협력을 원활하게 할 수 있도록 필요한 사항을 규정하기 위해 제정한 법(1990. 8. 1, 법률 제4239호).

나. 「남북협력기금법」

「남북교류협력에 관한 법률」에 따른 남북한 상호교류와 협력을 지원

1) 남북교류 현안사업 및 과제는 다음과 같다.
   1. 북핵문제
   2. 개성공단의 건설(2003.6월 착공)
   3. 남북철도 도로의 연결
   4. 금강산 관광사업
   5. 이산가족의 문제
   6. 납북자, 국군포로 송환 문제
   7. 북한의 인도적 대북지원사업

하기 위해 기금을 설치하고 그 운용과 관리에 관한 사항을 정하기 위해 제정한 법(1990. 8. 1, 법률 제4240호)이다.

1990년 제정된 뒤 현재까지 9차례 개정되었다. 주요내용으로는 남북협력기금의 설치, 재원, 운용 및 관리, 보고 및 환수 등에 관한 규정을 담고 있다. 남북한의 상호교류와 협력을 촉진하기 위해 남북협력기금을 설치하며, 그 재원은 정부 등에서 낸 출연금, 장기차입금, 공공자금관리기금법에 따른 공공자금관리기금의 예수금, 남북협력기금을 운용한 수익금, 그 밖에 대통령령이 정하는 수입금으로 운용한다.

다. 「남북관계 발전에 관한 법률」

이 법은 「대한민국헌법」이 정한 평화적 통일을 구현하기 위하여 남한과 북한의 기본적인 관계와 남북관계의 발전에 관하여 필요한 사항을 규정함을 목적으로 한다.

제7장

외 사 경 찰

제 7 장

외사경찰

제 1 절 외사경찰의 의의와 조직

Ⅰ. 외사경찰의 의의

외사경찰은 경찰업무중 외국·외국인관련 범죄의 예방과 수사, 주재관을 통한 재외국민 보호, 인터폴(국제형사경찰기구)을 통한 국제공조수사, 외국경찰기관과의 교류와 협력, 국제공항·항만의 보안활동 등의 업무를 담당한다.

주요한 외사경찰의 활동을 살펴보면, 첫째, 외사첩보수집 활동으로 외교 및 국내 행정정책의 수립, 집행상의 도움이 되는 지식을 제공해 줄 수 있는 외국정보공관, 기관단체 상사, 개인, 공작원, 재외국민의 활동 및 이들의 국제적 합법, 불법이동, 그리고 이들 제 대상과 관련된 내국인 등에 관한 사실 자료 제원 그 자체를 수집하는 활동이다.

둘째, 외사정보활동이다.

국내에 주재하는 외국인 또는 외국기관 해외에 거주하는 교포, 출입국자에 대한 반국가적 행위를 취급하는 정보활동이다.

셋째, 외사범죄수사활동이다.

외국 또는 외국인과 관련된 모든 범죄수사활동으로 외교관, SOFA대상자와 관련된 사건 사고도 포함하며 수사상 섭외사건의 특칙이 적용되기도 한다. 외사범죄는 국민의 피해의식이 약하며, 일반범죄 보다는 잘 노출되지 않는 특징이 있다.

넷째, 외사방첩활동이다.

외국인 또는 외국인과 연계된 내국인에 의한 국가안전 및 이익 저해행위를 견제·차단·와해하기 위해 관계기관에서 수행하는 제반 대응활동을 말한다.

다섯째, 외사동향관찰 활동이다.

출입국 외국인, 국내 체류중인 외국인(재외동포 포함), 영주귀국자, 국적회복자, 혼인귀화자 및 기타 경찰정장이 지정한 자 중 외국정보요원 및 정보활동 혐의가 있는 자, 국내·외로부터 입수된 정보에 의해 외국정보요원으로 판명된 자, 위와 같은 활동가능성이 있는 자 등에 대하여 동향을 파악하여 국익 저해활동을 차단하고자 하는 제반 활동이다.

Ⅱ. 외사 경찰의 조직

1. 경찰청

「경찰청과 그 소속기관 직제」 제15조의2, 「경찰청과 그 소속기관 직제 시행규칙」제12조의2에 따르면 경찰청은 외사국을 두고 외사사무를 분장하고 있다. 외사국장은 치안감 또는 경무관으로 보하며, 다음 사항을 분장한다.

1. 외사경찰업무에 관한 기획·지도 및 조정
2. 재외국민 및 외국인에 관련된 신원조사
3. 외국경찰기관과의 교류·협력

4. 국제형사경찰기구에 관련되는 업무
5. 외사정보의 수집·분석 및 관리
6. 외국인 또는 외국인과 관련된 간첩의 검거 및 범죄의 수사지도
7. 외사보안업무의 지도·조정
8. 국제공항 및 국제해항의 보안활동에 관한 계획 및 지도

외사국에는 외사기획과·외사정보과 및 외사수사과를 두어 외사사무를 담당하며 각 과장은 총경으로 보한다.

2. 지방경찰청과 경찰서

서울지방경찰청은 보안부 산하에 외사과를 두고 있다. 보안부장은 경무관으로 보하며, 외사과장은 총경으로 보한다. 지방청중에서 부산, 인천, 경기, 경남 등의 지방청에는 외사과를 별도로 설치하고 있으나, 기타지방청은 보안과 산하에 외사계를 두고 있다. 경찰서에는 대도시위주로 외사계를 두거나 외사수요가 적은 곳에는 보안계에서 외사업무를 처리한다.

제2절 일반 외국인 범죄처리 요령

Ⅰ. 외국인 범죄 수사에 임하는 기본자세

외사 범죄수사는 범죄를 적발하여 적절한 국가형벌권을 행사함으로써 국민의 생명, 신체 및 재산을 보호하고 사회정의를 실현하는 데 궁극적인 목적이 있다. 수사기관은 이러한 목적을 효과적으로 완수하고 그 사명을 다하기 위하여 수사기관으로서 기본적으로 가져야 할 자세는 동일하다.

이러한 기본자세 이외에 외국인을 상대로 수사할 때에는 외국인은 우리나라 언어로 통하기 어렵고, 우리나라 형사절차에 관하여 잘 알지 못하며, 우리와 생활양식 · 의식 · 관습 등이 다르기 때문에 특히 주의를 기울여야 할 점이 있다.

1. 통역인 선정

외국인에 대한 수사를 할 때에는 미리 통역인을 선정하여 신문사항에 관하여 통역인과 상의하고 통역인이 준수하여야 할 사항을 주지시키는 등 사전에 수사준비를 철저히 하여야 한다. 수사기관은 사건관계자와 의사가 소통되어야 원활한 수사를 할 수 있는데 통역을 수사기관과 사건관계인의 의사연결을 가능하게 하는 고리이다. 통역인은 수사를 돕는 수사기관의 중요한 보조자이므로 통역관과 사전에 신문사항 등에 관하여 충분히 상의하고 준비하여야 효과적인 수사가 가능하고 시간과 노력을 절약할 수 있다.

2. 변호인 조력 및 접견교통권 보장

형사소송법 및 외국인과 관련된 제 법령 등 인권보장을 위한 여러 규정을 엄격히 준수하여야 한다. 피의자의 권리보호를 위해 형사소송법상 보장된 변호인선임권 및 진술거부권의 고지, 구속시 범죄사실 및 구속이유의 고지나 구속영장의 제시, 공소장 등본의 송달 등 여러 규정을 준수하여야 한다. 그리고 '영사관계에 관한 비엔나협약' 에 따라 혐의사실을 영사기관에 통고하고, 영사기관과의 접촉 · 통신을 허용하여야 한다.

이러한 절차조항을 위반할 경우에는 법정에서 심문조서의 임의성 및 신용성에 대하여 의심을 받게 되고, 나아가 외교상의 분쟁 또는 국제규약위반 등의 문제로 발전될 수 있다.

3. 외국인에 대한 선입감 및 편견 배제

외국인에 대해서도 자국민과 똑같이 엄정 공평하게 대하고 외국인에 대한 편견을 버려야 한다. 수사기관이 이러한 편견을 가지고 있다는 것을 피의자나 사건관계인 등이 부지불식간에 느끼게 될 경우에는 아무리 사건을 엄정·공평하게 처리하여도 피의자나 사건 관계인으로부터 부당하게 처리하였다는 비난을 면할 수 없게 된다. 또한 이러한 편견으로 인하여 처음부터 수사방향을 잘못 잡거나 사건처리를 잘못할 수도 있다. 그러므로 수사기관은 아무 편견 없이 객관적으로 공평무사한 마음으로 사건을 바라보고 처리하도록 하여야 한다.

4. 증거확보

피의자가 부인하는 것을 당연한 것으로 받아들여 다른 증거를 확보하도록 노력하여야 한다. 외국인 피의자는 우리나라 법체계나 형사절차에 대하여 잘 알지 못하고 있기 때문에 가능한 범죄혐의를 부인하려는 경향이 강하다.

그러므로 외국인 범죄를 수사할 때에는 피의자가 혐의를 부인할 것을 전제로 수사계획을 수립하고 부인에 대비하여 참고인을 확보하는 등 만반의 준비를 하여야 한다. 또한 외국인 피의자가 명백한 사실을 부인하더라도 당연한 것으로 받아들이고 결코 흥분할 필요가 없다.

5. 피의자 심적 안정유지 및 신병보호

형사사법절차에 있어서 우리나라를 대표하는 외교관이라는 자세로 수사에 임하여야 한다. 외국인이 수사기관에서 부당한 대우를 받아 불유쾌한 감정을 가지고 있다면 우리나라를 떠난 이후에도 우리나라에 대하여 좋은 감정을 가질 리 없고 우리 형사사법제도에 대해서 비난할 것이다. 또한 외국인 범죄 피의자는 경찰관서에 연행되면 심적 불안으로 자해 및 도주방지를 위한 신병보호에 철저를 기해야 한다.

그러므로 외국인을 수사하는 수사기관은 당해 외국인에 대하여 우리 형사사법기관의 대표자라는 생각을 가지고 절도와 품위 있는 자세로 공평·공정하게 사건을 처리함으로써 외국인이 수사결과에 흔쾌히 승복할 수 있게 하여야 한다.

Ⅱ. 외국인 피의자에 대한 공통 신문사항

1. 심문시 사전준비사항

외국인 사건을 담당하는 경찰관은 자기소개를 하고, 신문에 관여하는 통역인을 소개한다. 통역인의 안전을 도모하기 위하여 그 성명, 국적 등을 피의자에게 알리지 아니한다. 그러나 통역인이 피의자 나라의 대사관 또는 영사관의 직원인 경우에는 양해를 얻어 소개하여도 무방하다.

2. 진술거부권의 고지

우리나라의 형사절차에서 귀하는 말하고 싶지 아니한 사항에 대해서는 진술을 거부할 권리를 가지고 있다. 진술거부권 또는 묵비권이라는 법률용어를 사용하여도 그 의미를 이해하지 못하는 피의자도 있으므로 그 내용을 구체적으로 설명하는 것이 좋다. 형식적으로 고지할 것이 아니라 피의자에게 진술거부권이 무엇인지를 이해시켜야 한다.

3. 변호인 선임권의 고지

외국인 피의자가 원한다면 변호사 또는 변호사회에 전화로 연락할 수도 있음을 고지하고 피의자로부터 변호인 선임에 대한 질문을 받은 경우에 형사소송법 제1편 제4장의 변호인 선임권자, 선임의 효력, 국선 변호인제도, 제90조의 변호인의 의뢰 등의 사항을 설명할 필요가 있다.

4. 인정신문 사항

피의자의의 이름, 생년월일, 국적, 한국에서의 주소, 한국에 온 이유, 여권은 소지여부, 소지하고 있다면 제시를 요구한다. 만일 여권을 사본할 경우, 인적사항 등을 확인하는 데 필요하여 여권을 복사한다. 여권이란 명의인이 자국민임을 밝히고, 아무런 제한 없이 자국으로 돌아갈 수 있음을 보증하는 한편, 여행지 국가에 대하여 명의인에게 편의를 제공하도록 요청하는 내용을 담은 각 국의 정부가 발급한 공식문서를 말한다.[1].

외국인은 입국한 날로부터 90일을 넘겨 체류하게 되는 때에는 입국한 날부터 90일 내에 체류지 관할 출입국관리 사무소에 또는 출장소에 외국인 등록을 하여야 한다. 다만, 체류자격을 부여받는 외국인으로서 그 날부터 90일 넘는 체류기간을 정해 받는 경우에는 그 체류자격을 받는 때에 등록하며, 체류자격 변경허가를 받는 외국인이 입국한 날부터 90일이 넘는 체류기간을 정해 받는 경우에는 그 체류자격변경허가를 받을 때에 등록하여야 한다.

5. 건강에 대한 질문

피의자가 우리나라의 음식, 풍토에 맞지 아니하여 신체적으로 허약한 상태일 수 있는 데다 외국에서 피의자로 조사 받는다는 심리적·정신적 불안상태에 있어 병에 걸릴 가능성이 많다. 그러므로 통역인이 있는

1) 여권은 그 명칭과 종류가 다양하지만 대한민국이 인정하는 것은 수교국이 발급한 여권(Passport), 여행증명서(Travel Document), 난민여행증명서(Refugee Travel Document), 외국인여권(Alien Passport)과 국제연합(UN) 또는 국제연합 전문기관이 그 표나 직원에게 발급한 통행증(Laissez-Passer)이다. 여권은 권한 있는 기관이 소지권한 있는 사람에 대하여 적법절차에 따라 발급하고, 유효기간과 부가된 조건에 흠이 없고, 훼손되지 않은 경우에만 유효한 것으로 인정된다.

자리에서 건강상태에 관하여 확인하고 구치소에 입소하게 되면 신체검사를 받게 되며, 병이나 신체에 이상이 있으면 구치소 의료진으로부터 진료를 받을 수 있고 약도 받을 수 있다는 것을 알려준다. 또한 피의자가 검찰에서 자신의 병이나 상처의 원인을 가혹행위 등으로 주장하여 신문조서 등의 증거능력을 부인할 가능성도 있으므로 미리 건강상태를 상세히 확인하여 두면 이에 대한 대비도 될 수 있다.

6. 영사기관 통보

우리나라가 체결하고 있는 '영사관계에 관한 비엔나협약'에 의하면 영사관원과 파견국 국민은 서로 자유로이 통신, 접촉할 수 있으며 [제36조 1.(a)], 파견국의 국민이 체포되는 경우 또는 재판에 회부되기 전에 구금, 유치, 구속되는 경우에 그 국민이 파견국의 영사기관에 통보할 것을 요청하면 접수국의 권한 있는 당국은 지체 없이 통보하여야 하고 체포, 구금, 유치 또는 구속되어 있는 자가 영사기관에 보내는 어떠한 통신도 동 당국에 의하여 지체 없이 전달되어야 한다[동조 1(b)]. 또한 영사관원은 구금, 유치 또는 구속되어 있는 파견국의 국민을 방문하여 동 국민과 면담하고 교신하며 그의 법적 대리를 주선하는 권리를 가진다. 따라서 피의자는 대한민국의 법령에 반하지 아니하는 한 귀국의 영사기관과 접촉, 통신할 수 있음을 고지한다.

7. 신문조서의 작성

진술조서를 작성하는 경우에 진술조사에 서명, 날인 또는 무인을 받는 취지는 그 조서에 기재된 내용이 진술내용과 틀림이 없다는 것을 확인하는 것이므로 이러한 취지를 이해시킨 후 서명 무인을 받을 필요가 있다. 그리고 형사소송법상 조서 등 서류에는 진술자가 기명날인 또는 서명 날인하도록 되어 있으나 외국인의 경우는 "외국인의 서명날인에 관한 법률"에 「법령의 규정에 의하여 서명날인(기명날인도 포함)

하여야 할 경우나 또는 날인만을 하여야 할 경우에 외국인은 서명만으로써 이를 대신할 수 있다」라고 규정되어 있어 외국인은 서명만으로 족하므로 반드시 무인을 받을 필요는 없다. 그러나 위 규정은 외국인에 대해 날인 또는 무인을 금하는 취지는 아니므로 서명, 무인 할 것을 권하고 만일 피의자가 서명 또는 무인을 하지 아니하겠다고 거부하면 그 사유를 조서에 기재하여 두는 것으로 족하다.

❑ 피의자 신문조서 공통 질문사항

문　피의자는 한국어를 잘 하는가요?
Do you speak Korean?

문　통역인을 입회하여 조사하기를 원하는가요?
Do you need an interpreter?

문　병력관계를 말하시오.
Please describe your military service status?

문　학력관계를 말하시오.
Please describe your educational background.

문　사회 경력을 말하시오.
Please describe prior work experience.

문　가족관계를 말하시오.
Please describe your family relations?

문　재산 및 월수입을 말하시오.
Please describe your assets and monthly income?

문　국적이 어디인가요?
What is your nationality?

문　여권이나 자격증을 소지하고 있는가요?
Do you have a passport or any license?

문　정당이나 사회단체에 가입한 사실이 있는가요?
Have you ever joined a political party or a social organization?

문　종교관계를 말하시오.
Do you have any religious convictions?

문　술과 담배를 얼마나 하나요?
Do you smoke or drink? If so, how much?

문　취미나 특기가 있는가요?
What kinds of hobbies or skills do you have?

문 현재의 건강상태는 어떤가요?
What is the condition of your health?

문 신장과 체중, 혈액형은 무엇인가요?
What is your height and weight? What is your blood type?

문 마약이나 습관성 의약품을 복용한 사실이 있는가요?
Have you ever taken Narcotics or Habit-forming drugs?

문 조사를 받으며 ○○○대사관에 통보하여 협력을 받겠습니까?
Would you like the *name of a country* Embassy to be notified of this interrogation and receive its assistance?

❑ 피의자 신문조서 말미 공통사항

문 피의자는 현재 다른 수사기관에서 계류중인 사건이 있는가요?
Are you involved in any other pending case pending by any other investigation authorities.

문 경찰관의 조사를 받으면서 부당한 대우를 받은 사실이 있는가요?
Have you ever been subject to any unfair treatment during the interrogation by the police?

문 본 건에 대하여 피의자에게 유리한 증거나 참고로 더 할말이 있는가요?
You may present evidence or state facts favorable to you in relation to this case.

문 지금까지 진술한 내용이 사실인가요?
Do you confirm that your statements above are true?

Ⅲ. 외국인 피의자에 대한 기타 수사사항

1. 외국인 신원확인

외국인은 내국인에 비하여 정확한 신원의 확인이 곤란한 경우가 보다 많이 있게 된다. 본국에서 발급한 여권을 분실·은닉하거나 위조여권을 소유하는 경우 등이 있고 재입국의 금지조치, 본국에서의 처벌이나 제재 등을 의식하여 본래의 인적사항을 감추려는 경우가 있어 정확한 인적사항을 확인할 방법이 없으므로 본인이 진술하는 인적사항만으로 기소되는 경우가 많아 전과관리나 출입국관리에 도움이 되지 않고 있다.

물론 외국인의 국적 국가에 사법공조 등의 방법으로 조회해 볼 수는 있으나 시간이 많이 걸리고 호적·주민등록제도가 없는 나라도 있어 실효성이 없다. 따라서 구속영장 청구나 송치단계에서도 여권을 입수하지 못한 경우, 반드시 사진을 붙이고 인상·체격·특징 등을 기재하도록 지휘하여야 한다.

2. 국제형사사법공조 제도의 활용

외국인범죄를 수사함에 있어서는 범죄인 인도나 국제형사사법 공조제도의 활용을 통하여 소기의 성과를 거둘 수 있는 경우가 많다. 이들 제도를 통하여 신병의 확보, 사람 또는 물건의 소재 수사, 서류·기록의 확보, 서류 등의 송달, 압수·수색 등 증거 수집 증거물 등 물건의 인도, 진술청취 등 다양한 수사효과를 거둘 수 있다.

원칙적으로는 형사사법공조조약이나 범죄인인도조약이 체결되어 있는 나라 사이에서만 가능한 것이지만 상호보증이 있는 경우에는 이러한 조약이 없는 국가 간에도 가능하다.

3. 외국인 범죄경력 관리

내국인에 대한 범죄경력 조회와 관리는 주민등록증에 의한 신원확인 및 전산화되어 있는 주민등록, 범죄경력조회에 의해 용이하게 행해지고 있고 이를 뒷받침하는 것이 주민등록과 지문채취제도이다. 외국인의 경우에는 사전 지문채취가 대단히 제한적이다.

또한 한미행정협정 적용대상자도 동 협정 제8조의 규정에 따라 외국인의 등록 및 관리에 관한 대한민국 법령의 적용으로부터 면제되도록 되어 있다. 그런데 장기 체류외국인은 그 수도 적고 거류자격 및 신분

등에 비추어 그다지 범죄와 친하지 아니한 것으로 보인다. 오히려 지문 채취에서 면제되고 있는 단기 체류자, 무사증 입국자, 등이 범죄 발생 빈도가 높다.

4. 신병확보 방안

외국인범죄 사건이 불구속으로 검찰에 송치되어 추가조사가 필요하거나, 다른 증거나 사정의 발견 등으로 구속하려 할 경우 신병확보를 할 수 없는 경우가 대부분이다. 벌금형의 예납이나 확정형 집행의 경우도 마찬가지이다. 국내에 정해진 연락처가 없거나 사건 후 출국한 경우가 대부분이기 때문이다.

또한 미체포 상태로 송치된 경우 내국인이라면 지명수배 등을 통해 추후에라도 신병확보를 기대해 볼 수가 있지만 외국인의 경우에는 이를 기대하기 어렵다. 현재 경찰에서는 절차상 번거로운 출국금지조치보다는 여권을 소지한 경우 여권을 보관해 놓음으로써 출국을 곤란케 하고, 벌금 예납이나 불기소처분이 이루어진 후 여권을 반환하는 방법을 이용하고 있다.

제 3 절 외교사절의 범죄 처리

Ⅰ. 외교사절의 의의

외교사절(diplomacy envoy, diplomatic mission)이라 함은 외교교섭 기타의 직무를 수행하기 위하여 외국에 파견되는 국가의 대외적 대표 기관을 말한다. 외교사절은 그가 속하고 있는 국가의 기관이다. 국제법상 국가는 법인이며 외교사절은 법인인 국가의 기관인 것이다. 따라서

기관인 외교사절의 사실적, 법률적 행위의 효과는 법인인 국가에 귀속하게 된다. 국제법상 국가의 대외적 대표기관은 국가원수·외무부장관·외교사절·군대·군함 등이 있으며 외교사절은 이러한 국가의 대외적 대표기관의 하나이나, 외교관계는 주로 외교사절에 의해 대표된다. 외교사절은 그를 접수한 국가 또는 국제조직과의 관계에서만 그가 속하고 있는 국가를 대표하는 것이 원칙이고, 국가원수·외무부장관처럼 모든 국가나 국제조직과의 관계에서 그가 속하는 국가를 대표하는 것이 아니다.

Ⅱ. 외교사절의 법적지위

1. 외교직원 및 그 가족

주한 외국대사, 공사, 참사관, 1·2·3등 서기관, 각급 주재관 및 그 가족으로서 외교통상부장관이 발급한 외교관 신분증 소지자를 말한다. 외교직원 및 그 가족은 '외교관계에 관한 비엔나 협약'의 적용을 받는데 관련되는 규정은 다음과 같다.

(1) 제29조(외교관 신체의 불가침)

㈎ 외교관은 어떠한 형태의 체포나 구금도 당하지 아니한다.

㈏ 접수국은 상당한 경의로서 외교관을 대우하고 그의 신체·자유 또는 품위에 대한 침해를 방지하기 위하여 모든 적절한 조치를 취해야 한다.

(2) 제30조(외교관의 주거·서류·통신·재산 등의 불가침)

(3) 제31조(외교관의 면제)

㈎ 접수국의 형사재판 관할권으로부터 면제

㈏ 접수국의 민사재판 및 행정재판 관할권으로부터 면제된다.
단, 접수국의 영역내에 있는 외교관의 개인부동산에 관한 소송은 예외이다.

(4) 제37조(외교관 가족의 특권)

외교관의 세대에 속하는 가족으로 우리나라 국민이 아닌 경우 외교관과 동일한 특권을 향유한다.

2. 외교사절단의 사무 및 기술직원과 그 가족

대사관에 근무하는 직원으로서 외교관이 아닌 공무원이며 외교통상부장관이 발급하는 특별신분증 소지자를 말한다. 근거 및 특권의 내용은 협약 제37조 제2항(외교관 이외의 직원의 특권)의 규정에 근거하여 사무 및 기술직원은 각자의 세대에 속하는 가족과 더불어 외교관과 동일한 특권을 향유한다. 단, 비공무중의 행위는 민사 및 행정재판관할권으로부터 면제되지 않는다.

3. 외교사절단의 서비스직원 및 개인사용인

주한 외교사절단의 운전사·요리사 등 단순노무에 종사하는 구성원으로서 우리나라 국민이 아닌 자이며 외교통상부장관이 발급하는 특별신분증 소지자이다. 근거 및 특권의 내용을 살펴보면, 동 협약 제37조 제3,4항에 규정된 특권을 향유하여 공무수행중의 범죄에 대하여서만 재판관할권이 면제된다. 비 공무수행 중의 범죄에 대하여도 사절단의 직무를 부당하게 방해하지 않는 방법으로 재판권을 행사해야 한다.

4. 주한 국제기구·기관의 소속직원 및 그 가족

주한 국제기구·기관의 정규직원과 기술·문화협정에 의해 입국한 기술자, 강사 등 전문가와 국제기구의 전문요원 및 그 가족으로서 외교통상부장관이 발급한 특별신분증 소지자이며 범죄발생시 외교관에 준하여 처리한다.

Ⅲ. 영사

주재국과의 통상증진, 경제·문화협력, 자국민 보호 등을 목적으로 파견된 공무원으로서 총영사, 영사, 부영사, 영사대리 등이 있다. '영사관계에 관한 비엔나협약'에 그 근거를 가진다.

영사는 외교사절이 아니므로 외교사절과 같은 외교특권을 향유하지 못하며 국제협약이나 조약상의 권리를 가지는데 불과하지만, 대부분의 영사 업무가 외교공관에 의하여 수행되고 있으므로 영사의 범죄는 외교관에 준하여 처리한다.

제4절 한미행정협정(SOFA)

Ⅰ. 한미 행정협정의 의의

보통 한미행정협정(The ROK-US Agreement on Status of Force in Korea: SOFA)으로 알려진 협정의 정확한 명칭은 "대한민국과 아메리카 합중국간 상호방위조약 제4조에 의한 시설과 구역 및 대한민국에서의 합중국 군대의 지위에 관한 협정"이다. '주한미군 지위협정'이라고도 한다.

미국에서는 비준을 거치지 않아 약식조약인 행정협정이지만 우리나라는 국회비준을 거친 정식조약이기 때문에 널리 알려진 한·미 행정협정이라는 표현 대신 한·미 주둔군지위협정(Status Of Forces Agreement)이라고도 한다.

Ⅱ. 한미 행정협정(SOFA)의 역사

1. 대전(大田)협정

6·25가 발발하자 대전에서 대한민국정부와 주한 미대사관은 1950년 7월12일 각서 교환형식으로 주한 미국군대의 관할권에 대한 대한민국과 미합중국간의 협정을 체결했다. 이 협정을 대전에서 체결했다고 해서 대전협정이라고 부른다. 이 대전협정에 따르면 주한미군은 미국 군법회의에 의해서만 재판을 받도록 되어 있었고 경우에 따라서는 미군이 한국인을 구속하거나 재판을 할 수 있게 되었다. 이 협정은 1967년 한미 주둔군 지위협정이 체결될 때까지 유효하였다.

2. 한미 상호방위조약

한미 방위상호조약은 휴전 직후인 1953년 10월 1일 한미 양국의 정부대표가 워싱턴에서 대한민국과 아메리칸 합중국간의 상호 방위조약에 서명하고, 이듬해인 1954년 11월 17일 발효되었다. 이 조약으로 미군이 오늘날 주둔할 수 있는 근거가 된 것이다.

이를 바탕으로 우리나라에 주둔하는 미군에 대해서 1967년까지는 앞서 말한 대전협정에 의해 미군 당국만이 관할할 수 있었다. 한·미 주둔군지위협정은 1966년 7월 9일 체결되어 1967년 2월 9일 형사재판권부터 발효되었으며 협정의 주요내용은 대상자의 신분과 지위 해당 시설과 구역, 출입국관리 및 관세, 노무조달, 외환관리 및 경찰 업무와 밀접한 관련을 맺고 있는 형사재판권을 규정하고 있으며 특히 동 협정은 주한미군의 원활한 임무 수행을 보장하고 또 동시에 주한미군이 우리나라의 법령을 존중토록 함으로써 한미 동맹관계의 유지 및 강화에 기여를 하여 왔다.

그러나, 다른 한편으로는, SOFA개정을 통해 주한미군의 주둔환경을 개선함으로써 한·미 관계가 장기적으로 인정되게 발전될 수 있는 기반을 조성해 필요성이 대두되어 지난 1991년 제 1차 개정에 이어 2001년 제2차 개정안에 서명하여 형사재판권, 환경, 노무, 검역, 시설·구역, 민사소송절차 등 여러 분야에 그간 노정되어 온 문제점들을 개선함으로써 향후 SOFA운영이 한·미간에 보다 더 평등하고 합리적으로 이루어질 수 있는 토대를 마련하였다.[2)]

Ⅲ. 한미 행정협정의 적용 대상자 및 형사재판권

1. 한미 행정협정 적용 대상자

가. 합중국 군대의 구성원(한미 행정협정 제1조 가)

대한민국 영역 안에 있는 아메리카 합중국의 육군, 해군 또는 공군에 속하는 인원으로서 현역에 복무하고 있는 자(다만, 대사관에 부속된 군대의 인원 및 1950년 1월 26일 군사고문단 협정에 그 신분이 규정된 인원은 제외된다.)

나. 군속(한미 행정협정 제1조 나)

합중국의 국적을 가진 민간인으로서 대한민국에 있는 합중국 군대에 고용되어 있거나 동 군대에 근무하거나 또는 동반하는 자. 이중국적자

2) 이 협정은 전문 31조로 된 본문과 합의의사록·합의양해사항·교환서한 등의 3개 부속문서로 구성되어 있고, 주요 항목은 다음과 같다.
미국군대에 관한 정의(1조), 시설과 구역(2~5), 공익사업과 용역(6조), 접수국 법령의 존중(7조), 출입국(8조). 통관과 관세(9조), 선박과 항공기의 기착(10조), 기상업무(11조), 항공 교통 관제 및 운항 보조시설(12조), 비세출자금기관(非歲出資金機關, 13조), 과세(14조), 초청계약자(15조), 현지조달(16조), 노무(17조), 외환관리(18조), 군표(軍票, 19조), 군사우체국(20조), 회계절차(21조), 형사재판권(22조), 청구권(23조), 차량과 운전면허(24조), 보안조치(25조), 보건과 위생(26조), 예비역의 훈련(27조), 합동위원회(28조), 협정의 효력발생(29조), 협정의 개정(30조), 협정의 유효기간(31조) 등이다.

도 합중국 국민으로 간주된다.

다. 가족(한미 행정협정 제1조 다)

(1) 배우자 및 21세 미만의 자녀

(2) 부모 및 21세 이상의 자녀 또는 기타 친척으로서 그 생계비의 반액 이상을 합중국 군대의 구성원 또는 군속에 의존하는 자.

라. 초청 계약자(한미 행정협정 제15조 제1항)

(1) 합중국의 법률에 따라 조직된 법인

(2) 통상적으로 합중국에 거주하는 위 법인의 고용원

(3) 위 법인 고용원의 가족을 포함하여 합중국 군대 또는 동 군대로부터 군사지원을 받는 통합사령부 산하 주한 외국군대를 위한 합중국과의 계약이행만을 위하여 대한민국에 체류하고 합중국 정부가 지정한 자. 단, 초청계약자에 대하여는 대한민국 방위에 있어서의 그 역할을 인정하여 한·미 행정협정 제22조 제5항, 제7항(나), 제9항 및 동 관계 합의의사록 등의 규정에 따라야 한다.

마. 한미 행정협정 적용 제외자

(1) 미국정부와 대한민국 정부간의 군사 합동고문단 설치에 관한 협정(제3조)단원은 주한 미국대사관 직원과 같은 신분 대우로 외교특권을 향유한다.

(2) 대한민국과 통합사령부의 경제 조정에 관한 협정(제3조 13호) 주한 유엔군사령부 산하 직원인 태국, 호주, 필리핀 군인 등에 대하여는 직무수행 중의 사건인 경우 면책 특권이 부여되나, 직무외 사건은 일반 외국인 사건과 같이 처리한다.

2. 형사재판권

형사재판권은 대한민국과 주한 미국당국의 군인, 군속 및 그들의 가족에 대한 재판권 행사의 일반적인 원칙을 규정하고 있으며 재판권 행사규정은 전속적 재판권, 제1차적 재판권, 재판권 포기 조항으로 나누어 살펴볼 수 있다.

가. 한미 양국의 전속적 재판권

군인·군속 가족 및 그들의 가족이 범한 범죄로서 한·미 양국 중 어느 일방국가의 법령에 의해서만 처벌할 수 있으나 타방국의 법령에는 근거가 없어 처벌할 수 없는 경우 처벌할 수 있는 국가만이 재판권을 배타적으로 행사할 수 있다.

(1) 미국의 전속적 재판권

미국의 안전에 관한 범죄와 미국의 법령에 의해서만 처벌할 수 있으나 한국의 법률에 의해서는 처벌할 수 없는 범죄에 대해서는 미군당국이 전속적으로 재판권을 행사한다.

(2) 한국의 전속적 재판권

한국의 안전에 관한 범죄와 한국 법률에 의해서는 처벌할 수 있으나 미국은 법률이 없기 때문에 처벌할 수 없는 범죄에 대해서는 한국이 전속적으로 재판권을 행사한다. 여기에서 당해국의 안전에 관한 범죄란 당해국에 대한 반역행위, 간첩행위, 사보타지에 의한 방해행위, 공무상 국방상 비밀에 관한 법령위반을 말한다.

나. 제1차적 재판권행사(제22조 제3항)

어떤 특정범죄사건이 발생하였을 때 한국과 미국이 각기 자국의 법령에 의하여 다같이 범죄를 구성하는 사건에 대하여 서로 재판권을 행사할 수 있는 경우 즉 형사재판권이 한미양국에 재판권이 경합하는 경우 재판권을 행사하는 규정으로 미국이 제1차적으로 재판권을 행사하는 범죄로는

(1) 미국의 안전, 재산에 관한 범죄

(2) 한미행정협정대상자 상호간의 범죄

(3) 공무 중 작위·부작위 범죄는 미국이 1차적으로 재판권을 행사하

고 우리나라가 제1차적으로 재판권을 행사하는 범죄는 미군 당국의 제1차적 재판권에 속하지 아니하는 기타 모든 범죄를 행사한다.

다. 재판권 포기 조항(제22조 제3항 다)

우리나라가 제1차적 재판권을 갖는 경우라도 타방국가가 이러한 재판권 포기를 특히 중요하다고 인정하는 경우 그 타방국가로부터 재판권 행사권리의 포기 요청 시 그 요청에 대하여 호의적으로 고려하여야 한다. 재판권포기요청의 절차는 다음과 같다.

(1) 미군당국으로부터 재판관할권 포기요청서 접수는 사건발생 일로부터 21일 이내에 한국 법무부장관에게 접수한다.

(2) 대한민국 법무부장관은 재판권행사여부의 타당성을 검토하여 재판권 행사여부를 결정한다.

(3) 미군 당국에 재판권 행사 여부 통보는 재판권포기요청서 접수일로부터 28일 이내 통보하는 것이 원칙이며 그 기간 내에 통보할 수 없는 때에는 우선 그 사유를 미군당국에 통보하고 사유통보 일로부터 14일 이내에 통보하여야 한다.

Ⅳ. 한미 행정협정 대상자 범죄처리

1. 피의자 체포 신병인도

범죄발생시 피의자(행정협정 대상자)를 가까운 경찰관서로 동행하고, 미군 당국에 피의자 연행 사실을 통보한다(제22조 제5항 나). 미군 당국의 신병인도 요청 시 이를 인도한다(제22조 제5항 다). 이때 미군당국으로부터 구금인도 요청서 및 인수증 수령시 신병인수증에 피의자의 소속, 계급, 성명, 생년월일, 사회보장번호를 명기할 것을 요청한다.

사건이 중대하고 증거인멸 등의 우려가 있을 경우 신병인도치 말고 미국대표를 출석시켜 예비조사 후 미군당국에 신병을 인도한다.

2. 미군 등 출석 절차

미군의 출석절차를 살펴보면 가능한 한 서면으로 인근 미 헌병대장에게 경찰이 필요로 하는 피의자의 소속, 출석장소 및 시간을 명시한다. 이 경우 출석요구는 미군 당국의 공휴일 및 국경일을 가급적 피하고 48시간 정도 시간적 여유를 주어야 한다.

3. 미군 헌병의 조치

출석요구서를 경찰로부터 전달받은 미군 헌병대 측은 피의자의 부대장, 감독자 및 보호자에게 통보한다. 피의자의 소속 부대장은 부대의 하사 급 이상 중에서 대표로 지정하여 피의자와 함께 미군헌병대에 가서 경찰서에서 보낸 출석요구서를 수령한 후 부대내의 법무감실에 출석한다.

4. 미 법무감실의 조치

미 법무감실에서는 경찰에 출석 할 피의자와 입회할 미국정부 대표자에게 한·미 행정협정에 대한 브리핑 및 피의자의 권리 등을 설명 후 피의자 입회 미국정부 대표자에게 대표 임명장을 수여하고 이러한 절차를 거친 후 경찰에 출석한다.

5. 경찰의 피의자 신문조서 작성

경찰은 한·미 행정협정 22조 9항에 따라 피의자의 미국 정부 대표자가 가지고 온 대표임명장을 접수 후, 피의자 신문을 실시한다. 피의자 신문은 범죄 수사규정 제217조(조서의 작성) 및 외국인의 서명날인에 관한 법률(1958.7.12. 법률 제488호)을 준용한다.

조서작성 후 미국 정부대표자가 입회하였다는 증거로 조서말미에 서명을 하도록 한다. 미국 정부대표의 입회서명이 없는 조서는 유죄의 증거로 채택되지 않는다.

중요사건 송치 시에는 미군헌병대 또는 CID에서 조사한 진술서를(번역문 포함) 첨부 송치한다. 미 군속, 초청계약자 및 이들의 가족은 아무리 경미한 형사사건이라도 대한민국에서 전속적 재판권이 있기 때문에 반드시 피의자 신문조서를 작성해야 한다.

제5절 출입국관리법 및 여권법 위반사범 수사

Ⅰ. 출입국 규제의 필요성

국제범죄의 수사 및 재판과 관련하여 중요한 문제 중 하나가 피의자나 피고인의 신병확보와 관련하여 출국을 금지 내지 제한하는 출국금지·정지제도이다. 수사대상자 중에는 피의자가 수사착수의 기미를 알아채고 외국으로 도주하는 것을 방지하기 위해서는 신속하게 출국을 금지시켜야 한다. 또한 범죄의 위험성이 있는 외국인에 대하여는 사전에 입국을 금지 또는 제한할 필요가 있다.

현재 출입국금지제도는 출입국관리법, 동 법 시행령, 출국금지업무처리규칙 등에 근거하여 행하여지고 있다. 출입국관리법은 대한민국에 입국하거나 대한민국으로부터 출국하는 모든 국민 및 외국인의 출입국관리와 대한민국에 체류하는 외국인의 체류관리 및 난민의 인정절차 등에 관한 사항을 규정함을 목적으로 한다(제1조).

범죄수사에 있어서 자국의 영역 내에 범죄인이 있는 경우에는 우선 범죄인이 외국으로 도주하기 전에 신병을 확보하거나 적어도 도주하지 못하도록 출입국규제조치를 하는 것이 필요하다. 출입국규제조치[3]는 내국인에 대하여 출입국금지조치를 하고 외국인의 경우에는 출입국 정

3) 출국금지규정은 출입국관리법 제4조에 규정되어 있고, 입국의 금지 등은 동법 제11조에 규정되어 있다.

지조치를 의뢰하여야 한다. 특히 오늘날과 같이 해외여행이 자유화된 상태이며 외국으로의 출국절차가 간소화된 상황에서는 범죄인이 출국하기 전에 검거하는 문제가 매우 중요하다.

Ⅱ. 출국금지 절차

1. 출국금지 대상자

출국금지대상자는 출국금지업무처리규칙에 규정되어 있다. 출국금지업무처리규칙 제2조의 2 제1항에 의하면 법 제4조 제1항 제1호에서 그 출국이 대한민국의 이익을 현저하게 해할 염려가 있다고 인정되는 자라 함은 ① 일정액 이상의 국세 · 관세 · 지방세 등을 정당한 사유 없이 그 납부기한까지 납부하지 아니한 자 ② 징역형 또는 금고형의 집행을 종료하지 아니한 자 ③ 일정액 이상의 벌금 또는 추징금을 납부하지 아니한 자 ④ 형사재판에 계류 중인 자 ⑤ 형(刑)집행 정지중인 자 ⑥ 기타 대한민국의 안전이나 이익을 현저하게 해할 염려가 있다고 인정되는 자를 말한다.

또한 법 제4조 제1항 제2호에서 범죄의 수사를 위하여 그 출국이 부적당하다고 인정되는 자라 함은 범죄혐의로 수사 중에 있거나 그 소재불명의 사유로 기소중지자로 결정된 자(규칙 제2조의 2 제2항)를 말한다.

2. 출국금지(정지) 절차

최근 해외여행자유화 조치를 틈타 출국금지대상자가 출국금지요청 직전에 해외로 도피함으로써 수사 및 형의 집행에 막대한 지장을 초래할 뿐만 아니라 물의를 야기하는 사례가 발생하고 있다. 따라서, 고소, 고발, 인지 등으로 입건한 피의자와 내사단계에 있는 피내사자에 대하여 수사 또는 내사착수 즉시 범죄 수사를 위하여 그 출국이 부적당하다고 인정되는 자인가의 여부를 검토한 후 그 대상자라고 판단될 경우 지체 없이 출국금지 요청을 하도록 하여야 한다.

또한 출입국규제 대상자가 외국인인 경우에는 범죄사실에 대한 충분한 소명이 없는 상태에서 출국정지 요청을 하거나 출국이 정지된 외국인에 대한 사건의 처리지연 등으로 물의를 빚는 일이 없도록 함은 물론 출국금지 사유 소멸 시 신속한 출국금지해제 요청을 하여야 할 것이다.

관계기관의 장이 출국금지요청서를 법무부장관에게 제출하면 법무부장관이 이를 심사·결정하고 출국금지 결정 시 법무부장관은 이를 당사자에게 통지한다. 출국금지를 하는 경우에는 충분한 소명자료를 첨부하여야 한다. 수사대상자인 경우에는 검사지휘서, 고소·고발장, 범죄인지서, 구속영장, 수사기록의 사본 등 객관적인 소명자료를 첨부하여 출국금지를 요청하여야 한다. 만일 이러한 소명자료의 첨부가 곤란한 경우에는 범죄사실을 구체적으로 기재한 서면을 첨부하여야 한다. 이러한 서면에는 검사 또는 수사기관장이 날인하여야 한다.

그리고 출국금지대상자가 수사대상자 이외의 자인 경우에는 판결문 사본, 국가채권 납부고지서 사본 등 출국금지 요청사유를 입증할 수 있는 서류를 첨부하여 출국금지를 요청하여야 한다. 종전의 출국금지 일시해제제도는 폐지하여 현재는 시행되지 않고 있음을 유의하여야 한다. 출입국규제조치의 기간연장 및 해제요청은 출입국기간연장요청서에 의하여 신청하고 범죄수사의 목적인 경우 요청할 때와 마찬가지로 검사지휘서를 첨부하고 출국금지사유가 소멸하지 아니한 때에도 수사종결 등으로 더 이상 출국금지를 할 필요가 없다고 인정할 때에는 지체 없이 해제 요청을 하여야 한다.

Ⅲ. 외국인 강제퇴거 및 불법체류자 수사

1. 외국인 강제퇴거

외국인이 입국요건을 위반한 경우 또는 입국금지사유가 입국 후에 발견되거나 발생한 경우 등에는 사무소장, 출장소장 또는 외국인보호소장 등이 외국인을 대한민국 밖으로 강제퇴거시킬 수 있다(법 제46조 참조). 강제퇴거사유는 법 제46조에 아래와 같이 11가지로 열거되어 있다.

가. 유효한 여권과 선원수첩이나 사증 없이 입국한 자
나. 전염병환자 등 입국이 금지된 자
다. 입국심사의 규정을 위반한 자
라. 허가를 받고 상륙한 승무원 등이 그 조건을 위반한 경우
마. 허가 없이 상륙한 승무원 및 긴급상륙 또는 재난상륙 허가를 받지 않은 외국인
바. 체류기간 등의 규정에 위반한 자
사. 체류자격 외의 활동을 한 자
아. 법무부장관이 정한 거소 또는 활동범위의 제한 기타 준수사항을 위반한 자
자. 출국심사규정을 위반하고 출국하려는 자
차. 외국인등록 규정에 위반한 자
카. 금고 이상의 형의 선고를 받고 석방된 자

2. 외국인 불법체류 규제

입국허가시 외국인에게는 체류자격이 부여되며 그에 따라 체류기간이 결정된다. 외국인은 부여된 체류자격에 관련된 활동만을 할 수 있으

며 그 이외의 활동을 하기 위하여서는 사전에 법무부장관의 허가를 받도록 되어 있다. 그리고 국내에서 91일 이상 체류하는 장기체류의 경우 출입국관리사무소에 거류신고를 하여야 한다.

출입국관리사무는 원칙적으로 출입국관리사무소의 관장 사항이므로 경찰이 출입국관리법 위반 사범을 입건한 때에는 이를 지체없이 관할 출입국관리사무소장 등에게 인계해야 한다.[4] 출입국 사범에 관한 사건은 출입국관리소장 등의 고발이 없는 한 공소를 제기할 수 없다.

경찰이 직무수행 중 출입국관리법 제46조의 강제퇴거 사유에 해당되는 외국인을 발견한 경우 또는 기타 출입국관리법위반 사범을 발견한 때에는 이를 지체없이 관할 출입국관리사무소장 등에게 통보하여야 하며 출입국관리법을 위반한 자가 동시에 다른 형사사건에도 관련되어 있을 경우에는 먼저 형사사건을 종결하고 출입국관리사무소에 피의자의 신병을 인계하고 순수하게 출입국관리법위반 사범인 경우에는 입건하지 않고 인적사항 등 기초사항조사만 마친 뒤 출입국관리사무소에 통보한다.

3. 출입국관리법 위반사범 처벌유형

가. 7년 이하의 징역이나 금고 또는 5천만원 이하의 벌금(93조2)

(1) 영리목적으로 입국심사를 받아야 하는 외국인을 집단으로 불법입국 시키거나 이를 알선한 자

(2) 외국인을 집단으로 불법입국 또는 불법 출국시킬 목적으로 선박 등을 제공하거나 이를 알선한 자

(3) 불법으로 입국한 외국인을 집단으로 대한민국 안에서 은닉 또는 도피하게 할 목적으로 선박 등을 제공하거나 알선한 자

나. 5년 이하의 징역이나 금고 또는 3천만원 이하의 벌금(93조3)

(1) 입국심사를 받지 아니하고 입국한자

4) 출입국관리법 제101조 제2항

(2) 93조2의 죄를 범한 자(영리목적자 제외)

다. 3년 이하의 징역이나 금고 또는 2천만원 이하의 벌금(94조)

(1) 출국심사를 받지 않고 출국한 자

(2) 허가를 받지 않고 상륙한 자

(3) 취업활동을 할 수 있는 체류자격을 가지지 아니한 외국인의 고용을 업으로 알선 권유한 자

(4) 근무처의 변경 또는 추가 허가를 받지 아니한 외국인의 고용을 업으로 알선한 행위

(5) 거소 또는 활동의 범위 제한을 위반한 행위

(6) 체류자격 부여, 체류자격 변경 허가, 체류자격 연장허가, 체류기간 갱신허가의 규정에 위반하는 행위

(7) 선박 등의 검색 및 심사규정에 위반한 행위

(8) 내항자격 선박등의 검색 및 심사 규정위반 행위

제6절 인터폴 및 국제 형사사법 공조

Ⅰ. 인터폴의 설립과 연혁

1. 목적

범죄의 예방과 진압을 위해 각 회원국의 현행법 범위 내에서 그리고 세계 인권선언(Universal Declaration of Human Rights)의 정신에 입각하여 회원국간 가능한 다방면에 걸쳐 상호 협력하고 이를 증진하는데 있으며 또한 범죄예방과 진압에 효과적으로 기여할 수 있는 모든 기관을 설립하고 이를 발전시키는 데 있다.(헌장 제2조) 단 정치적, 군사적, 종교적, 또는 인종적 성격을 띤 문제에 여하한 관여나 활동은 엄격히

금지되어 있다.(헌장 제3조)

2. 연혁

가. 1901년 "에드버리헨리"가 스코틀랜드 야아드(Scotland Yard)에 중앙지역 본부를 설치, 국제적 제도의 채택을 각 국에 호소함.

나. 1905년 부녀 인신매매의 취제에 관한 「파리협정」 체결
제10회 국제 범죄학자회의 개최, 국제협력을 위하여 각국에 중앙사무국의 설치가 제안됨.

다. 1914년 제1차 국제형사경찰회의(International Criminal Police Congress)가 모나코에서 개최. 모나코, 프랑스, 이탈리아, 러시아, 오스트리아, 영국, 독일(비공식)의 경찰관, 치안형사, 법률학자가 모여 도망범인인도법의 표준화, 국제수배, 중앙국제범죄기록 기관의 설치 논의

라. 1923년 제2차 국제형사경찰 회의가 「비엔나」에서 개최. 국제형사경찰위원회(International Criminal Police Commission)를 설치, 사무국을 「비엔나」에 둠

마. 1926년 제3차 국제형사경찰 위원회 회의 개최

바. 1941년 국제형사경찰 위원회의 사무국을 베를린(독일)으로 이전

사. 1946년 제2차 세계대전 전의 회원국 17개국이 제15차 회의를 「브럿셀」에서 개최, 동 기구를 개편하여 사무총국을 「파리」로 이전

아. 1956년 제25차 총회가 동년 6월에 「비엔나」에서 개최. 현행 국제형사경찰기구(International Criminal Police Orgarnization INTERPOL) 발족 회원국수가 55개국 에 달하고 사무총국을 계속「파리」에 둠

차. 1971년 UN과 인터폴 간 특별협정 체결. 인터폴은 정부간 기구로 됨

카. 1989년 프랑스 리용(Lyon)시에 인터폴 본부 건물 신축 사무총

국 이전

타. 1999년 제68회 인터폴 서울총회 개최

3. 인터폴의 법적지위 및 운영

인터폴은 정부간 활동을 하지만 국제조약, 협약 또는 유사한 법적 근거에 기준 두는 것이 아니며 그 헌장은 외교적 서명이나 정부의 비준을 필요로 하지 않는다. 인터폴의 특성은 회원국 정부가 어떤 권리나 권위를 위임하지 않고 인터폴헌장과 회원국 자체내의 현행법 범위 내에서 그 기능을 수행하기 때문에 인터폴자체는 체포, 수색에 관한 권한은 물론, 범죄 수사권도 없으며 이러한 권한은 회원국 자체경찰에 의해 행사된다. 인터폴은 오로지 일반 범죄만 취급하고 정치, 군사, 인종, 또는 종교적 문제와 관련된 사항에 간여하거나 활동하는 것은 엄격히 금지하고 있다. 인터폴 운영은 회원국이 부담하는 분담금에 의해 운영되고 있다.

Ⅱ. 인터폴 국제수배서의 종류

인터폴 사무총국에서 발행하는 국제수배서는 외국도피자, 실종자, 우범자 및 장물 등 수배대상인 인적, 물적 사항에 관한 정확한 자료를 각 회원국에 통보하여 이에 공동으로 감시할 수 있는 체제를 제도적으로 확립함으로써 사무총국 및 각 회원국간에 각종 국제범죄예방과 진압에 효과적으로 대처하고 신속한 국제공조수사체제를 유지하여 수배대상을 색출할 목적으로 발행하는 것이다. 일반적으로 국제수배서는 수배대상자의 인적사항. 국적, 죄명, 사진, 지문, 신체의 특징 및 장물특징 등과 수배대상 발견시 요청내용이 명시되어 있으며 그 종류는 다음과 같다.

1. 적색 수배서(Red Notice : Form 1)

수배서 중 가장 중요한 적색 수배서는 국제 체포수배서(International Wanted Notice)라 할 수 있는데 수배서 오른쪽에 적색 4각 마크가 표시되어 있어 적색수배서라고 불러지고 있다. 적색 수배서는 일반 형법을 위반하여 체포영장이 발부되고 범인인도를 목적으로 하는 경우에 한하여 발행된다. 따라서 도망 범죄인 인도조약이 체결된 국가의 경찰이 피수배자를 발견할 시 긴급인도구속을 할 수 있으며 그 후에는 범죄인 인도법에 정하는 구금의 청구, 정식 인도요구 등의 절차가 진행하게 된다.

적색수배서에 의한 긴급인도구속은 이미 유럽 여러 나라를 비롯하여 많은 나라에서 실행하고 있고 1957년의 범죄인 인도 유럽조약 16조3항, 1962년 범죄인인도 및 형사사법공조(베네룩스조약) 15조3항 등은 긴급인도체포의 청구를 인터폴을 통해 피청구국의 권한이 있는 당국에 송부하는 것을 인정하고 있다. 따라서 적색수배서에 의한 긴급인도구속은 범인인도 전 절차(Pre Extradition Procedure)의 핵심을 이루는 것이다.

2. 청색 수배서(Blue Notice : Form 2)

청색 수배서는 국제 정보조회 수배서(International Inquire Notice)로서 수배서 오른쪽 위에 청색 4각 마크가 표시되어 있어 청색 수배서라고 불리어지고 있다. 주된 목적은 피수배자의 신원과 소재확인 목적으로 발행되는 것으로 일반적으로 다음과 같은 경우에 발행한다.

(1) 범인신원 및 전과 파악

(2) 범인 소재지 파악

(3) 일반 형법 위반자로 범인인도를 요청할 가능성이 있는 자의 소재

3. 녹색 수배서(Green Notice : Form 3)

수배서 오른쪽 위에 녹색 4각 마크가 있어 녹색수배서라고 하는 이 수배서는 여러 국가에서 상습적으로 범행하였거나 또는 범행할 가능성 있는 국제범죄자의 동향을 파악케 하여 사전에 그 범행을 방지할 목적으로 발행하는 것으로서 전과의 정도, 범죄 종류, 국제범죄조직의 일원인지 등의 여부를 고려, 중요한 국제적 범죄자에 한해 발행한다.

4. 황색 수배서(Yellow Notice : Form 4)

황색수배서는 가출인의 소재확인 또는 기억상실자 등의 신원을 파악할 목적으로 발행되는 것으로서 수배자 오른쪽에 황색 4각 마크가 표시되어 있다.

5. 흑색 수배서(Black Notice : Form 5)

수배서 오른쪽 위에 흑색 4각 마크가 있어 흑색 수배서라고 불리어지고 있는 이 수배서는 사망자의 신원을 확인할 수 없거나 또는 사망자가 가명을 사용하였을 경우 정확한 신원을 확인할 목적으로 발행하는 것으로 사체의 사진과 지문, 치아상태, 문신, 용모의 특징, 의복 및 소지품의 상표 등 사망자 신원파악에 도움이 될 수 있는 자료가 수록되어 있다.

6. 장물 수배서(Stolen Property Notice)

장물수배서는 도난 당하거나 또는 불법적으로 취득한 것으로 보이는 물건, 문화재(미술품, 고대유물 등)에 대해 수배를 하는 것으로 상품적 가치 및 문화적 가치 등을 고려하여 발행되며 장물의 특징과 사진 등이 첨부되어 있다.

7. 범죄수법 수배서(Modus Operandi)

세계 각국에서 범인들이 범행시 사용한 새로운 범죄수법 등을 사무총국에서 집중관리하고 각 회원국에 배포하여 수사기관이 범죄예방과 수사자료에 활용케 하고 또한 경찰 교육기관에서 교육자료로 이용할 목적으로 발행하는 것으로 이것을 사무총국에서는 국제 수배서의 한 종류로 분류하고 있으나 단순한 범죄정보 자료라 할 수 있다. 수배서 가운데 엷은 자주색 4각 마크가 표시되어 있다.

Ⅲ. 인터폴 협조요청 범위와 내용

1. 요청범위

국내 모든 법 집행기관은 한국 인터폴이 사무총국 및 회원국간 협조하고 있는 내용 즉 테러, 살인, 강도, 마약불법거래, 위조, 실종자소재확인, 사기, 절도 등 모든 국제성 범죄수사에 대해 인터폴을 통하여 필요한 사항을 외국경찰에 협조 요청할 수 있다.

물론 상대국의 국내법에 의해 제약받는 경우도 있으나 정치적, 군사적, 종교적, 인종적(헌장 제3조) 성격을 띤 사건이 아닌 한 대부분 합법적이고 합목적성이 인정되며 헌장 제2조 및 제31조에 의해 사무총국 또는 각 회원국의 협조를 보장받을 수 있는 것이다.

2. 국제 공조수사 요청내용

국제 공조수사는 수사당국이 필요로 하는 형사사건에 관해 국제간 행해지는 모든 합목적적인 수단에 관련되는 협력이라 할 수 있으며 국제 공조수사내용은 일반적으로 다음과 같은 경우를 들 수 있다.

가. 증거(진술조서, 증서, 검증조서, 감정서 등 일체의 증거서류 및 증거물) 및 이를 위한 증인신문, 압수 수색 검증을 위한 자료수집 교환

나. 범인 인도를 위한 수사 및 긴급(일시) 구속

다. 범죄 예방을 위한 정보교환 및 협력

라. 범인 수배

마. 특정인 또는 일반적 자료, 수사상 필요한 자료

바. 범죄경력 및 수법 제공

따라서 모든 국제범인에 대해 협조 요청 범위 내에서 상기 내용 중 필요한 사항은 인터폴을 통해 외국경찰에 협조 요청할 수 있다.

3. 한국 인터폴에 보고(통보)를 요하는 중요사건

외국경찰과의 협조 창구를 일원화하여 한국인 또는 외국인 관련 각종 국제범을 정확히 파악, 이에 대한 예방 및 진압대책에 전문성을 기하기 위해 적어도 다음과 같은 사건은 인터폴에 보고(통보) 또는 필요사항을 협조 요청할 필요가 있다 하겠다.

가. 외국인 또는 외국과 관련된 국내사건

(1) 전과 조회

(2) 국제 조직범죄 관련 여부 등 배후 관계 파악요청

(3) 국제 수배자 여부 확인 요청

(4) 정확한 인적사항 확인 요청[5]

(5) 기타 수사상 필요한 사항

나. 국외사건

(1) 대한민국 영역 외에서의 한국 선박 또는 항공기 내에서 발생한

5) 국제 형사범의 경우 대부분이 가명을 사용하고 여권도 둘 이상 소지하고 있는 경우가 많다.

사건

(2) 기타 외국에서 한국인 관련 중요사건(이 경우 사건 여부에 필요한 외국경찰 보고서, 증인진술서, 피의자 진술서 등 수사자료를 외국경찰에 요청할 수 있다.)

다. 피의자 해외 도주사건

(1) 소재확인 요청

(2) 국제수배 또는 국제수배서(적색, 청색, 녹색수배서) 발행 요청

(3) 소재 확인시 강제추방 또는 범죄인 인도 등 요청

(4) 기타 필요사항

라. 해외에 수사관 파견할 필요가 있는 중요사건

증거자료 수집, 증인면담 및 진술청취, 피의자 진술서 등 국제범죄수사에 필요한 자료 수집을 위해 수사관 파견을 협조 요청할 경우 당 인터폴은 상대국 인터폴을 통해 상대국 사법당국으로부터 아국 수사관 방문 승낙을 사전에 얻어 수사관을 파견할 수도 있다.

마. 외교채널을 통하여 외국 법집행기관의 협조를 필요로 하는 사건

사건내용에 따라 외교채널과 인터폴을 통해 동시협조 하는 것이 더욱 효과적인바 외교채널을 이용하는 경우에도 인터폴을 경유하여 협조요청할 필요가 있으며, 외국경찰과의 협조 창구를 일원화할 수도 있다.

바. 기 타

민간 항공기 납치 또는 불법 방해사건이나 각종 위조범(통화 및 여행자 수표 등) 및 마약관련사건 등은 국내에서 발생한 사건은 소정의 양식[6]에 의거 사무총국에 통보를 요하며 외국에서 발생한 항공기 관련 사건에 대해 필요자료를 요청할 수 있다.

---

6) 인터폴사무총국은 사건개요, 수법특징 등 102개 항목에 의거 관련 사건에 대한 필요한 자료를 통보 할 것을 요청하고 있다.

제7절 국제범죄조직의 이해

Ⅰ. 국제범죄의 개요

최근의 국제범죄 조직은 이윤추구를 위해서는 수단과 방법을 가리지 않고 살인, 납치, 폭파 등 온갖 만행을 자행하고 있을 뿐만 아니라 불법활동을 합법적인 사업으로 위장하여 당국의 단속을 교묘하게 피해나가고 있다 특히 우리나라를 둘러싸고 있는 러시아 마피아 중국계 삼합회(트라이어드), 일본 야쿠자 등 국제 범죄조직은 세력규모와 활동영역을 급속도로 확대해가면서 국내침투를 기도하고 있으며 더욱이 북한이 마약밀매, 위폐유통, 테러, 납치 등 국제범죄행위를 대남 공작수단으로 이용하고 있어 새로운 안보 위협요소로 작용하고 있는 실정이다.

1. 일본-야쿠자

일본 야쿠자의 등장 배경은 18세기말 보부상집단인 Tekiya(데끼야)와 전문 도박가 집단인 Bakuto(바쿠토)를 모체로 생겨나 20세기초 일본 극우 군국주의자와 결탁하면서 급성장 하였으며 2차대전 후 깡패집단인 Gurentai(구렌따이)가 합류하여 종전 후의 사회불안을 틈타 조직화되었다. 야쿠자 집단은 대체로 빈민·소작농·범죄자 및 사회부적응자 등으로 구성되었으며, 바쿠토가 도시번화가를 중심으로 성장한 반면 데끼야는 시장지역을 중심으로 활동하였다.

야쿠자는 "오야붕과 꼬붕(Oyabun-Kobun)[7]" 관계가 근본이며 현재 야마구치구미, 스미미요시카이, 이나가와카이 등 3,300여개 조직 9만여

7) 일본 폭력조직에서 두목과 부하관계가 되면 일본의 오랜 전통인 특유의 후견-피후견(patron-client) 상하관계가 이루어진다.

명이 활동 중인 것으로 추산되나 92년 3월 일본 정부의 폭력단 대책법 시행 이후 단속강화로 해산하는 조직과 조직 이탈자들이 점증하는 추세이나 이들은 강력한 단속 이후 미국, 러시아, 중국 등 해외 진출을 통한 기반 구축에 주력하는 한편 중국 및 남미의 범죄 조직과 연계, 남미산 코카인, 헤로인 등을 아시아, 유럽지역 등으로 밀반입, 밀매하는 한편 황금의 삼각지대에서 생산되는 아편, 헤로인, 필로폰 등 마약류 밀매사업에 적극 개입하고 있으며 국내진출을 적극모색, 재일 교포 출신 야쿠자를 중심으로 국내 폭력 마약 조직과 자매결연 등을 통해 결속을 강화하면서 필로폰 등 마약류의 밀반입을 기도하고 있다. 그 외에도 성금기탁, 장학회 설립 등을 통해 국내 활동기반을 구축하는 한편 호텔, 백화점 등 부동산 매입, 카지노 투자 등 합법투자를 위장, 국내 침투를 기도하고 있다.

2. 중국-삼합회

중국 삼합회는 17세기 청조 말 반청복명의 기치를 내건 비밀결사조직인 "홍문(洪門)"이 그 시조로서 천·지·인을 상징하는 삼각기를 사용하여 삼합회라고 명명되었으며 최초에 청조지배에 저항하는 정치단체로 출발하였으나 점차 변질되어 20세기에 이르러 기업형 폭력범죄조직으로 전락하였다. 중국혁명기에 국민당측은 공산당의 농민혁명군에 대항하는 범 우익단체의 결집을 위해 삼합회를 이용하였으나 1949년 국민당의 패배와 함께 본토의 삼합회들이 홍콩과 대만으로 그 근거지를 이전하였다.

삼합회의 구성과 현황은 홍콩과 대만에 기반을 두고 50~60개 방계조직과 10만여 명의 조직원이 활동 중이며 중국본토의 "흑방(黑幇)"과 연계하여 마약 및 총기밀매, 매춘, 청부폭력, 불법이민알선, 위조지폐 유통 등의 범죄행위를 자행하고 있다. 중국본토의 "黑幇"은 13만여개 군소조직에 약 46만여 명의 조직원을 가지고 있으며 청룡방(靑龍幇),

10형제(十兄弟), 진룡방(眞龍幇) 등이 대표적인 조직이다.

이들 중 미국, 캐나다 등 미주지역에서 활동 중인 14K 등은 중국인 밀입국 알선, 각국의 여권 및 비자를 위·변조하여 러시아 등지를 통해 영국 이탈리아 등 유럽 등지로 이주를 기도하는 화교들의 밀입국 알선에 적극 개입하고 우리나라를 미주지역에서 유통되고 있는 헤로인 밀매의 중간경유지, 필로폰 판매의 소비지로 이용하면서 국내거주 화교, 마약조직 등과 연계 황금의 삼각지대 생산 마약류를 밀반입하고 있다.

특히 중국과의 교류증대 및 홍콩반환을 계기로 여권 위·변조, 위조지폐, 불법 밀입국 등을 통해 국내침투를 적극 모색하고 있으며 최근에는 합법을 위장한 사업체 운영을 통해 불법자금 세탁, 카지노업 등 오락 및 향락산업 등 분야의 진출을 기도하고 있다.

3. 러시아-마피아

러시아 마피아는 구 소련 사회주의 체제의 급작스런 붕괴와 자본주의 시장경제의 도입에 따른 사회적 혼동상태에서 공권력 이완과 극도의 경제질서 문란을 틈타 "러시아 마피아"라고 불리는 신생 경제범죄조직이 등장하였다. 과거 공산당 관료, 경찰, 군인 등도 권력의 공백기에 시장경제의 혜택을 누리고자 마피아에 흡수되어 각종 이권개입과 정치관여는 물론 해외범죄조직과 연계하여 핵물질 및 군수물자까지도 밀매하고 있으며 "체첸그룹" 등 모스크바 내 30여 단체를 비롯 전국적으로 5,700여개 조직에 47만여 명이 활동 중이며 해외에도 170여개 조직이 동구권과 미국 등에서 활동하고 있는 것으로 추산하고 있다.

러시아 마피아는 인신매매, 마약거래, 국유재산 절도, 이권 개입, 보호세 징수 등의 경제범죄를 저지르는 것은 물론이고 다량의 총기, 수류탄, 미사일발사기 등을 보유하고 있고 정치적 암살 폭파 등의 테러행위 및 군수물자와 핵무기 밀매도 자행하고 있다. 특히 극동지역 마피아 중 사할린 지역 마피아는 러시아계 외에 한국계, 중국계 등으로 나뉘어져 있으며 이들 마피아는 주(州)정부나 치안기관 간부들과 밀접한 관계를 유지, 기업에 법정이자 이외의 고리자금을 빌려주는 방법으로 불법 수익을 거둬들이고 있으며 지역 내 어업회사 대부분을 관리 하에 두고 불법 어업과 밀수출에 관여 막대한 이익을 올리고 있다.

우리나라는 지리적으로 인접한 연해주, 사할린 지역 마피아들이 서울, 부산 등지를 거점으로 필로폰 등 마약류를 밀반입하여 국내 폭력조직 및 마약조직과 연계, 서울 등 전국에서 밀매를 기도하는 한편 무기 밀거래, 매춘알선은 물론 돈 세탁 및 채권해결 등에까지 개입하는 등 국내침투를 본격화 하고 있다.

Ⅱ. 범죄 분야별 대책

1. 마약

국제정보협력 활동 강화가 무엇보다 긴요하다. 마약 범죄는 마약 조직 및 국제범죄조직간 연계와 상호 협력을 통해 이루어지고 있기 때문에 UNDCP, INCB, 인터폴 등 국제기구 및 미·일·러·중 등 주변국의 외국 정보수사기관과 정보교류 활성화 및 공조 협력체제를 강화해 나가야 한다. 또한 국내 유관 기관 및 민간단체와의 정보지원, 협력을 강화하여 외교통상, 법무, 복지부, 경찰, 관세청 등 국내유관기관 및 마약퇴치운동본부 등 민간인단체와의 정보지원 협력체제강화를 통한 범국가적 대응 체제 구축이 긴요하다.

또한 예방정보 수집강화로 마약 전과자, 조직폭력배 등 우범자 및 우범지역 등 취약요소 대상 예방정보활동과 국제마약 조직원 등의 출입국동향 중국, 러시아, 태국, 중남미 등 마약 우범국을 경유하는 선박·항공기 및 빈번 출입자에 대한 동향관리에 만전을 기하고 대 국민 계몽 홍보활동 강화를 통한 대 국민 경각심 고취로 민·관 협동 공동대응체제를 구축해 나가야 한다.

2. 여권 위변조 및 위조지폐

여권 위·변조 방지를 위한 제조기법을 지속 개발하고 여권발급체계를 강화해야 한다. 특수필름, 형광잉크 등 위조방지를 위한 보안요소를 강화하여 여권 위·변조에 대한 근원적 요인을 차단하고 여권 발급요원의 감식능력을 제고, 여권 부정발급을 최소화하는 것이 시급하다. 또한 여권분실 방지를 위한 대 국민 홍보활동을 강화하고 여권 상습 분실자 및 여행사에 대한 행정제재 조치가 요구된다. 날로 광역화, 지능화하고 있는 위·변조 조직에 대응하기 위해 외국정보 수사기관과 정보협력 강화 및 공조체제 구축이 필요하다. 여권 위·변조 관련 해외정보수집을 강화하고 정보기관간 정보교류를 활성화하며 국제 위·변조 조직 색출을 위한 수사공조 체제는 더욱 긴밀히 구축되어야 한다.

국내 유통되고 있는 초정밀 위조지폐는 육안식별이 불가능한 위조지폐로 초정밀 위조지폐적발을 위해서는 위조지폐 식별교육을 통한 전문가 양성 및 최신 위조지폐 감별기 확대보급이 무엇보다 시급하며 위조지폐 식별요령 등 적극적인 언론홍보를 통한 대 국민 경각심 제고, 유입차단을 위한 공항과 항만에 대한 철저한 검색, 유관기관 간 긴밀한 수사공조 체제구축을 통한 위조지폐범 색출 활동을 강화해야 한다.

3. 밀입국

밀입국범죄방지를 위해서는 동남아 산업연수생 등에 대한 철저한 사후관리 체제확립 및 불법체류자 조기송환으로 외국인 밀입국 기도를 원천봉쇄하고 국내 전문 밀입국 알선 조직을 철저히 파악 색출하는 한편 알선 선박 선주의 처벌을 강화해야 한다. 또한 한·중·일 3국간 정보협력을 강화하여 밀입국 관련 정보의 신속한 교환 및 수사공조체제를 확립, 불법밀입국 기도를 근원적으로 차단하고 민·관 합동 대응체제를 구축하여 항·포구 중심으로 주민신고 체제를 확립해야 한다.

현대사회는 통신혁명에 따라 급속한 변화와 발전을 거듭하고 있다. 지식정보사회로 불리는 21세기는 무한경쟁, 국경 없는 지구촌시대가 전개되고 있다. 이에 따라 범죄양태도 빠른 속도로 변화되고 새로운 범죄가 생겨나 우리의 안전을 위협할 것이다. 지금 우리사회는 경제적 과도기 상태로 심리적 불안으로 인하여 범죄의 증가와 한탕주의식 범죄심리가 확산되고 있는 가운데, 폭력조직 등의 국제범죄 개입도 증가되고 있는 실정이다. 특히 외환시장 전면 개방 등 금융시장 개방과 관련 자금 세탁, 신용카드범죄 등 신종 국제범죄가 급증할 것으로 전망된다. 이처럼 국제 범죄는 우리의 안전을 위협하는 커다란 요인으로 대두되고 있는바, 21세기는 국제범죄를 단순한 범죄 대응 차원이 아닌 국가안보 차원에서 체계적인 대응책 마련이 요구되고 있다.

〈참고문헌〉

1. 국내서적

강의중, 『행정법』, 교학연구사, 2008.
곽영길, 『경찰학개론』, 고시연구사, 2009.
권기헌, 『행정학』, 박영사, 2009.
권영성, 『헌법학원론』, 법문사, 2009.
길준규, 『행정법입문』, 박영사, 2009.
김남진, 『경찰행정법 』, 경세원, 2004.
______, 『행정법』Ⅰ, 법문사, 2009.
______, 『행정법』Ⅱ, 법문사, 2009.
김동희, 『행정법』Ⅰ, 박영사, 2009.
______, 『행정법』Ⅱ, 박영사, 2009.
______, 『행정법연습』, 박영사, 2009.
김상호 외, 『경찰학개론』, 법문사, 2004.
김성수, 『개별행정법』, 법문사, 2004.
______, 『일반행정법』, 법문사, 2008.
______, 『행정법판례평론』, 홍문사, 2006.
김재기, 『행정학』, 법문사, 2006.
김종수, 『경찰학원론』, 교육과학사, 2007.
김철수, 『헌법개설』,박영사, 2009.
______, 『헌법개정 과거와 미래: 제10차 헌법개정을 생각한다』, 진원사, 2008.
______, 『헌법학신론』,박영사, 2009
김철용, 『행정법』Ⅰ, 박영사, 2009.
______, 『행정법』Ⅱ, 박영사, 2009.
김충남, 『경찰학개론』,박영사, 2008.
김향기, 『행정법개론』, 삼영사, 2008.
김형만, 『비교경찰제도론』, 법문사, 2007.
김형중, 『경찰학총론』, 청목출판사, 2009.
류지태, 『행정법신론』, 신영사, 2008.
______, 『행정법신론』, 박영사, 2009.
______, 『행정법의 이해』, 법문사, 2006.
미야타 사부로우(한귀현 역), 『일본경찰법』, 한국법제 연구원, 2003.
박균성, 『행정법기본강의』, 박영사, 2009.

______, 『행정법강의』, 박영사, 2009.
______, 『행정법연습』, 삼조사, 2008.
박연호, 『행정학개론』, 박영사, 2006.
박윤흔, 『최신 행정법강의』, 박영사, 2009.
______, 『행정법강의』(하), 박영사, 2009.
박정훈, 『행정법사례연습』,법문사, 2009.
배철효, 『경찰학개론』,대영문화사, 2007.
백완기, 『신판 행정학』, 박영사, 2007.
______, 『한국행정학의 기본문제들』, 나남, 1998.
볼프 R. 쉔케(서정범역), 『독일경찰법론』, 세창출판사, 2003.
서정범, 『경찰법연구』, 세창출판사, 2009.
석종현, 『일반행정법』(상), 삼영사, 2009.
______, 『일반행정법』(하), 삼영사, 2005.
성낙인, 『헌법학』, 법문사, 2009.
손봉선, 『신경찰학개론』, 백산출판사, 2006.
신두범, 『행정학원론』, 박영사, 2006.
신두범 외, 『행정학개론』, 박영사, 2006.
신봉기, 『행정법의 주요판례』, 대명출판사, 2007.
신현기, 『경찰행정학』, 법문사, 2005.
______, 『새행정학개론』, 21세기사, 2008.
양 건, 『헌법강의』, 법문사, 2009.
오수복, 『경찰학 개론』,푸른세상, 2005.
오석홍, 『행정학의 주요이론』, 법문사, 2008.
______, 『행정학』, 박영사, 2008.
유민봉, 『한국행정학』, 박영사, 2006.
윤세창 역(Bernard Schwartz 저), 『미국행정법 』, 고려대학교출판부, 1981.
이광윤, 『일반행정법』, 법문사, 2006.
이상안, 『신경찰행정학』, 대명출판사, 2002.
이상원, 『경찰학개론』, 대명출판사, 2008.
이상현, 『경찰학개론』, 청목출판사, 2008.
이영남, 『경찰행정학』, 대영문화사, 2008.
이영조, 『행정학원론』, 학우, 2005.
이윤호, 『경찰학』, 박영사, 2006.
이철호, 『경찰행정법』, 푸른세상, 2004.
이한익, 『경찰학개론』, 형설출판사, 2006.
이호용, 『행정법강의』, 청목출판사, 2009.
이황우, 『경찰행정학』, 법문사, 2007.

임재강, 『새내기를 위한 경찰학원론』, 21세기사, 2008.
임창호, 『경찰학개론』,화학사, 2007.
장태주, 『행정법개론』, 법문사, 2009.
정정길, 『행정학의 새로운 이해』, 대명출판사, 2008.
정종섭, 『헌법학원론』, 박영사, 2009.
정하중, 『행정법개론』, 법문사, 2009.
______, 『행정법각론』, 법문사, 2005.
조만형, 『행정법』Ⅰ, 박문각, 2009.
조석준, 『경찰행정학』, 박영사, 1998.
조철옥, 『경찰학개론』, 대영문화사, 2008.
천병태, 『행정법총론(행정법 Ⅰ)』, 삼영사, 2009.
______, 『행정구제법(행정법 Ⅱ)』, 삼영사, 2009.
최정일, 『행정법』Ⅰ, 박영사, 2009.
______, 『행정법』Ⅱ, 박영사, 2009.
최창호, 『새행정학개론』, 삼영사, 2007.
______, 『새행정학』, 삼영사, 2006.
한견우, 『현대 행정법강의』, 신영사, 2008.
______, 『현대 행정법』Ⅱ, 연세대학교출판부, 2000.
허 영, 『헌법이론과 헌법』, 박영사, 2009.
허경미, 『경찰학개론』, 박영사, 2008.
홍정선, 『경찰행정법 』, 박영사, 2007.
______, 『행정법연습』, 신조사, 2008.
______, 『행정법입문』(신), 박영사, 2009.
______, 『행정법원론』(상), 박영사, 2009.
______, 『행정법원론』(하), 박영사, 2009.
______, 『행정법특강』, 박영사, 2009.
황현락, 『경찰학총론』, 청목출판사, 2009.

2. 국내논문

강구철, 부작위와 국가배상책임, 『고시계』, 1989.11.
강현호, 국가와 무과실책임(인재 임정평(林正平) 교수 정년기념), 『법학논총』, 단국대학교 법학연구소, 2005.
곽노현, 국가인권위원회의 법과 현실, 『헌법학연구』 제8집 제4호, 한국헌법학회, 2002. 12.
김동희, 무하자재량행사청구권, 『법학』, 서울대학교 법학연구소, 1990.
______, 프랑스 행정법상의 재량준칙에 관한 고찰, 『법학』, 서울대학교 법학연구소, 1986.
김명길, 재량준칙의 재량통제법리, 부산대학교 법학연구소, 『법학연구』, 2003.

김성수, 항고소송의 원고적격 및 기타의 논점에 대한 지정토론 자료,『2004 행정소송법 개정안 공청회 발표자료집』, 대법원, 2004.10.

김엘림, 여성의 인권과 차별문제,『21세기의 인권』, 인권재단, 2000.

김재형, 인격권에 관한 판례의 동향,『민사법학』 제27호, 한국민사법학회, 2005.3.

김종회, 강동호 (姜東湖) 교수 정년퇴임 기념 특집 : 미국행정절차법상의 행정재량 의 사법적 통제,『법학연구』, 경상대학교 법학연구소, 1997.

김태천, 국제적 인권의 보장과 최근 동향,『형평과 정의』, 대구지방변호사회, 1995.10.

김형곤, 고(故) 경해 박종성 박사 회갑기념호 : 행정재량에 대한 사법적 통제,『법학논총』, 단국대학교 법학연구소, 1985.

김형남, 미국 행정법상 재량행위의 사법적 통제,『공법학연구』, 한국비교공법학회, 2000.

박경식, 스토킹(stalking),『경찰대학논문집』 제19편, 경찰대학, 1999.12.

박균성, 항고소송의 원고적격 및 항고소송에 관한 기타의 논점,『2004 행정소송법 개정안 공청회 발표자료집』, 대법원, 2004.10.

박종국, 행정재량론에 관한 현대적 과제, 안암법학회,『안암법학』, 1999.

박효근, 재량론에 있어서의 행정절차론과 참가론,『한양법학』, 한양법학회, 2002.

변혜정, 성폭력 관련법, 무엇이 문제인가, 한국논단, 1992.

서원우, 재량권남용에 대한 법적통제 - 미국행정법의 일단면 -,『행정논총』, 서울대학교 행정대학원 한국행정연구소, 1969.

신동운, 가벌적 위법성과와 사회상규,『고시연구』, 고시연구사, 1994.11.

심영희, 성폭력의 실태와 법적 통제 - 성폭력의 연속선 개념에 입각하여 -『한국여성학』, 한국여성학회, 1989.

오동석, 국가인권위원회의 민주주의적 정당성과 그 정당화 과제,『아태공법연구』 제9권, 아세아태평양공법학회, 2001.

오문환, 징벌적 손해배상제도의 도입,『노동법연구』, 서울대 노동법연구회, 2002.

오영근, 형법상 폭행의 개념,『형사법연구』 제8권, 한국형사법학회, 1995. 12.

유 훈, 정책집행과 재량, 서울대학교『행정논총』, 행정대학원 한국행정연구소, 1988.

윤기택, 영연방 국가의 불법행위의 영역에 있어서의 정신적 충격에 대한 손해배상 제도에 관하여,『미국헌법연구』, 미국헌법학회, 2005.

이동춘, 해암 문홍주 총장 정년기념 논문집 "행정청의 자유재량행위의 한계",『법학연구』, 부산대학교 법학연구소, 1983.

이영조, 재량행위의 통제수단으로서 행정윤리의 효용성과 한계,『한국행정논집』, 한국정부학회(구 대구경북행정학회), 1996.

이완영, 행정행위에 있어서의 자유재량,『법학연구』, 부산대학교 법학연구소, 1960.

장태주, 공법과 사법의 충돌(특별법 이론을 중심으로),『고시계』, 고시계사, 1988.

______, 문화 규범으로서의 법과 도덕,『한국사회이론학회』, 사회이론, 1998.

장활호, 미국의 단체소송에 관한 연구(고 (故) 경해 (鏡海) 박종성 (朴鍾聲) 박사 회 갑기념호),『법학논총』, 단국대학교 법학연구소, 1985.

정해상, 배상책임의 법리와 징벌적 손해배상과의 관계, 『중앙법학』, 중앙법학회, 2004.
조 국, 여성주의 관점에서 본 성폭력범죄, 『법학』, 서울대학교 법학연구소, 2002.
______, 형사절차에서 성폭력범죄 피해여성의 저지와 보호방안, 『형사정책』, 한국형사정책학회, 2002.
조태제, 행정법상의 효율성원칙, 『공법학연구』, 한국비교공법학회, 2004.
______, 일본에서의 행정재량론, 『법과 정책연구』, 한국법정책학회, 2004.
______, 일본의 정책평가법, 『법과 정책연구』, 한국법정책학회, 2002.
______, 조례의 법적 문제점, 『한양법학』,한양법학회, 1994.
______, 법률의 유보원칙의 한계, 『한양법학』, 한양법학회, 1991.
______, 법률의 유보원칙(본질성이론에 근거한 의회유보를 중심으로), 『한양법학』, 한양법학회, 1990
조홍석, 미국 연방대법원의 적극적 평등실현 조치, 『미국헌법연구』, 미국헌법학회, 2001.
______, 미국연방대법원의 평등심사에 관한 헌법적 권한(사법소극주의시대와 적극 주의시대를 중심으로), 『아태공법연구』, 아세아태평양공법학회, 2000.
______, 자유와 평등, 『사법행정』 1993년 12월호, 한국사법행정학회, 1993. 12.
______, 평등심사에 관한 미국연방대법원의 현대적 경향, 『헌법학연구』 제6집 제2호, 한국헌법학회, 2000. 11.
______, 평등권에 관한 헌법재판소 판례의 분석과 전망, 『공법연구』 제33집 제4호, 한국공법학회, 2005. 6.
______, 한국에 있어서 국제인권법의 국내법적 보장, 『헌법학 연구』 제4집 제2호, 한국헌법학회, 1998. 10.
진항수, 이종흡교수 회갑기념호: 불확정한 법개념과 재량, 『법학논총』, 단국대학교 법학연구소, 1965.
최송화, 행정재량의 절차적 통제, 『법학』, 서울대학교 법학연구소, 1999.
황현락, 성희롱예방과 구제에 관한 연구, 한양대학교 박사학위논문, 2006.
______, 수사과정에서 여성인권보호방안, 한국법정책학회, 2007.
______, 우리나라 자치경찰제도 정착을 위한 법정책적 고찰, 한국경찰학회, 2008.
______, 자율방범대 설치운영에 관한 법률안 검토의견, 국회행정안전위원회 공청회, 2009.
______, 풍속영업규제에 관한 정책 집행과 관리, 경북대학교 석사학위논문, 2000.
______, 한국 경찰혁신 방향과 과제, 한국경찰이론과 실무학회, 2007.

3. 외국문헌

가. 영어

Adams, *Police Field Operations 7/E*, Prentice-Hall, 2007.
Azimi, Nassrine (EDT), *The Role and Functions of Civilian Police in United Nations Peace-Keeping Operations : Debriefing and Lessons*, Brill Academic

Pub, 1996.

Bell, Jeannine (EDT), *Police And Policing Law*, Ashgate Pub Co, 2006.

Connor, Paul/ Johnston, David/ Hutton, Glenn/ Coop, *Blackstone's Police Manual 2009*, Oxford Univ Pr, 2008.

Crawshaw, Ralph, *Police and Human Rights : A Manual for Teachers and Resource Persons and for Participants in Human Rights*, Brill Academic, 2008.

Crawshaw, Ralph/ Holmstrom, Leif, *Essential Cases on Human Rights for the Police : Reviews and Summaries of International Cases*, Brill Academic Pub, 2006.

Crawshaw, Ralph (EDT)/ Holmstrom, Leif (EDT), *Essential Texts on Human Rights for the Police : A Compilation of International Instruments*, Brill Academic Pub, 2008.

Das, Dilip K. (EDT)/ Palmiotto, Michael J. (EDT), *World Police Encyclopedia,* Taylor & Francis, 2005.

Deflem, Mathieu, *Policing World Society : Historical Foundations of International Police Cooperation*, Oxford Univ Pr, 2003.

Emsley, Clive, *Police Detectives in History*, Ashgate, 2006.

English, Jack/ Card, Richard, *Police Law*, Oxford U.K, 2009.

Fijnaut, Cyrille (EDT)/ Marx, Gary T. (EDT), *Undercover : Police Surveillance in Comparative Perspective*, Brill Academic Pub, 1995.

Fox, William F., Understanding Administrative Law, 3rd ed. Matthew Bender, 1997.

Friedrichs, Jorg, *Fighting Terrorism and Drugs : Europe and International Police Cooperation*, Taylor & Francis, 2007.

Haberfeld, *Police Leadership*, Prentice-Hall, 2006.

Hess, Karen M./ Wrobleski, Henry M., *Police Operations : Theory And Practice , Cengage Learning*, 2005.

Holm, Tor Tanke (EDT)/ Holm, Tor Tanke/ Eide, Espe, *Peacebuilding and Police Reform*, Taylor & Francis, 1999.

Hood, Christopher/ Hood, Christopher (EDT)/ Jones, *Regulation Inside Government : Waste-Watchers, Quality Police, and Sleaze-Busters*, Oxford Univ Pr on Demand, 1999.

Hoyle, Carolyn, *Negotiating Domestic Violence : Police, Criminal Justice and Victims*, Oxford Univ Pr on Demand, 1998.

Innes, Martin, *Investigating Murder : Detective Work and the Police Response to Criminal Homicide*, Oxford Univ Pr, 2003.

International Business Publications, USA, *China Justice System and National Police Handbook*, Intl Business Pubns USA, 2007.

International Business Publications, USA, *European Police System And Organization*

Handbook, Intl Business Pubns USA, 2007.
International Business Publications, USA, *Germany Justice System and National Police Handbook*, Intl Business Pubns USA, 2007.
International Business Publications, USA, *Italy Justice System and National Police Handbook*, Intl Business Pubns USA, 2007.
International Business Publications, USA, *Taiwan National Police Handbook*, Intl Business Pubns USA, 2007.
International Business Publications, USA, *United States Justice System and National Police Handbook*, Intl Business Pubns USA, 2007.
International Business Publications, USA, *United States Justice System and National Police Handbook : Federal Justice System*, Intl Business Pubns USA, 2007.
Kratcoski, Peter C. (EDT)/ Das, Dilip K. (EDT), *Police Education and Training in a Global Society*, Rowman & Littlefield Pub Inc, 2007.
LaFave/Scott, *Criminal Law*, West Group, October 1999.
Leo, Richard A., *Police Interrogation and American Justice*, Harvard, 2008.
Leonard, V. A., Ph.D./ More, Harry W., *Police Organization and Management*, West Group, 1993.
Miller, Seumas (EDT), *Police Ethics*, Ashgate Pub Co, 2006.
Moreno, John, *Spirituality for Police Officers*, Trafford, 2002.
Natarajan, Mangai (EDT), *Women Police*, Ashgate Pub Co, 2005.
Ruiz, Jim (EDT)/ Hummer, Don (EDT), *Handbook of Police Administration*, Taylor & Francis, 2007.
Sampson, Fraser, *Blackstone's Preparing for Police Duty*, Oxford U.K, 2006.
Skogan, Wesley G., *Police and Community in Chicago : A Tale of Three Cities*, Oxford USA, 2006.
Smith, David J., *Police and People Twenty Years On,* Ashgate, 2007.
Swanson, Charles R., Po*lice Administration: Structures, Processes, and Behavior*, Prentice-Hall, 2008.

나. 일본어

フランス行政法研究會, 『現代行政の統制-フランス行政法研究 比較行政法叢書』, 成文堂, 1990.
宇賀克也, 『行政法概說1 (行政法總論)』, 有斐閣, 2004.
鹽野宏, 『行政法概說1 (行政法總論)』, 有斐閣, 2005.
鹽野宏, 『行政法2 (行政救濟法)』, 有斐閣, 2005.
磯部力他, 『行政法の新構想3 (行政救濟法)』, 有斐閣, 2008.
櫻井敬子,橋本博之, 『行政法』, 弘文堂, 2007.

眞ふち勝,『行政學』, 有斐閣, 2009.
岡田雅夫,『行政學と公權力の觀念』, 弘文堂, 2007.
西尾勝,『行政學の基礎概念』, 東京大學出版會, 1990.
金井利之,『自治制度』, 東京大學出版會, 2007.
西尾勝,『地方分權改革』, 東京大學出版會, 2007.

다. 독일어

Bleckmann, A., Das Staatsrecht Ⅱ Grundrechte, 4. Aufl., 1997.
Bleckmann, A., Die Struktur des allgemeinen Gleichheitssatzes, 1995.
Werner, F., Verwaltungsrecht ala konkretiertes Verfassungsrecht, DVBI, 1959.
Forsthoff, Ernst, Lehrbuch des Verwaltungsrechts, 10. Aufl. C.H. Beck. 1973.
Welzel, Hans, Das Deutsche Strafecht, 11. Aufl. 1969.
Jauernig, Zivilprozeβrecht, 21. Aufl., 1985.
Karl Lackner/Kristian Kühl, Strafgesetzbuch, 24. Aufl. 2001.
Maurach/Schroeder/Maiwald, Strafrecht, Besonderer Teil, Bd. 1. 9. Aufl. 2003.
Maurer, H., Allgemeines Verwaltungsrecht, 13. Aufl. C.H. Beck, 2002.
Kloepfer, M., Gleichheit als Verfassungsfrage, 1980.
Bockelmann, Paul, Strafrecht, Besonderer Teil 1, 2. Aufl. 1982.
Strafrecht, Besonderer Teil 2, 1. Aufl. 1977.
Strafrecht, Besonderer Teil 3, 1980.
Rudolphi/Horn/Günther, Systematischer Komentar zum Strafgesetzbush, 5.6, bzw.7. Aufl. 2003.
Schönke/Schöder/Lenckner-Cramer-Eser-Stree,StGB, 26. Aufl. 2001.
Stern, Das Staatsrecht der Bundesrepublik Deutschland Ⅲ/1, 1988.
Tröndle/Fischer, Strafgesetzbuch, 51. Aufl. 2003.
Sachofsky, U., Das Grundrecht auf Gleichbehandlung, 1991.
Berger, Vivian, Rape Law Reform at the Millenium, 3 Buff. Crim. L. Rew. 513, 2000.
Werner, F., Verwaltungsrecht als konkretiertes Verfassungsrecht, DVBI, 1959.
Wolff/Bachof, Verwaltungsrecht Ⅰ, 10. Aufl., 1994.

찾아보기

[ㅅ]

[ㅇ]

[ㅈ]

〈기타〉

[저자 소개]

• 황현락

법학박사(경찰법)
한양대 대학원 법학과 박사과정 졸업
공군중위 제대
경위임관(경찰간부후보생 35기)
경찰청 기획관리관실 근무
중앙경찰학교 교수(경무학과장)
경찰대학 치안정책연구소 범죄대책 연구관
서울 강남경찰서 경비과장
2002월드컵 안전대책본부 치안관리과장
경찰종합학교 교수(경무학과장)
현, 한국경찰학회, 한국경찰 이론과실무학회, 한양법학회 이사
한국양성평등교육진흥원 이사
호원대학교 법경찰학부 교수

〈연구논문〉
-풍속영업규제에 관한 정책 집행과 관리(2000, 석사학위논문)
-성희롱예방과 구제에 관한 연구(06. 8.박사학위 논문, 한양대학교)
-수사과정에서 여성인권보호방안(한국법정책학회 07.12월 발제논문)
-한국 경찰혁신 방향과 과제(한국경찰실무학회07. 12월 발제논문)
-우리나라 자치경찰제도 정착을 위한 법정책적 고찰
(한국경찰학회, 08.6. 발제)
-자율방범대 설치운영에 관한 법률안 검토의견(국회행정안전위원회 공청회발제, 09.4.12)
-매간법 연구, 정보공개법 고찰 등 다수

경찰학각론

2010년 2월 6일 초판인쇄
2010년 2월 11일 초판발행

저 자 황 현 락
발행인 유 성 렬
발행처 **청목출판사**
서울특별시 영등포구 신길동 233-96
전화 (02) 849-6157(代) · 2820
FAX (02) 849-0817
등록 제318-1994-000090호

파본은 바꾸어 드립니다. 값 20,000원

http : //www.chongmok.co.kr

ISBN 978-89-5565-333-5